ART D'ÉCRIRE

ENSEIGNÉ

AUX ÉLÈVES DES DEUX SEXES

PAR DES EXEMPLES TIRÉS DE NOS GRANDS ÉCRIVAINS
DEPUIS PASCAL JUSQU'À LAMARTINE

COURS D'ÉTUDES CLASSIQUES

DIVISÉ EN QUATRE DEGRÉS

LES BOUTONS, LES BOURGEONS, LES FLEURS, LES FRUITS

PAR PIERRE LAROUSSE

Auteur de la *Lexicologie des Écoles.*

Il faut se persuader qu'écrire est un art, que cet art a nécessairement des genres, et que chaque genre a des règles.

CHATEAUBRIAND.

LIVRE DU MAÎTRE.

COURS DU DEUXIÈME DEGRÉ

LES BOURGEONS

PARIS
LIBRAIRIE LAROUSSE
17, rue Montparnasse, 17
SUCCURSALE : rue des Écoles, 58 (Sorbonne)

Prix : 2 francs

OUVRAGES CLASSIQUES

DE

P. LAROUSSE

A B C DU STYLE ET DE LA COMPOSITION, — 167 petits Exercices en texte suivi, sur la synonymie et la propriété des mots, pour amener insensiblement les élèves à rendre leurs pensées et à faire une narration française.
19e édition. — Livre du Maître. . . . . 1 fr. »
Livre de l'Elève. . . . . » fr. 80

MIETTES LEXICOLOGIQUES. — 100 Exercices pratiques sur les rapports et la propriété des mots ; destiné aux enfants de 7 à 12 ans.
8e édition. — Livre du Maître . . . . 1 fr. »
Livre de l'Elève. . . . . » fr. 80

COURS LEXICOLOGIQUE DE STYLE (Autrefois *Lexicologie 2e année*). — Livre du Maître . . . . 2 fr. »
Livre de l'Elève, 42e édition. . . . . 1 fr. 60

150 devoirs sur les Synonymes, les Acceptions, la Construction, la Gradation dans les idées, l'Inversion, l'Ellipse, le Pléonasme, la Périphrase, le Syllogisme, le Sens propre et le Sens figuré, les Proverbes, l'Allégorie, l'Emblème et le Symbole, la Comparaison, etc. ; suivi de 50 Sujets nouveaux et gradués de narration française.

VERSIFICATION FRANÇAISE (*Nouveau Traité de*), comprenant : 1o *Règles de la versification*, 30 Exercices ; 2o *Mécanisme de la versification*, 28 Exercices ; 3o *Invention*, 25 Exercices ; 4o *Vers à mettre en prose*, 47 Exercices. — Livre du Maître . . . . 2 fr. »
Livre de l'Elève, 3e édition. . . . . 1 fr. 60

GRAMMAIRE LITTÉRAIRE. — Explications, suivies d'exercices, sur les Phrases, les Allusions, les Pensées heureuses empruntées à nos meilleurs écrivains. — Livre du Maître. . . . . 3 fr. »
Livre de l'Elève, 3e édition. . . . . 2 fr. »

On trouve souvent dans ses lectures des locutions comme celles-ci : *Faire de la prose sans le savoir.* — *Vous êtes orfèvre, monsieur Josse*, etc., etc. — La GRAMMAIRE LITTÉRAIRE donne l'histoire et la signification exacte de ces citations.

PETITE FLORE LATINE, Clef des *Citations latines* que l'on rencontre dans les ouvrages des écrivains français, 3e édition. — Livre du Maître. . . . . 2 fr. »
Livre de l'Elève. . . . . 1 fr. 60

On entend à chaque instant dans la conversation, on rencontre à chaque pas dans la lecture des locutions latines telles que : *Ab uno disce omnes* ; — *Alea jacta est* ; — *Bis repetita placent* ; etc., etc. Une série d'exercices rend familière aux élèves la signification de ces locutions et leur en permet l'application au besoin.

14. — Paris. — Imp. LAROUSSE, rue Montparnasse, 17.

GYMNASTIQUE INTELLECTUELLE

L'ART D'ÉCRIRE

ENSEIGNÉ

AUX ÉLÈVES DES DEUX SEXES

PAR DES EXEMPLES TIRÉS DE NOS GRANDS ÉCRIVAINS
DEPUIS PASCAL JUSQU'À LAMARTINE

LES BOURGEONS

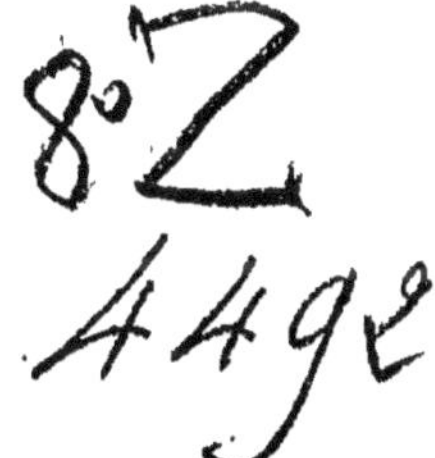

OUVRAGES DE P. LAROUSSE

« ..... La méthode d'enseignement grammatical employée par Larousse il y a trente ans est au fond celle-là même dont s'inspire aujourd'hui presque partout et presque en tout l'instruction primaire. »

F. Buisson, *directeur de l'Enseignement primaire.*

Ouvrage	fr.	c.
Méthode lexicologique de Lecture. Livre de l'Élève.	»	30
Méthode lexicologique de Lecture en 32 tableaux...	1	»
Petite Encyclopédie du jeune âge. Él., 60 cent. — Maître.	1	»
Les Jeudis de l'Institutrice. Livre de lecture courante.	1	50
Les Jeudis de l'Instituteur. —	1	50
Grammaire lexicologique du premier âge. Élève....	»	75
— Maître...	1	50
Grammaire 1re année. Élève, 1 fr. 25. — Maître......	2	»
Grammaire 2e année (Grammaire complète)..........	1	60
Grammaire 3e année (Grammaire supérieure).......	3	»
Grammaire littéraire. Élève, 2 fr. — Maître.........	3	»
Analyse grammaticale. Élève, 1 fr. 25. — Maître....	2	»
Analyse et Synthèse logiques. Élève, 1 fr. 25. — Maître	2	»
Le Livre des Permutations. Élève, 80 cent. — Maître.	1	»
Exercices d'Orthographe et de Syntaxe. Élève......	1	60
— Maître.....	2	»
Dictées sur l'Histoire de France. Élève, 1 fr. — Maître.	1	50
ABC du Style et de la Composition. Él. 80 c. — Maître.	1	»
Miettes lexicologiques. Élève, 80 cent. — Maître.....	1	»
Cours lexicologique de Style. Élève, 1 fr. 60. — Maître	2	»
Art d'écrire : les Boutons. Élève, 1 fr. — Maître.....	2	»
— les **Bourgeons.** Élève, 1 fr. — Maître.....	2	»
— les **Fleurs et les Fruits.** Él., 1 fr. — Maître.	2	»
Jardin des Racines latines. Élève, 1 fr. 60. — Maître.	2	»
Jardin des Racines grecques. Élève, 1 fr. 60. — Maître.	2	»
Traité de Versification française. Él., 1 fr. 60. — Maître	2	»
Petite Flore latine. Élève, 1 fr. 60. — Maître........	2	»
Fleurs latines, in-8°, broché, 10 fr.; relié 1/2 chagrin.	13	»
Fleurs historiques, in-8°, br., 10 fr.; relié 1/2 chagrin.	13	»
Dictionnaire des Opéras, in-8°, broché, 20 fr.; relié...	23	»
Dictionnaire complet illustré, cart., 3 fr. 50; relié toile..	3	90
Grand Dictionnaire universel (17 vol.), br., 650 fr.; rel..	750	»
L'École normale (13/12 vol. in-8°), br., 35 fr.; relié...	50	»
Monographie du Chien (10 gravures), broché.........	1	»

Envoi FRANCO *contre mandat-poste.*

ART D'ÉCRIRE

ENSEIGNÉ

AUX ÉLÈVES DES DEUX SEXES

PAR DES EXEMPLES TIRÉS DE NOS GRANDS ÉCRIVAINS
DEPUIS PASCAL JUSQU'À LAMARTINE

COURS D'ÉTUDES CLASSIQUES

DIVISÉ EN QUATRE DEGRÉS

LES BOUTONS, LES BOURGEONS, LES FLEURS, LES FRUITS

PAR PIERRE LAROUSSE

Auteur de la *Lexicologie des Écoles*.

> Il faut se persuader qu'écrire est un art, que cet art a nécessairement des genres, et que chaque genre a des règles.
>
> CHATEAUBRIAND.

LIVRE DU MAITRE.

COURS DU DEUXIÈME DEGRÉ

LES BOURGEONS

PARIS
LIBRAIRIE LAROUSSE
17, rue Montparnasse, 17
SUCCURSALE : rue des Écoles, 58 (Sorbonne)

PRÉFACE

Nous donnons aujourd'hui le second degré, la seconde partie de notre cours de Littérature pratique intitulé GYMNASTIQUE INTELLECTUELLE.

Le premier degré, les BOUTONS, que nous avions tiré à 5,000 exemplaires, s'est écoulé en moins de six mois. Cette méthode de l'ART D'ÉCRIRE, établie sur un plan tout nouveau, répondait donc à un besoin impérieux de l'enseignement.

Eh bien, nous allons modifier un peu notre plan : succès oblige. Faisons donc ici un aveu dépouillé d'artifice.

Notre intention était d'abord de nous en tenir à la division suivante, empruntée à la nature :

Les BOUTONS,
Les FLEURS,
Les FRUITS.

Cependant, après avoir examiné attentivement notre manuscrit, après avoir *pesé*, pour ainsi dire, tous nos matériaux, nous nous sommes aperçu bien vite qu'il nous était impossible de faire tout entrer dans ce cadre restreint,

Après mûres réflexions — la saison aidant — nous avons reconnu que notre classification ne répondait pas complètement au plan de la nature :

Le bouton *bourgeonne* avant de se transformer en fleur.

Comme Archimède, « nous avions trouvé, » et voici la division nouvelle que nous établissons :

Cours d'Études classiques divisé en quatre degrés :

1° Les Boutons,

2° Les Bourgeons,

3° Les Fleurs,

4° Les Fruits.

Les Boutons *s'adressent aux élèves des deux sexes, de huit à dix ans;*

Les Bourgeons, *de dix à douze ans;*

Les Fleurs, *de douze à quinze ans ;*

Les Fruits, *de quinze ans et au-dessus.*

Nous ne parlons pas des *Boutons*, qui sont déjà en vente.

Les *Bourgeons* comprennent :

1° Cours élémentaire de rhétorique ;

2° Explications et nombreux exercices sur la synonymie et la précision dans les mots;

3° Explications et exercices sur l'antithèse;

4° Soixante narrations françaises, sujets gradués et très-variés.

Les *Fleurs* se composeront de :

1° Un Cours de littérature française;

2° Explications et Exercices sur la comparaison, la concordance, les rapports et la gradation entre les mots ;

3° Une nombreuse série de narrations françaises, qui rouleront sur des sujets d'une nature plus élevée que ceux qui figurent aux *Bourgeons*.

Les *Fruits* offriront :

1° Une Introduction, qui consistera dans une Étude complète des grands siècles de la littérature chez tous les peuples, ou seulement en France (nous ne sommes pas encore complètement fixé sur ce point).

2° Exercices sur les connaissances scientifiques, historiques, etc.

3° De nombreuses narrations françaises, dont la plupart seront de véritables dissertations.

PIERRE LAROUSSE.

GYMNASTIQUE INTELLECTUELLE

AUX ÉLÈVES

DES

ÉCOLES PRIMAIRES ET PROFESSIONNELLES

DES DEUX SEXES

PREMIÈRE PARTIE

NOTIONS PRÉLIMINAIRES

TRAITÉ DE RHÉTORIQUE

La grammaire est l'art de s'exprimer *correctement*; la rhétorique est l'art de *bien* dire. La première habille la phrase décemment, la seconde lui prête des ornements qui se distinguent par le goût et l'élégance. On comparerait volontiers la grammaire à une femme dont la physionomie régulière, mais froide, nous laisse insensibles; la rhétorique, à celle qui allie à la beauté les dons les plus exquis de la grâce et de l'amabilité, et dont le charme attrayant nous émeut. La rhétorique est donc le complément indispensable des études grammaticales pour tous ceux qui sont désireux de voir les fleurs et les fruits succéder dans leur esprit aux semences qu'on y a déposées.

Toutefois, il ne faut pas confondre l'*éloquence*, qui est le talent de persuader, avec la *rhétorique*, qui n'est autre chose que l'art de développer ce talent. L'éloquence est née avant les préceptes de la rhétorique, de même que les langues se sont formées avant la grammaire. L'une est la cause, l'autre est l'effet. L'éloquence est spontanée, c'est un don de la nature, mais la rhétorique lui sert de guide et de frein, elle double ses forces en lui apprenant à les ménager, à les employer; c'est un capital auquel un spéculateur habile fait produire de gros intérêts. L'éloquence peut se rencontrer chez les hommes les plus incultes, les plus grossiers. Un gouverneur du Canada, sous Louis XV, se rend dans ce pays pour prendre possession de sa charge. Une peuplade sauvage lui envoie une députation afin de le féliciter sur son arrivée. Le chef avait préparé un beau discours où il célébrait les avantages les plus estimés de ces barbares, chez lesquels la taille et la force du corps priment toutes les autres qualités; mais quand il fut admis en présence du gouverneur, il ne vit qu'un petit homme bossu et contrefait, bien éloigné de l'idée qu'il s'en était faite. Après l'avoir contemplé quelques instants, le sauvage s'écria sur un ton de respectueux étonnement : « Il faut que tu aies une bien grande âme, puisque, avec un corps si chétif, le roi, ton maître, t'a jugé digne de le représenter parmi nous. » Voilà de l'éloquence.

Ce n'est donc pas la rhétorique qui a formé les Démosthène, les Cicéron, les Bossuet et les Mirabeau; ce sont eux, au contraire, qui lui ont fourni ses éléments d'existence. On a étudié les procédés des grands orateurs, disséqué leurs discours, pénétré le secret de tous leurs mouvements oratoires, et de cette observation sont nés les préceptes de la rhétorique, qui enseignent, sinon à être éloquent, du moins à mettre en œuvre tous les moyens qui peuvent suppléer à ce magnifique privilège, dont la nature s'est toujours montrée si avare. L'utilité de la rhétorique est donc trop incontestable pour qu'elle ait besoin d'être démontrée. « Si nous devons nous trouver souvent en rapport avec les autres hommes et agir sur leurs opinions; si nous sommes destinés à élever la voix dans les tribunaux, dans les assemblées publiques ou dans les temples; si nous composons des ouvrages qui instruisent notre siècle ou qui servent à ses plaisirs; ou même enfin si nous n'aspirons qu'à plaire aux personnes qui nous entourent, et à mettre dans nos discours les plus simples une force qui persuade et une grâce qui les fasse aimer, alors la correction du langage ne suffit plus, et il nous faut un autre guide que la grammaire. Là commence la *rhétorique* ou l'*art de bien dire.* » (Pilon.)

Abordons maintenant directement notre sujet.

Dans quelque ordre d'idées que ce soit, qu'il s'agisse d'un discours, d'un livre ou d'une œuvre d'art, la pensée de l'auteur doit parcourir trois phases successives : il faut d'abord qu'il découvre ou qu'il s'impose un sujet à traiter, puis qu'il l'étudie pour en ranger les matériaux dans un certain ordre, enfin qu'il accomplisse son œuvre sous la forme qui lui aura semblé la meilleure. De là, dans la rhétorique, trois parties bien distinctes, qui répondent à la substance, à l'ordre, à la forme, en d'autres termes, l'INVENTION, la DISPOSITION et l'ÉLOCUTION ou le STYLE. A ces trois parties les auteurs didactiques en ajoutent généralement une quatrième, l'ACTION, qui est la manière de rendre la forme plus sensible, plus frappante. Nous en dirons quelques mots après avoir étudié les trois parties essentielles.

DE L'INVENTION

L'*invention*, dans le sens le plus général du mot, est une faculté de l'esprit qui imagine, coordonne ou embellit des faits. C'est en quelque sorte le résultat de l'imagination unie au jugement.

L'orateur doit d'abord méditer son sujet, l'étudier dans tous ses détails et s'en rendre maître absolu. Une réflexion approfondie pourra seule le conduire à ce résultat, car on ne trouve les idées justes, fortes, ingénieuses, que comme Newton trouva la loi de l'attraction, *en y pensant toujours*. « Le génie, a dit Buffon, est une longue patience. » Aussi la méditation a-t-elle été recommandée par les maîtres les plus autorisés, aussi bien chez les anciens que chez les modernes, comme la première condition du succès pour l'orateur. Cicéron compare l'orateur ou l'écrivain au chasseur, qui doit d'abord s'orienter dans le champ qu'il va parcourir : « Lorsque, par la pensée, vous aurez reconnu le terrain tout entier, et que vous en aurez mesuré l'étendue et les limites, rien ne vous échappera, et tout ce qui était caché au fond du sujet viendra se présenter à vous comme de soi-même. » (*De l'Orateur*, liv. II, chap. XXXIV.) Ajoutons que la réflexion serait souvent insuffisante si elle n'était jointe à des connaissances nombreuses et variées, qui donnent à l'esprit plus de force et d'étendue, et qui lui fournissent des ressources toujours nouvelles.

Le but de l'éloquence est de persuader; pour remplir cet objet, l'orateur doit convaincre, plaire et toucher. « L'éloquence, a dit très justement Fénelon, se réduit à peindre, à toucher et à prouver ; toutes les pensées brillantes qui ne vont point à une de ces trois choses ne sont que jeu d'esprit. » Il y a donc trois manières d'envisager et de développer un sujet : la première s'adresse à l'imagination par la description des faits, la seconde parle au cœur en soulevant les passions, la troisième produit la conviction en s'adressant à la partie la plus noble de la nature humaine, à la raison. L'orateur convaincra si ses arguments sont assez bien choisis, assez concluants pour porter la lumière dans l'esprit de ses auditeurs; il plaira s'il sait leur inspirer de l'estime par ses mœurs et son caractère; il touchera s'il peut les émouvoir en les passionnant. Il faut donc distinguer dans l'invention trois parties principales : 1° les preuves, 2° les mœurs, 3° les passions.

DES PREUVES.

Quelquefois, dit M. Ém. Lefranc, il suffit à l'auteur de *prouver*. S'il s'agit, par exemple, d'une somme d'argent prêtée, que l'emprunteur refuse de rendre, la fonction de l'orateur se borne à *prouver* la vérité ou la fausseté du prêt; le reste serait superflu. Quelquefois il faut *prouver* et *plaire*. On disputait au poète Archias sa qualité de citoyen romain. Cicéron, chargé de sa défense, instruit d'abord les juges en prouvant qu'il est réellement citoyen, et la cause est plaidée; mais, pour remplir l'attente du nombreux auditoire qu'avait attiré sa réputation, il ajoute que, si son client n'était pas citoyen, on devrait s'empresser de lui conférer ce titre; et c'est alors qu'il charme ses auditeurs par l'éloge du poète et par le tableau ravissant des avantages que procurent à l'homme ainsi qu'à la société les sciences et surtout la poésie. Enfin, le plus souvent, il faut *prouver*, *plaire* et *toucher*. Milon est accusé d'avoir assassiné Clodius; Cicéron ne se borne pas à démontrer l'innocence de son client, en prouvant qu'il s'est tenu dans les bornes d'une défense légitime; il ne lui suffit pas même de charmer ses juges par la grâce de son langage et la noblesse de ses sentiments; il va réveiller au fond des cœurs les passions les plus vives : la haine contre Clodius, qu'il représente comme un scélérat, l'indignation contre des factieux, l'admiration pour les vertus civiles de Milon, et la compassion pour son malheur.

Il y a deux choses à considérer dans les preuves : les preuves elles-mêmes, et la source à laquelle on les puise, c'est-à-dire les *arguments* proprement dits, et les *lieux* des arguments ou *lieux communs*. Disons d'abord quelques mots des premiers.

On appelle *argument* une suite de propositions combinées de manière que l'on puisse en tirer les conséquences que l'on veut établir. On compte neuf sortes d'arguments principaux : 1° le syllogisme; 2° l'enthymème; 3° le prosyllogisme; 4° le sorite; 5° l'épichérème; 6° le dilemme; 7° l'induction; 8° l'exemple; 9° l'argument personnel ou argument *ad hominem*.

1° Le *syllogisme* est un argument composé de trois propositions qui dépendent l'une de l'autre, de telle sorte que, si les deux premières sont vraies, il faut nécessairement admettre la troisième. La première proposition s'appelle *majeure*, la seconde *mineure*, et la troisième *conséquence* ou *conclusion*. De plus, la majeure et la mineure sont aussi désignées sous le nom générique de *prémisses* :

Nous devons fuir ce qui nous rend malheureux ;
Or le vice nous rend malheureux :
Donc nous devons fuir le vice.

Pierre est un homme de bien;
Or un homme de bien est estimable :
Donc Pierre est estimable.

Ces exemples prouvent que le syllogisme est un argument sans réplique si les prémisses sont vraies et s'enchaînent logiquement; sinon, ce n'est plus qu'un *sophisme* ou *paralogisme*. Mais il est évident que si le syllogisme était présenté dans le discours sous cette forme scolastique, il rebuterait par sa nudité et sa sécheresse; aussi les orateurs ont-ils soin de le déguiser sous les *draperies de l'éloquence*, suivant l'expression de Marmontel. Sans énoncer formellement chaque proposition du raisonnement, ils en développent le sens en l'entourant de tous les charmes de l'élocution, et l'argument, tout en conservant sa force et sa puissance, intéresse l'auditeur et se fait écouter par lui avec plaisir. Souvent même, pour dépouiller le syllogisme de cet aspect lourd et fastidieux, ils le réduisent à deux propositions, qui prennent alors le nom d'*enthymème*.

2° L'*enthymème* est un syllogisme ramené à deux propositions seulement, dont la première s'appelle *antécédent* et la seconde *conséquent*. Lorsque l'argument est régulier, l'esprit peut facilement suppléer la proposition sous-entendue :

Le vice nous rend malheureux :
Donc nous devons fuir le vice.

Pierre est un homme de bien .
Donc Pierre est estimable.

Le raisonnement, incomplet dans l'expression, est cependant complet dans l'esprit de l'auditeur, car il n'y a pas besoin de démontrer que nous devons fuir ce qui nous rend malheureux, et qu'il faut estimer un homme de bien.

Lorsque Prométhée dit à Jupiter, dans Lucien : *Tu prends ta foudre, Jupiter, tu as donc tort;* et Acomat, dans Racine, en parlant de Bajazet :

> Il n'est point condamné puisqu'on veut le confondre,

ce sont là des enthymèmes vivement exprimés, et dont il est facile de pénétrer le sens. « Le grand art de celui qui emploie l'enthymème, dit Marmontel, est de bien pressentir ce qu'il peut sous-entendre sans être moins entendu. »

3° Le *prosyllogisme* se compose d'une suite de cinq propositions, combinées de manière à former deux syllogismes enchaînés par la proposition du milieu, laquelle sert à la fois de conclusion au premier syllogisme et de majeure au second :

Tout être créé est mortel;
Or l'homme est un être créé :
Donc l'homme est mortel;
Or un roi est un homme :
Donc un roi est mortel.

4° Le *sorite* est un argument qu'on emploie lorsqu'on ne trouve pas de moyen terme qui relie directement deux autres termes entre eux. Il se compose d'une suite de propositions dont la seconde dépend de la première, la troisième de la seconde, et ainsi de suite jusqu'à la dernière, qui sert de conclusion et qui doit avoir le même sujet que la première :

L'ambitieux est insatiable dans ses désirs;
Celui qui est insatiable dans ses désirs n'est jamais satisfait;
Celui qui n'est jamais satisfait est toujours malheureux :
Donc l'ambitieux est toujours malheureux.

Le *sorite* est un argument qui tourne facilement au sophisme; aussi doit-on se rendre un compte exact de la vérité de chaque proposition prise en elle-même, et examiner si les propositions qui se suivent sont liées de manière à découler l'une de l'autre. La moindre altération, habilement introduite dans l'enchaînement des propositions, peut le rendre captieux et conduire à une conclusion absurde. Quelquefois aussi on l'emploie par plaisanterie; on connaît le raisonnement par lequel Thémistocle soutenait en riant que son fils, âgé à peine de trois ans, était le maître du monde :

Mon fils commande à sa mère;
Sa mère me commande;
Je commande aux Athéniens;
Les Athéniens à la Grèce;
La Grèce à l'Europe;
L'Europe à l'univers entier :
Donc mon fils commande à l'univers entier.

Citons aussi ce plaisant *sorite* de Cyrano de Bergerac, où le raisonnement ne se compose que de propositions particulières entièrement indépendantes, dont l'une n'explique pas l'autre, et dont aucune ne contient la conclusion :

L'Europe est la plus belle partie du monde;
La France est le plus beau royaume de l'Europe;
Paris est la plus belle ville de France;
Ma rue est la plus belle rue de Paris;
Ma maison est la plus belle de la rue;
Ma chambre est la plus belle de la maison;
Je suis le plus bel homme de ma chambre :
Donc je suis le plus bel homme du monde.

Montaigne, à propos du sorite, raconte que les Thraces, trouvant sur leur passage une rivière gelée, lâchent devant eux un renard pour savoir s'ils peuvent passer en sûreté. Le renard approche alors son oreille de la glace, s'arrête au bruit de l'eau qu'il entend, et semble faire en lui-même le raisonnement suivant, qui n'est autre chose qu'un sorite :

Ce qui fait du bruit se remue;
Ce qui se remue n'est pas gelé;
Ce qui n'est pas gelé est liquide;
Ce qui est liquide plie sous le faix :
Donc si j'entends près de mon oreille le bruit de l'eau, elle n'est pas gelée, et la glace n'est pas assez épaisse pour me porter.

Sans aller aussi loin que chez les Thraces, Montaigne aurait pu trouver sous ses yeux un sorite à peu près semblable. Le pic ou pivert est un oiseau de nos contrées, qui fait sa nourriture des vermisseaux habitant les arbres creux. Il lui est impossible de juger par la vue de l'état intérieur du tronc d'un arbre; que fait le brave ouvrier? Plein de tact, d'expérience et même de rhétorique, il éprouve son arbre au marteau, nous voulons dire au bec : il l'ausculte. Ainsi, le procédé d'auscultation, si récent en médecine, était connu du pic depuis des milliers d'années, c'est-à-dire depuis que le monde est monde. Voici le raisonnement qui se déroule dans son cerveau :

Tout ce qui résonne est creux;
Tout ce qui est creux est gâté;
Tout ce qui est gâté est pourri;
Tout ce qui est pourri est peuplé d'insectes;
Tout ce qui est insecte est de bonne prise et constitue ma nourriture :
Donc, frappons à la porte et pénétrons dans la cité.

5° L'*épichérème* est un véritable syllogisme, mais un syllogisme revêtu d'une forme plus oratoire, c'est-à-dire qu'une ou plusieurs de ses propositions sont accompagnées de leurs preuves ou de leur explication. Cette forme de raisonnement prête beaucoup aux développements littéraires, et permet de cacher le syllogisme sous les fleurs du langage :

Il faut aimer ce qui nous rend plus parfaits;
Or les belles-lettres nous rendent plus parfaits :
Donc il faut aimer les belles-lettres.

Voilà un argument philosophique; pour le transformer en argument oratoire, en *épichérème*, il faudrait dire, par exemple : « *Il faut aimer ce qui nous rend plus parfaits*; c'est une vérité gravée en nous-mêmes, et dont le bon sens et l'amour-propre nous fournissent des preuves irrécusables. — *Or, les belles-lettres nous rendent plus parfaits*; qui pourrait en douter? elles ornent et enrichissent l'esprit, adoucissent les mœurs et répandent sur tout l'extérieur de l'homme un air de probité et de politesse. *Donc il faut aimer les belles-lettres.* » Un long discours n'est souvent qu'un *épichérème*; celui que prononça Cicéron pour la défense de Milon n'est qu'un épichérème, qui peut se résumer ainsi :

Il est permis, pour sa défense personnelle, de tuer quiconque attente à notre propre vie; cela est prouvé par le droit des gens, par la loi naturelle, par de nombreux exemples.
Or Clodius a attenté à la vie de Milon; cela est prouvé par

ses préparatifs, par ses sicaires, par toutes les circonstances de la rencontre.

Donc il a été permis à Milon de tuer Clodius.

6° Le *dilemme*. Cet argument est le plus décisif, le plus redoutable de tous, quand il est rigoureusement formulé; car il enferme l'adversaire entre les deux branches d'un étau auquel il lui est impossible de s'arracher. Le *dilemme* se compose de deux propositions contradictoires, desquelles on tire la même conclusion, quelle que soit celle que l'adversaire invoque en sa faveur. Voici peut-être le chef-d'œuvre de cette sorte d'argument; il ne perd rien de sa force pour avoir été souvent cité. Un général disait à une sentinelle avancée qui avait laissé surprendre le camp :

Ou tu étais à ton poste, ou tu n'y étais pas;
Si tu étais à ton poste, tu as agi en traître;
Si tu n'y étais pas, tu as enfreint la discipline :
Donc tu mérites la mort.

Il n'y avait rien à répondre; mais il est rare que le *dilemme* puisse revêtir une forme aussi nette, aussi irrésistible; souvent un de ses membres et même les deux ne se présentent que sous les dehors d'un brillant sophisme. Tel est ce raisonnement que Racine met dans la bouche de Mathan, qui veut faire tomber le bras d'Athalie sur le jeune Éliacin, dont la naissance est encore un secret :

A d'illustres parents s'il doit son origine,
La splendeur de son rang doit hâter sa ruine;
Dans le vulgaire obscur si le sort l'a placé,
Qu'importe qu'au hasard un sang vil soit versé?

L'argument, irrésistible au point de vue de la politique, est détestable moralement parlant; mais il est à sa place dans la bouche de Mathan. Au reste, le *dilemme* est une arme à deux tranchants, et celui qui l'emploie doit bien prendre garde que son adversaire ne puisse le retourner contre lui. Nous trouvons dans Aulu-Gelle une anecdote charmante à ce sujet.

Le rhéteur Protagoras était convenu avec son disciple Évathlus que celui-ci lui payerait, pour son éducation, la moitié d'une certaine somme en commençant ses études, et l'autre moitié quand il aurait gagné sa première cause; Évathlus, ne se pressant ni de plaider ni de payer, Protagoras le cita devant l'Aréopage et lui posa ce *dilemme* :

« Quelle que soit l'issue du jugement, vous me payerez;

car ou vous gagnerez votre cause ou vous la perdrez. Si vous la perdez, vous me payerez en vertu de la sentence qui vous y condamnera; si vous la gagnez, vous me payerez encore en vertu de la convention faite entre nous. »

Malheureusement Protagoras avait trop bien instruit son élève, car celui-ci lui répliqua aussitôt :

« Quelle que soit l'issue du jugement, je ne vous payerai point; car je perdrai ma cause ou je la gagnerai. Si je la gagne, je ne vous payerai point, en vertu de la sentence qui m'en dispensera; si je la perds, je ne vous dois rien en vertu de la convention faite entre nous. »

L'Aréopage, fort embarrassé, on le comprend, n'a pas encore prononcé son jugement.

7° L'*induction* est un argument qui consiste à tirer une conclusion générale de l'énumération des diverses parties; c'est un raisonnement qui se prête mieux que tout autre aux développements oratoires. « Si je voulais prouver, dit Victor Le Clerc, que les méchants ne peuvent être heureux, j'examinerais la destinée de tous ceux qui se sont signalés par des crimes; je prendrais surtout mes preuves dans les conditions les plus fortunées en apparence; je montrerais Tibère, ce tyran cruel et subtil, avouant lui-même que ses forfaits sont devenus pour lui un supplice, faisant retentir de ses cris les antres de Caprée, et cherchant en vain dans son infâme solitude un remède à ses tourments; je citerais Néron, le meurtrier de son frère, de sa mère, de ses femmes, de ses maîtres, livré à d'éternelles terreurs...; je parcourrais l'histoire de cette foule de scélérats qui, au comble de la grandeur et de la puissance, n'ont pu trouver le repos; et de tous ces exemples je conclurais que le bonheur n'est point fait pour les méchants. » Mais si l'*induction* a son côté brillant, elle exige aussi beaucoup d'habileté de la part de celui qui l'emploie : il suffit, pour affaiblir son autorité, d'une omission, volontaire ou non, dans l'énumération des parties, ou d'un doute sur l'exactitude des rapports que l'orateur signale entre les prémisses et la conclusion.

8° L'*exemple*. C'est une espèce de syllogisme dont la majeure s'appuie sur un rapprochement emprunté à un ou à plusieurs faits particuliers attribués à un peuple ou à un personnage dont le nom fait autorité. J.-J. Rousseau nous fournit un éloquent modèle de cette sorte d'argument dans son fameux passage sur le duel : « César envoya-t-il un cartel à Caton, ou Pompée à César pour tant d'affronts réciproques, et le plus grand capitaine de la Grèce fut-il déshonoré pour s'être laissé menacer du bâton ? » Ces exemples une fois établis, Rousseau conclut ainsi : « Si les peuples les plus éclairés, les plus braves, les plus vertueux de la terre, n'ont point connu le duel, je dis qu'il n'est point une institution de l'honneur, mais une mode affreuse et barbare, digne de sa féroce origine. » Toutefois, cet argument, exclusivement oratoire, ne saurait présenter un caractère de certitude ; car, en admettant, ce qui arrive rarement, que le rapprochement entre les faits cités et le fait discuté soit identique, l'événement peut être modifié par des circonstances imprévues.

9° L'*argument personnel* ou *ad hominem* est une sorte d'enthymème au moyen duquel on prend les propres armes de l'adversaire pour le vaincre lui-même, c'est-à-dire qu'on le confond en lui opposant ses paroles ou ses actes personnels. Cicéron nous offre un magnifique exemple de cette espèce d'argument dans sa défense de Ligarius, que Tubéron accusait devant César d'avoir porté les armes en Afrique contre ce dernier. Le fait était vrai ; aussi l'orateur ne songe-t-il pas à le nier ; mais, se retournant par un irrésistible mouvement de colère contre Tubéron, qui avait lui-même un pareil passé à se reprocher, il lui adresse cette écrasante apostrophe : « Mais je le demande, qui donc fait un crime à Ligarius d'avoir été en Afrique ? C'est un homme qui, lui aussi, a voulu être en Afrique, un homme qui se plaint que Ligarius lui en défendit l'accès, et qu'on a vu portant les armes contre César lui-même. Que faisait ton épée nue, Tubéron, à la bataille de Pharsale ? Quel flanc voulais-tu percer ? Dans quel sein voulaient se plonger tes armes sanglantes ? Et ton courage, tes yeux, ton bras, ton ardeur, qui cherchaient-ils ? Que prétendais-tu ? que voulais-tu ? » Cet admirable mouvement d'éloquence sauva l'accusé ; César, qui tenait à la main l'acte de condamnation, le laissa tomber en frémissant, étonné lui-même qu'il pût pardonner à Ligarius (Plutarque, *Vie de Cicéron*, ch. XXXIX).

Toutefois, nous devons dire que l'argument *ad hominem* appartient plutôt au domaine de la passion qu'à celui de la logique ; c'est l'argument favori de la polémique violente et des hommes de parti, et il peut facilement dégénérer en personnalités offensantes qui répugnent à la générosité et à la délicatesse. On ne doit donc l'employer qu'à la dernière rigueur et avec beaucoup de circonspection.

On peut rapporter à l'argument *ad hominem* l'exemple par lequel on prouve qu'une personne est en contradiction avec elle-même dans ses paroles ou dans ses actions. Ainsi, un riche qui passe sa vie dans l'oisiveté reproche durement à un indigent auquel il fait l'aumône sa paresse et ses habitudes vagabondes. L'indigent lui répond : « Mais vous-même, quelles sont vos occupations? quel bon emploi faites-vous de votre temps? » C'est précisément cet argument personnel, *ad hominem*, que Massillon a éloquemment développé dans le passage suivant, extrait de son sermon sur la *Vraie charité* :

« On accompagne souvent la miséricorde de tant de dureté envers les malheureux; en leur tendant une main secourable, on leur montre un visage si dur et si sévère, qu'un simple refus eût été moins accablant pour eux qu'une charité si sèche et si farouche; car la pitié, qui paraît touchée de leurs maux, les console presque autant que la libéralité qui les soulage. On leur reproche leur force, leur paresse, leurs mœurs errantes et vagabondes; on s'en prend à eux de leur indigence et de leur misère, et, en les secourant, on achète le droit de les insulter. Mais s'il était permis à ce malheureux que vous outragez de vous répondre, si l'abjection de son état n'avait pas mis le frein de la honte et du respect sur sa langue : « Que me reprochez-vous? vous dirait-il : une vie oiseuse et des mœurs inutiles et errantes? Mais quels sont les soins qui vous occupent dans votre opulence? Les soucis de l'ambition, les inquiétudes de la fortune, les mouvements des passions, les raffinements de la volupté. Je puis être un serviteur inutile; mais n'êtes-vous pas vous-même un serviteur infidèle? Ah! si les coupables étaient les plus pauvres et les plus malheureux ici-bas, votre destinée aurait-elle quelque chose au-dessus de la mienne? Vous me reprochez des forces dont je ne me sers pas; mais quel usage faites-vous des vôtres? Je ne devrais pas manger, parce que je ne travaille point; mais êtes-vous dispensé vous-même de cette loi? N'êtes-vous riche que pour vivre dans une indigne mollesse? Ah! le Seigneur jugera entre vous et moi, et devant son tribunal redoutable, on verra si vos voluptés et vos profusions vous étaient plus permises que l'innocent artifice dont je me sers pour trouver du soulagement à mes peines. »

LIEUX COMMUNS.

On appelle *lieux communs* des espèces de répertoires d'idées générales, où les anciens rhéteurs prétendaient trouver la source de tous les arguments applicables à un sujet quelconque. Les grands orateurs, dont le génie s'inspire d'autres considérations, dédaignent le plus souvent de puiser à cet arsenal d'école; mais il n'en est pas moins précieux pour la foule des esprits ordinaires ou inexpérimentés, et nous lui devons ici quelques lignes de développement.

Les *lieux communs* sont *intrinsèques* ou *extrinsèques*, suivant leurs rapports avec les aspects *intérieurs* ou *extérieurs* de la cause, du sujet. Les premiers sont inhérents au sujet même, les seconds ne doivent être considérés que comme de purs accessoires.

Les principaux *lieux communs intrinsèques* sont : 1° la définition, 2° l'énumération des parties, 3° le genre et l'espèce, 4° la comparaison, 5° les contraires, 6° les répugnants, 7° les circonstances, 8° les antécédents et les conséquents, 9° la cause et l'effet.

1° La *définition* a pour but d'établir et de faire connaître la nature de la chose dont il s'agit, et cela d'une manière courte et précise, non pas cependant avec la concision sèche particulière aux définitions philosophiques. Une définition bien faite, qui ne néglige aucun trait essentiel ou favorable à l'opinion que soutient l'orateur, lui est d'un grand secours pour le développement clair et régulier de son sujet. Un chef-d'œuvre en ce genre est cette définition que Voltaire a donnée de l'esprit : « Ce qu'on appelle esprit est tantôt une comparaison nouvelle, tantôt une allusion fine; ici l'abus d'un mot qu'on présente dans un sens et qu'on laisse entendre dans un autre; là un rapport délicat entre deux idées peu communes; c'est une métaphore singulière; c'est une recherche de ce qu'un objet ne présente pas d'abord, mais de ce qui est en effet dans lui; c'est l'art ou de réunir deux choses éloignées, ou de diviser deux choses qui paraissent se joindre, ou de les opposer l'une à l'autre; c'est celui de ne dire qu'à moitié sa pensée pour la laisser deviner. Enfin, je vous parlerais de toutes les différentes formes de montrer de l'esprit, si j'en avais davantage. » On sent que l'auteur de cette charmante définition n'a eu qu'à frapper à sa propre porte pour obtenir des renseignements complets. Quoi de plus vrai et de plus piquant encore que cette définition de la cour, empruntée au malin *Bonhomme* :

> Je définis la cour un pays où les gens,
> Tristes, gais, prêts à tout, à tout indifférents,
> Sont ce qu'il plaît au maître, ou, s'ils ne peuvent l'être,
> Tâchent au moins de le paraître :
> Peuple caméléon, peuple singe du maître!

Mais nous nous trompons, ce n'est pas là une définition : c'est un tableau achevé.

2° L'*énumération des parties*. Elle consiste à parcourir successivement les diverses subdivisions d'une idée pour les faire tour à tour ressortir, parce que ce qui est vrai des parties est vrai de l'ensemble. Buffon, voulant caractériser l'Arabie Pétrée, énumère avec soin les divers aspects sous lesquels se présente cette contrée : « Qu'on se figure un pays sans verdure et sans eau, un soleil brûlant, un ciel toujours sec, des plaines sablonneuses, des montagnes encore plus arides, sur lesquelles l'œil s'étend et le regard se perd, sans pouvoir s'arrêter sur aucun objet vivant; une terre morte, et, pour ainsi dire, écorchée par les vents, laquelle ne présente que des ossements, des cailloux jonchés, des rochers debout ou renversés; un désert entièrement découvert où le voyageur n'a jamais respiré sous l'ombrage, où rien ne l'accompagne, rien ne lui rappelle la nature vivante. »

3° Le *genre* et *l'espèce* sont des idées corrélatives, qui offrent des arguments nombreux et souvent décisifs. C'est là que le syllogisme puise ses éléments. On les emploie quand on veut prouver de l'*espèce*, comme conséquence, ce qui est vrai du genre comme principe : *Il faut aimer la justice* (espèce), *parce qu'il faut aimer la vertu* (genre). Rien de plus facile que de donner à ce raisonnement la forme syllogistique

Nous devons aimer les vertus;
Or la justice est une vertu :
Donc nous devons aimer la vertu;

4° La *comparaison*. Ce lieu commun, qu'il ne faut pas confondre avec la figure de ce nom, établit des rapprochements entre des choses de nature analogue, et permet de conclure du *plus* au *moins*, du *moins* au *plus*, ou du *semblable* au *semblable*. Bourdaloue, voulant faire ressortir l'absurdité et l'inconséquence de celui qui ose nier la Providence, argumente ainsi par la comparaison du moins au plus : « Il croit qu'un État ne peut être bien gouverné que par la sagesse et le conseil d'un prince; il croit qu'une maison ne peut subsister sans la vigilance et l'économie d'un père de famille; il croit qu'un vaisseau ne peut être bien conduit sans l'attention et l'habileté d'un pilote; et quand il voit ce vaisseau voguer en pleine mer, cette famille réglée, ce royaume dans l'ordre et dans la paix, il conclut sans hésiter qu'il y a un esprit, une intelligence qui y préside. Mais il prétend raisonner tout autrement à l'égard du monde entier, et il veut que, sans Providence, sans prudence, sans intelligence, par un effet du hasard, ce grand et vaste univers se maintienne dans l'ordre merveilleux où nous le voyons. N'est-ce pas aller contre ses propres lumières et contre sa raison? »

5° Les *contraires* consistent à dire ce qu'une chose n'est point pour mieux faire ressortir ensuite ce qu'elle est réellement, par l'opposition des idées. Dans l'oraison funèbre de Le Tellier, Fléchier a fait un heureux emploi de ce lieu commun : « M. Le Tellier ne ressemble pas à ces âmes oisives qui n'apportent d'autre préparation à leurs charges que celle de les avoir désirées; qui mettent leur gloire à les acquérir, non pas à les exercer; qui s'y jettent sans discernement et s'y maintiennent sans mérite; et qui n'achètent ces titres vains d'ostentation et de dignité que pour satisfaire leur orgueil et pour honorer leur paresse. » Cette description, toute par les contraires, met tellement en relief la pensée de l'auteur, qu'on fait à peine attention aux lignes suivantes, qui n'en sont que la confirmation : « Il se fit connaître au public par l'application à ses devoirs, la connaissance des affaires, l'éloignement de tout intérêt. » L'auditeur avait déjà lui-même tiré cette conclusion.

6° Les *répugnants*. C'est un lieu commun au moyen duquel on prouve l'impossibilité d'un fait en le présentant comme invraisemblable ou contraire à la nature. Un homme est accusé d'avoir tué son protecteur; mais il était absent au moment du crime; la victime était son ami, son bienfaiteur; loin d'avoir intérêt à sa mort, il avait, au contraire, mille motifs de désirer sa conservation. Il *répugne* donc de croire qu'il soit l'auteur de ce crime.

7° Les *circonstances* forment les accessoires du fait principal et sont d'un grand poids dans la discussion. Elles servent à prouver qu'une chose est facile ou difficile, possible ou impossible, louable ou blâmable, etc., suivant les *circonstances* qui l'ont accompagnée. Dans son plaidoyer pour Milon, Cicéron nous offre un bel exemple du parti qu'un orateur habile peut tirer de ce lieu commun : « Milon, dites-vous, a tendu des embûches à Clodius ; mais considérez les circonstances où il était : dans une voiture, enveloppé d'habits embarrassants, accompagné de sa femme, des nombreuses esclaves de sa femme, etc. » Des rhéteurs ont rassemblé dans ce vers technique toutes les circonstances dont il convient de faire usage dans l'exposition d'une cause :

Quis, quid, ubi, quibus auxiliis, cur, quomodo, quando ;

« Qui, quoi, où, avec quels secours, pourquoi, comment, quand ; » ce qui comprend la *personne*, la *chose*, le *lieu*, les *moyens*, le *nombre*, les *motifs*, la *manière* et le *temps*.

8° Les *antécédents* et les *conséquents* fournissent des arguments tirés des choses qui ont précédé ou suivi le fait en discussion. Un homme était votre ennemi ; on sait que vous désiriez sa mort, vous l'avez menacé : autant d'*antécédents* à votre charge. Il est tué ; depuis ce moment vous vous cachez, vous vous troublez quand on parle de ce meurtre : autant de *conséquents* qui déposent contre vous d'une manière non moins accablante. Les *antécédents* et les *conséquents* peuvent devenir une source intarissable de développements ; aussi faut-il n'en user que sobrement. Horace recommande aux poètes qui veulent chanter la prise de Troie de ne point remonter jusqu'à l'œuf de Léda ; c'est aussi pour rappeler Petit-Jean à l'observation de ce précepte que le juge Dandin le prie de passer au déluge.

9° La *cause* et l'*effet* sont des idées corrélatives qui fournissent, par l'examen des motifs et des résultats, l'occasion de louer ou de blâmer un fait, de conseiller une entreprise ou d'en détourner, etc. Quoi de plus grand, de plus généreux que l'action du roi Codrus qui se dévoue au sort d'Athènes ? Quoi de plus noble dans son principe, dans sa *cause?* C'est le sacrifice de sa vie fait au salut de ses sujets. Quoi de plus élevé dans son *effet?* C'est la ruine des ennemis, c'est la gloire et la conservation de la patrie. On pourrait raisonner d'une manière identique pour l'admirable dévouement du chevalier d'Assas, qui sauva l'armée au prix de sa vie.

Les *lieux communs extrinsèques* sont ceux qui ne naissent point du sujet même, bien qu'ils s'y rattachent plus ou moins directement. On peut les réduire à cinq principaux : 1° la *loi*; 2° les *titres*, c'est-à-dire tous les genres de pièces ou d'autorités écrites; 3° les *témoins*; 4° le *serment*; 5° la *renommée*. A ces lieux communs, nos ancêtres en ajoutaient un sixième, la *question judiciaire*, qui consistait dans les tortures que l'on faisait subir à l'accusé pour lui arracher la vérité; coutume atroce, qui outrageait également la justice et l'humanité, puisque trop souvent des innocents se sont déclarés coupables pour mettre fin à cet effroyable supplice. Nous ne nous étendrons pas davantage sur cette catégorie de lieux communs; il est facile de voir quel parti on peut tirer du serment, de la déposition des témoins ou des aveux de l'accusé. La loi et les titres sont encore plus du domaine de la jurisprudence que de celui de l'éloquence; quant à la renommée, personne n'ignore qu'il ne faut accueillir qu'avec une grande réserve l'adage vulgaire : *Vox populi, vox Dei.*

DES MŒURS.

Etablissons tout d'abord ici une distinction entre ce qu'on peut appeler les mœurs *réelles* et les mœurs *oratoires*. Les premières sont personnelles à l'orateur et rentrent dans le domaine de la vie privée; les secondes n'en sont que le reflet répandu sur toutes les parties du discours. Elles embrassent toutes les règles de la morale, et consistent dans le talent et l'aptitude de l'orateur à se concilier les esprits. Mais il est évident qu'un rapport intime lie ces deux sortes de mœurs *individuelles* et *conventionnelles*. « En effet, si la bonne foi, la droiture, la sincérité, l'austère probité de celui qui parle sont patentes, sa cause est recommandée par sa personne; avant même qu'il ouvre la bouche, on est à demi persuadé. Si le droit qu'il défend ne lui était pas connu; si ce qu'il veut prouver n'était pas vrai, n'était pas juste; si ce qu'il va louer n'était pas louable; si l'homme qu'il accuse n'était pas criminel; si le conseil qu'il donne n'était pas utile et, de plus, honnête, il n'aurait garde de profaner son ministère; le parti qu'il embrasse doit être le meilleur. Ainsi raisonne ou doit raisonner l'opinion publique en faveur de l'homme de bien, connu, révéré comme tel. Au contraire, si les mœurs, le caractère d'un homme éloquent l'ont rendu méprisable, suspect et dangereux; que, souillé de vices, il parle de vertu; vénal, de droiture; dissolu, de décence; vendu à la faveur, de zèle pour le bien public; il semble qu'il doive être ou ridicule ou révoltant, et que la cause la meilleure doive être décriée par un orateur diffamé. *Si cela est vrai, pourquoi le dit-il?* Ce mot naïf, au sujet d'un menteur qui, par hasard, venait de dire la vérité, semble être ici le cri de l'auditoire lorsqu'un malhonnête homme travaille à le persuader. » (Em. Lefranc.) Il faut donc que, en imitant les mœurs, l'orateur trouve son modèle en lui-même, qu'il peigne son propre cœur et parle d'après ses impressions réelles; car, en s'assimilant momentanément et pour les besoins de la cause des vertus qui lui seraient étrangères, il ne présenterait que fiction, mensonge et hypocrisie; il révolterait son auditoire au lieu de le persuader. Les anciens, avec leur instinct profond de l'art de l'éloquence, avaient bien compris cette vérité, et voilà pourquoi Quintilien a défini l'orateur : *Vir bonus, dicendi peritus*, l'homme de bien, habile dans l'art de la parole. Le précepte de Boileau ne s'applique pas moins aux orateurs qu'aux poètes :

> Que votre âme et vos mœurs, peintes dans vos ouvrages,
> N'offrent jamais de vous que de nobles images.

Fénelon, un de nos grands maîtres dans l'art dont nous exposons ici les principes, n'a fait que commenter la pensée de Quintilien, quand il a dit : *L'homme digne d'être écouté est celui qui ne se sert de la parole que pour la pensée, et de la pensée que pour la vérité et la vertu.* Dans tout ce que dit un homme véritablement éloquent, on reconnaît la double autorité du talent et de la vertu; dans ses jugements, dans ses maximes, éclate son respect pour la religion, pour les mœurs, pour les lois. On ne peut s'empêcher d'aimer et d'estimer un tel caractère. « Sa voix, dit La Harpe, au moment où elle s'élève dans le temple de la justice, est comme un premier jugement. » Il faut donc de toute nécessité joindre les mœurs réelles aux mœurs oratoires, c'est-à-dire être vertueux afin de le paraître plus sûrement.

Pour plaire à l'auditeur par les mœurs, l'orateur doit réunir quatre conditions essentielles : la *probité*, la *modestie*, la *prudence* et la *bienveillance*.

Par la *probité*, consistant dans une certaine droiture d'esprit et de cœur qui nous détourne de jamais tromper personne, l'orateur inspire la confiance en se faisant considérer comme un homme d'honneur et de bonne foi.

Par la *modestie*, il se concilie la bienveillance de ceux qui l'écoutent, en paraissant s'oublier lui-même pour ne s'occuper que de son sujet. Rien ne choque les esprits comme la présomption et l'orgueil. « Un orateur, dit Quintilien, a toujours mauvaise grâce à tirer vanité de son éloquence. Rien ne donne tant de dégoût à ceux qui l'entendent, et souvent tant d'aversion. Nous avons tous je ne sais quelle fierté naturelle qui se révolte quand on s'annonce comme un homme supérieur aux autres. » On peut dire, en général, que la modestie est le caractère du vrai savoir aussi bien que du vrai mérite. « Le *moi* est haïssable, a dit Pascal; je le haïrai toujours : il est l'ennemi et voudrait être le tyran de tous les autres. »

La *prudence* consiste à ménager habilement les susceptibilités de ses auditeurs, à ne pas heurter de front leurs opinions et jusqu'à leurs préjugés, même quand il s'agit de les combattre.

Par la *bienveillance*, enfin, nous plaisons à ceux qui nous écoutent, en paraissant nous identifier avec eux, épouser leurs intérêts. Nous sommes toujours disposés à donner notre assentiment à un ami dont nous connaissons le dévouement, tandis que nous nous tenons en garde contre les paroles d'une personne, si habile et si éloquente qu'elle soit, lorsque nous pouvons la soupçonner d'égoïsme ou même seulement d'indifférence.

Nous trouvons un modèle parfait de l'expression des mœurs oratoires dans le discours que Burrhus tient à Néron pour le détourner du projet d'empoisonner Britannicus (Racine, *Britannicus*) :

Ah! de vos premiers ans l'heureuse expérience
Vous fait-elle, seigneur, haïr votre innocence?
Songez-vous au bonheur qui les a signalés?
Dans quel repos, ô ciel! les avez-vous coulés!
Quel plaisir de penser et de dire en vous-même :
Partout, en ce moment, on me bénit, on m'aime;

On ne voit point le peuple à mon nom s'alarmer;
Le ciel dans tous leurs pleurs ne m'entend point nommer;
Leur sombre inimitié ne fuit point mon visage;
Je vois voler partout les cœurs à mon passage.

Pour exprimer si bien de si nobles sentiments, il faut les avoir réellement dans le cœur; c'est le langage de la vertu et de l'affection réunies ensemble dans une nature élevée.

Au chapitre des mœurs nous pouvons rattacher les *bienséances oratoires*, c'est-à-dire l'art de dire seulement ce qu'il faut, et de le dire à propos. Elles consistent dans l'accord parfait des idées, des sentiments, du langage, de l'action, du silence même de l'orateur, avec les sujets, les circonstances et l'auditoire. Ainsi, il ne conviendrait pas de tenir le même langage à des jeunes gens et à des vieillards, à une multitude grossière et à une assemblée d'hommes distingués, à des religieux et à des soldats. « Le ton, comme le dit très justement Buffon, n'est que la convenance du style à la nature du sujet. » L'orateur doit donc tenir soigneusement compte de l'âge de ses auditeurs, de leur position, de leurs habitudes, de leur éducation; ce n'est qu'après avoir étudié de la sorte le terrain qu'il pourra, avec quelque chance de succès, se présenter devant le public et braver les caprices de ce juge *ondoyant* et *divers*, qui donne si facilement sa faveur, et qui la retire plus facilement encore.

DES PASSIONS.

Nous venons de passer en revue les différents moyens de convaincre et de plaire; quelquefois, comme nous l'avons déjà dit, ils suffisent à l'orateur pour atteindre le but qu'il se propose, mais souvent aussi ils ont besoin d'un auxiliaire plus puissant encore qui complète leur triomphe, surtout si l'on se trouve en présence d'esprits prévenus ou hostiles. Lorsque César laissa tomber la condamnation de Ligarius, il est permis de croire qu'il n'était même pas convaincu de son innocence, et cependant Cicéron sut détourner la sentence de bannissement qu'il se préparait à prononcer. Comment remporta-t-il cette magnifique victoire? En remplissant l'âme de César des émotions fortes, des sentiments irrésistibles qui étouffent invinciblement, pour un instant du moins, le cri de la prévention ou de la haine. Quand on a fortement agi sur l'esprit et la raison, il reste à agir sur le cœur, et l'on y arrive en excitant les *passions*.

En rhétorique, on entend par *passions* ces sentiments de l'âme, plus ou moins vifs, qu'on tire de son sujet pour les communiquer par le discours. C'est au moyen des passions que l'orateur achève de vaincre la résistance qu'on lui oppose; c'est par les passions que Démosthène a régné sur l'agora, Cicéron au forum, Mirabeau à la tribune, Massillon dans la chaire. Quiconque sait les mouvoir à propos maîtrise à son gré les esprits; il les fait passer d'un sentiment à un sentiment tout opposé : de la tristesse à la joie, de la colère à la pitié, de la froideur à l'enthousiasme, etc.

Toutes les passions, colère, crainte, espérance, indignation, pitié, douleur, admiration, enthousiasme, se rattachent à deux grands principes, l'amour et la haine, qui comprennent les deux rapports de notre âme avec le bien et le mal.

Pour exciter la première de ces passions, l'orateur et l'écrivain lui-même peindront les objets sous des couleurs agréables et en feront ressortir les qualités et les avantages. On soulève la haine par les moyens contraires, en prêtant aux objets des teintes repoussantes et un caractère odieux. Andromaque, pour rendre Pyrrhus haïssable, rappelle les fureurs qu'il avait exercées à la prise de Troie :

> Songe, songe, Céphise, à cette nuit cruelle
> Qui fut pour tout un peuple une nuit éternelle;
> Figure-toi Pyrrhus, les yeux étincelants,
> Entrant à la lueur de nos palais brûlants,
> Sur tous mes frères morts se frayant un passage,
> Et, de sang tout couvert, échauffant le carnage;
> Songe aux cris des vainqueurs, songe aux cris des mourants,
> Dans la flamme étouffés, sous le fer expirants;
> Peins-toi dans ces horreurs Andromaque éperdue :
> Voilà comme Pyrrhus vint s'offrir à ma vue.

On comprend que les passions, par leur nature même, ne peuvent être enseignées par un ensemble de règles, comme les arguments et les mœurs; leur emploi est surtout une affaire de tact et de goût, où les circonstances imprévues jouent souvent le principal rôle. Nous ne formulerons donc point, à cet égard, de prescriptions absolues; nous présenterons seulement quelques observations générales, destinées à prévenir les fautes de l'entraînement ou de l'inexpérience.

Disons, en premier lieu, que le plus sûr moyen d'exciter

les passions est de les éprouver soi-même. C'est en vain qu'un orateur se battra les flancs pour faire passer dans l'âme de ses auditeurs un sentiment auquel il restera indifférent : il faut qu'il soit véritablement ému, emporté, indigné, enthousiaste, affligé, s'il veut que ceux qui l'écoutent partagent son émotion, son emportement, son indignation, son enthousiasme, son affliction ; et s'il n'éprouve pas un sentiment réel et profond, il est indispensable qu'il appelle à son secours toute la fécondité de son imagination et qu'il excite lui-même toute la sensibilité de son cœur.

Si vis me flere, dolendum est
Primum ipsi tibi.

« Pour me tirer des pleurs il faut que vous pleuriez, »

disent les deux maîtres de l'art, les législateurs du goût. Oui, ajouterons-nous, tremblez et frémissez si vous voulez que je tremble et que je frémisse. « Il n'est pas possible, dit Cicéron dans son livre *De l'Orateur*, que celui qui écoute se porte à la douleur, aux pleurs, à la pitié, si l'orateur ne se montre vivement pénétré des sentiments qu'il veut inspirer. »

L'orateur doit ensuite se demander si le sujet qu'il traite comporte le mouvement des passions, qui serait déplacé et souvent ridicule dans les petites affaires. L'avocat qui, en plaidant à propos d'un mur mitoyen, ferait jouer le ressort des grandes passions ne serait pas intéressant ; il ne serait que grotesque, et descendrait au rôle d'un personnage de comédie. Il nous rappellerait l'avocat des *Plaideurs*, lequel, parlant pour un chien qui a mangé un chapon, commence son plaidoyer par ce grave début, traduit de Cicéron (*Pro Quintio*) :

Messieurs, tout ce qui peut étonner un coupable,
Tout ce que les mortels ont de plus redoutable,
Semble s'être assemblé contre nous par hasard :
Je veux dire la brigue et l'éloquence. . . . . .

Ce pompeux exorde est soutenu par des traits de même force, qui décèlent assez l'intention ironique du poète. Mais lors même que la nature du sujet se prête aux mouvements oratoires, on ne doit pas s'y jeter brusquement et sans transition : il faut que l'auditoire soit préparé à recevoir cette impression, car la passion n'a de prise que sur des esprits déjà convaincus. En voulant frapper trop vite, on manquerait le but, et l'orateur vivement ému, au sein d'une assemblée qui aurait conservé tout son sang-froid, ressemblerait, dit Cicéron, à un homme ivre au milieu d'hommes à jeun, *vinolentus inter sobrios*. On ne saurait trouver une comparaison plus piquante et en même temps plus juste.

Toutefois, même quand l'emploi des passions oratoires est pleinement justifié, il serait dangereux de s'y arrêter trop longtemps. C'est ici surtout qu'il convient de se rappeler la sage maxime : *Ne quid nimis*, rien de trop. Cette observation nous est fournie par la nature même du pathétique, qui, comme tous les sentiments violents, la colère, l'indignation, l'enthousiasme, n'a qu'une intensité passagère. Rien ne sèche plus vite qu'une larme, a dit encore Cicéron, dont on ne saurait trop méditer les préceptes en cette matière : *Nihil enim lacryma citius arescit*. Il faut donc savoir s'arrêter à propos, et pour cela on a besoin d'un goût délicat, afin de discerner ce qui suffit et ce qui dégénérerait en surabondance nuisible. Mais si les grands mouvements ne doivent être employés qu'avec une sage sobriété, rien ne peut dispenser de jeter dans tout le discours une chaleur et une animation suffisantes pour captiver constamment l'attention et la sympathie de l'auditoire.

Le pathétique peut, quand la nature du sujet s'y prête, se montrer dans toutes les parties du discours, mais il a sa place marquée de préférence dans la péroraison. L'auditoire ressemble alors à une place où l'on a pratiqué une large brèche ; toutefois l'ennemi, quoique ébranlé, résiste encore : il faut un dernier assaut pour le renverser tout à fait, et c'est là que l'assaillant déploie un suprême effort. La péroraison est le dernier assaut que l'orateur livre à son auditoire ; c'est ici surtout qu'il doit faire usage des passions, car les esprits sont suffisamment préparés aux émotions vives, et le rôle du raisonnement est fini. Si quelques convictions ont résisté à tous les arguments, le pathétique seul peut triompher de leurs dernières résistances et achever de les gagner.

Tous les grands orateurs ont excellé dans l'emploi du pathétique, qui consiste moins encore dans le talent de faire verser des larmes que dans celui de subjuguer les esprits par l'accumulation d'images vives, saisissantes, de raisonnements concis présentés sous une forme irrésistible de passion et d'éclat. Mirabeau nous en offre un magnifique exemple dans son célèbre discours au sujet de la contribution du quart. Le ministre Necker, voyant tout s'abîmer autour de lui, avait pris le parti de proposer à l'Assemblée nationale une contribution qui atteindrait le quart du revenu de chaque particulier. Une telle mesure rencontra de vives oppositions dans le sein de l'Assemblée. C'est alors que Mirabeau, envisageant avec terreur les désastres qui allaient naître d'un aveugle esprit de résistance, vint noblement au secours du roi, de son ministre, du repos et de l'honneur de la France. Il avait déjà pris trois fois la parole dans cette mémorable séance, sans avoir vaincu les irrésolutions de l'Assemblée; alors, dans un de ces moments de colère éloquente où le lion poussait des rugissements auxquels personne n'osait répondre, il s'élança de nouveau à cette tribune dont sa main frémissante semblait pétrir le marbre, suivant la belle expression d'un de ses biographes, et prononça un discours qui finissait par le coup de tonnerre suivant: « Deux siècles de déprédations et de brigandages ont creusé le gouffre où le royaume est près de s'engloutir. Il faut le combler, ce gouffre effroyable. Eh bien! voici la liste des propriétaires français. Choisissez parmi les plus riches, afin de sacrifier moins de citoyens. Mais choisissez; car ne faut-il pas qu'un petit nombre périsse pour sauver la masse du peuple? Allons, ces deux mille notables possèdent de quoi combler le déficit! Ramenez l'ordre dans vos finances, la paix et la prospérité dans le royaume! frappez, immolez sans pitié ces tristes victimes! précipitez-les dans l'abîme! il va se refermer... Vous reculez d'horreur... hommes inconséquents, hommes pusillanimes! Eh! ne voyez-vous donc pas qu'en décrétant la banqueroute, ou, ce qui est plus odieux encore, en la rendant inévitable sans la décréter, vous vous souillez d'un acte mille fois plus criminel, et, chose inconcevable, gratuitement criminel; car enfin cet horrible sacrifice ferait disparaître le *déficit*. Mais croyez-vous, parce que vous n'aurez pas payé, que vous ne devrez plus rien? croyez-vous que les milliers, les millions d'hommes qui perdront en un instant, par l'explosion terrible ou par ses contre-coups, tout ce qui faisait la consolation de leur vie et peut-être leur unique moyen de la sustenter, vous laisseront paisiblement jouir de votre crime? Contemplateurs stoïques des maux incalculables que cette catastrophe vomira sur la France, impassibles égoïstes, qui pensez que ces convulsions du désespoir et de la misère passeront comme tant d'autres, et d'autant plus rapidement qu'elles seront plus violentes, êtes-vous bien sûrs que tant d'hommes sans pain vous laisseront tranquillement savourer les mets dont vous n'aurez voulu diminuer ni le nombre ni la délicatesse?... Non, vous périrez, et dans la conflagration universelle que vous ne frémissez pas d'allumer, la perte de votre honneur ne sauvera pas une seule de vos détestables jouissances.

» Voilà où nous marchons... J'entends parler de patriotisme, d'invocation au patriotisme. Ah! ne prostituez pas ces mots de patrie et de patriotisme. Il est donc bien magnanime, l'effort de donner une portion de son revenu pour sauver tout ce qu'on possède! Eh! messieurs, ce n'est là que de la simple arithmétique, et celui qui hésitera ne peut désarmer l'indignation que par le mépris que doit inspirer sa stupidité. Oui, messieurs, c'est la prudence la plus ordinaire, la sagesse la plus triviale, c'est votre intérêt le plus grossier que j'invoque. Je ne vous dis plus, comme autrefois : Donnerez-vous les premiers aux nations le spectacle d'un peuple assemblé pour manquer à la foi publique? Je ne vous dis plus : Eh! quels titres avez-vous à la liberté, quels moyens vous resteront pour la maintenir, si dès votre premier pas vous surpassez les turpitudes des gouvernements les plus corrompus?... Je vous dis : Vous serez tous entraînés dans la ruine universelle; et les premiers intéressés au sacrifice que le gouvernement vous demande, c'est vous-mêmes.

» Votez donc ce subside extraordinaire, et puisse-t-il être suffisant! Votez-le, parce que si vous avez des doutes sur les moyens (doutes vagues et non éclaircis), vous n'en avez pas sur la nécessité et sur votre impuissance à le remplacer, immédiatement du moins. Votez-le, parce que les circonstances publiques ne souffrent aucun retard, et que nous serions comptables de tout délai. Gardez-vous de demander du temps : le malheur n'en accorde jamais... Eh! messieurs, à propos d'une ridicule motion du Palais-Royal, d'une risible insurrection qui n'eut jamais d'importance que dans les imaginations faibles ou les desseins pervers de quelques hommes de mauvaise foi, vous avez entendu naguère ces mots forcenés : *Catilina est aux portes de Rome, et l'on délibère!* Et certes il n'y avait autour de nous ni Catilina, ni périls, ni factions, ni Rome... Mais aujourd'hui la banqueroute, la hideuse banqueroute est là; elle menace de consumer, vous, vos propriétés, votre honneur... Et vous délibérez! »

On ne délibéra plus. Des cris d'enthousiasme attestèrent la victoire de l'orateur.

Voilà comme les maîtres dans l'art de la parole savent faire intervenir les passions, fouiller dans tous les recoins du cœur humain, faire surgir à la surface tous les sentiments qu'il recèle. L'étude approfondie de ces admirables mouvements, dont on trouvera une foule d'exemples dans Démosthène, Cicéron, Bossuet, Massillon, le P. Lacordaire, en apprendra plus que tous les préceptes.

DE LA DISPOSITION

La disposition, dans l'art oratoire, consiste à mettre en ordre les matériaux fournis par l'invention. Le rôle de l'imagination est fini; celui de la prudence et du jugement commence. « Il ne suffit pas, dit Montesquieu, de montrer beaucoup de choses à l'esprit, il faut encore les lui présenter avec ordre. L'orateur, comme l'écrivain, doit savoir comparer et coordonner ses idées, déterminer clairement son but et la voie qu'il se propose de parcourir pour l'atteindre. » — « Sans cela, dit à son tour Buffon, le meilleur écrivain s'égare; sa plume marche sans guide et jette à l'aventure des traits irréguliers et des figures discordantes. C'est faute de plan, c'est pour n'avoir pas assez réfléchi sur son sujet qu'un homme d'esprit se trouve embarrassé et ne sait par où commencer à écrire. Il aperçoit à la fois un grand nombre d'idées; et, comme il ne les a ni comparées ni subordonnées, rien ne le détermine à préférer les unes aux autres; il demeure donc dans la perplexité; mais lorsqu'il se sera fait un plan, lorsqu'une fois il aura rassemblé et mis en ordre toutes les pensées essentielles, il sentira aisément le point de maturité de la production de l'esprit; il sera pressé de la faire éclore; les idées se succéderont sans peine, et le style sera naturel et facile. En effet, toute difficulté disparaît pour celui que la méditation a rendu maître de sa matière; il peut dire comme Racine : « Ma pièce est achevée, je n'ai plus que les vers à » faire. »

On compte ordinairement six parties du discours oratoire, non qu'elles doivent figurer toutes et constamment dans toute espèce de sujet, mais parce qu'elles y peuvent entrer : 1° l'*exorde*, 2° la *proposition*, ou mieux la *disposition*, la *division*;

3° la *narration*, 4° la *confirmation*, 5° la *réfutation*, 6° la *péroraison*.

M. J.-B. Géruzez, dans son *Traité sur la langue française*, a fait ressortir fort ingénieusement la justesse de cette distribution, qui a la nature même pour point de départ : « Un enfant a-t-il quelque chose à demander à ses parents ou à ses maîtres, il les abordera d'un air gracieux et soumis, il leur adressera quelques paroles agréables et flatteuses, il s'informera de leur santé. Après cet *exorde*, il hasardera sa *proposition*, il demandera un congé, une promenade, une exemption de devoir ; pour peu qu'on hésite, il fera valoir sa bonne conduite, son travail, ses succès ; il promettra de redoubler de diligence : telle sera sa *confirmation*. Si on lui fait quelques objections, il ne manquera pas de les *réfuter* ; enfin, si l'on paraît encore indécis, il rassemblera ses raisons dans une *péroraison*, il leur donnera plus de force par ses caresses et par ses larmes ; il suivra la même marche que l'orateur, parce que cette marche est celle de la nature. »

Passons rapidement en revue ces six parties du discours.

1° L'*exorde*. Quelque sujet que l'on traite, on débute toujours par une espèce d'introduction ; c'est ce que l'on appelle *exorde* en rhétorique. Cette première partie du discours a pour but de rendre l'auditeur bienveillant, attentif et docile ; mais on comprend que le ton de l'exorde varie d'après la nature du sujet, les circonstances au milieu desquelles parle l'orateur, et l'auditoire auquel il s'adresse ; de là quatre sortes d'exordes, que l'on peut appeler : l'exorde simple ou tempéré, l'exorde orné ou pompeux, l'exorde par insinuation et l'exorde brusque ou *ex abrupto*.

L'exorde simple convient aux sujets faciles ou de peu d'importance. On comprend en effet que, dans des matières de ce genre, il serait ridicule de débuter par des ornements d'une recherche affectée, des images, des figures outrées, qui ne seraient que l'exagération du mauvais goût.

L'exorde pompeux s'emploie dans des cas particuliers où la solennité des circonstances, la grandeur du sujet, justifient un début magnifique et en font même une obligation. Bossuet nous fournit un splendide exemple de ce genre d'exorde dans celui de l'oraison funèbre de la reine d'Angleterre : « Celui qui règne dans les cieux et de qui relèvent tous les empires, à qui seul appartient la gloire, la majesté et l'indépendance, est aussi le seul qui se glorifie de faire la loi aux rois et de leur donner, quand il lui plaît, de grandes et terribles leçons. Soit qu'il élève les trônes, soit qu'il les abaisse, soit qu'il communique sa puissance, soit qu'il la retire à lui-même et ne leur laisse que leur propre faiblesse, il leur apprend leurs devoirs d'une manière souveraine et digne de lui. » Ce n'est pas seulement pompeux, c'est sublime de pensée et d'expression.

L'exorde par insinuation est celui qui exige le plus de prudence et d'habileté. Si l'orateur se trouve en face d'un auditoire peu favorablement disposé, d'esprits prévenus, de volontés hostiles, il doit faire appel à toute son expérience dans l'art de la parole pour ne pas heurter de front le danger et s'exposer ainsi à un échec certain. C'est ici que, pour s'attirer l'attention et la bienveillance, les précautions oratoires sont indispensables, car une phrase maladroite, un mot trop vif, une intention avouée avant que les esprits aient été préparés à l'accueillir, pourrait tout perdre. On peut citer comme un parfait modèle de ce genre d'exorde le début du discours dans lequel Cicéron osa se prononcer contre la loi agraire, et sut néanmoins amener le peuple à rejeter lui-même une loi qui semblait si conforme à ses intérêts. Nous trouvons encore un bel exemple d'exorde par insinuation dans Ovide, au sujet du débat qui s'élève entre Ajax et Ulysse, devant tous les chefs grecs rassemblés, pour la possession des armes d'Achille. Ajax s'exprime d'une manière conforme à son caractère, en termes violents et emportés; le discours d'Ulysse est, dès le début, un chef-d'œuvre d'adresse et d'habileté.

L'exorde *ex abrupto* est toujours l'expression d'un sentiment impétueux que les auditeurs eux-mêmes partagent, et qui se fait jour par la bouche de l'orateur. Il sait alors qu'il n'a besoin ni de préparation ni de ménagement, et il se livre tout d'abord à la vivacité de l'émotion qu'il éprouve. Tout le monde connaît en ce genre l'exorde justement fameux qui forme le début de la première *Catilinaire*. Catilina, dont le complot était connu, venait d'entrer insolemment dans le sénat, et semblait affronter les cris d'indignation qu'avait soulevés sa présence. C'est alors que Cicéron, qui présidait le sénat en qualité de consul, adressa au conspirateur cette apostrophe : « Jusques à quand enfin, Catilina, abuseras-tu de notre patience? Combien de temps encore serons-nous le jouet de ta fureur? Où borneras-tu l'audace effrénée qui t'emporte? Quoi! ni ces gardes posés de nuit sur le mont Palatin, ni les sentinelles distribuées dans la ville, ni la consternation du peuple, ni ce frémissement général de tous les bons citoyens, ni ce lieu fortifié où s'assemble le sénat, ni ces visages irrités, ces yeux fixés sur toi, n'ont rien qui puisse t'émouvoir? Ne sens-tu pas que tes complots sont dévoilés? Ne vois-tu pas, même dans le silence de ceux qui t'environnent, que ton crime est découvert? » etc.

Malgré toute son audace, Catilina pâlit à ces terribles paroles et sortit du sénat, en proférant des menaces de vengeance.

2° La *proposition* est l'exposé sommaire et précis de la question que l'on va traiter. Elle est *simple* ou *complexe*, suivant que le sujet est lui-même simple ou complexe. Dans le premier cas, l'orateur ne se propose qu'un seul but; dans le second, il en poursuit plusieurs, qu'il doit atteindre successivement. C'est alors qu'il divise en autant de points différents les diverses questions qui forment l'ensemble de son sujet; autrement il courrait le risque de s'égarer, de se noyer dans sa matière, et d'accoler ensemble des idées qui n'auraient entre elles que des rapports vagues et confus.

Les principales règles d'une bonne division peuvent se résumer ainsi : qu'elle soit 1° *entière*, c'est-à-dire que ses différentes parties embrassent toute l'étendue du sujet, qu'elles n'omettent aucun point de vue sous lequel on puisse le considérer; 2° *précise*, c'est-à-dire que ces mêmes parties soient distinctes et ne rentrent pas les unes dans les autres; 3° *progressive*, c'est-à-dire que chaque membre paraisse une conséquence du précédent, de sorte que l'intérêt aille toujours en croissant; 4° *naturelle*, c'est-à-dire résultant de l'essence même des choses, car elle deviendrait choquante, obscure et puérile si elle trahissait la recherche et l'affectation. Dans son sermon sur la Passion, Massillon nous fournit un bel exemple de division régulière, établie sur ce texte : *Consummatum est* : « La mort du Sauveur renferme trois consommations qui vont nous expliquer tout le mystère de ce grand sacrifice dont l'Église renouvelle aujourd'hui le spectacle et honore le souvenir : une consommation de justice, du côté de son Père; une consommation de malice, de la part des hommes; une consommation d'amour, du côté de Jésus-Christ. Ces trois vérités partageront tout ce discours, etc. » Il est évident que tous les genres de discours ne supportent pas également la méthode des divisions; c'est à l'orateur à en apprécier l'opportunité.

3° La *narration* est le récit, approprié à l'utilité de la cause, du fait qui forme la matière du discours. Cette simple définition doit faire sentir toute l'importance du récit, car la manière de présenter les choses en relève ou en atténue singulièrement les circonstances. La narration oratoire n'est ni la narration historique ni la narration poétique; celles-ci se proposent exclusivement d'instruire ou de plaire, tandis que le but principal de la première est de convaincre. Aussi l'orateur doit-il mettre en jeu toute son habileté afin de présenter les faits sous un jour favorable à sa cause, et cela sans cesser d'être véridique; car s'il omettait ou altérait trop visiblement une circonstance, il cesserait d'inspirer la confiance et s'exposerait à être convaincu de mauvaise foi par son adversaire. Mais, sans détruire la substance du fait, il usera de toute son adresse pour l'exposer d'une manière avantageuse, et glissera au contraire sur les points qu'il ne pourrait expliquer sans nuire à sa cause. Cicéron est bien forcé de reconnaître que les esclaves de Milon ont tué Clodius, mais avec quel art infini il procède! Il se garde bien de prononcer le mot fatal, et il pousse l'habileté jusqu'à intéresser ses juges dans son récit : « Les esclaves de Milon firent alors ce que chacun de vous aurait voulu que ses esclaves fissent en pareille rencontre. »

La narration doit donc être habile et intéressante; mais, indépendamment de cette qualité, qui est la principale, les rhéteurs lui en assignent trois autres : la *clarté*, la *brièveté* et la *vraisemblance*; la clarté, afin que les faits et leurs divers accessoires ressortent dans tout leur jour; la brièveté, afin de ne pas fatiguer l'esprit par des détails inutiles; la vraisemblance, pour s'attirer la confiance et par là établir son influence sur ceux auxquels on s'adresse.

4° La *confirmation* « est la partie du discours où l'on prouve ce qu'on a avancé dans la proposition. Soit que l'orateur attaque ou se défende, qu'il affirme ou nie, que la question soit de nom ou de fait, ou simplement d'opinion; soit qu'il s'agisse de faire voir ce qui est juste ou injuste, digne de peine ou de récompense, comme dans le genre judiclaire; ce qui est honnête ou honteux, digne de louange ou de blâme, comme dans le genre démonstratif; ce qui est honorable et utile, ou nuisible et déshonorant, comme dans le genre délibératif, la preuve est toujours la partie essentielle et indispensable du plaidoyer ou du discours; car la première règle de l'art de persuader est de donner à ce qu'on affirme ou d'ôter à ce qu'on nie le caractère de la vérité, de la certitude ou de la vraisemblance. » (Em. Lefranc.) La confirmation a donc une importance capitale dans le discours, dont elle forme pour ainsi dire la charpente, l'ossature. Quand on a bien médité, bien compris son sujet, les preuves s'offrent en abondance; mais il ne suffit pas de les avoir trouvées, il faut encore les choisir, les classer, les lier, les traiter; de là quatre éléments divers dans la confirmation :

— *Choix des preuves.* « Quelques-unes, dit Cicéron, quoique bonnes en elles-mêmes, sont d'une si faible importance qu'elles ne méritent pas d'être mises en œuvre. Pour moi, quand je choisis mes preuves, je m'occupe moins de les *compter* que de les *peser*... Rassembler un trop grand nombre de raisons frivoles et vulgaires, c'est donner lieu de penser qu'on n'en a point de fortes et de frappantes. D'autres preuves sont mêlées de bien et de mal, de façon que le mal qui en résulterait surpasserait le bien qu'on en pourrait espérer : il faut les laisser à l'écart... Il serait utile d'avancer telle proposition, d'articuler tel fait; mais la vérité ne le permet pas, et vous nuiriez par un mensonge. » Voilà la règle toute tracée, et de main de maître : il ne faut pas *compter* les preuves, mais les *peser*; ce n'est pas leur *nombre*, mais leur *poids* qui décidera la conviction.

— *Ordre des preuves.* Il n'y a pas de règle fixe à cet égard; c'est à l'orateur à disposer ses preuves d'après la nature de son sujet. Les uns veulent que l'on débute par les preuves les plus faibles pour finir par les plus *puissantes*, de sorte que la conviction suive une marche croissante. Cette méthode est blâmée par Cicéron, qui préfère mettre aussitôt en avant un argument solide, propre à frapper les esprits; au milieu, il place les raisons d'une importance médiocre, et il réserve pour la fin les preuves éclatantes et décisives. C'est cette disposition que Quintilien appelle *homérique*, parce qu'elle est conforme à la tactique qu'Homère prête à Nestor dans l'*Iliade* : en tête, le vieux roi range ses chars armés en guerre, à la queue une infanterie nombreuse et aguerrie, au milieu les troupes sur lesquelles il compte le moins. C'est là, sans doute, une belle théorie, mais dont l'application n'est pas toujours facile. Il n'est guère possible de suivre un ordre invariable pour l'arrangement des preuves; tout ce qu'on est en droit d'attendre de l'orateur, c'est qu'il ne finisse jamais par des arguments plus faibles que ceux qu'il a employés au commencement.

— *Liaison des preuves*. Il ne suffit pas de choisir et d'arranger les preuves, il faut encore qu'elles se relient ensemble pour former un tout complet, qu'elles se succèdent régulièrement, comme si elles naissaient les unes des autres. Cet enchaînement sera l'œuvre des *transitions*, pensées tirées du sujet lui-même et qui conduisent naturellement d'une preuve à l'autre. Il est impossible de tracer des règles à cet égard, car les transitions dépendent avant tout du jugement, du goût et de l'expérience de l'orateur.

— *Manière de traiter les preuves*. La première règle est d'insister sur les preuves fortes et convaincantes et de les exposer séparément, de peur, dit M. Le Clerc, qu'elles ne soient obscurcies et confondues dans la foule. Au contraire, il faut grouper, entasser les plus faibles de manière qu'elles se prêtent un mutuel appui. Alors elles suppléeront à la force par le nombre, et, suivant l'expression de Quintilien, elles frapperont *sinon comme la foudre, du moins comme la grêle*. La manière de traiter les preuves consiste surtout dans l'*amplification*, qui est l'art de développer chacune d'elles dans des proportions convenables. Mais il faut éviter de noyer sa pensée dans un déluge de phrases vides et oiseuses, quoique sonores; ce n'est pas là amplifier. Rappelons-nous le sage précepte de Boileau :

> Tout ce qu'on dit de trop est fade et rebutant ;
> L'esprit rassasié le rejette à l'instant.

On peut donc considérer l'amplification comme l'art d'augmenter ou d'atténuer l'idée d'une chose, et de rendre ainsi la preuve plus capable de faire impression. Elle ne consiste pas dans le flux des paroles, mais dans la grâce et la force dont elle revêt le raisonnement. C'est un moyen habile de rendre une preuve irrésistible par la richesse et la vigueur de l'expression, ou de déguiser la faiblesse du raisonnement sous le charme du discours. Voici un brillant exemple d'amplification emprunté à Massillon; l'auteur avait à mettre en relief cette pensée vulgaire : *Un prince que l'ambition porte à faire la guerre est un fléau pour l'humanité, et il ne laisse après lui que la honte et l'opprobre.* Avec quelle incomparable richesse d'imagination il fait ressortir cette vérité ! « Sa gloire sera toujours souillée de sang. Quelque insensé chantera peut-être ses victoires; mais les provinces, les villes, les campagnes en pleureront. On lui dressera des monuments superbes pour immortaliser ses conquêtes; mais les cendres encore fumantes de tant de villes autrefois florissantes; mais la désolation de tant de campagnes dépouillées de leur ancienne beauté; mais les ruines de tant de murs, sous lesquels des citoyens paisibles ont été ensevelis; mais tant de calamités qui subsisteront après lui, seront des monuments lugubres qui immortaliseront sa vanité et sa folie. Il aura passé comme un torrent pour ravager la terre, et non comme un fleuve majestueux pour y porter la joie et l'abondance; son nom sera écrit dans les annales de la postérité parmi les conquérants, mais il ne le sera pas parmi les bons rois; et l'on ne rappellera l'histoire de son règne que pour rappeler le souvenir des maux qu'il a faits aux hommes. Ainsi, son orgueil, dit l'esprit de Dieu, sera monté jusqu'au ciel; sa tête aura touché dans les nues; ses succès auront égalé ses désirs; et tout cet amas de gloire ne sera plus à la fin qu'un monceau de boue qui ne laissera après elle que l'infection et l'opprobre. »

5° La *réfutation.* Il ne suffit pas à l'orateur, pour atteindre son but, d'avoir établi ses preuves, ses moyens de conviction; il faut encore qu'il renverse ceux de son adversaire : c'est l'objet de la réfutation. La confirmation et la réfutation sont donc deux parties corrélatives; aussi quelques auteurs, ne les regardant point comme distinctes, les ont fait marcher de front. Cicéron lui-même semble être de cet avis : « Vous ne pouvez, dit-il, ni détruire ce que l'on vous objecte sans appuyer ce qui prouve en votre faveur, ni établir vos moyens sans réfuter ceux de l'adversaire; ce sont deux choses jointes par leur nature, par leur but et par l'usage que vous en faites. » Toutefois, il ne saurait exister de prescription fixe à cet égard. Si l'on s'aperçoit que l'adversaire a produit une grande impression, la réfutation doit précéder la confirmation, afin de dissiper cette prévention; on peut, au contraire, la différer sans inconvénient quand on n'a que des raisons faibles et peu concluantes à combattre. C'est à l'orateur à apprécier l'opportunité de ces diverses méthodes.

La réfutation demande beaucoup d'adresse et de sagacité, un talent souple, un coup d'œil sûr et une grande habitude du raisonnement. Elle repose sur deux procédés, qui consistent à démontrer, ou que l'adversaire a fondé ses preuves sur de faux principes, ou que de principes vrais il a tiré des conséquences fausses. Dans la confirmation, quand on veut faire valoir des preuves de minime importance, l'art est de les grouper et de les accumuler toutes ensemble, afin qu'elles se fortifient mutuellement, comme nous l'avons dit plus haut; dans la réfutation, au contraire, l'habileté consiste à diviser ce qui ne puise de force que dans l'agglomération, et à rendre chaque preuve à sa faiblesse naturelle en l'isolant des autres. En général, la raison, la vérité et l'évidence, telles sont les armes qu'il faut manier tour à tour et avec adresse dans la réfutation; joignons-y aussi l'ironie, mais à la condition qu'on ne l'emploie qu'avec beaucoup de réserve et de sobriété, car ce serait une insigne maladresse que de s'exposer à une méprise piquante qui mettrait les rieurs du côté de l'adversaire.

6° La *péroraison*. C'est la dernière partie, la conclusion du discours; c'est par la péroraison que l'orateur doit achever de convaincre, en résumant ses principales preuves et en les reproduisant sous une forme pathétique qui donne une dernière impulsion aux esprits. Dans une cause de peu d'importance, cette récapitulation n'est pas indispensable; mais dans un sujet compliqué et difficile, il est nécessaire de résumer avec précision et brièveté tout ce qui a été dit, et c'est alors que l'orateur, échauffé, ému lui-même par son propre discours, doit se laisser emporter aux plus vifs mouvements de l'âme afin de faire passer cette émotion dans les cœurs. Chez les anciens, on aimait à réunir dans cette dernière partie du discours les plus grands effets du pathétique. Tantôt la péroraison était véhémente, accumulant, pour accabler l'adversaire, toutes les circonstances aggravantes de la cause; tantôt touchante, cherchant à exciter la commisération par tous les moyens : des vêtements ensanglantés qu'on mettait sous les yeux des juges, des accusés en deuil, des familles éplorées, l'orateur lui-même versant des larmes avec ses clients. Quoique notre barreau moderne repousse ces procédés, les péroraisons touchantes n'en sont pas complètement bannies. Mais c'est l'éloquence religieuse qui nous en fournit les plus admirables modèles. Tout le monde connaît celle qui termine l'oraison funèbre du prince de Condé, où Bossuet adresse de si pathétiques adieux à son auditoire; c'est le chef-d'œuvre du genre. On connaît également celle du sermon prêché par saint Vincent de Paul en faveur des enfants trouvés. S'adressant aux dames pieuses qui composaient son auditoire, et leur montrant les orphelins dont il était le protecteur, sans soulagement, sans secours, et près d'expirer devant elles, il leur dit : « Or sus, mesdames, la compassion et la charité vous ont fait adopter ces petites créatures pour vos enfants. Vous avez été leurs mères selon la grâce, depuis que leurs mères selon la nature les ont abandonnées. Voyez maintenant si vous voulez aussi les abandonner pour toujours. Cessez à présent d'être leurs mères pour devenir leurs juges; leur vie et leur mort sont entre vos mains. Je m'en vais prendre les voix et les suffrages. Il est temps de prononcer leur arrêt et de savoir si vous ne voulez plus avoir de miséricorde pour eux. Les voilà devant vous! Ils vivront si vous continuez d'en prendre un soin charitable; et, je vous le déclare devant Dieu, ils seront tous morts demain si vous les délaissez. » Le même jour, dans la même église, au même instant, l'hôpital des Enfants-Trouvés fut fondé à Paris et doté de quarante mille livres de rente : tel fut le résultat de ce touchant et magnifique mouvement d'éloquence.

Est-il besoin d'ajouter que les règles qui régissent l'invention et la disposition s'appliquent également à tous les genres d'écrire? En effet, quel que soit le sujet que l'on traite, qu'il s'agisse de faits politiques, judiciaires ou militaires, de mémoires administratifs, industriels, etc., ou même d'une simple lettre, le rôle de l'invention et de la disposition est nettement tracé, dans la limite, toutefois, de l'importance et de la nature du sujet. Ce rapprochement entre les principales règles de l'art oratoire et celles que doivent suivre tous les écrivains dans quelque genre que ce soit, est la meilleure preuve de l'excellence de ces règles, fondées à la fois sur les leçons de l'expérience et sur l'exacte observation de la nature.

DE L'ÉLOCUTION

Il ne suffit pas d'avoir trouvé les matériaux de son sujet ou de son discours ; il ne suffit pas de les avoir rangés dans un certain ordre ; il faut encore les produire sous une forme qui en fasse valoir le prix ou qui en atténue les défauts : tel est l'objet de l'élocution, que l'on pourrait définir *l'habillement de la pensée.* Dans un sens plus didactique, c'est l'expression de la pensée par la parole. Les idées sont un assemblage presque informe et incolore : le style leur sert de vêtement, c'est un coloris qui vient donner l'âme et la vie au tableau, lorsque le dessin est achevé et que chaque trait est à sa place. Il serait donc superflu de démontrer ici l'importance de l'élocution, du style ; elle ressort d'elle-même. Telle pensée commune, banale, fera impression si elle se présente sous un extérieur orné ou tout au moins décent ; tel sentiment sympathique deviendra ridicule s'il se produit sous une forme basse ou triviale. « Presque toujours, dit Voltaire, les choses qu'on dit frappent moins que la manière dont on les dit ; car les hommes ont tous à peu près les mêmes idées de ce qui est à la portée de tout le monde : l'expression, le style fait toute la différence. Des jalousies, des ruptures, des raccommodements forment le tissu de la plupart de nos pièces de théâtre : combien peu de génies ont su exprimer les nuances que tous les auteurs ont voulu peindre ! Le style rend singulières les choses les plus communes, fortifie les plus faibles, donne de la grandeur aux plus simples. » Ecoutons un autre maître dans l'art difficile de rendre sa pensée avec la plus irréprochable élégance. « Bien écrire, dit Buffon, c'est tout à la fois bien penser, bien sentir et bien rendre, c'est avoir en même temps de l'esprit, de l'âme et du goût. Le style suppose la réunion et l'exercice de toutes les facultés intellectuelles ; les idées seules forment le fond du style, l'harmonie des paroles n'en est que l'accessoire et ne dépend que de la sensibilité des organes. Le style n'est que l'ordre et le mouvement qu'on met dans ses pensées : si on les enchaîne étroitement, si on les serre, le style devient ferme, nerveux et concis ; si on les laisse se succéder lentement et ne se joindre qu'à la faveur des mots, quelque élégants qu'ils soient, le style sera diffus, lâche et traînant. Les ouvrages bien écrits seront les seuls qui passeront à la postérité. La quantité des connaissances, la singularité des faits, la nouveauté même des découvertes ne sont pas de sûrs garants de l'immortalité ; si les ouvrages qui les contiennent sont écrits sans goût, sans noblesse et sans génie, ils périront, parce que les connaissances, les faits et les découvertes s'enlèvent aisément, se transportent et gagnent même à être mis en œuvre par des mains plus habiles : ces choses sont hors de l'homme ; le style est l'homme même. »

Il est vrai que le style peut être modifié par une foule de causes ; son caractère dépend des qualités intellectuelles et morales de l'orateur ou de l'écrivain, du génie de la langue, du sujet qu'on traite, du but qu'on se propose, et d'une foule d'autres circonstances qui peuvent varier à l'infini ; mais il y a certaines conditions générales qu'il doit remplir dans tous les cas. Ces qualités invariables sont : 1° la *pureté*, 2° la *clarté*, 3° la *précision*, 4° le *naturel*, 5° la *noblesse*, 6° l'*harmonie*.

1° La *pureté*. Elle consiste dans la correction grammaticale, c'est-à-dire dans l'emploi exclusif des expressions et des tournures autorisées par l'usage et par le génie de la langue. En écrivant, ne perdons jamais de vue ces préceptes de Boileau :

> Surtout qu'en vos écrits la langue révérée
> Dans vos plus grands excès vous soit toujours sacrée.
> En vain vous me frappez d'un son mélodieux,
> Si le terme est impropre ou le tour vicieux ;
> Mon esprit n'admet point un pompeux barbarisme,
> Ni d'un vers ampoulé l'orgueilleux solécisme :
> Sans la langue, en un mot, l'auteur le plus divin
> Est toujours, quoi qu'il fasse, un méchant écrivain.

Il faut donc bannir avec soin de son style les locutions vicieuses, les néologismes, les termes bas, triviaux ou vieillis, et c'est par la lecture assidue des bons écrivains qu'on parviendra à éviter ces écueils. Toutefois, il faut bien se garder de confondre la *pureté* du style avec le *purisme*, qui n'en est qu'une exagération ridicule. Rien n'est plus fatigant pour les oreilles d'un homme de goût que ces tournures par trop grammaticales, ces imparfaits du subjonctif aux pédantes allures que les puristes affectionnent, et qu'il ne faut se permettre que quand il est impossible de les éviter.

2° La *clarté. Tout ce qui n'est pas clair n'est pas français,* a dit Rivarol; ce qui ne signifie pas, comme on le croit souvent, que la clarté soit plus inhérente à la langue française qu'à aucune autre, mais bien que le génie, que l'esprit français aime ce qui est dégagé de toute obscurité, chose qu'on ne pourrait pas dire, par exemple, des Allemands. La clarté est donc la condition la plus importante du style. « Il faut que la clarté de l'expression soit telle, dit Quintilien, que la pensée frappe les esprits, comme le soleil frappe la vue. » Pour être clair, on doit avant tout être complètement maître de son sujet, et pour cela il faut le méditer, le creuser profondément, s'il est permis de s'exprimer ainsi.

> Avant donc que d'écrire apprenez à penser.
> Selon que notre idée est plus ou moins obscure,
> L'expression la suit ou plus nette ou plus pure;
> Ce que l'on conçoit bien s'énonce clairement,
> Et les mots pour le dire arrivent aisément.

On voit que Boileau met ici le précepte en pratique.

L'obscurité du style provient donc souvent de ce qu'on n'a pas assez approfondi sa matière, mais souvent aussi de la trop grande profusion des ornements et des épithètes, des expressions vagues, des équivoques, des inversions forcées; quelquefois encore, de ce qu'on veut paraître fin, délicat, mystérieux, profond. On devient alors *profond* dans le sens de *creux*, suivant la spirituelle distinction de M. de Talleyrand. Un brillant écrivain de notre époque, Balzac, s'est souvent heurté contre cet écueil. Voici une de ses descriptions : « Cette jeune fille avait le teint doré d'un cigare de la Havane; des yeux de feu; des paupières arméniennes à cils d'une longueur antibritannique, des cheveux plus que noirs, et sous cette peau presque olivâtre, des nerfs d'une force singulière et d'une vivacité fébrile. » Qu'est-ce, nous le demandons, que le *teint* d'un *cigare*, fût-il de la Havane, des paupières *arméniennes*, des cils *antibritanniques* et des cheveux *plus que noirs?* Du pathos, du phébus et du galimatias. Au reste, ce style est assez fréquent chez nos écrivains modernes, dont beaucoup ne peuvent se résigner à exprimer simplement les choses communes. La Bruyère avait déjà tourné ce défaut en ridicule, car il n'est pas particulier à notre époque : « Vous voulez, Acis, me dire qu'il fait froid ? Que ne me disiez-vous : il fait froid ? Est-ce un si grand mal d'être entendu quand on parle, et de parler comme tout le monde ? » A ceux qui écrivent dans ce style, on pourrait appliquer ces vers du poète Maynard :

Ce que ta plume produit
Est couvert de trop de voiles ;
Ton discours est une nuit
Veuve de lune et d'étoiles.
Mon ami, chasse bien loin
Cette noire rhétorique ;
Tes écrits auraient besoin
D'un devin qui les explique.
Si ton esprit veut cacher
Les belles choses qu'il pense,
Dis-moi, qui peut t'empêcher
De te servir du silence ?

Un auteur ne doit rien laisser à chercher dans sa pensée ; il n'y a que les faiseurs d'énigmes qui aient le droit de présenter un sens enveloppé.

3° La *précision*. Elle consiste à n'employer que les termes strictement nécessaires à l'expression de la pensée, et les termes les plus justes, et cependant elle n'exclut ni la richesse ni les agréments du style, autrement elle dégénérerait en une insupportable sécheresse. Elle donne au style de la vivacité, du nerf et de l'énergie. *L'esprit est souvent la dupe du cœur*, a dit La Rochefoucauld ; si le moraliste eût exprimé cette belle maxime de la manière suivante : *L'amour, le goût que nous avons pour une chose nous la fait souvent trouver différente de ce qu'elle est réellement*, il eût rendu la même pensée ; mais ici elle se traîne, au lieu que la première forme a des ailes. Remarquons bien, et c'est l'observation d'un grand maître, que la précision n'est que relative, et qu'elle varie d'après la nature du sujet ou des circonstances. Dans le *Polyeucte* de Corneille, un païen dit des premiers chrétiens :

Ils font des vœux pour nous, qui les persécutons.

Racine, dans *Esther*, développe la même idée en six vers admirables :

Adorant dans leurs fers le Dieu qui les châtie,
Tandis que votre main, sur eux appesantie,

A leurs persécuteurs les livrait sans secours,
Ils conjuraient ce Dieu de veiller sur vos jours,
De rompre des méchants les trames criminelles,
De mettre votre trône à l'ombre de ses ailes.

Ces deux exemples, dit Voltaire, ont la précision qui leur est propre. Sévère, qui parle en homme d'État, ne dit qu'un mot, et ce mot est plein d'énergie. Esther, qui veut toucher Assuérus, étend davantage cette idée. Sévère ne fait qu'une réflexion, Esther fait une prière ; aussi l'un doit être court, et l'autre déployer une éloquence attendrissante.

La précision du style consiste également dans la propriété des termes, qui est le rapport parfait du mot avec la pensée. Généralement, pour ne pas dire toujours, il n'y a qu'une expression qui puisse bien rendre notre idée ; il faut la trouver et ne pas se contenter d'un synonyme plus ou moins rapproché. Un rimailleur, ayant confondu les mots *constance* et *patience*, s'attira cette verte épigramme :

Or, apprenez comme l'on parle en France :
Votre longue persévérance
A nous donner de méchants vers,
C'est ce que l'on appelle *constance ;*
Et dans ceux qui les ont soufferts,
Cela s'appelle *patience.*

Toutefois, il ne faut pas confondre la *précision* avec la *concision :* la première ne supprime que le superflu ; la seconde, en retranchant quelquefois jusqu'au nécessaire, aboutit alors à l'obscurité. La concision peut même devenir prolixe, si, en se montrant avare de mots, elle entre dans des détails trop nombreux : c'est le défaut de Victor Hugo.

4° « Le *naturel*, dit Andrieux, est la vérité des expressions, des images, des sentiments ; mais une vérité parfaite, et qui paraît n'avoir coûté à l'écrivain aucune peine, aucun effort ; la moindre affectation détruit ce naturel si précieux : dès qu'une expression recherchée, une image forcée, un sentiment exagéré se présentent, le charme est détruit... L'effet du naturel, quand il est porté à la perfection, est de faire croire que l'ouvrage n'a, pour ainsi dire, rien coûté à l'auteur ; on se figurerait, à le lire, qu'on va soi-même en faire autant ; mais qu'on essaye, et l'on verra combien il est difficile d'atteindre ce que l'on croyait si près de soi. Ce naturel précieux est le fruit d'un jugement mûr et d'un goût exercé ; les jeunes gens surtout, lorsqu'ils commencent à essayer leur talent, sont sujets aux défauts opposés : ils tombent dans l'exagération, dans l'affectation, dans l'abus de l'esprit ; ils font de grands efforts et se donnent la torture pour produire des compositions forcées et défectueuses. Il en est de l'exercice de la pensée à peu près comme des exercices du corps ; quand on commence à apprendre l'escrime, la danse, l'équitation, on emploie presque toujours trop de force, on fait de trop grands mouvements, et l'on réussit moins en se donnant plus de peine. » On gagne beaucoup en perdant tous les ornements superflus pour se borner aux beautés claires, simples, faciles, négligées en apparence, qui semblent se présenter d'elles-mêmes. Tout ornement qui n'est qu'ornement doit être impitoyablement retranché ; il n'y a que la vanité qui souffre de ce sacrifice. Un auteur qui a trop d'esprit et qui ne se lasse jamais de le montrer rappelle ce vers si juste de Gresset :

L'esprit qu'on veut avoir gâte celui qu'on a.

Il faut qu'un écrivain se fasse oublier, disparaisse complètement derrière ses personnages ; il faut, dit Fénelon, qu'il fasse penser, non à lui et à son bel esprit, mais à ceux qu'il met en scène. Ce qui fera l'éternel charme de La Fontaine, dont les fables seront toujours la nourriture et l'exquise jouissance des esprits délicats, c'est la facilité et le naturel. Au contraire, ce qui nous éloigne aujourd'hui de Voiture et des *Eloges* de Thomas, c'est l'affectation qui ne cesse d'y régner. Aussi Voltaire, l'ennemi déclaré de l'affectation et de l'amphigouri, appelait-il le style de ce dernier du *galithomas*.

5° La *noblesse*. Elle consiste à éviter les images communes, les termes bas ; elle bannit du discours les idées vulgaires ou désagréables, et quand il est nécessaire de les indiquer, elle sait les relever par l'expression.

Quoi que vous écriviez, évitez la bassesse.
Le style le moins noble a pourtant sa noblesse,

a dit Boileau, et c'est un précepte qu'on ne saurait trop méditer. Rien, en effet, ne dépare une pensée, quand même elle prête au comique, comme une de ces expressions triviales qui sont à peine admises dans le burlesque. Racine excellait dans cet art difficile de déguiser sous l'élégance de l'expression la vulgarité de certains détails.

Il dit sans s'avilir les plus petites choses.

Avec quel bonheur n'a-t-il pas fait entrer dans *Athalie* les mots *boucs* et *chiens*, que semble exclure la noblesse du style, et le mot *pavé* dans le prologue d'*Esther* :

Tu le vois tous les jours, devant toi prosterné,
Humilier ce front de grandeur couronné,
Et, confondant l'orgueil par d'illustres exemples,
Baiser avec respect le *pavé* de tes temples.

Le poëte Du Ryer, dans sa tragédie de *Scévole*, exprime ainsi cette vérité, que le secret de la destinée des mortels n'est pas enfermé dans les entrailles des victimes :

Donc, vous vous figurez qu'une bête assommée
Tienne votre fortune en son ventre enfermée ;
Et que des animaux les sales intestins
Soient un temple adorable où parlent les destins?
Ces suppositions et tout ce grand mystère
Sont propres seulement à tromper le vulgaire.

Voltaire exprime la même idée dans *Œdipe*, mais comme il sait voiler ce qu'elle offre de repoussant !

Pensez-vous qu'en effet, au gré de leur demande,
Du vol de leurs oiseaux la vérité dépende ;
Que sous un fer sacré des taureaux gémissants
Dévoilent l'avenir à leurs regards perçants,
Et que de leurs festons ces victimes ornées
Des humains dans leurs flancs portent les destinées?

C'est l'élégance et la noblesse du style mises en regard de la plus grossière platitude.

6° L'*harmonie*. Elle consiste dans le choix et la combinaison des sons, dans la coupe et l'enchaînement des périodes, dans la manière de disposer les mots pour le plus grand charme de l'oreille. De là trois sortes d'harmonie : l'harmonie des mots, l'harmonie des périodes et l'harmonie imitative.

L'*harmonie des mots* évite les consonances dures et désagréables, les sons muets, sourds, les hiatus, l'accumulation des consonnes, la répétition trop fréquente des mêmes syllabes, à moins qu'elle n'ait lieu à dessein pour produire l'harmonie imitative ; la ressemblance des chutes dans les diverses parties d'une même phrase, etc. Boileau nous a fourni le précepte et l'exemple :

Il est un heureux choix de mots harmonieux :
Fuyez des mauvais sons le concours odieux.
Le vers le mieux rempli, la plus noble pensée
Ne peut plaire à l'esprit quand l'oreille est blessée.

Voltaire a dit de même très heureusement :

D'une mesure cadencée
Je connais le charme enchanteur :
L'oreille est le chemin du cœur ;
L'harmonie et son bruit flatteur
Sont l'ornement de la pensée.

Pour mieux faire sentir le mérite de l'harmonie des mots, citons ici quelques vers de Chapelain, qui prouveront que Boileau n'a pas eu tous les torts en attaquant ce bonhomme :

O grand prince, que grand dès cette heure j'appelle :
Il est vrai, le respect sert de bride à mon zèle ;
Mais ton illustre aspect me redouble le cœur,
Et me le redoublant me redouble la peur.
A ton illustre aspect mon cœur te sollicite,
Et grimpant contre mont la dure terre quitte.
Oh ! que n'ai-je le ton désormais assez fort
Pour aspirer à toi sans te faire de tort !
Pour toi puissé-je avoir une mortelle pointe
Vers où l'épaule gauche à la gorge est conjointe !
Que le coup brisât l'os et fit pleuvoir le sang
De la tempe, du dos, de l'épaule et du flanc.

Il faut surtout éviter avec soin la cacophonie, qui est un assemblage de syllabes ou de mots malsonnants. Telle est cette phrase adressée au cardinal de Retz par un bourgeois frondeur, impatient de tendre les chaînes le jour des Barricades : *Monseigneur, qu'attend-on donc tant et que ne les tend-on?* Voltaire lui-même, qui vient de faire un si bel éloge de l'harmonie, ne paraît pas s'en être souvenu dans ce vers :

Non, il n'est rien que Nanine n'honore ;

et encore moins dans les suivants :

Pourquoi ce roi du monde, et si libre et si sage,
Subit-il si souvent un si dur esclavage?

On peut citer comme modèles d'harmonie, en prose, le *Dernier chant de Cymodocée*, par Chateaubriand, et, en vers, la ravissante élégie du *Lac*, de Lamartine. Mais il faut remarquer, avec Fénelon, que l'harmonie qui se contente de frapper l'oreille n'est qu'un amusement de gens faibles et oisifs ; elle n'est bonne qu'autant que les sons y conviennent aux paroles, et que les paroles inspirent des idées justes, des sentiments vertueux.

L'*harmonie des périodes* consiste dans la texture, dans la coupe et l'enchaînement des différentes parties de la phrase,

Elle sépare les membres par des repos convenables, en limite la longueur et repousse les chutes trop brusques.

La période est une suite de pensées qui concourent au même but, et dont le sens reste suspendu jusqu'à un dernier repos, qui est commun à toutes. Chacune de ces pensées forme un *membre* de la période ; celle-ci peut se composer de deux, de trois, de quatre membres, et même davantage, qui sont liés par des conjonctions ou par le sens. La période constitue une des formes les plus magnifiques du langage, mais on doit n'en user que sobrement, si l'on veut éviter la pompe affectée et parfois puérile du discours. La véritable harmonie consiste plutôt dans le mélange habile de la période et de la phrase coupée.

Un style trop égal et toujours uniforme
En vain brille à nos yeux, il faut qu'il nous endorme.

Pour compléter notre pensée, disons que la période n'appartient qu'aux sujets élevés, et qu'elle deviendrait ridicule si on l'appliquait à des idées simples et communes.

L'*harmonie imitative* est produite par le rapport des sons avec les objets qu'ils expriment. Les vers suivants, de Delille, renferment l'exemple et le précepte :

Peins-moi légèrement l'amant léger de Flore ;
Qu'un doux ruisseau murmure en vers plus doux encore.
Entend-on d'un torrent les ondes bouillonner :
Le vers tumultueux en roulant doit tonner.
Qu'Ajax soulève un roc et le lance avec peine :
Chaque syllabe est lourde et chaque mot se traîne.
Mais vois d'un pied léger Camille effleurer l'eau :
Le vers vole et la suit aussi prompt que l'oiseau.

C'est là de l'harmonie imitative produite par un versificateur habile ; citons-en un exemple emprunté à un poète de génie, à Racine. Le grand prêtre s'adresse au jeune Joas :

O mon fils ! de ce nom j'ose encor vous nommer,
Souffrez cette tendresse et pardonnez aux larmes
Que m'arrachent pour vous de trop justes alarmes.
Loin du trône nourri, de ce fatal honneur
Hélas ! vous ignorez le charme empoisonneur ;
De l'absolu pouvoir vous ignorez l'ivresse,
Et des lâches flatteurs la voix enchanteresse.
Bientôt ils vous diront que les plus saintes lois,
Maîtresses du vil peuple, obéissent aux rois ;
Qu'un roi n'a d'autre frein que sa volonté même,
Qu'il doit immoler tout à sa grandeur suprême ;

Qu'aux larmes, au travail, le peuple est condamné,
Et d'un sceptre de fer veut être gouverné;
Que, s'il n'est opprimé, tôt ou tard il opprime.
Ainsi de piège en piège et d'abîme en abîme,
Corrompant de vos mœurs l'aimable pureté,
Ils vous feront enfin haïr la vérité,
Vous peindront la vertu sous une affreuse image.
Hélas! ils ont des rois égaré le plus sage.
Promettez sur ce livre et devant ces témoins
Que Dieu sera toujours le premier de vos soins;
Que, sévère aux méchants et des bons le refuge,
Entre le pauvre et vous vous prendrez Dieu pour juge;
Vous souvenant, mon fils, que, caché sous ce lin,
Comme eux vous fûtes pauvre et comme eux orphelin.

Dans les vers de Delille, il n'y a qu'un ingénieux mécanisme poétique qui charme les oreilles; ceux de Racine respirent une poésie harmonieuse, musicale qui pénètre jusqu'au fond de l'âme.

Fléchier nous offre, de son côté, un admirable modèle d'harmonie imitative dans son exorde de l'oraison funèbre de Turenne, où il trace le portrait allégorique de Macchabée: « Au premier bruit de ce funeste accident, toutes les villes de Judée furent émues; des ruisseaux de larmes coulèrent des yeux de tous les habitants; ils furent quelque temps saisis, muets, immobiles. Un effort de douleur rompant enfin ce long et morne silence, d'une voix entrecoupée de sanglots que formaient dans leurs cœurs la tristesse, la pitié, la crainte, ils s'écrièrent : « Comment est mort cet homme puissant qui » sauvait le peuple d'Israël? » A ces cris, Jérusalem redoubla ses pleurs, les voûtes du temple s'ébranlèrent, le Jourdain et tous ses rivages retentirent du son de ces lugubres paroles : « Comment est mort cet homme puissant, qui sauvait le peu- » ple d'Israël? »

Mais l'harmonie imitative ne revêt pas toujours cette forme grandiose qui concorde surtout avec les sentiments de l'âme; elle est souvent produite par l'onomatopée, c'est-à-dire par un mot dont la formation seule peint l'objet ou l'idée qu'il exprime. Delille a excellé dans ce genre d'harmonie :

J'entends crier la dent de la lime mordante.

Tantôt levant, tantôt baissant leurs lourds marteaux,
Qui tombent en cadence et domptent les métaux.

On ne saurait peindre plus harmonieusement le travail des Cyclopes. Racine, quand il l'a jugé utile, a fait intervenir l'harmonie imitative avec sa supériorité ordinaire. Ne croirait-on point, en lisant ce vers, entendre le sifflement des serpents :

> Pour qui sont ces serpents qui sifflent sur vos têtes?

Et dans cet hémistiche, n'entend-on pas le bruit d'un char qui se brise ?

> L'essieu crie et se rompt...

La Fontaine est aussi passé maître dans ce genre de beautés :

> Dans un chemin montant, sablonneux, malaisé,
> Et de tous les côtés au soleil exposé,
> Six forts chevaux tiraient un coche.
> Femmes, moines, vieillards, tout était descendu.
> L'attelage suait, soufflait, était rendu.

Voilà une peinture achevée; rien qu'à la lire, on se sent hors d'haleine. Mais cette harmonie produite par les onomatopées offre ses écueils, contre lesquels viennent échouer les écrivains médiocres. L'intention se traduit alors grossièrement par de ridicules efforts d'imagination. C'est ainsi que Du Bartas, voulant imiter le galop du cheval par une réunion de consonances, dit que l'animal

> Le champ plat bat, abat, détrappe, grappe, attrape
> Le vent qui va devant.

Il rend ainsi le chant de l'alouette :

> La gentille alouette avec son tire-lire
> Tire l'ire aux fâchés, et, d'une tire, tire
> Vers le pôle brillant.

L'illusion ne saurait naître d'un si puérile assemblage de syllabes, et l'on se rappelle instinctivement ces vers d'Alceste :

> Ce n'est que jeux de mots, qu'affectation pure,
> Et ce n'est pas ainsi que parle la nature.

On sait que notre grand poète V. Hugo a beaucoup sacrifié à l'harmonie, et qu'il obtient le plus souvent des effets très heureux.

Nous devons cependant reconnaître que parfois il tombe dans l'exagération et la dureté; c'est ce que Parceval-Grandmaison a cherché à exprimer dans cette boutade épigrammatique, où il a prétendu imiter le style du grand poète :

> Où, ô Hugo, huchera-t-on ton nom?
> Enfin que fait justice ne t'a-t-on?
> Quand donc au corps qu'académique on nomme
> De roc en roc grimperas-tu, rare homme?

DES DIFFÉRENTS GENRES DE STYLE

Tous les genres exigent un style satisfaisant pour l'oreille ; dans tous les genres on doit être clair, correct, précis, naturel, noble, harmonieux ; ce sont là des qualités générales. Mais l'expression de la pensée est encore assujettie à des règles particulières, qui varient suivant la nature des sujets à développer. A ce point de vue, on pourrait dire qu'il existe autant de genres de style que de matières diverses à traiter, d'objets à peindre. On tombe ainsi dans l'infini ; mais, en prenant pour point de départ une observation judicieuse, on peut dire que le langage s'élève ou s'abaisse avec la pensée, et l'on a été ainsi amené, par la nécessité de la classification, à la division du style en trois genres principaux : le style simple, le style tempéré ou fleuri, et le style sublime. C'est la division admise par Cicéron, et quoiqu'elle ait été critiquée, nous croyons devoir l'adopter ici. Nous ferons toutefois remarquer que cette distinction n'a rien d'absolu, car il n'est pas rare de trouver tous les tons réunis dans un seul discours, et les trois genres peuvent, sans antithèse choquante, se rencontrer dans le même sujet.

STYLE SIMPLE

Le *style simple* a pour but d'instruire, d'expliquer les faits ; c'est le style des discussions ordinaires, de la fable, de l'églogue, des entretiens familiers, des plaidoyers, du genre épistolaire, du genre historique ; il a pour qualités principales la concision, la netteté, l'ordre, et par-dessus tout la simplicité. Il a de la force, mais il ne s'élève pas ; son grand écueil est la monotonie. L'écrivain qui emploie ce style ne doit songer qu'à rendre sa pensée : « Il se sert de la parole, dit Fénelon, comme un homme modeste se sert de son habit, parce qu'il ne peut s'en passer. » Cicéron avait déjà employé une comparaison encore plus pittoresque pour caractériser le style simple : « Ce genre n'admet ni la parure ni l'éclat ; c'est un repas sans magnificence, mais où le bon goût règne avec l'économie ; le bon goût, c'est le choix. On ne trouvera ici aucune de ces figures des rhéteurs, ni antithèses brillantes, ni chutes et désinences semblables, ni changements de lettres pour faire un jeu de mots ; des beautés si travaillées, des pièges ainsi tendus annonceraient trop l'envie de séduire... L'orateur ne fera point parler la république, n'évoquera point les morts, n'affectera point les riches énumérations qui se lient dans une seule période. »

On trouvera des modèles du style simple dans les fables de La Fontaine, dans les lettres de Voltaire et dans une grande partie de celles de Mme de Sévigné, dans Racine et dans Bossuet, qui ont su l'employer avec une rare énergie. Il y a des sujets qui, par leur simplicité même, exigent ce style d'un bout à l'autre; mais il ne faut pas s'y tromper. « Rien de plus inconvenant, dit encore Cicéron, que d'aller, si l'on plaide devant un seul juge au sujet d'une gouttière, se perdre dans les grands mots et les lieux communs, ou de parler en termes simples et familiers de la majesté du peuple romain. » L'avocat qui débuterait par un exorde pompeux au sujet d'une haie ou d'un mur mitoyen tomberait dans le ridicule. Tel fut cependant le vice du barreau jusqu'au milieu du dix-septième siècle, travers dont Racine s'est moqué si spirituellement dans ses *Plaideurs.* Mais peut-être, en dépit de tout son génie et de tout son esprit, ne l'a-t-il pas fait d'une manière aussi piquante qu'un avocat lui-même, qui, voyant que son adversaire parlait de la guerre de Troie et du Scamandre, l'interrompit en disant : *La cour voudra bien observer que ma partie ne s'appelle pas Scamandre, mais Michaut.* La simplicité dans le style est une qualité aussi précieuse que rare, et, quand elle se joint au sublime, elle produit un effet d'autant plus irrésistible qu'on ne s'y attendait pas.

STYLE TEMPÉRÉ OU FLEURI

Le *style tempéré* ou *fleuri* forme une nuance intermédiaire entre le style simple et le style sublime.

Plus orné que le premier, moins élevé, moins éclatant que le second, il vise plutôt à plaire par ses agréments qu'à frapper par son énergie. C'est le style favori de Fénelon, et il n'y a pas une page du *Télémaque* qui n'en offre des modèles. Ses qualités distinctives sont la richesse, l'élégance, la naïveté, la finesse et la délicatesse.

La *richesse* consiste dans l'abondance unie à l'éclat des images et des expressions, dans l'abondance des idées, la variété des tours, l'arrangement nombreux et périodique des phrases. On trouve dans Fénelon, Racine, Buffon, Chateaubriand, Lamartine, de nombreux exemples de la richesse du style; Victor Hugo, dans la peinture suivante d'un effet de soleil, nous en fournit également un beau modèle :

> L'astre-roi se couchait calme, à l'abri du vent;
> La mer réfléchissait ce globe d'or vivant,
> Ce monde, âme et flambeau du nôtre;
> Et dans le ciel rougeâtre, et dans les flots vermeils,
> Comme deux rois amis, on voyait deux soleils
> Venir au-devant l'un de l'autre.

L'expression est riche, surtout lorsqu'elle fait tableau, comme dans ce vers où La Fontaine peint la mort du sage :

> Rien ne trouble sa fin, c'est le soir d'un beau jour.

L'*élégance* est la réunion de la justesse et de l'agrément; elle donne à la pensée un tour noble et poli, et s'exprime en termes châtiés, coulants, gracieux à l'oreille. C'est le mérite constant de Racine, de La Fontaine et de Fénelon. Rien ne saurait mieux donner une idée de l'élégance que la comparaison d'une même pensée, rendue par deux auteurs différents. Nous en avons déjà donné un exemple plus haut, en traitant de la noblesse du style. Pradon et Racine vont nous en fournir un second. Dans la *Phèdre* du premier, Hippolyte dit à Aricie :

> Depuis que je vous vois, j'abandonne la chasse;
> Elle fit autrefois mes plaisirs les plus doux,
> Et quand j'y vais, ce n'est que pour penser à vous.

Hippolyte dit la même chose dans Racine, mais avec quelle différence dans le style!

> Mon arc, mes javelots, mon char, tout m'importune;
> Je ne me souviens plus des leçons de Neptune;
> Mes seuls gémissements font retentir les bois,
> Et mes coursiers oisifs ont oublié ma voix.

Les vers de Pradon sont plats et ridicules, ceux de Racine sont d'une élégance irréprochable. Les vers suivants d'Alfred de Musset, que la main pieuse de l'amitié a reproduits sur son tombeau, nous montrent la facilité et l'élégance unies à un gracieux et doux sentiment de mélancolie :

> Mes chers amis, quand je mourrai,
> Plantez un saule au cimetière;
> J'aime son feuillage éploré,
> La pâleur m'en est douce et chère,
> Et son ombre sera légère
> À la terre où je dormirai.

La *naïveté* est avant tout une qualité spontanée, irréfléchie, qui exclut toute recherche. « C'est, dit Marmontel, une simplicité enfantine que nous aimons, et à laquelle il échappe des traits que nous aurions sans doute eu l'art de cacher, mais qui nous portent toujours à sourire quand nous les rencontrons dans le langage des autres. » La naïveté est le caractère dominant de La Fontaine ; jamais avant, jamais après lui, un auteur n'a su être aussi admirablement naïf, n'a joint tant d'agrément et de philosophie à tant de naturel et de candeur; il raconte avec tant d'ingénuité et de bonne foi, qu'il intéresse dans les choses les plus communes; il s'identifie tellement avec ses personnages qu'il semble plutôt écrire pour eux que pour le public. De là ces réflexions, ces tableaux, ces tours empreints d'une si adorable naïveté :

Une souris tomba du bec d'un chat-huant.
Je ne l'eusse pas ramassée,
Mais un brahmin le fit; chacun a sa pensée.

Il se faut entr'aider, c'est la loi de nature.
L'âne un jour pourtant s'en moqua,
Et ne sais comme il y manqua,
Car il est bonne créature.

Au reste, la naïveté était dans le tempérament même du fabuliste, et c'est ce qui explique pourquoi il n'est jamais tombé dans le trivial et dans l'affectation, tandis que Lamotte, qui a cru pouvoir l'imiter, est tombé à chaque instant dans ces deux défauts. Ainsi, il appelle un cadran un *greffier solaire;* une rave, un *phénomène potager*, etc. La Fontaine avait dit : *Dame* belette, et cette expression est naturelle et plaisante ; Lamotte dit : *Demoiselle* imagination. Un être abstrait transformé en demoiselle! c'est du dernier ridicule. Le style naïf est peut-être celui qui nous plaît le plus, mais c'est aussi, comme le dit Montesquieu, le plus difficile à saisir : la raison en est qu'il se trouve placé entre le noble et le bas, et si près de ce dernier, qu'il est très difficile de le côtoyer toujours sans y tomber.

Enfin, la naïveté plaît surtout quand elle est tellement naturelle qu'elle paraît se produire sans intention, comme dans le trait suivant :

Un boucher moribond, voyant sa femme en pleurs,
Lui dit : Ma femme, si je meurs,
Comme en notre métier un homme est nécessaire,
Jacques, notre garçon, ferait bien ton affaire.

C'est un fort bon enfant, sage, et que tu connais;
Épouse-le, crois-moi, tu ne saurais mieux faire.
— Hélas! dit-elle, *j'y pensais.*

La *finesse* du style consiste à ne représenter l'objet qu'à demi, mais de manière à le laisser deviner sans peine, autrement on tomberait dans l'obscurité de l'énigme. On n'exprime alors qu'une partie de sa pensée, soit en la présentant d'une manière détournée, soit en ne l'exprimant pas tout entière. Marie-Antoinette demandait à un homme qui lui était présenté pour la première fois s'il croyait que la princesse de Lamballe fût la plus belle personne du monde, comme elle en avait la réputation : — *Madame, je le croyais hier.* Cette réponse est aussi fine que délicate. « Nous promettons selon nos espérances, et nous tenons selon nos craintes, » voilà une pensée très juste et très finement exprimée. La Fontaine dit, dans sa fable de l'*Homme et la Couleuvre* :

A ces mots, l'animal pervers :
C'est le serpent que je veux dire.

S'il s'en était tenu là, c'était de la fine malice; mais comme il était naïf avant tout, il se hâta d'ajouter :

Et non l'homme : on pourrait aisément s'y tromper.

La finesse a ses écueils, même quand elle ne cesse pas d'être spirituelle; employée trop souvent, elle fatigue et annonce trop de prétention à l'esprit. Le désir de faire paraître les choses plus ingénieuses qu'elles ne sont finit par conduire au raffinement et à l'équivoque, et de là à l'obscurité il n'y a qu'un pas. La finesse est le mérite dominant de Fontenelle, parce qu'il avait beaucoup d'esprit. *Si j'avais la main pleine de vérités,* dit-il un jour, *je me garderais bien de l'ouvrir.* Il était impossible d'exprimer plus finement cette pensée vulgaire : Il est souvent dangereux de dire la vérité.

La *délicatesse* est au cœur ce que la finesse est à l'esprit. « Il n'y a point, dit M. J.-J. Joubert, de beau et bon style qui ne soit rempli de finesses, mais de finesses délicates. La délicatesse et la finesse sont seules les indices du talent. Tout s'imite : la force, la gravité, la légèreté même; mais la finesse et la délicatesse ne peuvent être longtemps contrefaites. » Quelle touchante délicatesse n'y a-t-il pas dans cette exclamation d'Iphigénie, lorsque Agamemnon, son père, lui défend de revoir Achille :

Dieux plus doux! vous n'aviez demandé que ma vie!

Quoi de plus délicat encore que ce compliment adressé par Mlle de Scudéry au grand Condé, qui se plaisait à cultiver des fleurs dans son jardin de Chantilly :

> En voyant ces œillets qu'un illustre guerrier
> Arrose de la main qui gagna des batailles,
> Souviens-toi qu'Apollon bâtissait des murailles,
> Et ne t'étonne plus si Mars est jardinier.

Louis XIV possédait au plus haut degré le sentiment de la délicatesse. Après la bataille de Ramillies, que Villeroy avait perdue par son incapacité notoire, il se contenta de lui dire, la première fois qu'il le revit : *Monsieur le maréchal, on n'est plus heureux à notre âge.* Nous connaissons tous la belle ode de Malherbe à Duperrier, pour le consoler de la mort de sa fille; c'est aussi un modèle de délicatesse.

C'est le cœur surtout qui inspire la délicatesse; aussi Mme de Sévigné écrit à sa fille : *Chère enfant, j'ai mal à votre poitrine.* Il y a de la délicatesse dans ces vers si connus de la fable des *Deux Pigeons*, où le reproche est si tendrement et si finement exprimé :

> Voulez-vous quitter votre frère?
> L'absence est le plus grand des maux :
> *Non pas pour vous, cruel!*

Le trait suivant est également rempli de délicatesse :

Un paysan avait partagé tout son bien entre ses quatre enfants, et il allait vivre chez eux successivement les quatre saisons de l'année : «Vous traitent-ils bien? lui demandait-on un jour. — *Ils me traitent,* répondit le bonhomme, *comme si j'étais leur enfant.*»

Toutefois, il ne faut pas oublier que l'abus de la délicatesse conduit à l'afféterie : toute perfection est voisine d'un défaut. Nous pourrions en dire autant de la finesse.

STYLE SUBLIME

Le *style sublime* est celui dans lequel la magnificence des paroles, la hardiesse des images, l'éclat des expressions, l'énergie du sentiment, répondent à l'élévation du sujet. Il convient surtout à la poésie, à l'histoire, à l'éloquence et à la philosophie. Toutefois, il ne faut pas confondre le style sublime avec le sublime proprement dit : celui-ci peut jaillir du cœur, de l'âme d'un ignorant obéissant à l'impulsion d'un sentiment impétueux. Une pauvre femme, devant laquelle on exaltait la résignation d'Abraham prêt à immoler son fils unique sur un ordre d'en haut, s'écria : « Ah! Dieu n'aurait jamais demandé ce sacrifice à une mère! » C'est le cri sublime de l'amour maternel. Rapportons aussi cette oraison funèbre adressée, au cimetière, par une femme du peuple à une amie sur le cercueil de laquelle on venait de jeter la dernière pelletée : « La voilà donc cette première nuit que tu vas passer dans la terre! » Le style sublime est une succession d'idées, de sentiments élevés rendus avec tout l'éclat que peut revêtir l'expression.

Les rhéteurs distinguent deux sortes de sublime : le *sublime de sentiment* et le *sublime de pensée*. Le premier peint un mouvement fier, généreux, de l'âme. Telle est la réponse de Porus à Alexandre qui lui demande comment il veut être traité : *En roi!* Le sublime de pensée consiste dans une idée noble, qui élève l'âme : « Dieu dit : Que la lumière soit! et la lumière fut. » Massillon, prononçant l'oraison funèbre de Louis XIV, débute ainsi : « Dieu seul est grand, mes frères. » C'est un beau mot, dit Chateaubriand, que celui-là prononcé en regardant le cercueil de Louis le Grand.

Les principales qualités du style sublime sont l'*énergie*, la *véhémence* et la *magnificence*. Lorsque Corneille dit, en parlant de trois ministres qui cherchaient à exploiter à leur profit le règne si court de Galba :

> On les voyait tous trois se hâter sous un maître
> Qui, chargé d'un long âge, a peu de temps à l'être;
> Et tous trois à l'envi s'empresser ardemment
> A qui *dévorerait* ce règne d'un moment,

Corneille est sublime d'énergie. La véhémence dépend du tour et du mouvement impétueux de l'expression; la magnificence consiste dans la richesse de l'expression unie à la grandeur de la pensée. Telle est cette image de David : « L'Éternel a abaissé les cieux, et il est descendu : les nuages étaient sous ses pieds. Assis sur les chérubins, il a pris son vol, et son vol a devancé les ailes des vents. »

Les défauts dans lesquels tombent ordinairement les écrivains qui veulent se lancer dans le style sublime sont le style ampoulé, l'exagération et l'enflure, parce que, comme nous l'avons déjà dit, une perfection est toujours voisine d'un défaut.

De tous nos poètes, celui qui atteint le plus souvent au sublime, c'est Corneille.

Une certaine grandeur, également éloignée d'un héroïsme impossible et d'une vertu ordinaire, tel est le trait commun aux principaux personnages de ses tragédies. C'est le vieux don Diègue qui, pour se venger du soufflet du comte, pousse son fils à un duel où ce fils peut périr :

. . . . . Meurs ou tue !

C'est le vieil Horace apprenant que le dernier survivant de ses trois fils a pris la fuite, et prononçant le fameux

Qu'il mourût !

C'est ce fils disant à Curiace, qui va devenir le mari de sa sœur :

Albe vous a nommé, je ne vous connais plus.

C'est Auguste tendant la main à son assassin. C'est Polyeucte renversant les idoles ; Cornélie bravant César ; Cléopâtre buvant le poison pour qu'on ne suspecte pas la coupe qu'elle offre à Rodogune, et ne voulant que vivre assez pour voir mourir sa rivale. C'est Nicomède défiant Rome dans la personne de Flaminius ; c'est Sertorius, du fond de l'Espagne, disant à Pompée :

Rome n'est plus dans Rome, elle est toute où je suis.

DES FIGURES

Les figures, qui donnent au style de la couleur, du mouvement, de la vie, consistent dans des formes hardies, des procédés de langage et des tours vifs et animés, des expressions pittoresques qui rendent la pensée plus magique, plus noble ou plus gracieuse. Ces formes de style doivent leur naissance à la nature ; la rhétorique n'a fait que leur donner des noms. « Presque tout est figuré dans la partie morale et métaphysique des langues, a dit Marmontel ; et comme le bourgeois gentilhomme faisait de la prose sans le savoir, sans le savoir aussi, et sans nous en apercevoir, nous faisons continuellement des figures de mots et des figures de pensées. » On a donc eu tort de définir si souvent les figures : *Des façons de parler qui s'éloignent de la manière naturelle et ordinaire* ; rien n'est plus faux, car le langage figuré est surtout familier aux personnes dépourvues d'instruction. « Je suis persuadé, dit

Dumarsais, qu'il se fait plus de figures dans un jour de marché à la halle, qu'il ne s'en fait en plusieurs jours d'assemblées académiques. » Rien ne serait plus froid, plus languissant, plus monotone qu'un discours sans figures; elles prêtent, dit Cicéron, de l'expression au sentiment, comme les attitudes à la peinture et à la sculpture.

Parmi les figures, il en est qui consistent exclusivement dans la pensée et non dans les termes qui l'expriment : on les appelle *figures de pensées*; d'autres résident dans les mots eux-mêmes et disparaissent avec eux : ce sont les *figures de mots*.

FIGURES DE PENSÉES

Les *figures de pensées* sont très nombreuses; aussi nous ne passerons en revue que les principales. Ce sont l'interrogation, l'apostrophe, l'exclamation, la prosopopée, l'obsécration, l'imprécation, l'optation, l'hypotypose, l'accumulation, l'ironie, l'hyperbole, la litote, la périphrase, l'antithèse, la réticence, la gradation et l'épiphonème.

1° L'*interrogation* est une question qu'on adresse, non pour obtenir une réponse ou pour marquer un doute réel, mais pour animer le discours, tenir l'auditeur en haleine, et le forcer à recevoir l'impression. Les interrogations accumulées expriment l'émotion de l'orateur et la font partager à ceux qui l'écoutent. Massillon commence ainsi son sermon sur le mauvais riche : « Quels sont donc les crimes affreux qui ont creusé à cet infortuné le gouffre de tourments où il est enseveli, et allumé le feu vengeur qui le dévore? Est-ce un profanateur de son propre corps? A-t-il trempé ses mains dans le sang innocent? A-t-il fait de la veuve et de l'orphelin la proie de ses injustices? Est-ce un homme sans foi, sans mœurs, sans caractère, un monstre d'iniquité? » Il est facile de voir combien toutes ces interrogations communiquent de vie et d'énergie au discours.

L'homme de Waterloo nous dira-t-il sa vie,
Et ce qu'il a fauché du troupeau des humains,
Avant que l'envoyé de la nuit éternelle
Vint, sur son tertre vert, l'abattre d'un coup d'aile
Et sur son cœur de fer lui croiser les deux mains?

A. DE MUSSET.

Les interrogations animent les raisonnements dans les situations dramatiques au théâtre; Hermione reproche ainsi à Oreste d'avoir tué Pyrrhus :

> Pourquoi l'assassiner? Qu'a-t-il fait? A quel titre?
> Qui te l'a dit?

2° L'*apostrophe* a lieu lorsqu'on s'arrête brusquement dans son discours pour adresser la parole à d'autres êtres, présents ou absents, animés ou inanimés, réels ou imaginaires. Le second livre des *Rois* nous offre un des plus beaux exemples de cette figure; David, qui déplore la mort de Saül et de Jonathas, s'écrie : « Et vous, monts de Gelboé, que jamais la rosée ni la pluie ne rafraîchissent vos coteaux; que jamais on n'y offre les prémices des moissons, puisque c'est là qu'est tombé le bouclier des braves, le bouclier de Saül, comme s'il n'était pas l'oint du Seigneur! »

Voici d'autres exemples de cette figure :

« Princesse, dont la destinée est si grande et si glorieuse, faut-il que vous naissiez en la puissance des ennemis de votre maison! O Éternel, veillez sur elle! Anges saints, rangez à l'entour vos escadrons invisibles, et faites la garde autour d'une princesse si grande et si délaissée! »

Le vieux don Diègue parle à son épée :

> Et toi, de mes exploits glorieux instrument,
> Mais d'un corps tout de glace inutile ornement,
> Fer jadis tant à craindre, et qui, dans cette offense,
> M'as servi de parade, et non pas de défense,
> Va, quitte désormais le dernier des humains,
> Passe, pour me venger, en de meilleures mains.
> (Le *Cid*, acte I, scène IV.)

Il est peu d'apostrophes d'un effet plus vif et plus saisissant que ces beaux vers de Musset:

> Dors-tu content, Voltaire, et ton hideux sourire
> Voltige-t-il encor sur tes os décharnés?
> Ton siècle était, dit-on, trop jeune pour te lire;
> Le nôtre doit te plaire et tes hommes sont nés.
> Il est tombé sur nous, cet édifice immense
> Que de tes larges mains tu sapais nuit et jour, etc.

3° L'*exclamation* est un cri qui jaillit de l'âme lorsqu'elle est fortement émue. Andromaque, forcée d'accepter un hymen qu'elle déteste, pour sauver les jours de son fils, s'écrie:

> O cendres d'un époux! O Troyens! O mon père!
> O mon fils! que tes jours coûtent cher à ta mère!

4° La *prosopopée*, une des plus éloquentes figures de la rhétorique lorsqu'elle est bien employée, prête de l'action et du sentiment aux choses inanimées; elle fait intervenir le ciel, la terre, les êtres insensibles, réels, abstraits ou imaginaires; elle fait parler les présents et les absents, elle évoque même les morts de leurs tombeaux. Tout le monde connaît la magnifique prosopopée dans laquelle Fabricius, rappelé à la vie par J.-J. Rousseau, reproche aux Romains leur luxe et leur mollesse : « O Fabricius! qu'eût dit votre grande âme... »

5° L'*obsécration* est une prière par laquelle on invoque une protection, une faveur, un service. Telles sont ces paroles de Philoctète à Néoptolème dans le *Télémaque* : « O mon fils! je te conjure par les mânes de ton père, par ta mère, par tout ce que tu as de plus cher sur la terre, de ne pas me laisser seul dans les maux où tu me vois. »

6° L'*imprécation* invoque le ciel, les enfers ou quelque autre puissance supérieure contre un objet odieux. Les imprécations de Camille dans la tragédie d'*Horace*, de Corneille, sont restées célèbres :

Rome, l'unique objet de mon ressentiment!
Rome, à qui vient ton bras d'immoler mon amant!
Rome qui t'a vu naître et que ton cœur adore!
Rome enfin que je hais parce qu'elle t'honore!
Puissent tous ses voisins ensemble conjurés
Saper ses fondements encor mal assurés!.....

(*Horace*, acte IV, scène v.)

7° L'*optation* exprime un vœu, comme dans ce beau passage de l'oraison funèbre du prince de Condé : « Ainsi puisse-t-il toujours vous être un cher entretien! Ainsi puissiez-vous profiter de ses vertus, et que sa mort, que vous déplorez, vous serve à la fois de consolation et d'exemple! »

8° L'*hypotypose* peint les objets sous des couleurs si vives et si dramatiques, qu'elle les met en quelque sorte sous les yeux. C'est ainsi que l'impitoyable cruauté d'Athalie est peinte dans ces deux vers de Racine :

Un poignard à la main, l'implacable Athalie
Au carnage animait ses barbares soldats.

9° L'*accumulation* entasse, pour ainsi dire, toutes les circonstances, tous les détails d'un événement, afin de frapper plus sûrement l'esprit. Tel est ce début d'une lettre bien connue, dans laquelle madame de Sévigné parle du mariage de Lauzun avec Mademoiselle, ce qui faisait l'étonnement de toute la cour : « Je m'en vais vous mander la chose la plus surprenante, la plus merveilleuse, etc., » et elle accumule une foule d'épithètes de ce genre.

10° L'*ironie* ou *contre-vérité* consiste à dire précisément le contraire de ce qu'on pense ou de ce qu'on veut faire entendre, et cela en termes souvent exagérés qui rendent le contraste plus piquant. C'est ainsi que Boileau a dit

> Je le déclare donc, Quinault est un Virgile;
> Pradon, comme un soleil, en nos ans a paru.
> Pelletier écrit mieux qu'Ablancourt ni Patru;
> Cotin, à ses sermons traînant toute la terre,
> Fend des flots d'auditeurs pour aller à sa chaire.

L'ironie n'est pas toujours plaisante : quelquefois elle devient la dernière expression de la rage et du désespoir. Oreste, agité par les Furies, s'écrie dans *Andromaque* :

> Grâce aux dieux, mon malheur passe mon espérance!
> Oui, je te loue, ô ciel! de ta persévérance.
> . . . .
> Eh bien! je meurs content, et mon sort est rempli.

11° L'*hyperbole*, suivant la définition de La Bruyère, exprime au delà de la vérité pour ramener l'esprit à la mieux connaître. L'hyperbole est une source de beautés de style, mais il faut en user avec discrétion, si l'on veut éviter l'enflure et l'exagération. C'est le défaut de ces vers de Brébeuf :

> De morts et de mourants cent montagnes plaintives,
> D'un sang impétueux cent vagues fugitives...

Combien Voltaire a exprimé plus sobrement une idée analogue :

> Et des fleuves français les eaux ensanglantées
> Ne portaient que des morts aux mers épouvantées!

Les vers suivants offrent un charmant exemple d'hyperbole. Le fils du grand Condé ayant promis mille écus au poète qui composerait le meilleur quatrain destiné à être gravé sur le socle d'une statue qu'il faisait élever à son père à Chantilly, un Gascon (on sait que ce n'est pas l'esprit qui leur manque) envoya celui-ci :

> Pour célébrer tant dé vertus,
> Tant dé hauts faits et tant dé gloire,
> Mille écus, sandis! mille écus!
> Cé n'est pas un sou par victoire.

12° La *litote* est le contraire de l'hyperbole; elle dit moins pour faire entendre plus; c'est une figure qui se distingue par la grâce et la délicatesse. Quand Chimène dit à Rodrigue : *Va, je ne te hais point*, elle lui laisse entendre beaucoup plus que ces mots ne semblent dire.

Si la litote affaiblit l'expression pour déguiser des idées tristes ou désagréables, elle prend le nom d'*euphémisme* : *Vous n'êtes plus jeune*, pour *vous êtes vieux*. Cicéron, venant annoncer au peuple romain que les complices de Catilina ont été exécutés dans leur prison, se garde bien d'exprimer aussi nettement cette cruelle vérité; il se contente de dire : *Ils ont vécu*.

13° La *périphrase* ou *circonlocution* est un détour que l'on prend pour désigner clairement un objet sans le nommer; elle est surtout usitée en poésie, pour relever par l'expression des idées vulgaires et communes. Dans *Polyeucte*, Corneille veut désigner le *diable*; mais il se garde bien d'employer le mot propre, qui eût été ridicule :

> Ainsi *du genre humain l'ennemi* vous abuse.

Pour agrandir encore l'idée de Dieu, déjà si importante, Bossuet dira : « Celui qui règne dans les cieux, et de qui relèvent tous les empires, à qui seul appartient la gloire, la majesté, l'indépendance... »

La périphrase sert aussi à rendre une idée d'une façon plus piquante, comme dans ces vers de Musset :

> Parce que l'on t'a fait à *ta prison d'argile*
> Une fenêtre ou deux pour y voir au dehors...

C'est ainsi que La Fontaine dit, en parlant de la belette :

> La *dame au nez pointu* répondit que la terre
> Était au premier occupant.

Parmi les périphrases, il en est qui sont pour ainsi dire stéréotypées, et qu'un emploi abusif a rendues presque triviales; tels sont : les *dons de Pomone*, les *présents de Flore*, les *doigts de rose de l'Aurore*, les *enfants de Mars* et de *Bellone*, etc., qu'il est temps de ranger parmi les friperies littéraires.

14° L'*antithèse* est une sorte de comparaison par contrastes; elle oppose les mots aux mots et les pensées aux pensées. Lorsque cette figure naît du sujet et qu'elle est placée à propos, elle ne manque jamais de produire un effet agréable et piquant. Il n'est personne qui ne connaisse l'exemple suivant :

Pauvre Didon, où t'a réduite
De tes maris le triste sort?
L'un en mourant cause ta fuite,
L'autre en fuyant cause ta mort.

Dans l'*Héraclius* de Corneille, Phocas voyant Héraclius et Martian se disputer le titre de fils de Maurice, et aucun d'eux ne vouloir être considéré comme fils de Phocas, s'écrie douloureusement :

O malheureux Phocas! O trop heureux Maurice!
Tu retrouves deux fils pour mourir après toi,
Et je n'en puis trouver pour régner après moi!

Ici l'antithèse est poussée jusqu'au pathétique.

Quelque agréable que soit cette figure, il faut se garder d'en abuser. « Les antithèses sont toujours bonnes, fait judicieusement observer Condillac, lorsque les accessoires qu'elles ajoutent caractérisent la chose ou expriment les sentiments qu'on veut exprimer. Hors de là, c'est le plus froid de tous les tours. »

Personne n'a su manier l'antithèse plus habilement que Fléchier, mais personne aussi n'en a plus abusé.

15° La *réticence* consiste dans la suspension brusque du discours pour passer à une autre idée. Le *quos ego* de Virgile est resté proverbial, ainsi que ces deux vers de Racine :

Et ce même Sénèque et ce même Burrhus,
Qui depuis... Rome alors estimait leurs vertus.

16° La *gradation* consiste à présenter une suite d'idées, d'images ou de sentiments qui enchérissent les uns sur les autres; en voici un bel exemple emprunté à la *Satire Ménippée*. D'Aubray, l'orateur du tiers état, reproche ainsi au peuple de Paris sa conduite envers Henri III : « Tu n'as pu supporter ton roi débonnaire, si facile, si familier, qui s'était rendu comme concitoyen et bourgeois de ta ville, qu'il a enrichie, qu'il a embellie de somptueux bâtiments, accrue de forts et de superbes remparts, ornée de privilèges et d'exemptions honorables; que dis-je, pu supporter? C'est bien pis, tu l'as chassé de sa ville, de sa maison, de son lit! Quoi, chassé? tu l'as poursuivi! Quoi, poursuivi? tu l'as assassiné, canonisé l'assassinateur et fait des feux de sa mort! »

17° L'*épiphonème* est une sorte de réflexion, de sentence, qui termine un raisonnement ou un écrit. Bossuet parle ainsi de la mort : « Notre chair change bientôt de nature, notre corps prend un autre nom; même celui de cadavre ne lui reste pas longtemps; il devient un je ne sais quoi qui n'a plus de nom dans aucune langue : *tant il est vrai que tout meurt avec lui, jusqu'à ces termes funèbres par lesquels on exprime ses malheureux restes!* »

A ces figures de pensées, nous pourrions en ajouter quelques autres encore mentionnées par les rhéteurs, telles que la *communication*, la *dubitation*, la *permission*, etc.; mais celles que nous venons de passer en revue sont les principales, et elles suffisent amplement à notre cadre.

FIGURES DE MOTS

Parmi ces figures, les unes conservent la signification naturelle des mots, mais les emploient et les construisent de manière à rendre la phrase plus agréable ou plus forte; les autres changent cette signification. De là deux espèces de figures de mots : les *figures de mots proprement dites*, et les *tropes* (du verbe grec *trepô*, tourner, changer).

— *Figures de mots proprement dites.* Ce sont l'*ellipse*, le *pléonasme*, la *syllepse*, l'*hyperbate* ou *inversion*, l'*hypallage*, la *répétition*, la *disjonction* et l'*apposition* Les quatre premières sont plus grammaticales qu'oratoires; néanmoins, elles doivent trouver leur place dans cette classification.

1° L'*ellipse* est le retranchement régulier de quelque terme qui serait nécessaire à la construction grammaticale, mais dont l'absence ne produit aucune obscurité, autrement l'ellipse serait vicieuse; la phrase devient ainsi plus rapide et plus vive. Les bons écrivains ont tous une prédilection marquée pour l'ellipse, qui semble donner des ailes à leur pensée :

Le crime fait la honte, et non pas l'échafaud.
TH. CORNEILLE.

Le cœur est pour Pyrrhus, et les vœux pour Oreste.
RACINE.

Je t'aimais inconstant, qu'aurais-je fait fidèle?
RACINE.

J'eusse été près du Gange esclave des faux dieux,
Chrétienne dans Paris, musulmane en ces lieux.
VOLTAIRE.

Qu'on rétablisse les mots rigoureusement exigés par la grammaire, et la phrase devient languissante, elle se traîne. Voici encore un bel exemple d'ellipse, emprunté à C. Delavigne :

Eh bien! donc, malgré vous,
Le prince a succombé, docteur? — Que pouvons-nous
Quand la nature, enfin?... — La réponse était sûre :
On guérit, c'est votre art; on meurt, c'est la nature.

2° Le *pléonasme* est le contraire de l'ellipse et ajoute ce que la grammaire rejette comme superflu; bien employé, il donne à la phrase plus de force et d'énergie :

Je l'ai vu, dis-je, vu,
De mes propres yeux vu, ce qui s'appelle vu.

Si Molière s'était contenté de dire : Je l'ai vu, il n'eût produit aucune impression. « *Dormez votre sommeil*, riches de la terre, » a dit Bossuet, et ce pléonasme poétique, emprunté au style des saintes Écritures, est de la plus grande beauté.

Le pléonasme est le langage favori de la passion, qui aime à appuyer sur les idées; mais il faut, en général, éviter de l'employer à froid, autrement on risque de tomber dans la *périssologie*, superfluité de mots qui énerve le discours.

3° La *syllepse* fait accorder un mot, non avec celui auquel il se rapporte grammaticalement, mais avec celui auquel il correspond dans la pensée. Racine nous en offre un bel exemple dans cette exhortation de Joad à Joas :

Promettez sur ce livre et devant ces témoins
Que Dieu fera toujours le premier de vos soins;
Que, sévère aux méchants et des bons le refuge,
Entre *le pauvre* et vous vous prendrez Dieu pour juge,
Vous souvenant, mon fils, que, caché sous ce lin,
Comme *eux* vous fûtes pauvre et comme *eux* orphelin.

La syllepse est d'un emploi très délicat, très difficile, et il ne faut en user qu'avec la plus grande réserve.

4° L'*hyperbate* ou *inversion* transpose l'ordre assigné aux mots par la syntaxe; elle est surtout usitée en poésie et dans le style élevé; tels sont les exemples suivants :

Aux petits des oiseaux il donne leur pâture.

RACINE.

A tous les cœurs bien nés que la patrie est chère!

Restait cette redoutable infanterie... (Bossuet). *Déjà prenait l'essor pour se sauver vers les montagnes cet aigle dont le vol hardi avait d'abord effrayé nos provinces* (Fléchier). Il ne faut pas que l'inversion soit forcée, autrement elle devient un travers, une véritable faute.

5° L'*hypallage* applique à un mot ce qui ne convient en réalité qu'à un autre : *Rendre l'homme au bonheur, c'est le rendre à la vie*, pour *rendre le bonheur à l'homme, c'est lui rendre la vie*.

6° La *répétition*, dont le nom seul indique suffisamment l'emploi, sert à insister sur quelque vérité, sur quelque objet qui occupe fortement la passion. Nous en trouvons un bel exemple dans ces paroles de Lusignan à Zaïre :

> Ma fille, tendre objet de mes dernières peines,
> *Songe* au moins, *songe* au sang qui coule dans tes veines :
> *C'est le sang* de vingt rois, tous chrétiens comme moi ;
> *C'est le sang* des héros, défenseurs de ma loi ;
> *C'est le sang* des martyrs...

La répétition de la conjonction *et* donne quelquefois aussi beaucoup de force à la phrase, comme dans ces vers du *Lutrin* :

> Il terrasse lui seul *et* Guibert *et* Grasset,
> *Et* Gorillon la basse *et* Grandin le fausset,
> *Et* Gervais l'agréable *et* Guérin l'insipide...

7° La *disjonction* supprime au contraire les particules conjonctives, pour rendre la phrase plus rapide :

> Français, Anglais, Lorrains, que la fureur assemble,
> Avançaient, combattaient, frappaient, mouraient ensemble.

8° L'*apposition* consiste dans l'emploi de substantifs comme épithètes, comme qualificatifs :

> C'est dans un faible objet, *imperceptible ouvrage*,
> Que l'art de l'ouvrier me frappe davantage.
>
> L. Racine.

> Ils virent à l'écart une étroite cabane,
> *Demeure hospitalière, humble et chaste maison.*
>
> La Fontaine.

— *Des tropes.* « La nature des tropes, dit Condillac, est de faire image, en donnant du corps et du mouvement à toutes les idées. » Aristote réduisait tous les tropes à la métaphore, parce qu'en effet on peut les y rapporter tous ; cependant on les divise généralement en deux classes : les *métaphores* et les *métonymies*. Les métaphores comprennent la *métaphore proprement dite*, l'*allégorie*, l'*allusion* et la *catachrèse*.

1° La *métaphore proprement dite* n'est qu'une comparaison vivement exprimée, par laquelle on fait passer un mot de son sens propre à un autre sens qui ne lui convient que par comparaison. Si je dis d'un guerrier : « Il s'élance comme un lion, » c'est une comparaison; si, au contraire, fondant le rapport dans un seul mot, je m'exprime ainsi : « Ce lion s'élance, » je fais une métaphore. Ce langage de l'imagination est un puissant auxiliaire pour l'éloquence, à laquelle il faut des formes imagées, vives, pour passionner les esprits. « Dans toutes les langues, dit Voltaire, le cœur *brûle*, le courage *s'allume*, les yeux *étincellent*, l'esprit est *accablé*, il *se partage*, il *s'épuise*, le sang *se glace*, on est *enflé* d'orgueil, *enivré* de vengeance; la nature se peint partout dans ces images fortes, devenues ordinaires, » et ce sont là autant de métaphores.

Mais la métaphore a ses écueils, qu'on doit éviter avec soin; d'abord il ne faut pas qu'elle mette en présence des idées qui n'ont entre elles aucun rapport. Si je disais, en parlant d'un orateur véhément : *Ce torrent s'allume*, la métaphore serait défectueuse, parce que les mots *torrent* et *s'allume* représentent des idées opposées. Il faut de plus que la métaphore n'emprunte pas ses images à un ordre de choses bas et trivial, comme dans ce passage où Tertullien dit que *le déluge fut la lessive générale de la nature*; c'est une métaphore ridicule.

2° L'*allégorie* n'est qu'une métaphore plus étendue, plus développée; c'est quelquefois tout un sujet, dans lequel le langage figuré est substitué à l'expression propre; telle est cette charmante pastorale de Mme Deshoulières :

Dans ces prés fleuris, etc.

L'Allégorie habite un palais diaphane,

a dit Lemierre avec justesse, pour montrer qu'on doit toujours pouvoir saisir facilement le rapport des idées; Boileau nous en donne un bel exemple dans les vers suivants :

Pour moi, sur cette mer qu'ici-bas nous courons,
Je songe à me pourvoir d'esquifs et d'avirons,
A régler mes désirs, à prévenir l'orage,
A sauver, s'il se peut, ma raison du naufrage.

On peut ranger parmi les allégories les *énigmes*, les *proverbes*, les *contes* et les *fables*.

3° L'*allusion* laisse entendre une chose qu'elle ne dit pas précisément.

Henri IV dit un jour à l'ambassadeur espagnol, dans un mouvement de vivacité : « Si l'on me pousse à bout, je monte à cheval, et je suis dans le cas de pousser jusqu'à Madrid. — Sire, lui répondit l'ambassadeur avec un fin sourire, vous ne seriez pas le premier roi de France qu'on y aurait vu. »

Il était impossible de faire une allusion plus piquante.

4° La *catachrèse* est une sorte de métaphore à laquelle on est obligé de recourir lorsque le mot propre dont on a besoin n'existe pas dans la langue, comme lorsqu'on dit : être à *cheval* sur un *bâton*, sur un *âne*; un cheval *ferré* d'*argent*; une *feuille* de *fer-blanc*, une *feuille* d'*or*, une *feuille* de *carton*, etc.

Les *métonymies* comprennent la *métonymie proprement dite*, la *synecdoche* ou *synecdoque*, et *l'antonomase*.

La *métonymie proprement dite* prend : 1° la cause pour l'effet : *Vivre de son travail*, ou l'auteur de la chose pour la chose même : *Traduire Démosthène*; 2° l'effet pour la cause : *Ce jardin n'a point d'ombrage*, au lieu de dire *n'a point d'arbres*; 3° le contenant pour le contenu : *Il avala la coupe fatale*; 4° le signe pour la chose signifiée; c'est ainsi que Cicéron a dit : *Que les armes le cèdent à la toge*; 5° le possesseur pour la chose possédée : *Cet homme a été incendié*, ou le chef d'une famille pour la famille elle-même : Ne dis plus, ô *Jacob!* que ton Seigneur sommeille; 6° le nom abstrait pour le nom concret :

> Les vainqueurs ont parlé, l'*esclavage* en silence
> Obéit à leur voix dans cette ville immense.
>
> VOLTAIRE.

La *synecdoche* ou *synecdoque* prend : 1° le genre pour l'espèce et réciproquement : quand on dit les *mortels* pour les *hommes*, c'est le genre pour l'espèce, puisque les animaux sont sujets comme nous à la mort; mais si je dis un *éden* pour un *séjour délicieux*, c'est l'espèce pour le genre; 2° le tout pour la partie : *Les peuples qui boivent la Garonne*, ou la partie pour le tout : *cent voiles* pour *cent vaisseaux*; 3° le singulier pour le pluriel :

> Le Jourdain ne voit plus l'*Arabe* vagabond,
> Ni l'altier *Philistin*, par d'éternels ravages,
> Comme au temps de vos rois désoler ses rivages.
>
> RACINE.

4° le nom de la matière pour la chose qui en est faite : *Tomber sous un fer homicide.*

L'*antonomase* est une espèce de synecdoche par laquelle on emploie un nom commun pour un nom propre, et un nom propre pour un nom commun. En disant *l'orateur romain* pour *Cicéron*, c'est le nom commun substitué au nom propre; dans les exemples suivants, au contraire : Un *Néron* pour un *prince cruel*, un *Sardanapale* pour un *prince débauché*, un *Attila* pour un *conquérant dévastateur*,

Un *Auguste* aisément peut faire des *Virgiles*,

pour un *prince ami des lettres* peut faire de *grands poètes*, etc., c'est le nom propre mis à la place du nom commun.

DE L'ACTION

L'action n'est que l'appareil extérieur de l'éloquence; aussi n'en dirons-nous ici que quelques mots, bien qu'elle ait une assez grande importance dans le discours. On pourrait la comparer au vêtement : certaines personnes, avec un habillement simple, mais porté avec goût et avec aisance, savent plaire et paraître du meilleur ton; d'autres, richement costumées, mais inhabiles dans l'art de porter facilement et élégamment cet étalage de luxe, n'offrent qu'un aspect grotesque. Il en est ainsi du discours. On demandait un jour à Démosthène quelle était la première qualité de l'orateur : L'action, répondit-il. — Et la seconde? — L'action. — Et la troisième? — L'action, toujours l'action. Il y a une exagération évidente dans ce mot de Démosthène, si souvent cité; mais, en réduisant sa pensée à une juste mesure, il faut reconnaître que le discours le plus médiocre, soutenu de toutes les grâces du geste et du débit, fera plus d'impression que la plus élégante harangue dépourvue de ce charme puissant.

Il y a trois choses principales à considérer dans l'action : la *pronociation*, le *geste* et la *mémoire*.

Il est inutile d'insister sur le mérite d'une prononciation nette, pure, correcte; Démosthène, que nous venons de citer, en connaissait bien la valeur, et nous savons tous l'histoire des cailloux. Il faut que la prononciation soit d'accord avec l'objet que l'on traite, avec le sentiment qu'on exprime. « Chaque passion, chaque affection a son expression naturelle, sa physionomie, son accent. Les sons de la voix répondent, comme les cordes d'un instrument, à la passion qui les touche et les met en mouvement. Il y a un ton, un accent pour la colère, et cet accent doit être vif, prompt et coupé; il y en a un autre pour la douleur et la plainte : il est touchant, égal, mêlé de quelques interruptions, accompagné de gémissements; un autre encore pour la crainte : humble, hésitant, bas et faible; le ton de la violence est pressant, véhément, menaçant, impétueux; l'accent du plaisir est doux, tendre, plein d'abandon; le chagrin qui ne cherche point à inspirer la pitié prend un ton grave, sombre, uniforme. »

Le geste doit se mesurer à la nature du sujet que l'on traite; un corps, une tête, des bras immobiles lorsqu'on prononce un discours véhément, laissent l'auditeur insensible; mais des gestes violents, emportés à contresens, produisent sur lui une impression encore plus à craindre : ils excitent ses rires et ses railleries. Le P. Sanlecque a publié, vers le milieu du XVIIe siècle, un poème sur le *Geste*, où il résume ainsi les principaux défauts à éviter :

Surtout n'imitez pas cet homme ridicule
Dont le bras nonchalant fait toujours le pendule.
Au travers de vos doigts ne vous faites point voir,
Et ne nous prêchez pas comme on parle au parloir.
Chez les nouveaux acteurs c'est un geste à la mode
Que de nager au bout de chaque période.
Chez d'autres apprentis, l'on passe pour galant,
Lorsqu'on écrit en l'air, et qu'on peint en parlant.
L'un semble d'une main encenser l'assemblée;
L'autre à ses doigts crochus paraît avoir l'onglée.
Celui-ci prend plaisir à montrer ses bras nus;
Celui-là fait semblant de compter ses écus.
Ici, ce bras manchot jamais ne se déploie;
Là, ces doigts écartés font une patte d'oie.
Souvent, charmé du sens dont mes discours sont pleins,
Je m'applaudis moi-même et fais claquer mes mains.
Souvent je ne veux point que ma phrase finisse,
A moins que pour signal je ne frappe ma cuisse.
Tantôt, quand mon esprit n'imagine plus rien,
J'enfonce mon bonnet, qui tenait déjà bien.
Quelquefois, en poussant une voix de tonnerre,
Je fais le timbalier sur les bords de ma chaire.

Cette description ne manque ni de justesse ni de pittoresque.

La mémoire est sans aucun doute la qualité la plus nécessaire à l'orateur pour bien débiter un discours; elle est la condition indispensable d'une *action* puissante et persuasive. « En vain, dit l'abbé Maury, auriez-vous reçu de la nature l'heureux don de persuader et d'émouvoir; en vain auriez-vous perfectionné votre talent par l'étude des règles; en vain même écririez-vous avec éloquence : vous ne seriez jamais en public un orateur vraiment éloquent, si vous étiez souvent interrompu dans le débit de vos discours par les infidélités ou les hésitations de votre mémoire. » Massillon savait bien apprécier cet inestimable concours de la mémoire. Comme on lui demandait quel était celui de ses sermons qu'il jugeait le meilleur : *C'est celui que je sais le mieux*, répondit-il. En effet, un discours prononcé sans embarras, sans hésitation fatigante, ressemble alors à une véritable improvisation, à un élan spontané du cœur ou de l'esprit, et il n'en produit qu'une plus vive impression; tandis que, débité avec peine et tâtonnements, il ne paraît plus qu'un effort pénible de l'intelligence, le fruit avorté d'une méditation sans objet précis. Heureux encore quand on ne subit pas le désagrément humiliant de ce prédicateur qui, étant en chaire et nageant à pleines voiles dans les flots de sa parole, s'arrêta brusquement, hésitant, bégayant, balbutiant, et finit par dire qu'il *avait perdu le fil de son discours*. A cet aveu dépouillé d'artifices, un mauvais plaisant se leva et se tournant vers l'auditoire : *Qu'on ferme les portes !* s'écria-t-il ; *il n'y a ici que d'honnêtes gens, et il faut que le fil du discours de M. l'abbé se retrouve.*

Résumons ces éléments par ces judicieuses réflexions, empruntées à M. Le Clerc : « La rhétorique, de l'aveu de Quintilien lui-même, ne donne point de règles générales et invariablement déterminées. L'éloquence ne serait pas difficile à atteindre si l'on pouvait s'y élever par une méthode certaine et en suivant une route qui menât toujours au but. De toutes les règles, il en est une seule qui ne souffre point d'exception, celle de parler convenablement à la chose, aux temps, aux lieux. Si vous vous plaignez de l'incertitude vague des autres préceptes, si vous demandez qui vous indiquera le choix de ces styles, de ces figures, nous vous répondrons : Ce sera le goût perfectionné par la lecture et l'imitation des grands modèles. Les préceptes utiles que nous venons de rassembler sont plus aisés à donner qu'à mettre en pratique. »

GYMNASTIQUE INTELLECTUELLE

DEUXIÈME PARTIE

EMPLOI, CONVENANCE, PROPRIÉTÉ, PRÉCISION

SYNONYMIE DES MOTS

DE LA SYNONYMIE DANS LES MOTS.

L'étymologie du mot *précision* en indique le sens. Il vient du verbe latin *præcidere*, couper. La précision consiste à préférer la qualité à la quantité des mots, et à élaguer le discours de telle sorte qu'il soit la forme naturelle, et non le vêtement arbitraire, des idées qu'on a voulu énoncer.

Le style diffus est l'opposé du style précis. Le style diffus est le défaut ordinaire des écrivains médiocres. Ils semblent croire qu'en donnant la monnaie du mot propre qui leur échappe, qu'en employant un grand nombre d'expressions ils feront mieux saisir leur pensée ; ils ne parviennent qu'à lui ôter toute espèce de relief, et la rendent d'autant moins nette et moins sensible qu'ils prennent à tâche de l'expliquer plus longuement.

« La source de laquelle émane le style diffus, dit Blair, est le malheureux usage que l'on fait des mots appelés synonymes. Rarement il existe, dans quelque langue que ce soit, deux mots exprimant exactement la même idée. Plus on apporte d'attention aux nuances qui distinguent le sens des mots, plus on écrit ou l'on parle avec précision. »

Synonyme vient du grec *sun*, avec, ensemble, et *onuma* pour *onoma*, nom ; rigoureusement, ce mot ne devrait s'appliquer qu'aux termes qui ont exactement la même signification, c'est-à-dire qui nomment, qui désignent les mêmes choses, les mêmes idées ; mais comme il n'y a jamais identité complète de signification entre les mots, on a dû modifier cette acception trop rigoureuse, et l'on a appliqué le nom de synonymes, non seulement aux termes dont le sens a de grands rapports de ressemblance, mais aussi à ceux qui offrent des différences très appréciables, quoique légères. Cette ressemblance qui doit exister entre les synonymes n'embrasse pas toute l'étendue et toute la force de la signification ; elle consiste seulement dans une idée principale que tous énoncent, mais que chacun diversifie à sa manière par une idée accessoire qui lui constitue un caractère propre.

« La ressemblance que produit l'idée générale, dit Girard, fait les mots synonymes, et la différence qui vient de l'idée particulière qui accompagne la générale fait qu'ils ne le sont pas parfaitement et qu'on les distingue comme les diverses nuances d'une même couleur. »

« Ils ont entre eux, dit Lafaye, le même rapport que les variétés d'une même couleur principale; au premier coup d'œil et à distance, ils semblent tous se confondre, tant les nuances qui les séparent sont légères; mais, en y regardant de plus près, on aperçoit ce qu'il y a de particulier dans chacune de ces nuances, ou, pour parler sans figures, on s'aperçoit que chaque mot est marqué de signes distinctifs qui le rendent seul propre à exprimer, dans certaines circonstances, l'idée générale qu'ils représentent tous. »

Les exemples que nous donnerons plus bas feront mieux comprendre cette définition. C'est le nombre et l'abondance de ces termes dits synonymes qui constituent surtout la richesse d'une langue; car ce n'est pas d'après le nombre des mots qu'il faut calculer cette richesse, mais d'après leur valeur et la variété des idées qu'ils expriment. Il n'importe pas, en effet, d'avoir plusieurs termes pour une seule idée, tandis qu'il importe beaucoup d'en avoir pour toutes les idées, pour toutes les nuances que l'on veut exprimer.

Du reste, comme nous venons de le faire entendre, on peut dire qu'il n'existe dans aucune langue des synonymes parfaits, on peut même dire qu'il n'y a jamais entre deux mots identité absolue de signification. « S'il y avait des synonymes parfaits, dit Dumarsais, il y aurait deux langues dans une même langue; quand on a trouvé le signe exact d'une idée, on n'en cherche pas un autre. » Cette opinion a été celle de Fénelon, de Girard, de Blair et d'un grand nombre de philologues, et nous devons reconnaître avec eux que ce ne serait pas un mérite pour une langue d'avoir des mots absolument synonymes; il y aurait alors, non pas abondance, mais superfluité, et la superfluité est un défaut.

Cependant il est possible, et cela est même probable, que certaines langues aient renfermé des mots de tout point synonymes, surtout celles qui proviennent de la réunion des débris de plusieurs idiomes. « Lorsque diverses peuplades viennent se fondre en un même corps de nation, chacune apporte son vocabulaire, et comme chacune continue pendant plus ou moins de temps à y puiser des mots pour désigner les objets à sa manière, il s'ensuit coexistence de plusieurs langues en une seule, ou, si on l'aime mieux, un grand nombre de synonymes. Il doit s'en trouver surtout parmi ceux qui désignent les objets sensibles, comme l'attestont les synonymes si nombreux de la botanique. A mesure que l'union devient plus intime entre les éléments de la nation, la même identification s'opère entre ceux de la langue. Tous les mots significatifs d'un même objet, ou au moins quelques-uns, sont destinés désormais à le représenter sous des faces ou avec des nuances diverses; ou bien ils tombent tous, hors un seul qui prévaut. » (Lafaye.) On pourrait dire, il est vrai, que la langue n'est pas réellement formée tant qu'elle n'est point arrivée à cette fusion complète des idiomes dont elle est le produit, et alors il n'y aurait pas de synonymes parfaits, mais simplement coexistence de plusieurs mots équivalents dans différents idiomes; d'ailleurs, Lafaye reconnait lui-même qu'une langue offre d'autant moins de synonymes qu'elle est plus une. Sous ce rapport, la nôtre n'a point de rivale : « Le français tel que l'ont fait les écrivains du XVIIe et du XVIIIe siècle ne peut laisser beaucoup à désirer pour la précision des termes. Depuis eux, les idiotismes et les dialectes ont disparu dans l'unité d'une langue commune qui, par eux, s'est imposée à tous, pure de tous ces termes que leur égalité de sens rend plus propres à fatiguer la mémoire qu'à faciliter l'art de la parole; non pas qu'il n'y ait encore des synonymes parfaits dans les langages particuliers des différentes sciences, telles que la botanique et la médecine surtout, où ils fourmillent au contraire. » C'est ainsi que le populaire *saindoux* s'appelle *axonge*, qu'une *taie sur l'œil* prend le nom de *akétodiaphanie* et que le vulgaire pissenlit est devenu le *taraxacum*.

Nous avons dit que l'on a appliqué généralement le nom de synonymes aux termes dont le sens a de grands rapports de ressemblance, et aussi des différences appréciables, quoique légères; désormais, chaque fois que nous nous servirons du mot *synonyme*, nous l'emploierons dans ce sens. L'identité de la signification des synonymes n'étant que partielle et relative, il suit de là qu'elle a des degrés et que, plus elle approche ou paraît approcher de l'identité entière et absolue, plus les mots sont *synonymes*, plus, par conséquent, il devient nécessaire de mettre entre eux un certain intervalle, de tracer la limite qui sépare la plus grande ressemblance possible d'une parfaite similitude. Nous allons donc examiner *quelles sont les conditions nécessaires pour que deux ou plusieurs termes soient considérés comme synonymes.*

D'abord, une idée générique commune est nécessaire aux mots synonymes.

Par exemple, les mots *haine*, *aversion*, *répugnance* expriment l'idée commune d'un mouvement de l'âme contre ce qui l'affecte désagréablement; en cela, ces trois mots se touchent ou plutôt coïncident; c'est là l'idée générale qui les réunit et qui établit leur ressemblance. Le premier exprime la passion, le ressentiment d'un cœur irrité et plein de fiel; le second fait qu'on évite les gens et qu'on regarde leur société comme quelque chose de désagréable; la répugnance empêche qu'on fasse les choses de bonne grâce, et donne un air gêné. Voilà les différences : de la passion on descend au sentiment, et du sentiment à une sorte d'instinct; c'est là ce qui constitue à chaque mot une partie distincte du domaine commun. Ainsi ces trois mots, exprimant une idée générale qui est la même pour tous, et une idée particulière qui les diversifie, sont synonymes. Ce que nous disons de la *haine*, de l'*aversion* et de la *répugnance* peut s'appliquer à une foule de termes qui, comme ces mots, sont en partie semblables et en partie différents.

De même, *transfuge* est synonyme de *déserteur*. Celui-ci contient l'idée mère et désigne un soldat qui abandonne sans congé le service auquel il est engagé; *transfuge* ajoute à l'idée mère de *déserteur* l'idée accessoire de passer au service des ennemis.

Ainsi encore, *rosse* et *coursier* sont synonymes de *cheval*, qui désigne, sans accessoire, leur idée générale commune.

Une idée générique commune étant nécessaire aux mots synonymes, plus cette idée générique qui fait leur rapport est voisine de l'idée particulière qui fait leur différence, plus la synonymie est grande.

Mais il ne suffit pas d'une idée générique commune pour que des mots soient synonymes; il faut, en outre, que cette idée générique ne soit pas trop éloignée.

Ainsi, les mots *mer* et *fleuve* ne sont point synonymes, par la raison qu'ils n'ont en commun que l'idée générique éloignée d'*eau*; tandis que les mots *fleuve* et *rivière* peuvent être considérés comme tels, parce qu'ils ont en commun l'idée générique très rapprochée d'eau courante.

Les synonymes peuvent se diviser en deux classes.

Les uns ont un radical commun, tels que :

Passer, dépasser, surpasser;
Caquet, caquetage;
Grogneur, grognon, grognard.

Les autres n'offrent pas la même racine; ils ne tirent pas leur origine de la même langue, et ils appartiennent à différentes sortes de langages : scientifique ou commun, poétique ou prosaïque, propre ou figuré. A cette classe se rapportent :

Hypothèse et *supposition;*
Hyperbole et *exagération;*
Épithète et *adjectif;*
Sacerdoce et *prêtrise;*
Euménides et *Furies;*
Épigraphe, inscription et *écriteau.*

Il n'y a donc, en réalité, que deux espèces bien tranchées de synonymes : les uns à radicaux identiques et à différences grammaticales ou plutôt phoniques; les autres à radicaux divers et à différences provenant de cette diversité même.

Maintenant il est facile de voir combien l'étude des synonymes, si négligée dans nos collèges, est importante pour quiconque désire parler et écrire correctement sa langue. « Cette étude, a dit M. Guizot, exerce la sagacité de l'esprit en l'accoutumant à distinguer ce qu'il serait aisé de confondre; en déterminant le sens propre des termes, elle prévient les disputes de mots dont une équivoque, un malentendu, sont presque toujours la cause; elle fixe l'usage, dont elle devient le témoin et l'interprète; elle recueille, pour ainsi dire, les feuilles éparses où sont contenus les oracles de cette impérieuse Sibylle; elle peut même les suppléer en s'aidant des ressources que l'analyse logique et grammaticale lui fournit; elle fait acquérir au style cette propriété d'expression, cette précision, pierre de touche des grands écrivains; enfin elle enrichit la langue de tous les termes qu'elle distingue d'une manière positive. Ce n'est pas la répétition des mêmes sons, mais celle des mêmes idées qui fatigue le lecteur : l'esprit se lasse plus aisément que l'oreille; la preuve en est dans cette multitude de particules, de conjonctions, etc., dont le retour continuel n'est pas pénible à l'entendement, parce qu'elles amènent ou remplacent de nouvelles idées. La variété des idées est donc plus essentielle à la richesse de la langue que celle des sons. Rien ne contribue aussi efficacement à l'augmenter que l'étude des synonymes; elle rend aux divers mots d'une même famille leur physionomie propre et leur caractère original; elle sépare en quelque sorte les rameaux d'un même tronc, et l'influence qu'elle exerce sur la clarté des expressions s'étend aux idées mêmes, qui acquièrent par elle une netteté plus grande. »

Aussi, dès les temps les plus anciens, avait-on senti l'utilité de cette étude. Cicéron et Quintilien ont parlé positivement de la nécessité de distinguer les synonymes, et plusieurs auteurs grecs et latins s'étaient livrés à ce genre de recherches. Parmi les modernes, ce sont les grammairiens français qui se sont occupés tout d'abord de la synonymie. Ménage, Vaugelas, La Bruyère, Bouhours abordèrent en plusieurs occasions ce genre de travaux; mais l'abbé Girard le premier conçut l'idée de faire des synonymes l'objet d'un traité spécial, et il est vraiment le créateur de cette branche de la philologie chez les peuples actuels. Après lui, plusieurs écrivains et grammairiens célèbres, Diderot, d'Alembert, Duclos, Dumarsais, s'occupèrent aussi des synonymes, et le grammairien Beauzée ajouta de nouvelles remarques à celles de Girard. L'abbé Roubaud publia peu après un ouvrage beaucoup plus étendu sur la même matière, et essaya surtout d'expliquer les nuances des synonymes par l'étymologie. De Fontanes, et après lui M. Guizot, recueillirent dans leurs dictionnaires de synonymes les travaux de leurs prédécesseurs. Mais c'est à M. Lafaye que revient l'honneur d'avoir fixé la véritable classification des synonymes.

Il y a un siècle, l'étude des synonymes était un divertissement de salon. On s'amusait à embarrasser les hommes d'esprit en leur proposant les synonymies les plus délicates, et l'on applaudissait fort ceux qui faisaient preuve de promptitude et de finesse de reparties en indiquant les nuances les plus légères qui séparent certains mots. L'abbé Trublet en rapporte l'exemple suivant : On demandait, dans un salon, à un homme d'esprit pourquoi il n'écrivait pas : « Parce que, dit-il, j'ai plus de *goût* que de *talent.* » A ces mots, on en vint à discuter sur le sens des termes *goût, talent, esprit, génie,* et l'homme d'esprit qui n'écrivait pas s'exprima de la sorte : « J'écrirais si j'avais autant d'*esprit* que je puis avoir de *goût,* ou aussi peu de *goût* que j'ai peu d'*esprit* et de *talent.* Dans le premier cas, je ferais de bonnes choses; dans le second, je ne m'apercevrais pas que j'en fais de mauvaises. Entre les gens d'*esprit* et de *génie,* que le désir de la réputation ou de l'utilité publique, joint au sentiment de leur capacité, engage à écrire, et les sots, qui écrivent faute de sentir leur incapacité, il y a les gens de *goût* et de bon sens, qui n'écrivent point parce qu'ils sentent qu'ils n'égaleraient pas les premiers et qu'ils seraient peu au-dessus des seconds. Il ne faut conseiller d'écrire qu'à ceux qui ne risquent en écrivant que d'être médiocres, non à ceux qui, comme moi, ne peuvent prétendre tout au plus qu'à la médiocrité; la prudence défend de rechercher une place qu'il serait honteux de manquer et peu honorable d'obtenir. »

Mme de Sévigné était très friande de ces petites joutes de l'esprit; elle y brillait, et ces conversations ont été rapportées par plusieurs correspondances de l'époque. On se réunissait chez notre charmante épistolière. Là se trouvaient La Rochefoucauld, le cardinal de Retz, Bussy-Rabutin, Corbinelli et, naturellement, Ménage.

Aujourd'hui, les synonymes n'auraient certainement pas le même succès dans les salons, et cependant leur étude n'est ni moins utile ni moins importante qu'à cette époque; bien au contraire, car la langue était alors à son plus haut degré de pureté, et bien des gens en possédaient toutes les finesses presque naturellement et sans effort. De nos jours, malheureusement, il n'en est pas de même : très peu de personnes, même parmi celles qui sont les plus instruites, sont capables de discerner les nuances distinctives des mots; c'est dire que très peu connaissent leur langue et savent mettre de la précision dans leur style. Aussi croyons-nous rendre service aux élèves en leur donnant de nombreux exercices sur la précision du style et les synonymes.

EXERCICES

PREMIÈRE SÉRIE

Nota. Les exercices qui suivent sont divisés en trois séries : 1° Phrases où les deux mots à caser sont mis à la fin entre parenthèses ; 2° Phrases où l'un de ces mots reste à trouver ; 3° Phrases où tous les mots sont sous-entendus.

PREMIER EXERCICE.

CORRIGÉ DU DEVOIR QUI FIGURE AU LIVRE DE L'ÉLÈVE (1).

Les Phéniciens étaient nés avec un génie si heureux pour le —, qu'ils furent regardés comme les inventeurs du — (*commerce, négoce*).

Les Phéniciens étaient nés avec un génie si heureux pour le *négoce*, qu'ils furent regardés comme les inventeurs du *commerce*.

Philippe n'eut qu'à se montrer, la — de son nom jeta partout la — (*épouvante, terreur*).

Philippe n'eut qu'à se montrer, la *terreur* de son nom jeta partout l'*épouvante*.

Je vis un homme bien content de lui : dans un quart d'heure il — trois questions de morale et — quatre problèmes historiques (*décida, résolut*).

Je vis un homme bien content de lui : dans un quart d'heure il *décida* trois questions de morale et *résolut* quatre problèmes historiques.

Il est aussi ordinaire de voir changer les — qu'il est extraordinaire de voir changer les — (*goûts, inclinations*).

Il est aussi ordinaire de voir changer les *goûts* qu'il est extraordinaire de voir changer les *inclinations*.

Dieu condamne le zèle qui cherche à — plutôt qu'à — (*corriger, punir*).

Dieu condamne le zèle qui cherche à *punir* plutôt qu'à *corriger*.

(1) On voit que chaque leçon est composée de phrases qui sont groupées deux à deux et dont l'une est le corrigé de l'autre ; il n'y a que la première qui soit au livre de l'élève.

La violence peut donner la —, jamais la — (*possession*, *propriété*).

La violence peut donner la *possession*, jamais la *propriété*.

Toutes les lois qui ont — le duel n'ont pas tardé à être — par un sentiment général et mal placé du point d'honneur (*aboli*, *abrogé*).

Toutes les lois qui ont *aboli* le duel n'ont pas tardé à être *abrogées* par un sentiment général et mal placé du point d'honneur.

On abat tous les vieux — de Paris, pour élever à leur place de véritables — (*édifices*, *maisons*).

On abat toutes les vieilles *maisons* de Paris, pour élever à leur place de véritables *édifices*.

On est bien près de tout croire quand on ne croit à rien; on a des — quand on n'a plus de — (*devins*, *prophètes*).

On est bien près de tout croire quand on ne croit à rien; on a des *devins* quand on n'a plus de *prophètes*.

Mme de Sévigné disait : « Les anciens sont plus —; nous sommes plus — » (*beaux*, *jolis*).

Mme de Sévigné disait : « Les anciens sont plus *beaux*; nous sommes plus *jolis*. »

Ce n'est pas — que je crains, c'est — (*la mort*, *le mourir*).

Ce n'est pas *la mort* que je crains, c'est *le mourir*.

Louis XIV avait au plus haut degré l'art de — sans — : art de roi, qui n'est guère praticable que pour l'homme qui interroge et qu'on n'interroge pas (*dissimuler*, *mentir*).

Louis XIV avait au plus haut degré l'art de *dissimuler* sans *mentir* : art de roi, qui n'est guère praticable que pour l'homme qui interroge et qu'on n'interroge pas.

Le droit existait avant la loi; la propriété était — avant d'être — (*légale*, *légitime*).

Le droit existait avant la loi; la propriété était *légitime* avant d'être *légale*.

DEUXIÈME EXERCICE.

CORRIGÉ DU DEVOIR QUI FIGURE AU LIVRE DE L'ÉLÈVE.

M. Villemain a dit du professeur Andrieux, dont la voix était très faible, qu'il se faisait — à force de se faire — (*écouter*, *entendre*).

M. Villemain a dit du professeur Andrieux, dont la voix était très faible, qu'il se faisait *entendre* à force de se faire *écouter*.

Cherchons la vérité, mais d'un commun accord : qui — a raison, et qui — a tort (*discute*, *dispute*).

Cherchons la vérité, mais d'un commun accord : qui *discute* a raison, et qui *dispute* a tort.

Les passions se — le plus souvent qu'elles le peuvent aux yeux des autres ; elles se — à elles-mêmes (*cachent*, *déguisent*).

Les passions se *déguisent* le plus souvent qu'elles le peuvent aux yeux des autres ; elles se *cachent* à elles-mêmes.

Je n'ai qu'à — le ciel, je n'ai qu'à — toutes les créatures : il n'y en a pas qui ne m'atteste l'existence de Dieu (*considérer*, *contempler*).

Je n'ai qu'à *contempler* le ciel, je n'ai qu'à *considérer* toutes les créatures : il n'y en a pas qui ne m'atteste l'existence de Dieu.

J'ai passé des journées délicieuses, errant sans souci, sans projet, sans affaires, — et ne — point (*pensant*, *rêvant*).

J'ai passé des journées délicieuses, errant sans souci, sans projet, sans affaires, *rêvant* et ne *pensant* point.

J'ai peur que l'homme puissant à qui vous vous êtes adressé ne vous ait donné —, et non — (*des paroles*, *une parole*).

J'ai peur que l'homme puissant à qui vous vous êtes adressé ne vous ait donné *des paroles*, et non *une parole*.

La société doit des —, et non pas des —, à tous ceux qui ne sont pas coupables de leur misère (*aumônes*, *secours*).

La société doit des *secours*, et non pas des *aumônes*, à tous ceux qui ne sont pas coupables de leur misère.

Ambitionnez —, et non — (*les honneurs, l'honneur*).

Ambitionnez *l'honneur*, et non *les honneurs*.

Le despotisme a moins de — que de — (*satellites, serviteurs*).

Le despotisme a moins de *serviteurs* que de *satellites*.

L'opinion publique réagit toujours — quand elle est — comprimée (*fortement, violemment*).

L'opinion publique réagit toujours *violemment* quand elle est *fortement* comprimée.

Louis XIV avait une hauteur naturelle qui faisait qu'il n'avait avec ses ministres les plus intimes que des —, et non des — (*conversations, entretiens*).

Louis XIV avait une hauteur naturelle qui faisait qu'il n'avait avec ses ministres les plus intimes que des *conversations*, et non des *entretiens*.

Séliane, dans sa jeunesse, avait été jolie et belle; elle était — encore, mais elle commençait à n'être plus — (*belle, jolie*).

Séliane, dans sa jeunesse, avait été jolie et belle; elle était *belle* encore, mais elle commençait à n'être plus *jolie*.

Les plus savants ne sont pas ceux qui ont le plus —, mais ceux qui ont le plus — (*appris, étudié*).

Les plus savants ne sont pas ceux qui ont le plus *étudié*, mais ceux qui ont le plus *appris*.

Un peuple vaincu —, mais ne — pas (*obéit, se soumet*).

Un peuple vaincu *obéit*, mais ne *se soumet* pas.

Il ne faut pas que la bonté se —, il suffit qu'elle se — (*laisse voir, montre*).

Il ne faut pas que la bonté se *montre*, il suffit qu'elle se *laisse voir*.

TROISIÈME EXERCICE.

CORRIGÉ DU DEVOIR QUI FIGURE AU LIVRE DE L'ÉLÈVE.

L'art de bien placer les mots fait le bon —; l'imagination et le sentiment font le bon — (*auteur, écrivain*).

L'art de bien placer les mots fait le bon *écrivain;* l'imagination et le sentiment font le bon *auteur*.

Le — triomphe de ses ennemis; le — triomphe de ses ennemis et de lui-même (*grand homme, héros*).

Le *héros* triomphe de ses ennemis; le *grand homme* triomphe de ses ennemis et de lui-même.

La religion n'a point de —; elle n'a que des — (*mystères, secrets*).

La religion n'a point de *secrets;* elle n'a que des *mystères*.

Napoléon Ier a dit : « On peut — un grand pays de loin; on ne peut le bien — que de près » (*administrer, gouverner*).

Napoléon Ier a dit : « On peut *gouverner* un grand pays de loin; on ne peut le bien *administrer* que de près. »

On peut être sincèrement — et ne pas être — (*dévot, religieux*).

On peut être sincèrement *religieux* et ne pas être *dévot*.

On rit des hommes lorsqu'on pense à leur —; mais on serait tenté de pleurer lorsqu'on songe à leur — (*orgueil, vanité*).

On rit des hommes lorsqu'on pense à leur *vanité;* mais on serait tenté de pleurer lorsqu'on songe à leur *orgueil*.

Mme de Sévigné a porté un jugement très faux sur Racine et sur le café; mais quand il s'agit d'une femme de tant de tact et d'esprit, il ne faut pas attribuer — de goût à — de goût (*un défaut, une faute*).

Mme de Sévigné a porté un jugement très faux sur Racine et sur le café; mais quand il s'agit d'une femme de tant de tact et d'esprit, il ne faut pas attribuer *une faute* de goût à *un défaut* de goût.

Les grands seigneurs ont —, le peuple a — (*de la joie, des plaisirs*).

Les grands seigneurs ont *des plaisirs*, le peuple a *de la joie.*

A présent que j'ai un maudit procès et que je fais des —, je ne puis guère faire d' — (*écrits, écritures*).

A présent que j'ai un maudit procès et que je fais des *écritures*, je ne puis guère faire d'*écrits.*

On veut que j'abandonne mon église au culte des idoles, dit saint Ambroise ; mais ce serait un — à un évêque de le faire, comme c'est un — à l'empereur (*crime, sacrilège*) de —, et même de — (*le demander, l'ordonner*).

On veut que j'abandonne mon église au culte des idoles, dit saint Ambroise ; mais ce serait un *crime* à un évêque de le faire, comme c'est un *sacrilège* à l'empereur de *l'ordonner*, et même de *le demander.*

Quelques personnes ont de la — et n'ont pas même de — : cette distinction est bonne à faire (*renommée, réputation*).

Quelques personnes ont de la *renommée* et n'ont pas même de *réputation* : cette distinction est bonne à faire.

Le philosophe agit sur les esprits par la —, et l'orateur par la (*conviction, persuasion*).

Le philosophe agit sur les esprits par la *conviction*, et l'orateur par la *persuasion.*

Le ministère peut bien faire un — ; il ne dépend pas de lui de faire un — : l'un n'a besoin que d'un brevet ; il faut à l'autre des vertus, des lumières que, malgré sa puissance, le gouvernement ne saurait lui communiquer (*juge, magistrat*).

Le ministère peut bien faire un *juge ;* il ne dépend pas de lui de faire un *magistrat :* l'un n'a besoin que d'un brevet ; il faut à l'autre des vertus, des lumières que, malgré sa puissance, le gouvernement ne saurait lui donner.

QUATRIÈME EXERCICE.

CORRIGÉ DU DEVOIR QUI FIGURE AU LIVRE DE L'ÉLÈVE.

Les — du siècle d'Auguste sont fort supérieurs comme — à ceux du siècle suivant (*auteurs*, *écrivains*).

Les *auteurs* du siècle d'Auguste sont fort supérieurs comme *écrivains* à ceux du siècle suivant.

Le magistrat doit ajouter à la — cette — sans laquelle la dureté de la loi n'est souvent qu'une rigueur qui tue (*équité*, *justice*).

Le magistrat doit ajouter à la *justice* cette *équité* sans laquelle la dureté de la loi n'est souvent qu'une rigueur qui tue.

Par le pacte social, les particuliers n'ont fait qu'un échange avantageux de la — naturelle contre la — (*indépendance*, *liberté*).

Par le pacte social, les particuliers n'ont fait qu'un échange avantageux de l'*indépendance* naturelle contre la *liberté*.

Si, dans la société moderne, il n'y a plus de —, il y a encore des — (*castes*, *classes*).

Si, dans la société moderne, il n'y a plus de *castes*, il y a encore des *classes*.

L'étude avait donné à Boileau tout le — qu'on peut avoir sans la sensibilité et la chaleur de l'âme; il lui manquait ces deux éléments du — (*génie*, *talent*).

L'étude avait donné à Boileau tout le *talent* qu'on peut avoir sans la sensibilité et la chaleur de l'âme; il lui manquait ces deux éléments du *génie*.

L'huile était la seule — que les lois de Solon permissent d'échanger contre des — étrangères (*denrée*, *marchandise*).

L'huile était la seule *denrée* que les lois de Solon permissent d'échanger contre des *marchandises* étrangères.

Un des plus mauvais *Mois* de Roucher est celui d'octobre, et la vendange ne lui a pas porté bonheur, quoiqu'il s'efforce d'y mettre d'abord un — factice, qui n'est qu'un froid — de tête (*enthousiasme, exaltation*).

Un des plus mauvais *Mois* de Roucher est celui d'octobre, et la vendange ne lui a pas porté bonheur, quoiqu'il s'efforce d'y mettre d'abord un *enthousiasme* factice, qui n'est qu'une froide *exaltation* de tête.

C'est pour l'appliquer à Bouilly que l'on a enrichi la langue du mot —, destiné à exprimer la — sans mesure et sans goût (*sensibilité, sensiblerie*).

C'est pour l'appliquer à Bouilly que l'on a enrichi la langue du mot *sensiblerie*, destiné à exprimer la *sensibilité* sans mesure et sans goût.

J'ai promis au soleil, dit l'Indien, de rester soumis à ses lois. Mes paroles, ma foi, sont pour moi des — plus forts que ne seraient des — (*chaînes, liens*).

J'ai promis au soleil, dit l'Indien, de rester soumis à ses lois. Mes paroles, ma foi, sont pour moi des *liens* plus forts que ne seraient des *chaînes*.

La — est une infirmité morale que la — peut seule rendre ridicule (*bêtise, sottise*).

La *bêtise* est une infirmité morale que la *sottise* peut seule rendre ridicule.

Les paisibles — sont préférables aux bruyants — (*amusements, divertissements*).

Les paisibles *amusements* sont préférables aux bruyants *divertissements*.

Origène, en parlant ainsi, ne donne point son —, il ne fait que rapporter le — universel (*opinion, sentiment*).

Origène, en parlant ainsi, ne donne point son *sentiment*, il ne fait que rapporter l'*opinion* universelle.

CINQUIÈME EXERCICE.

CORRIGÉ DU DEVOIR QUI FIGURE AU LIVRE DE L'ÉLÈVE.

La — des petits enfants fait la — des parents (*gaieté*, *joie*).

La *gaieté* des petits enfants fait la *joie* des parents.

Cet historien n'occupe qu'un rang très secondaire : son — n'est pas toujours pur, et son —, souvent faible, n'est pas d'un intérêt soutenu (*diction*, *style*).

Cet historien n'occupe qu'un rang très secondaire : sa *diction* n'est pas toujours pure, et son *style*, souvent faible, n'est pas d'un intérêt soutenu.

Les saints, dans le ciel, aiment Dieu avec un doux — et sont animés d'un pieux — qui ne leur permet pas de se lasser jamais de louer et de célébrer sa miséricorde (*ravissement*, *transport*).

Les saints, dans le ciel, aiment Dieu avec un doux *ravissement* et sont animés d'un pieux *transport* qui ne leur permet pas de se lasser jamais de louer et de célébrer sa miséricorde.

Un juge connu par son — parlait avec — contre les Calas (*emportement*, *violence*).

Un juge connu par sa *violence* parlait avec *emportement* contre les Calas.

Chez Racine —, est toujours élégant et — toujours châtié (*la diction*, *le style*).

Chez Racine, *la diction* est toujours élégante et *le style* toujours châtié.

Les exercices violents où se plaisait Charles XII lui formèrent de bonne heure un — vigoureux, capable de soutenir les fatigues où le portait son — (*constitution*, *tempérament*).

Les exercices violents où se plaisait Charles XII lui formèrent de bonne heure une *constitution* vigoureuse, capable de soutenir les fatigues où le portait son *tempérament*.

La cigogne blanche choisit nos — pour — (*domicile, habitation*).

La cigogne blanche choisit nos *habitations* pour *domicile*.

J'examinais tous les — qui entraient dans la salle, et, quand j'apercevais des — de mauvaise mine, je frissonnais de peur (*gens, personnes*).

J'examinais toutes les *personnes* qui entraient dans la salle, et, quand j'apercevais des *gens* de mauvaise mine, je frissonnais de peur.

Il ne faut pas que les — d'une absence soient aussi lugubres que les — des funérailles (*larmes, pleurs*).

Il ne faut pas que les *larmes* d'une absence soient aussi lugubres que les *pleurs* des funérailles.

— d'une loi fondamentale est souvent la cause de — du prince ou des peuples (*l'anéantissement, la ruine*).

L'anéantissement d'une loi fondamentale est souvent la cause de *la ruine* du prince ou des peuples.

Il ne faut pas plus — pour régner par la terreur que — pour délier le nœud gordien par le tranchant du sabre (*d'adresse, d'habileté*).

Il ne faut pas plus *d'habileté* pour régner par la terreur que *d'adresse* pour délier le nœud gordien par le tranchant du sabre.

Irascible, inquiet, pardonnant difficilement une offense, d'un génie barbare ou sublime, Jérôme semble destiné à donner le — des plus grands désordres ou à devenir le — des plus austères vertus (*exemple, modèle*).

Irascible, inquiet, pardonnant difficilement une offense, d'un génie barbare ou sublime, Jérôme semble destiné à donner l'*exemple* des plus grands désordres ou à devenir le *modèle* des plus austères vertus.

SIXIÈME EXERCICE.

CORRIGÉ DU DEVOIR QUI FIGURE AU LIVRE DE L'ÉLÈVE.

L'homme peut être indifférent pour —; mais il ne lui est pas permis de l'être pour — (*la gloire*, *l'honneur*).

L'homme peut être indifférent pour *la gloire*; mais il ne lui est pas permis de l'être pour *l'honneur*.

A Sparte, la loi voulait que les enfants s'exerçassent, non pas à —, mais à — (*dérober*, *voler*).

A Sparte, la loi voulait que les enfants s'exerçassent, non pas à *voler*, mais à *dérober*.

Dans tous les temps l'intérêt a — les familles et — les hommes (*désuni*, *divisé*).

Dans tous les temps l'intérêt a *désuni* les familles et *divisé* les hommes.

La Bourgogne, si puissante qu'elle fût, n'était que le résultat fortuit des jeux de l'hérédité et de l'ambition d'une famille; aussi n'était-elle pas —, mais — (*un Etat*, *une nation*.)

La Bourgogne, si puissante qu'elle fût, n'était que le résultat fortuit des jeux de l'hérédité et de l'ambition d'une famille; aussi n'était-elle pas *une nation*, mais *un Etat*.

L'erreur a plus de — que la vérité de — (*partisans*, *sectateurs*).

L'erreur a plus de *sectateurs* que la vérité de *partisans*.

Des généraux de Napoléon le — dans son exil, quelques serviteurs l'y — (*accompagnèrent*, *suivirent*).

Des généraux de Napoléon l'*accompagnèrent* dans son exil, quelques serviteurs l'y *suivirent*.

Un nain monté sur le sommet des monts Altaï est —, mais non pas — (*exhaussé*, *grandi*).

Un nain monté sur le sommet des monts Altaï est *exhaussé*, mais non pas *grandi*.

La politesse exige un tact si —, un sentiment si — des convenances, que ceux qui n'y ont pas été initiés de bonne heure font dans la suite de vains efforts pour l'acquérir (*déli-cat*, *fin*).

La politesse exige un tact si *fin*, un sentiment si *délicat* des convenances, que ceux qui n'y ont pas été initiés de bonne heure font dans la suite de vains efforts pour l'acquérir.

Ce que l'on nomme — en religion s'appelle — en politique (*parti*, *secte*).

Ce que l'on nomme *secte* en religion s'appelle *parti* en politique.

Xénophon, dans la *Cyropédie*, donne le modèle d'un prince — et d'un gouvernement — (*accompli*, *parfait*).

Xénophon, dans la *Cyropédie*, donne le modèle d'un prince *accompli* et d'un gouvernement *parfait*.

La politique doit ne se proposer que des objets — et n'employer que des voies — (*honnêtes*, *légitimes*).

La politique doit ne se proposer que des objets *honnêtes* et n'employer que des voies *légitimes*.

Les Lapons sont — de corps et — de visage (*difformes*, *laids*).

Les Lapons sont *difformes* de corps et *laids* de visage.

Un grand nombre d'épigrammes joignent au malheur d'être — la maladresse d'être — (*mauvaises*, *méchantes*).

Un grand nombre d'épigrammes joignent au malheur d'être *méchantes* la maladresse d'être *mauvaises*.

Pierre Ramus, aussi hardi de cœur que d'esprit, porta la même — novatrice et la même — de conviction dans la science, dans la religion et dans la politique (*ardeur*, *fougue*).

Pierre Ramus, aussi hardi de cœur que d'esprit, porta la même *fougue* novatrice et la même *ardeur* de conviction dans la science, dans la religion et dans la politique.

SEPTIÈME EXERCICE.

CORRIGÉ DU DEVOIR QUI FIGURE AU LIVRE DE L'ÉLÈVE.

Pour faire entendre que le crédit d'un ministre diminue, Mme de Sévigné dit que *son étoile pâlit.* Cette figure heureuse et sans affectation appartient à un genre de style qui n'est pas —, mais qui ne laisse pas d'être — (*naturel, simple*).

Pour faire entendre que le crédit d'un ministre diminue, Mme de Sévigné dit que *son étoile pâlit.* Cette figure heureuse et sans affectation appartient à un genre de style qui n'est pas *simple*, mais qui ne laisse pas d'être *naturel.*

On donne ordinairement le nom d'homme — à celui que ses fonctions rendent l'organe des lois et qui ne les applique que pour faire triompher la justice; l'homme — peut se trouver dans toutes les classes de la société (*intègre, probe*).

On donne ordinairement le nom d'homme *intègre* à celui que ses fonctions rendent l'organe des lois et qui ne les applique que pour faire triompher la justice; l'homme *probe* peut se trouver dans toutes les classes de la société.

L'air et les manières rendent une femme —; elle est — par son esprit et son humeur (*agréable, gracieuse*).

L'air et les manières rendent une femme *gracieuse;* elle est *agréable* par son esprit et son humeur.

— vient de la force; — procède de l'estime (*l'autorité, le pouvoir*).

Le pouvoir vient de la force; *l'autorité* procède de l'estime.

La justice ne doit pas être —; Dieu ne l'a instituée que pour être — (*vengeresse, vindicative*).

La justice ne doit pas être *vindicative;* Dieu ne l'a instituée que pour être *vengeresse.*

La faiblesse — de Samson n'est pas moins remarquable que sa force — (*étonnante, prodigieuse*).

La faiblesse *étonnante* de Samson n'est pas moins remarquable que sa force *prodigieuse.*

Le parlement déclara innocents des hommes qui avaient autrefois porté les armes contre la France; il était peut-être permis de les —, mais non pas de les — (*acquitter*, *amnistier*).

Le parlement déclara innocents des hommes qui avaient porté autrefois les armes contre la France; il était peut-être permis de les *amnistier*, mais non pas de les *acquitter*.

Il y a cette différence entre l'homme instruit et l'homme éclairé, que l'homme — connaît les choses, et que l'homme — en sait encore faire une application convenable (*éclairé*, *instruit*).

Il y a cette différence entre l'homme instruit et l'homme éclairé, que l'homme *instruit* connaît les choses, et que l'homme *éclairé* en sait encore faire une application convenable.

L'unau et l'aï, deux pauvres animaux que la nature semble avoir traités en marâtre, paraissent très peu sentir : ils sont — sans être — (*malheureux*, *misérables*).

L'unau et l'aï, deux pauvres animaux que la nature semble avoir traités en marâtre, paraissent très peu sentir : ils sont *misérables* sans être *malheureux*.

J'entendais — du rossignol et — de l'aigle; je voyais les aliziers fleuris dans la vallée, et les neiges sur la montagne (*le cri*, *la voix*).

J'entendais *la voix* du rossignol et *le cri* de l'aigle; je voyais les aliziers fleuris dans la vallée, et les neiges sur la montagne.

Il faut à un convalescent des fruits — et des viandes — (*savoureux*, *succulent*).

Il faut à un convalescent des fruits *savoureux* et des viandes *succulentes*.

On n'est — que par le cœur; les pratiques ne rendent que — (*dévot*, *pieux*).

On n'est *pieux* que par le cœur; les pratiques ne rendent que *dévot*.

HUITIÈME EXERCICE.

CORRIGÉ DU DEVOIR QUI FIGURE AU LIVRE DE L'ÉLÈVE.

Charles-Édouard — à la gloire et — à la couronne (*aspirait, prétendait*).

Charles-Édouard *aspirait* à la gloire et *prétendait* à la couronne.

Un homme qui a beaucoup de mérite et d'esprit n'est pas —, même avec des traits qui sont — (*difforme, laid*).

Un homme qui a beaucoup de mérite et d'esprit n'est pas *laid*, même avec des traits qui sont *difformes*.

Esope était — de visage et — de corps (*difforme, laid*).

Esope était *laid* de visage et *difforme* de corps.

Le jeune duc d'Alençon, qui se montrait un des — les plus enthousiastes de Jeanne d'Arc et un des plus zélés — de la cause nationale, fut chargé de réunir à Blois les soldats qui devaient tenter de sauver Orléans (*défenseurs, partisans*).

Le jeune duc d'Alençon, qui se montrait un des *partisans* les plus enthousiastes de Jeanne d'Arc et un des plus zélés *défenseurs* de la cause nationale, fut chargé de réunir à Blois les soldats qui devaient tenter de sauver Orléans.

Les choses qui nous ont frappés se gravent profondément dans —, et — s'en retrace souvent (*la mémoire, le souvenir*).

Les choses qui nous ont frappés se gravent profondément dans *la mémoire*, et *le souvenir* s'en retrace souvent.

Le duc de Bourbon et la plupart des autres princes, qui avaient gagné à la désorganisation de l'État une indépendance presque entière, entravaient tout ce qui tendait à — l'ordre et à — le pouvoir central (*restaurer, rétablir*).

Le duc de Bourbon et la plupart des autres princes, qui avaient gagné à la désorganisation de l'État une indépendance presque entière, entravaient tout ce qui tendait à *rétablir* l'ordre et à *restaurer* le pouvoir central.

Gélon conserva la — royale jusqu'à une extrême vieillesse, sans abuser de sa — (*autorité, puissance*).

Gélon conserva la *puissance* royale jusqu'à une extrême vieillesse, sans abuser de son *autorité*.

Il ne faut pas s'arrêter dans le chemin de l'étude, si l'on ne veut pas se voir — par ceux que l'on a — d'abord (*devancer, précéder*).

Il ne faut pas s'arrêter dans le chemin de l'étude, si l'on ne veut pas se voir *devancer* par ceux que l'on a *précédés* d'abord.

Tel homme croit — les événements, quand ce sont les événements qui le — (*diriger, mener*).

Tel homme croit *diriger* les événements, quand ce sont les événements qui le *mènent*.

La terre, — du milieu d'une mer orageuse, ressemble à la vie — par un homme qui va mourir (*considérée, contemplée*).

La terre, *contemplée* du milieu d'une mer orageuse, ressemble à la vie *considérée* par un homme qui va mourir.

Romulus — les peuples vaincus comme membres de l'État, et les — à tous les priviléges des sujets naturels (*admit, reçut*).

Romulus *reçut* les peuples vaincus comme membres de l'État, et les *admit* à tous les priviléges des sujets naturels.

Quand le temps est clair, on — sur la jetée de Calais une foule de curieux qui cherchent à — les côtes d'Angleterre (*apercevoir, voir*).

Quand le temps est clair, on *voit* sur la jetée de Calais une foule de curieux qui cherchent à *apercevoir* les côtes d'Angleterre.

Jacques Stuart, retiré à Saint-Germain, — une couronne qu'il ne — pas (*avait, possédait*).

Jacques Stuart, retiré à Saint-Germain, *avait* une couronne qu'il ne *possédait* pas.

NEUVIÈME EXERCICE.

CORRIGÉ DU DEVOIR QUI FIGURE AU LIVRE DE L'ÉLÈVE.

Chez les Romains, au temps des Gracques, pour — les abus, il aurait fallu — tout l'État (*corriger*, *réformer*).

Chez les Romains, au temps des Gracques, pour *corriger* les abus, il aurait fallu *réformer* tout l'État.

— les hommes n'est pas le plus sûr moyen de les — (*rapprocher*, *réunir*).

Rapprocher les hommes n'est pas le plus sûr moyen de les *réunir*.

On voit des gens qui vous fatiguent par leurs ridicules — et par l'impropriété des — dont ils se servent (*expressions*, *termes*).

On voit des gens qui vous fatiguent par leurs ridicules *expressions* et par l'impropriété des *termes* dont ils se servent.

— , c'est employer son temps; —, c'est l'employer utilement (*s'occuper*, *travailler*).

S'occuper, c'est employer son temps; *travailler*, c'est l'employer utilement.

Les pauvres eussent déchiré le cadavre de Bétancourt, afin d'en emporter quelques reliques, si l'on n'eût mis des gardes à son cercueil. Il semblait que ce fût le corps d'un tyran qu'on — à la haine du peuple, tandis que c'était un pauvre moine qu'on — à son amour (*arrachait*, *dérobait*).

Les pauvres eussent déchiré le cadavre de Bétancourt, afin d'en emporter quelques reliques, si l'on n'eût mis des gardes à son cercueil. Il semblait que ce fût le corps d'un tyran qu'on *arrachait* à la haine du peuple, tandis que c'était un pauvre moine qu'on *dérobait* à son amour.

Les avares — tout l'or et tout l'argent qu'ils peuvent — (*amasser*, *entasser*).

Les avares *entassent* tout l'or et tout l'argent qu'ils peuvent *amasser*.

Mon tableau, étant de la même école, devait nécessairement être en harmonie avec les siens, autant cependant que l' — d'un écolier peut approcher de l' — d'un maître (*œuvre, ouvrage*).

Mon tableau, étant de la même école, devait nécessairement être en harmonie avec les siens, autant cependant que l'*ouvrage* d'un écolier peut approcher de l'*œuvre* d'un maître.

Que de riches n'éprouvent aucune — dans leur apparente — (*félicité, prospérité*) !

Que de riches n'éprouvent aucune *félicité* dans leur apparente *prospérité*

— de parler tient le premier rang dans — de plaire (*l'art, le talent*).

Le talent de parler tient le premier rang dans *l'art* de plaire.

Dans la guerre de 1667, Louis XIV distribua plus de 100,000 écus de présents aux — des villes et aux — des princes qui venaient le complimenter (*députés, envoyés*).

Dans la guerre de 1667, Louis XIV distribua plus de 100,000 écus de présents aux *députés* des villes et aux *envoyés* des princes qui venaient le complimenter.

Régulus, dans les supplices à Carthage, fut un modèle de —, après avoir été dans le sénat de Rome un modèle de — (*constance, fermeté*).

Régulus, dans les supplices à Carthage, fut un modèle de *constance*, après avoir été dans le sénat de Rome un modèle de *fermeté*.

— est un déplaisir actif, — un déplaisir passif; aussi ne doit-on pas s'étonner que l'envie se change si souvent en haine (*l'envie, la haine*).

La haine est un déplaisir actif, *l'envie* un déplaisir passif; aussi ne doit-on pas s'étonner que l'envie se change si souvent en haine.

DIXIÈME EXERCICE.

CORRIGÉ DU DEVOIR QUI FIGURE AU LIVRE DE L'ÉLÈVE.

Une nation — de vagabonds et de mendiants est bientôt — par le crime (*infectée*, *infestée*).

Une nation *infestée* de vagabonds et de mendiants est bientôt *infectée* par le crime.

Quand on — avec la crainte ou l'espérance, on — presque toujours mal (*calcule*, *compte*).

Quand on *compte* avec la crainte ou l'espérance, on *calcule* presque toujours mal.

Les ambassadeurs romains demandèrent aux Tarentins qu'on — les prisonniers et qu'on — aux habitants de Thurium ce qu'on leur avait pris (*rendît*, *restituât*).

Les ambassadeurs romains demandèrent aux Tarentins qu'on *rendît* les prisonniers et qu'on *restituât* aux habitants de Thurium ce qu'on leur avait pris.

Rapportez toutes vos actions à ce dernier moment où — des faits les plus éclatants ne vaudra pas — d'un verre d'eau présenté à celui qui a soif (*la mémoire*, *le souvenir*).

Rapportez toutes vos actions à ce dernier moment où *la mémoire* des faits les plus éclatants ne vaudra pas *le souvenir* d'un verre d'eau présenté à celui qui a soif.

L'éducation particulière ne peut faire que des hommes pour le moins —, s'ils ne sont pas — (*égoïstes*, *personnels*).

L'éducation particulière ne peut faire que des hommes pour le moins *personnels*, s'ils ne sont pas *égoïstes*.

Law bouleversait la France en poussant les actions de sa banque jusqu'à une valeur —, et en y joignant des compagnies de commerce — (*chimérique*, *imaginaire*).

Law bouleversait la France en poussant les actions de sa banque jusqu'à une valeur *chimérique*, et en y joignant des compagnies de commerce *imaginaires*.

Le bonheur ou la témérité ont pu faire —, mais la vertu toute seule peut former — (*des grands hommes, des héros*).

Le bonheur ou la témérité ont pu faire des *héros*, mais la vertu toute seule peut former *des grands hommes*.

Les jeunes gens doivent mettre de — dans leur maintien et de — dans leurs propos (*la décence, l'honnêteté*).

Les jeunes gens doivent mettre de *la décence* dans leur maintien et de *l'honnêteté* dans leurs propos.

Pélopidas sut faire honorer par son exemple les — dont les — ne consistaient qu'à faire nettoyer les rues et à prendre soin des égouts (*fonctions, offices*).

Pélopidas sut faire honorer par son exemple les *offices* dont les *fonctions* ne consistaient qu'à faire nettoyer les rues et à prendre soin des égouts.

Le prince Eugène de Savoie était né avec les qualités qui font un — dans la paix et un — dans la guerre (*grand homme, héros*).

Le prince Eugène de Savoie était né avec les qualités qui font un *grand homme* dans la paix et un *héros* dans la guerre.

Les femmes aiment la mode parce qu'elle les — ou du moins les — (*rajeunit, renouvelle*).

Les femmes aiment la mode parce qu'elle les *rajeunit* ou du moins les *renouvelle*.

Les Anglais et les Américains des États-Unis sont un même —, quoiqu'ils forment deux — différents (*nation, peuple*).

Les Anglais et les Américains des États-Unis sont une même *nation*, quoiqu'ils forment deux *peuples* différents.

Le roi, bien qu'il sût l'ennemi campé à mi-chemin de Doullens à Amiens, poussa la —, ou plutôt la —, jusqu'à partir pour la chasse (*bravade, confiance*).

Le roi, bien qu'il sût l'ennemi campé à mi-chemin de Doullens à Amiens, poussa la *confiance*, ou plutôt la *bravade*, jusqu'à partir pour la chasse.

ONZIÈME EXERCICE.

CORRIGÉ DU DEVOIR QUI FIGURE AU LIVRE DE L'ÉLÈVE.

Hugues accepta le partage de la Normandie que lui proposait Louis, et les deux —, ou plutôt les deux —, se mirent en mesure de prendre possession de leur proie (*alliés*, *complices*).

Hugues accepta le partage de la Normandie que lui proposait Louis, et les deux *alliés*, ou plutôt les deux *complices*, se mirent en mesure de prendre possession de leur proie.

Le tiers état, voyant l'extrême nécessité du roi, mis à la besace, comme on disait alors, octroya provisoirement à Henri III un —, ou, pour mieux dire, une — de six vingt mille écus (*aumône*, *don*).

Le tiers état, voyant l'extrême nécessité du roi, mis à la besace, comme on disait alors, octroya provisoirement à Henri III un *don*, ou, pour mieux dire, une *aumône* de six vingt mille écus.

Richelieu avait conseillé au roi une rigueur qu'—, si elles ne l'— pas, les violences du duc Charles de Lorraine et de ses soldats (*excusaient*, *expliquaient*).

Richelieu avait conseillé au roi une rigueur qu'*expliquaient*, si elles ne l'*excusaient* pas, les violences de Charles de Lorraine et de ses soldats.

Les — de la Perse, de l'Arabie, de la Turquie, de l'Égypte et de toute la Barbarie peuvent être regardés comme un même — qui s'est extrêmement étendu (*nation*, *peuple*).

Les *peuples* de la Perse, de l'Arabie, de la Turquie, de l'Égypte et de toute la Barbarie peuvent être regardés comme une même *nation* qui s'est extrêmement étendue.

On voit tant d'unions mal assorties, qu'il est permis de dire que l'on — le plus souvent sans — (*s'épouser*, *se marier*).

On voit tant d'unions mal assorties, qu'il est permis de dire que l'on *se marie* le plus souvent sans *s'épouser*.

On a —, mais non — (*du bonheur*, *le bonheur*).

On a *du bonheur*, mais non *le bonheur*.

Malgré les vices des hommes, il y a parmi eux — et même — (*de la vertu*, *des vertus*).

Malgré les vices des hommes, il y a parmi eux *des vertus* et même *de la vertu*.

L'homme —, mais ne — pas (*parfait*, *perfectionne*).

L'homme *perfectionne*, mais ne *parfait* pas.

La femme seule a la faculté de — sans — (*regarder*, *voir*).

La femme seule a la faculté de *voir* sans *regarder*.

Tous les hommes ont —, mais très peu ont — (*du caractère*, *un caractère*).

Tous les hommes ont *un caractère*, mais très peu ont *du caractère*.

Jugez la fortune, non par — qu'elle vous donne, mais par — qu'elle vous procure (*le bonheur*, *l'éclat*).

Jugez la fortune, non par *l'éclat* qu'elle vous donne, mais par *le bonheur* qu'elle vous procure.

— une passion, c'est bien souvent la — davantage; pour la combattre avec succès, il faut parfois avoir l'air d'entrer dans ses vues (*contrarier*, *irriter*).

Contrarier une passion, c'est bien souvent *l'irriter* davantage; pour la combattre avec succès, il faut parfois avoir l'air d'entrer dans ses vues.

Le ciel a plus de — pour épouvanter que de — pour détruire (*foudres*, *tonnerres*).

Le ciel a plus de *tonnerres* pour épouvanter que de *foudres* pour détruire.

Le tiers état décida que — qu'il venait d'adopter serait considéré comme — inviolable (*une loi*, *le règlement*).

Le tiers état décida que *le règlement* qu'il venait d'adopter serait considéré comme *une loi* inviolable.

DOUZIÈME EXERCICE.

CORRIGÉ DU DEVOIR QUI FIGURE AU LIVRE DE L'ÉLÈVE.

Pour —, il faut aller jusqu'au cœur; pour —, il suffit de parler à l'esprit (*convaincre*, *persuader*).

Pour *persuader*, il faut aller jusqu'au cœur; pour *convaincre*, il suffit de parler à l'esprit.

Des débris du vaste — d'Alexandre se formèrent une foule de — (*empire*, *royaume*).

Des débris du vaste *empire* d'Alexandre se formèrent une foule de *royaumes*.

Les — ne manquent pas en Europe, mais les — y sont rares (*diplomates*, *hommes d'État*).

Les *diplomates* ne manquent pas en Europe, mais les *hommes d'État* y sont rares.

Il est plus aisé de connaître — que de connaître — (*l'homme*, *un homme*).

Il est plus aisé de connaître *l'homme* que de connaître *un homme*.

Charlemagne partagea entre ses fils les vastes provinces qui composaient son —, et qui étaient autant de — (*empire*, *royaume*).

Charlemagne partagea entre ses fils les vastes provinces qui composaient son *empire*, et qui étaient autant de *royaumes*.

La philosophie suppose la connaissance —, et toute peinture de caractères ou de mœurs la connaissance — (*de l'homme*, *des hommes*).

La philosophie suppose la connaissance *de l'homme*, et toute peinture de caractères ou de mœurs la connaissance *des hommes*.

Un sot, dans un poste élevé, peut — une place sans la — (*occuper*, *remplir*).

Un sot, dans un poste élevé, peut *occuper* une place sans la *remplir*.

Les époux, en se mariant, font vœu de —; ne serait-il pas mieux, pour leur bonheur, qu'ils fissent vœu de — (*s'aimer*, *se plaire*)?

Les époux, en se mariant, font vœu de *s'aimer*; ne serait-il pas mieux, pour leur bonheur, qu'ils fissent vœu de *se plaire*?

Denys le Tyran, informé qu'une femme très âgée priait les dieux chaque jour de conserver la vie à son prince, et fort étonné qu'un de ses sujets daignât s'intéresser à son salut, interrogea cette femme sur les motifs de sa bienveillance. « Dans mon enfance, dit-elle, j'ai vu régner un prince —; je souhaitai sa mort : il périt; mais un tyran —, pire que lui, lui succéda; je fis contre celui-ci les mêmes vœux : ils furent remplis; mais nous eûmes un tyran pire que lui encore; ce monstre —, c'est toi. S'il est possible qu'il y en ait un plus méchant, je craindrais qu'il ne te remplaçât, et je demande au ciel de ne pas te survivre (*abominable*, *détestable*, *exécrable*). Le tyran lui sut gré de sa franchise : il lui pardonna.

Denys le Tyran, informé qu'une femme très âgée priait les dieux chaque jour de conserver la vie à son prince, et fort étonné qu'un de ses sujets daignât s'intéresser à son salut, interrogea cette femme sur les motifs de sa bienveillance. « Dans mon enfance, dit-elle, j'ai vu régner un prince *détestable*; je souhaitai sa mort : il périt; mais un tyran *abominable*, pire que lui, lui succéda; je fis contre celui-ci les mêmes vœux : ils furent remplis; mais nous eûmes un tyran pire que lui encore; ce monstre *exécrable*, c'est toi. S'il est possible qu'il en existe un plus méchant, je craindrais qu'il ne te remplaçât, et je demande au ciel de ne pas te survivre. » Le tyran lui sut gré de sa franchise : il lui pardonna.

DEUXIÈME SÉRIE

Nota. — Ici nous ajoutons un peu à la difficulté : dans les exercices qui précèdent, nous avons mis entre parenthèses tous les mots qui devaient remplacer les tirets; les élèves n'avaient à faire qu'un travail de choix, de distribution. Dans ces leçons de deuxième série, la difficulté augmente : car les élèves ont à trouver eux-mêmes le mot dont le tiret tient la place; mais celui qui est imprimé en italique est pour eux un point de repère. Puisque nos exercices roulent sur la synonymie des mots, le mot que les élèves ont à trouver doit être un synonyme de celui sur lequel la différence de caractères typographiques attire leur attention.

TREIZIÈME EXERCICE.

CORRIGÉ DU DEVOIR QUI FIGURE AU LIVRE DE L'ÉLÈVE.

On a donné le nom de savantasse à un homme qui affecte d'avoir de —, mais qui n'a rien qu'un peu de *savoir*.

On a donné le nom de savantasse à un homme qui affecte d'avoir de la *science*, mais qui n'a rien qu'un peu de *savoir*.

On n'est jamais un sot avec *du jugement*, on l'est quelquefois avec —.

On n'est jamais un sot avec du *jugement*, on l'est quelquefois avec de l'*esprit*.

Les productions que *récolte* le cultivateur sont le prix qu'il — de son travail et de ses sueurs.

Les productions que *récolte* le cultivateur sont le prix qu'il *recueille* de son travail et de ses sueurs.

Un certain Marsyas songea qu'il coupait la gorge à Denys. Celui-ci le fit mourir, disant qu'il n'y aurait point *songé* la nuit s'il n'y eût — le jour.

Un certain Marsyas songea qu'il coupait la gorge à Denys. Celui-ci le fit mourir, disant qu'il n'y aurait point *songé* la nuit s'il n'y eût *pensé* le jour.

En envoyant les jeunes coupables dans des maisons de correction, la loi montre qu'elle aime mieux les *châtier* que les —

En envoyant les jeunes coupables dans des maisons de correction, la loi montre qu'elle aime mieux les *châtier* que les *punir*.

Relativement aux procès criminels, il existe une maxime importante que les juges ne doivent jamais perdre de vue : c'est que la loi — et ne *se venge* point.

Relativement aux procès criminels, il existe une maxime importante que les juges ne doivent jamais perdre de vue : c'est que la loi *punit* et ne se *venge* point.

On ramène par la *discussion*, jamais par la —.

On ramène par la *discussion*, jamais par la *dispute*.

L'intelligence se développe par l'*instruction*, et la moralité par —.

L'intelligence se développe par l'*instruction*, et la moralité par l'*éducation*.

La foi est la fille de l'*âme*; le doute naît de —.

La foi est la fille de l'*âme*; le doute naît de l'*esprit*.

Parmi ceux qui cherchent sincèrement la vérité, il n'y a que des *émules*, il n'y a point de —.

Parmi ceux qui cherchent sincèrement la vérité, il n'y a que des *émules*, il n'y a point de *rivaux*.

Les — sont nombreux, les *poètes* sont rares.

Les *rimeurs* sont nombreux, les *poètes* sont rares.

La *finesse* de cet écrivain dégénère quelquefois en —.

La *finesse* de cet écrivain dégénère quelquefois en *subtilité*.

C'est par son *obéissance* héroïque et par sa parfaite — aux ordres de Dieu que Marie fut élevée à la maternité divine.

C'est par son *obéissance* héroïque et par sa parfaite *soumission* aux ordres de Dieu que Marie fut élevée à la maternité divine.

Depuis que la chimie a pénétré dans les campagnes, un grand nombre de *cultivateurs* deviennent d'excellents —, et même des —.

Depuis que la chimie a pénétré dans les campagnes, un grand nombre de *cultivateurs* deviennent d'excellents *agriculteurs*, et même des *agronomes*.

QUATORZIÈME EXERCICE.

CORRIGÉ DU DEVOIR QUI FIGURE AU LIVRE DE L'ÉLÈVE.

La solitude *calme* l'âme et — les passions que le désordre du monde a fait naître.

La solitude *calme* l'âme et *apaise* les passions que le désordre du monde a fait naître.

Dans le gouvernement naissant de Salente, Mentor conseille à Idoménée d'encourager les *artisans* et de bannir les —, qui ne servent qu'à entretenir le faste.

Dans le gouvernement naissant de Salente, Mentor conseille à Idoménée d'encourager les *artisans* et de bannir les *artistes*, qui ne servent qu'à entretenir le faste.

Il y a des hommes *auxquels on succède*, mais — pas.

Il y a des hommes *auxquels on succède*, mais *que l'on ne remplace pas*.

Comme on vint à parler de cette affaire, les esprits furent divisés, selon qu'ils étaient — à la paix ou *enclins* à la discorde.

Comme on vint à parler de cette affaire, les esprits furent divisés, selon qu'ils étaient *disposés* à la paix ou *enclins* à la discorde.

En morale, tout est fondé sur le besoin *mutuel* que les hommes ont les uns des autres, et sur les devoirs — que ce besoin leur impose.

En morale, tout est fondé sur le besoin *mutuel* que les hommes ont les uns des autres, et sur les devoirs *réciproques* que ce besoin leur impose.

La mort de nos proches, de nos amis, de nos maîtres, souvent —, toujours *inopinée*, nous fournit mille réflexions sur la fragilité de tout ce qui passe.

La mort de nos proches, de nos amis, de nos maîtres, souvent *soudaine*, toujours *inopinée*, nous fournit mille réflexions sur la fragilité de tout ce qui passe.

Il y a des intelligences d'élite qui *apprennent* tout, sans presque rien —.

Il y a des intelligences d'élite qui *apprennent* tout, sans presque rien *étudier*.

Nos besoins sont un gouffre qu'on ne saurait *remplir* à force d'argent : il n'y a que la modération qui puisse le —.

Nos besoins sont un gouffre qu'on ne saurait *remplir* à force d'argent : il n'y a que la modération qui puisse le *combler*.

Au sortir des bancs, la plupart des écoliers ne savent rien de ce qu'on leur a — ; mais, en revanche, ils savent tout ce qu'on ne leur a pas *appris*.

Au sortir des bancs, la plupart des écoliers ne savent rien de ce qu'on leur a *enseigné* ; mais, en revanche, ils savent tout ce qu'on ne leur a pas *appris*.

Quand le théâtre veut plaire à notre goût corrompu, il représente plutôt un brigand — qu'un personnage *célèbre*.

Quand le théâtre veut plaire à notre goût corrompu, il représente plutôt un brigand *fameux* qu'un personnage *célèbre*.

On a *du respect* pour le génie de Bossuet et — pour la vertu de Fénelon.

On a *du respect* pour le génie de Bossuet et *de la vénération* pour la vertu de Fénelon.

Les bandes de Normands qui avaient ravagé naguère les *rives* de la Seine et les — de l'Angleterre s'étaient établies avec leurs barques sur l'Escaut, la Meuse et le Rhin.

Les bandes de Normands qui avaient ravagé naguère les *rives* de la Seine et les *côtes* de l'Angleterre s'étaient établies avec leurs barques sur l'Escaut, la Meuse et le Rhin.

Dans un pays libre, on n'*implore* pas la protection des grands, il suffit de — la justice des lois.

Dans un pays libre, on n'*implore* pas la protection des grands, il suffit d'*invoquer* la justice des lois.

QUINZIÈME EXERCICE.

CORRIGÉ DU DEVOIR QUI FIGURE AU LIVRE DE L'ÉLÈVE.

Dieu dit : Je réduirai en — les ennemis de Jérusalem. Je les écarterai comme un tourbillon dissipe une *poussière* légère.

Dieu dit : Je réduirai en *poudre* les ennemis de Jérusalem. Je les écarterai comme un tourbillon dissipe une *poussière* légère.

Il y a généralement bien plus de *jugeurs* que de —.

Il y a généralement bien plus de *jugeurs* que de *juges*.

Le premier empereur romain, *nommé* Octave, fut — Auguste par la flatterie, quand il eut usurpé la souveraineté.

Le premier empereur romain, *nommé* Octave, fut *appelé* Auguste par la flatterie, quand il eut usurpé la souveraineté.

Un homme riche, perdu de mœurs, avait fait écrire sur la porte de sa *maison* : « Que rien de mauvais n'entre par ici. » Diogène dit : « Et le maître de —, par où donc entre-t-il ? »

Un homme riche, perdu de mœurs, avait fait écrire sur la porte de sa *maison* : « Que rien de mauvais n'entre par ici. » Diogène dit : « Et le maître *du logis*, par où donc entre-t-il ? »

Il est aussi aisé de — le mauvais style qu'il est difficile d'*imiter* le bon.

Il est aussi aisé de *contrefaire* le mauvais style qu'il est difficile d'*imiter* le bon.

Nos dépenses *augmentent* tous les jours, parce que tous les jours nos passions —.

Nos dépenses *augmentent* tous les jours, parce que tous les jours nos passions *se multiplient*.

Chateaubriand a dit : « C'est en lisant la *Jérusalem délivrée* qu'on peut apprendre à *mêler* les sujets sans les —. »

Chateaubriand a dit : « C'est en lisant la *Jérusalem délivrée* qu'on peut apprendre à *mêler* les sujets sans les *confondre*. »

Une surveillance continuelle sur nous-mêmes peut *modifier* notre caractère, si elle ne peut le —.

Une surveillance continuelle sur nous-mêmes peut *modifier* notre caractère, si elle ne peut le *changer*.

Un prince doit *éloigner* de lui les traîtres et en — les flatteurs.

Un prince doit *éloigner* de lui les traîtres et en *écarter* les flatteurs.

Les Juifs étaient dans la fausse idée que Jésus-Christ devait seulement venir pour les *délivrer* de leurs misères temporelles et pour les — de la domination des Romains.

Les Juifs étaient dans la fausse idée que Jésus-Christ devait seulement venir pour les *délivrer* de leurs misères temporelles et pour les *affranchir* de la domination des Romains.

Un vaniteux est un homme qui — lui-même ses louanges et *célèbre* ses propres victoires.

Un vaniteux est un homme qui *chante* lui-même ses louanges et *célèbre* ses propres victoires.

Un catéchisme *enseigne* Dieu aux enfants, et Newton le — aux sages.

Un catéchisme *enseigne* Dieu aux enfants, et Newton le *démontre* aux sages.

Né dans une condition *basse*, il ne tarda pas à tomber dans un état —.

Né dans une condition *basse*, il ne tarda pas à tomber dans un état *abject*.

La — donne des connaissances; l'*éducation* développe les facultés au moyen desquelles les connaissances doivent être acquises.

L'*instruction* donne des connaissances; l'*éducation* développe les facultés au moyen desquelles les connaissances doivent être acquises.

SEIZIÈME EXERCICE.

CORRIGÉ DU DEVOIR QUI FIGURE AU LIVRE DE L'ÉLÈVE.

L'*orgueil* se contente de son propre suffrage; — a besoin du suffrage des autres.

L'*orgueil* se contente de son propre suffrage; *la vanité* a besoin du suffrage des autres.

L'*ignorant* qui se méconnaît est un —.

L'*ignorant* qui se méconnaît est un *sot*.

On peut *convaincre* les autres par ses propres raisons; mais on ne les — que par les leurs.

On peut *convaincre* les autres par ses propres raisons; mais on ne les *persuade* que par les leurs.

Molière disait : Ce n'est pas de la *médecine* que je me moque, mais —.

Molière disait : Ce n'est pas de la *médecine* que je me moque, mais des *médecins*.

Qui parviendra jamais à calculer les *mondes* semés dans l'—?

Qui parviendra jamais à calculer les *mondes* semés dans l'*univers?*

Par la force on ne fait que *vaincre;* c'est par la générosité qu'on parvient à —.

Par la force on ne fait que *vaincre;* c'est par la générosité qu'on parvient à *soumettre*.

Viser ne suffit pas, dit un aphorisme de chasseur, il faut encore —.

Viser ne suffit pas, dit un aphorisme de chasseur, il faut encore *ajuster*.

On pardonne plus difficilement une *vérité désagréable* qu'une —.

On pardonne plus difficilement une *vérité désagréable* qu'une *injure*.

On se — assez bien seul; mais, seul, on ne *se divertit* guère.

On *s'amuse* assez bien seul; mais, seul, on ne *se divertit* guère.

Il est rare que les enfants gâtés se contentent d'être despotes; ils deviennent bientôt —.

Il est rare que les enfants gâtés se contentent d'être *despotes*; ils deviennent bientôt *tyrans*.

Entre les livres que l'on *aime*, il y en a que l'on — plus que les autres.

Entre les livres que l'on *aime*, il y en a que l'on *affectionne* plus que les autres.

On a *agrandi* les barrières de Paris à mesure que la population s'est —.

On a *agrandi* les barrières de Paris à mesure que la population s'est *augmentée*.

La charité est une dette qui doit toujours être *payée* sans qu'elle soit jamais —.

La charité est une dette qui doit toujours être *payée* sans qu'elle soit jamais *acquittée*.

Pour *convaincre*, il suffit de parler à l'esprit; pour —, il faut aller jusqu'au cœur.

Pour *convaincre*, il suffit de parler à l'esprit; pour *persuader*, il faut aller jusqu'au cœur.

TROISIÈME SÉRIE

NOTA. — La difficulté augmente encore dans les exercices qui vont suivre : nous ne donnons plus aucun mot; les élèves doivent tout trouver eux-mêmes. Qu'ils commencent par lire la phrase attentivement; l'idée jaillira sans effort, à la condition qu'ils se rappelleront bien que les deux mots à trouver doivent être synonymes.

DIX-SEPTIÈME EXERCICE.

CORRIGÉ DU DEVOIR QUI FIGURE AU LIVRE DE L'ÉLÈVE.

Les Polonais n'existent plus comme —, mais ils conservent leur langue, leur religion, leurs traditions; ils subsistent toujours comme —.

Les Polonais n'existent plus comme *peuple*, mais ils conservent leur langue, leur religion, leurs traditions; ils subsistent toujours comme *nation*.

Si nos premiers parents avaient su s'— de manger du fruit défendu, ils ne se seraient pas — de la félicité qu'ils goûtaient dans le paradis terrestre.

Si nos premiers parents avaient su s'*abstenir* de manger du fruit défendu, ils ne se seraient pas *privés* de la félicité qu'ils goûtaient dans le paradis terrestre.

Celui-là seul peut avoir une haute — de lui-même, qui n'a pas une juste — de la perfection.

Celui-là seul peut avoir une haute *opinion* de lui-même, qui n'a pas une juste *idée* de la perfection.

Galilée a — le télescope et — les lois de la chute des corps.

Galilée a *inventé* le télescope et *découvert* les lois de la chute des corps.

Devant l'opiniâtre résistance que les habitants de Paris opposaient aux assauts réitérés des Normands, ceux-ci, désespérant d'emporter la ville de vive force, se décidèrent à convertir le — en —.

Devant l'opiniâtre résistance que les habitants de Paris opposaient aux assauts réitérés des Normands, ceux-ci, désespérant d'emporter la ville de vive force, se décidèrent à convertir le *siège* en *blocus*.

Au moyen âge, ceux que la justice poursuivait allaient chercher un — au milieu de la cour des Miracles, ou un — dans la cathédrale de Paris.

Au moyen âge, ceux que la justice poursuivait allaient chercher un *refuge* au milieu de la cour des Miracles, ou un *asile* dans la cathédrale de Paris.

L'orgueil des grands paraît jusqu'après leur mort dans la — de leurs funérailles, et surtout dans la — de leurs tombeaux.

L'orgueil des grands paraît jusqu'après leur mort dans la *pompe* de leurs funérailles, et surtout dans la *magnificence* de leurs tombeaux.

C'était un homme fort grand; il avait le visage long, avec un nez de perroquet, et, quoiqu'il n'eût pas mauvaise —, il avait l'— d'un fripon.

C'était un homme fort grand; il avait le visage long, avec un nez de perroquet, et, quoiqu'il n'eût pas mauvaise *mine*, il avait l'*air* d'un fripon.

Dieu exige notre — à l'Église avec une entière — de cœur.

Dieu exige notre *obéissance* à l'Église avec une entière *soumission* de cœur.

Le romantisme est très scrupuleux sur la richesse de la rime, mais il ne l'est guère sur la clarté des — ni sur la noblesse des —.

Le romantisme est très scrupuleux sur la richesse de la rime, mais il ne l'est guère sur la clarté des *termes* ni sur la noblesse des *expressions*.

Les tigres et les lions du Jardin des plantes sont enfermés dans des loges étroites, où le — d'espace et le — de mouvement ont bientôt abrégé leur vie.

Les tigres et les lions du Jardin des plantes sont enfermés dans des loges étroites, où le *manque* d'espace et le *défaut* de mouvement ont bientôt abrégé leur vie.

Lycas fut lancé par Hercule dans les — de la mer, où il fut changé en un rocher qui est toujours battu par les —.

Lycas fut lancé par Hercule dans les *flots* de la mer, où il fut changé en un rocher qui est toujours battu par les *vagues*.

DIX-HUITIÈME EXERCICE

CORRIGÉ DU DEVOIR QUI FIGURE AU LIVRE DE L'ÉLÈVE.

Tigrane parut dans tout l'éclat dont il pouvait briller, pour donner une plus grande idée de la — royale à l'ambassadeur, qui, de son côté, soutint parfaitement la — d'un envoyé du peuple romain.

Tigrane parut dans tout l'éclat dont il pouvait briller, pour donner une plus grande idée de la *majesté* royale à l'ambassadeur, qui, de son côté, soutint parfaitement la *dignité* d'un envoyé du peuple romain.

La grotte de Calypso était taillée dans le —; là on n'entendait jamais que le chant des oiseaux et le bruit d'un ruisseau qui se précipitait du haut d'un —.

La grotte de Calypso était taillée dans le *roc;* là on n'entendait jamais que le chant des oiseaux et le bruit d'un ruisseau qui se précipitait du haut d'un *rocher.*

Quelquefois les Romains abusaient de la subtilité des termes de leur langue : ils détruisirent Carthage, disant qu'ils avaient promis de conserver la —, et non pas la —.

Quelquefois les Romains abusaient de la subtilité des termes de leur langue : ils détruisirent Carthage, disant qu'ils avaient promis de conserver la *cité*, et non pas la *ville.*

Mettre de l'empressement à rendre service, c'est de la —; garder le silence sur les services qu'on a rendus, c'est de la —.

Mettre de l'empressement à rendre service, c'est de la *générosité;* garder le silence sur les services qu'on a rendus, c'est de la *grandeur d'âme.*

Les Norviens, enveloppés par Labiénus, le lieutenant de César, continuèrent la lutte. Ils ne perdirent pas un pouce de terrain. Cette héroïque nation ne fut pas —, elle fut comme —.

Les Norviens, enveloppés par Labiénus, le lieutenant de César, continuèrent la lutte. Ils ne perdirent pas un pouce de terrain. Cette héroïque nation ne fut pas *vaincue*, elle fut comme *anéantie.*

Les collèges donnent la —; mais, quoi qu'ils fassent, ils ne peuvent donner qu'imparfaitement la —, qui ne se trouve qu'au sein de la famille.

Les collèges donnent l'*instruction;* mais, quoi qu'ils fassent, ils ne peuvent donner qu'imparfaitement l'*éducation*, qui ne se trouve qu'au sein de la famille.

Sans la connaissance de la langue, un —, quoi qu'il fasse, est toujours un méchant —.

Sans la connaissance de la langue, un *auteur*, quoi qu'il fasse, est toujours un méchant *écrivain.*

Apprendre à parler par les — de la grammaire, c'est apprendre à marcher par les — de l'équilibre.

Apprendre à parler par les *règles* de la grammaire, c'est apprendre à marcher par les *lois* de l'équilibre.

Bossuet a montré une telle rigueur à l'égard de Fénelon, que plusieurs personnes l'ont regardé comme son — plutôt que comme son —.

Bossuet a montré une telle rigueur à l'égard de Fénelon, que plusieurs personnes l'ont regardé comme son *ennemi* plutôt que comme son *antagoniste.*

Le lion garde — des mauvais traitements et paraît en méditer la vengeance, comme il conserve aussi — et la reconnaissance des bienfaits.

Le lion garde *le souvenir* des mauvais traitements et paraît en méditer la vengeance, comme il conserve aussi *la mémoire* et la reconnaissance des bienfaits.

La — signée à la pointe des épées n'est jamais qu'une —.

La *paix* signée à la pointe des épées n'est jamais qu'une *trêve.*

Le muletier ne m'eut pas plus tôt dit qu'on lui avait fait manger du chat pour du lapin, que, malgré — qui me dévorait, — me manqua tout à fait.

Le muletier ne m'eut pas plus tôt dit qu'on lui avait fait manger du chat pour du lapin, que, malgré *la faim* qui me dévorait, *l'appétit* me manqua tout à fait.

DIX-NEUVIÈME EXERCICE.

CORRIGÉ DU DEVOIR QUI FIGURE AU LIVRE DE L'ÉLÈVE.

Que de personnes — par les liens du mariage ne sont pas pour cela — par les sentiments!

Que de personnes *jointes* par les liens du mariage ne sont pas pour cela *unies* par les sentiments!

Télémaque saisit son ennemi d'une main vigoureuse; il le — comme le cruel aquilon — les tendres moissons qui dorent la campagne.

Télémaque saisit son ennemi d'une main vigoureuse; il le *renversa* comme le cruel aquilon *abat* les tendres moissons qui dorent la campagne.

Les — sont données pour avoir tué des hommes, les — pour en avoir sauvé.

Les *croix* sont données pour avoir tué des hommes, les *médailles* pour en avoir sauvé.

Dans les siècles de décadence, tout porte l'empreinte d'une morale — et d'une littérature —.

Dans les siècles de décadence, tout porte l'empreinte d'une morale *corrompue* et d'une littérature *dépravée*.

La couleur et le poil des loups — selon les différents climats et — quelquefois dans le même pays.

La couleur et le poil des loups *changent* selon les différents climats et *varient* quelquefois dans le même pays.

Sans cesser, dit l'Inca, de — les vertus de mon père, de — sa cendre, je puis désavouer un moment de faiblesse qui lui fit oublier mes droits.

Sans cesser, dit l'Inca, d'*honorer* les vertus de mon père, de *révérer* sa cendre, je puis désavouer un moment de faiblesse qui lui fit oublier mes droits.

Le castor — sa maison et les oiseaux d'aujourd'hui — leurs nids comme aux premiers jours de la création.

Le castor *bâtit* sa maison et les oiseaux d'aujourd'hui *construisent* leurs nids comme aux premiers jours de la création.

Souvent l'homme tend de toute l'— de ses facultés, de toute l'— de ses désirs, à un but où il ne trouvera que le malheur et la mort.

Souvent l'homme tend de toute l'*énergie* de ses facultés, de toute l'*ardeur* de ses désirs, à un but où il ne trouvera que le malheur et la mort.

Les Grecs ont quelquefois deux ou trois — pour exprimer des choses que nous ne saurions guère rendre que par un seul —.

Les Grecs ont quelquefois deux ou trois *termes* pour exprimer des choses que nous ne saurions guère rendre que par un seul *mot*.

Charles IX, douze jours avant sa —, sentant sa — approcher, remit le gouvernement entre les mains de Catherine, sa mère.

Charles IX, douze jours avant sa *mort*, sentant sa *fin* approcher, remit le gouvernement entre les mains de Catherine, sa mère.

Rien de ce qui tient à — ne peut être étranger à —.

Rien de ce qui tient à l'*humanité* ne peut être étranger à l'*homme*.

Le — de la calomnie tue plus sûrement que le — de la vipère.

Le *poison* de la calomnie tue plus sûrement que le *venin* de la vipère.

La puissance est bien plus une — qu'un —.

La puissance est bien plus une *charge* qu'un *bénéfice*.

DE L'ANTITHÈSE.

Le mot *antithèse* vient du grec *antithésis*, qui signifie proprement *opposition*. L'antithèse est, en effet, une figure de rhétorique par laquelle on oppose dans une même période deux pensées, deux expressions ou deux mots tout à fait contraires.

« L'antithèse, a dit Marmontel, exprime un rapport d'opposition entre des objets différents, ou dans un même objet entre ses qualités ou ses façons d'être ou d'agir. » Ainsi, tantôt elle réunit les contraires sous un rapport commun, tantôt elle présente la même chose sous des rapports contraires. Cette sentence d'Aristote : *Pour se passer de société, il faut être un dieu ou une brute;* ce mot de Phocion à Antipater : *Tu ne saurais avoir Phocion pour ami et pour flatteur en même temps*, et celui-ci : *Pendant la paix, les enfants ensevelissent leurs pères, et pendant la guerre les pères ensevelissent leurs enfants*, voilà des modèles de l'antithèse.

A la différence de la comparaison, qui est fondée sur une ressemblance, l'antithèse ne l'est que sur le contraste ou l'opposition qui existe entre deux objets. « Le contraste, dit Blair, produit toujours cet effet, de rendre plus évidentes les qualités des objets que l'on oppose l'un à l'autre. C'est ainsi que le blanc n'a jamais plus d'éclat que lorsqu'on l'oppose au noir. L'antithèse peut donc toujours être employée avec avantage pour rendre plus vive l'impression que l'on veut produire. »

« Les couleurs vives d'une draperie, dit Condillac, donnent de l'éclat à un beau teint; les couleurs sombres lui en donnent encore; quand il ne s'embellit pas en dérobant des nuances aux objets qui l'approchent, il s'embellit par le contraste. Voilà une image sensible de la comparaison et de l'antithèse. »

Mme de Sévigné, voulant exprimer son amitié pour sa fille, rapproche des sentiments bien différents et paraît cependant moins occupée à les opposer qu'à dire seulement ce qu'elle sent :

Quand j'ai passé sur ces chemins, j'étais comblée de joie dans l'espérance de vous voir et de vous embrasser, et, en retournant sur mes pas, j'ai une tristesse mortelle dans le cœur, et je regarde avec envie les sentiments que j'avais en ce temps-là.

Elle fait presque une antithèse lorsque, parlant du chagrin de Mme de La Fayette, au sujet de la mort de M. de La Rochefoucauld, elle dit : *Le temps, qui est si bon aux autres, augmente et augmentera sa tristesse.* Elle eût pu dire : *Le temps, qui console les autres, l'afflige*, ou : *Le temps, qui diminue la tristesse des autres, augmente la sienne*, et alors il y aurait eu antithèse véritable. Mais le tour qu'elle a pris est bien préférable. Une règle générale, c'est que l'antithèse n'est la vraie expression du sentiment que lorsque le sentiment ne peut être bien exprimé d'une autre manière. Le contraste, en effet, qui est un élément essentiel de la beauté, et qui met en relief les couleurs et les formes des objets dans la nature, met aussi en lumière et fait ressortir les idées dans le langage. Comme les herbes vertes se détachent sur la terre fauve, les fleurs rouges, jaunes, blanches, sur les herbes d'un vert sombre; ainsi, par l'antithèse, une idée originale se détache et brille sur le fond du discours. On a aussi comparé, avec non moins de justesse, l'impression profonde que ces oppositions de pensées et d'expressions produisent sur l'imagination par un rapprochement ingénieux d'images différentes, à celle que produit le contraste des sons doux et des sons graves de la musique. Deux vérités qui présentent quelque opposition s'éclairent en se rapprochant, et paraissent s'éclairer davantage à mesure que l'opposition est plus marquée. C'est l'avantage de l'antithèse.

« Cette forme, dit Blair, convient parfaitement à une maxime et à une sentence morale, d'abord parce qu'on la suppose le résultat d'une profonde méditation, ensuite parce qu'elle est destinée à être gravée dans la mémoire, et que ce contraste d'expressions la rend plus facile à retenir : *Nous aimons toujours ceux qui nous admirent, mais nous n'aimons pas toujours ceux que nous admirons.* (La Rochefoucauld.) »

On peut trouver l'antithèse sous différentes formes.

1° Souvent elle n'est qu'entre deux idées simples ou deux mots :

On a des témoins fidèles de votre infidélité.

On ne voit que trop souvent le vice obtenir les récompenses qui ne sont dues qu'à la vertu.

2° Elle est souvent aussi entre deux idées complexes énoncées chacune par plusieurs mots :

Des occasions funestes amenées et préparées de loin par le Vice qui veille, tandis que l'Innocence dort sans soupçon et sans crainte...

3° Quelquefois plusieurs idées simples sont mises successivement en opposition avec plusieurs autres de même espèce. Tel est ce magnifique passage où Cicéron a montré jusqu'à quelle beauté peut atteindre l'antithèse :

Nous voyons dans cette guerre la modestie opposée à l'arrogance, la pudeur à l'impudicité, la fidélité à la fraude, les mœurs à la scélératesse, le courage à la fureur, l'honneur à l'infamie, la continence à la débauche; de plus l'équité, la tempérance, la grandeur d'âme, la prudence, toutes les vertus combattant contre l'iniquité, la luxure, la lâcheté, la témérité, en un mot contre tous les vices. Nous opposons enfin l'abondance à la disette, le bon droit à une cause infâme, le bon sens à la folie, et les espérances les mieux fondées au désespoir le plus grand.

Tel est aussi ce passage de Fléchier :

La reine était humble sans bassesse, simple sans superstition, exacte sans scrupule, sublime sans présomption.

On peut citer aussi ces vers de deux grands poètes :

Vicieux, pénitent, courtisan, solitaire,
Il prit, quitta, reprit, la cuirasse et la haire.

VOLTAIRE.

Sa main mystérieuse et sainte
Sait cacher le miel dans l'absinthe
Et la cendre dans les fruits d'or.

V. HUGO.

Démosthène ne s'était pas servi moins habilement de l'antithèse pour appeler l'attention des Athéniens sur les concussions des administrateurs d'Athènes :

Les uns ont passé de la misère à l'opulence, les autres de l'obscurité à la splendeur; quelques-uns ont bâti des maisons particulières dont la magnificence insulte aux édifices publics; plus la fortune de ceux-ci a descendu, plus la fortune des autres a monté.

Ainsi encore dans ce beau passage de Massillon :

Les hommes parlent tous les jours, sur le néant des choses humaines, le langage de la foi et de la vérité, et ils n'en suivent pas moins les voies de la vanité et du mensonge; nous disons sans cesse que le monde n'est rien, et nous ne vivons que pour le monde. Sages seulement dans les discours, insensés dans les œuvres; toujours éloquents à décrier le monde, toujours plus vifs à l'aimer; nous fléchissons le genou avec la multitude devant l'idole que nous venons de fouler aux pieds, et à nos mépris succèdent bientôt de nouveaux hommages.

Citons aussi cette strophe éloquente où J.-B. Rousseau peint la rapidité du temps :

Ce vieillard qui, d'un vol agile,
Fuit sans jamais être arrêté,
Le Temps, cette image mobile
De l'immobile éternité,
A peine du sein des ténèbres,
Fait éclore les faits célèbres,
Qu'il les replonge dans la nuit ;
Auteur de tout ce qui doit être,
Il détruit tout ce qu'il fait naître
A mesure qu'il le produit.

Et ces vers de Racine fils :

Ver impur de la terre et roi de l'univers,
Riche et vide de biens, libre et chargé de fers,

Je ne suis que mensonge, erreur, incertitude,
Et de la vérité je fais ma seule étude.
Tantôt la vérité m'annonce à haute voix
Le maître que je cherche, et déjà je le vois ;
Tantôt le monde entier dans un profond silence
A mes regards errants n'est plus qu'un vide immense.

Ce qu'on appelle la pointe d'une épigramme ou la finesse d'un madrigal n'est le plus souvent qu'une simple antithèse ; elle nous surprend par le tour piquant et imprévu qu'elle donne à la pensée, et elle est d'autant plus heureuse qu'elle est exprimée dans un plus petit nombre de mots.

« Pour rendre une antithèse plus complète, il est important que les mots et les membres de la phrase correspondent parfaitement aux mots et aux membres de la phrase qui ont décrit l'objet auquel on l'oppose ; ce qui nous donne occasion de faire observer que le contraste est plus frappant lorsqu'on place l'un à côté de l'autre les objets mis en opposition ; c'est ainsi que, pour faire ressortir la blancheur d'un objet, nous choisirions un autre objet de couleur noire et d'un volume à peu près égal, et que nous les exposerions tous les deux au même jour. Leur ressemblance sous certains rapports ne fait que rendre plus évidentes les propriétés par lesquelles ils diffèrent. » (Blair.)

Les exemples que nous avons donnés plus haut montrent de quel secours est l'antithèse dans l'éloquence et dans la poésie. C'est assurément l'une des figures les plus agréables que l'orateur et le poète puissent employer ; et il est facile, d'après tous ces exemples, de voir ce qu'il faut penser de la recommandation que plusieurs grammairiens ont faite d'éviter surtout l'antithèse dans les endroits qui demandent du mouvement, de la gravité, de l'élévation. L'apprêt de l'antithèse, disent-ils, se fait trop sentir, et l'apprêt, qui suppose du sang-froid, serait en contradiction avec le mouvement des passions. Ce principe peut être vrai des antithèses qui ne roulent que sur les mots ou sur des idées accessoires presque étrangères à l'objet principal ; mais il ne l'est point à coup sûr de celles qui roulent sur des idées essentielles et principales. « Quand les choses qu'on dit sont naturellement opposées les unes aux autres, dit Fénelon, il faut en marquer l'opposition ; ces antithèses-là sont naturelles et font sans doute une beauté solide ; alors c'est la manière la plus courte et la plus simple d'exprimer les choses. » Il est certain que l'exclamation si pathétique de Phocas, dans l'*Héraclius* de Corneille :

O malheureux Phocas ! ô trop heureux Maurice !

renferme une antithèse qui est la chose même ; et, loin de nuire à l'énergie du mouvement, elle en est la source et le principe.

Quelques-uns prétendent aussi bannir l'antithèse du style simple, comme contraire à la naïveté qui en fait le mérite. « La naïveté, dit le P. Bouhours, n'est pas ennemie d'une certaine espèce d'antithèses qui ont de la simplicité et qui plaisent même d'autant plus qu'elles sont plus simples. »

Certains critiques austères opinent même à la bannir entièrement du discours, parce qu'ils la regardent comme un vernis éblouissant à la faveur duquel on fait passer des pensées fausses, ou qui altère celles qui sont vraies. Mais Marmontel, l'ingénieux et élégant littérateur, a parfaitement réfuté cette objection dans le passage qui suit : « On a dit que, peut-être, les sujets extrêmement sérieux ne la comportent pas. On a voulu parler, sans doute, de l'antithèse trop soutenue, trop étudiée, trop artistement arrangée; mais l'antithèse passagère et sans affectation est un tour d'esprit et d'expression aussi naturel, aussi noble, aussi sérieux qu'un autre et convient à tous les sujets... La plupart des grandes pensées prennent le tour de l'antithèse, soit pour marquer plus vivement les rapports de différence et d'opposition, soit pour rapprocher les extrêmes. Caton disait : *J'aime mieux ceux qui rougissent que ceux qui pâlissent.* Cette sentence profonde serait certainement bien placée dans le discours le plus éloquent. *Ecoutez, vous autres jeunes gens,* disait Auguste, *un vieillard que les vieillards ont bien voulu écouter quand il était jeune.* Cette antithèse manquerait-elle de gravité dans la bouche même de Nestor? Et cette pensée si juste et si morale: *La jeunesse vit d'espérance, la vieillesse vit de souvenirs;* et ce mot d'Épaminondas, tant de fois répété : *Ce ne sont pas les places qui honorent les hommes, mais les hommes qui honorent les places;* et celui de Henri IV à un ambassadeur d'Espagne : *Monsieur l'ambassadeur, voilà Biron; je le présente volontiers à mes amis et à mes ennemis;* et celui de Voiture : *C'est le destin de la France de gagner des batailles et de perdre des armées,* seraient-ils indignes de la majesté de la tribune ou du théâtre?

» Mais souvent aussi l'antithèse prend le ton le plus haut, et l'éloquence, la poésie héroïque, la tragédie elle-même peuvent l'admettre sans s'avilir.

» Ce vers de Racine :

> Je sentis tout mon corps et transir et brûler;

ce vers de Corneille :

> Et monté sur le faîte, il aspire à descendre,

ne sont-ils pas du style le plus grave? Et cette conclusion de l'apologie de Socrate en parlant à ses juges : *Il est temps de nous en aller, moi pour mourir et vous pour vivre,* est-elle du faux bel esprit?...

» Il en est de l'antithèse comme de toutes les figures de

rhétorique : lorsque la circonstance les amène et que le sentiment les place, elles donnent au style plus de grâce et de beauté. Il faut prendre garde seulement que l'esprit ne se fasse une habitude de certains tours de pensées et d'expressions qui, trop fréquents, cesseraient d'être naturels. »

Il faut surtout, en s'en servant, éviter l'affectation et la recherche, et opposer des pensées et non des mots si l'on ne veut pas faire dégénérer l'antithèse en pointe ou en jeu de mots ridicule, comme dans ce vers de Racine où Pyrrhus oppose l'amour dont il brûle pour Andromaque aux feux dont il embrasa Troie :

> Brûlé de plus de feux que je n'en allumai.

On ne peut s'empêcher de condamner une telle affectation. Dans les cas semblables, les antithèses ne sont que de faux brillants jetés dans le discours. On les a comparées ingénieusement à une lumière qui éblouit plus qu'elle n'éclaire; aussi faut-il qu'elles soient rapides et qu'on n'en soit pas prodigue. Pascal compare plus ingénieusement encore ceux qui en abusent aux architectes qui font de fausses fenêtres pour la symétrie. Des antithèses trop multipliées, principalement lorsque l'opposition entre les mots est délicate et subtile, ne contribuent qu'à rendre le style désagréable, et Blair est ici de l'avis de Marmontel. « Un style est vicieux, dit-il, lorsque de pareilles sentences se succèdent en grand nombre dans un ouvrage et que l'écrivain adopte cette manière de s'exprimer... Ce genre de style paraît étudié, trop affecté, et nous porte à croire que l'écrivain attachait plus d'importance aux mots qu'aux choses. Il a trop d'éclat pour nous plaire longtemps. On se fatigue au milieu de tant de maximes subtiles et symétriquement arrangées. »

Aussi, quelque brillante que soit cette figure, les grands orateurs et les excellents poètes de l'antiquité ne l'ont pas employée sans réserve ni semée, pour ainsi dire, à pleines mains, comme l'ont fait Isocrate, celui des écrivains grecs qui paraît avoir le plus affectionné cette espèce de gymnastique oscillatoire, et, parmi les Latins, Sénèque et Pline le Jeune. A la vérité, il se trouve quelquefois de fort belles antithèses dans Sénèque; mais aussi combien y rencontre-t-on de misérables pointes et de jeux de mots que lui a arrachés le puéril désir de vouloir faire régner partout des oppositions de paroles ou de pensées! Malheureusement ce déplorable exemple fut suivi. Perse frondait déjà les déclamateurs qui s'amusaient à peigner et à ajuster des antithèses en traitant les sujets les plus graves. Silius Italicus, Stace, Claudien, saint Augustin et la plupart des écrivains de la décadence romaine marchèrent dans cette voie. Les grands écrivains du XVIIe siècle n'ont généralement usé de l'antithèse qu'avec une sage sobriété; Fléchier cependant en a fait sa figure favorite, ce qui lui donne souvent un air maniéré.

Une école littéraire moderne paraît avoir fait, de sa propre autorité, de la vieille antithèse un des principaux éléments de son beau langage. Elle l'emploie avec une prodigalité effrayante, en vers, en prose, dans les discours d'apparat surtout. Parmi ceux qui sont réputés nos meilleurs écrivains, beaucoup ont payé tribut à ce goût, qui est particulièrement propre aux époques de décadence. Ce n'est plus seulement l'abus, c'est une véritable orgie d'antithèses. Victor Hugo, le grand poète et le grand écrivain, est trop souvent tombé dans ce défaut, surtout dans ses dernières œuvres.

Les longs développements que nous venons de donner relèvent plutôt de la théorie que de la pratique. C'est, nous dira-t-on, de la rhétorique pure, et une rhétorique passablement quintessenciée. Nous n'hésitons pas à en convenir, à une condition cependant : c'est que nos jeunes lecteurs conviendront à leur tour qu'il est question ici de l'art d'écrire, et que, qu'on nous pardonne l'antithèse, le superflu peut devenir nécessaire.

Revenons donc à la méthode pure (voyons, Muse, replions modestement nos ailes), et envisageons l'antithèse dans son expression la plus simple.

Pour préciser et mieux donner encore aux élèves la clef des exercices qui vont suivre, terminons par de nombreux exemples que nous accompagnerons d'une explication :

Nous pardonnons souvent à ceux qui nous ennuient, mais nous ne pardonnons pas à ceux que nous ennuyons.

Toute la difficulté réside dans la place relative que doivent occuper les incidentes *qui nous ennuient, que nous ennuyons.* Ici, entre la proposition subordonnée et la proposition principale, il y a un rapport d'opposition bien accusé. Ceux qui nous ennuient nous sont désagréables ; ceux qui nous font voir ou nous laissent voir que nous les ennuyons nous humilient et blessent notre amour-propre. Il est tout naturel que nous trouvions les premiers moins coupables à notre égard que les seconds.

Les biens de la fortune peuvent nous être enlevés, mais ceux de la sagesse nous restent à jamais.

Il serait impossible de dire que les biens de la fortune nous restent à jamais. Quant aux biens de la sagesse, l'assurance où nous sommes de les conserver ne dépend pas des circonstances ; nous ne les perdons jamais que par notre volonté.

On a dit de Chamfort qu'il savait écrire une page, mais qu'il ne savait pas faire un livre.

Il est plus difficile de faire un livre que d'écrire une page. Puissance dans l'invention, habileté dans la composition, travail longtemps dirigé dans le même sens, voilà des conditions sans lesquelles on ne saurait faire un livre, et qui ne sont pas nécessaires pour écrire une page. La proposition subordonnée, *mais qu'il ne savait pas faire,* est restrictive ; elle limite le talent de Chamfort; car il est naturel que cette limite soit la grande difficulté et non la petite, le livre à faire et non la page à écrire.

Monsieur, dit Choiseul au dauphin fils de Louis XV, je puis avoir le malheur d'être votre sujet ; mais je ne serai jamais votre serviteur.

Dans un pays dont le gouvernement est monarchique, tous les habitants sont les sujets du roi ; il n'est pas en leur pouvoir de décliner ce titre; ils sont sujets par naissance; ils deviennent serviteurs par libre choix, par dévouement ou par intérêt.

Nous ferons également entrer dans cette catégorie des phrases où le rapport des mots est celui de la *cause* à l'*effet*, et d'autres où l'antithèse s'établit avec des mots exprimant le *tout* et la *partie* :

*Le cœur d'une mère ne vieillit pas : quand il cesse d'*AIMER, *c'est qu'il cesse de* BATTRE.

La guerre contre la Saxe est l'interminable ÉPOPÉE *du règne de Charlemagne ; chaque autre guerre n'est qu'un* ÉPISODE *de ce temps héroïque.*

Ici, en effet, le contraste entre *aimer* et *battre*, *épopée* et *épisode*, est moins apparent, mais il n'en existe pas moins réellement.

L'antithèse peut exister entre deux propositions :

Nous aimons toujours ceux qui nous admirent, et nous n'aimons pas toujours ceux que nous admirons.

Le contraste se trouve entre les deux incidentes *qui nous admirent, que nous admirons.* On peut admirer sans aimer, mais l'amour-propre flatté nous rend toujours chers ceux qui nous admirent; nous les aimons pour le bonheur que nous en recevons.

On affaiblit toujours ce que l'on exagère.

Exagérer, c'est dénaturer, c'est ôter les proportions, c'est diminuer l'impression qu'on veut produire par la défiance qu'on excite.

L'homme juge le cœur par la parole, tandis que Dieu juge la parole par le cœur.

L'homme ne lit pas dans le cœur ; il accepte la parole comme la révélation des pensées et des sentiments; Dieu, pour qui les replis de la conscience n'ont rien de caché, mesure la valeur des paroles à celle des sentiments et des intentions.

PREMIÈRE SÉRIE.

PHRASES OU L'ON DONNE A L'ÉLÈVE TOUS LES MOTS.

VINGTIÈME EXERCICE.

CORRIGÉ DU DEVOIR QUI FIGURE AU LIVRE DE L'ÉLÈVE.

Bacon a dit : « — de philosophie éloigne de Dieu, — de philosophie y ramène » (*beaucoup, un peu*).

Bacon a dit : « *Un peu* de philosophie éloigne de Dieu, *beaucoup* de philosophie y ramène. »

Le métaphysicien Hume réfute très bien la vieille maxime : « Le — de l'un fait le — de l'autre » (*dommage, profit*), et démontre qu'une nation commerçante a plus d'intérêt à être entourée de nations — que de nations — (*pauvres, riches*).

Le métaphysicien Hume réfute très bien la vieille maxime : « Le *profit* de l'un fait le *dommage* de l'autre, » et démontre qu'une nation commerçante a plus d'intérêt à être entourée de nations *riches* que de nations *pauvres*.

Écoutez ceux qui ont approché autrefois de ces hommes que la gloire des succès avait rendus célèbres : souvent ils ne trouvaient de grand que le nom ; le — désavouait le — (*héros, homme*).

Écoutez ceux qui ont approché autrefois de ces hommes que la gloire des succès avait rendus célèbres : souvent ils ne leur trouvaient de grand que le nom ; l'*homme* désavouait le *héros*.

La science fait le —, la raison fait le — (*savant, homme*) : la science est de —, la raison est de — (*quelques-uns, tous*).

La science fait le *savant*, la raison fait l'*homme* : la science est de *quelques-uns*, la raison est de *tous*.

Il n'y a de bons — que là où il y a de bons — (*maîtres, serviteurs*).

Il n'y a de bons *serviteurs* que là où il y a de bons *maîtres*.

—, tes vices sont des défauts; —, tes défauts sont des vices (*jeune, vieux*).

Jeune, tes vices sont des défauts; *vieux*, tes défauts sont des vices.

Le but de l'éducation intellectuelle est de fertiliser l' —, comme le but de l'éducation morale est d'épurer et de vivifier l' — (*âme, esprit*).

Le but de l'éducation intellectuelle est de fertiliser l'*esprit*, comme le but de l'éducation morale est d'épurer et de vivifier l'*âme*.

Trop de — est un défaut, trop de — en est un plus grand (*hardiesse, timidité*).

Trop de *timidité* est un défaut, trop de *hardiesse* en est un plus grand.

L'expérience est le — qui parle au — (*passé, présent*).

L'expérience est le *passé* qui parle au *présent*.

L'homme personnel est nécessairement —, et, qui pis est, — (*ennuyé, ennuyeux*).

L'homme personnel est nécessairement *ennuyé*, et, qui pis est, *ennuyeux*.

Les hommes chez lesquels l'éducation corrige la nature paraissent meilleurs au — qu'ils ne le sont au — (*dedans, dehors*).

Les hommes chez lesquels l'éducation corrige la nature paraissent meilleurs au *dehors* qu'ils ne le sont au *dedans*.

Aux menaces fulminées par les papes, les rois devenaient plus circonspects; ils sentaient qu'ils avaient —, et les peuples — (*une égide, un frein*).

Aux menaces fulminées par les papes, les rois devenaient plus circonspects; ils sentaient qu'ils avaient *un frein*, et les peuples *une égide*.

Un sot — est plus sot qu'un sot — (*savant, ignorant*).

Un sot *savant* est plus sot qu'un sot *ignorant*.

VINGT ET UNIÈME EXERCICE.

CORRIGÉ DU DEVOIR QUI FIGURE AU LIVRE DE L'ÉLÈVE.

Le sentiment de l'amitié se fortifie autant par les — que par les — (*oppositions*, *ressemblances*).

Le sentiment de l'amitié se fortifie autant par les *oppositions* que par les *ressemblances*.

Au contraire de Louis XI, qui avait mille — et un seul —, Le Charolais se perdait dans un labyrinthe de projets (*but*, *moyen*).

Au contraire de Louis XI, qui avait mille *moyens* et un seul *but*, Le Charolais se perdait dans un labyrinthe de projets.

On ne méprise pas tous ceux qui —, mais on méprise tous ceux qui — (*n'ont aucune vertu*, *ont des vices*).

On ne méprise pas tous ceux qui *ont des vices*, mais on méprise tous ceux qui *n'ont aucune vertu*.

La — est le germe qui attend que la — vienne le féconder (*parole*, *pensée*).

La *pensée* est le germe qui attend que la *parole* vienne le féconder.

Le courage — ne le cède pas au courage — (*civil*, *militaire*).

Le courage *civil* ne le cède pas au courage *militaire*.

Le public est — qui a souvent la prétention d'être — (*un écho*, *une voix*).

Le public est *un écho* qui a souvent la prétention d'être *une voix*.

Si la tristesse — l'âme, une profonde affliction l' — (*attendrit*, *endurcit*).

Si la tristesse *attendrit* l'âme, une profonde affliction l'*endurcit*.

Henri IV écouta gracieusement les envoyés de Paris, bien qu'ils ne le qualifiassent que de roi de Navarre; mais il se montra moins facile sur — que sur — (*le fond*, *la forme*).

Henri IV écouta gracieusement les envoyés de Paris, bien qu'ils ne le qualifiassent que de roi de Navarre; mais il se montra moins facile sur *le fond* que sur *la forme*.

— doit être au service de —, et non — à la merci de —. (*le droit*, *la force*).

La force doit être au service *du droit*, et non *le droit* à la merci de *la force*.

Les — forment plus de liaisons intimes que les — (*contrastes*, *rapports d'humeur*).

Les *contrastes* forment plus de liaisons intimes que les *rapports d'humeur*.

Si la haine est quelquefois excitée par le souvenir du mal qu'on a —, elle l'est le plus souvent par le souvenir de celui qu'on a — (*fait*, *souffert*).

Si la haine est quelquefois excitée par le souvenir du mal qu'on a *souffert*, elle l'est le plus souvent par le souvenir de celui qu'on a *fait*.

L'industrie manufacturière écoule ses produits avec d'autant plus de rapidité que les besoins de la — dépassent plus ceux de la — (*consommation*, *production*).

L'industrie manufacturière écoule ses produits avec d'autant plus de rapidité que les besoins de la *consommation* dépassent plus ceux de la *production*.

Il y a toujours plus de blessés parmi les — que parmi les — (*braves*, *fuyards*).

Il y a toujours plus de blessés parmi les *fuyards* que parmi les *braves*.

Quand l'or ne valait rien, c'était le siècle —; quand l'or vaut tout, c'est le siècle — (*de fer*, *d'or*).

Quand l'or ne valait rien, c'était le siècle *d'or*; quand l'or vaut tout, c'est le siècle *de fer*.

VINGT-DEUXIÈME EXERCICE.

CORRIGÉ DU DEVOIR QUI FIGURE AU LIVRE DE L'ÉLÈVE.

Dans les anciennes sociétés, le maître nourrissait le — ; le seigneur, le — ; le gouvernement, le — ; l'Église, le — (*esclave*, *mendiant*, *peuple*, *serf*).

Dans les anciennes sociétés, le maître nourrissait l'*esclave*; le seigneur, le *serf*; le gouvernement, le *peuple*; l'Église, le *mendiant*.

On ne saurait obéir trop fidèlement à ce conseil que Boileau donne aux écrivains :

— quelquefois et souvent — (*ajoutez*, *effacez*).

On ne saurait obéir trop fidèlement à ce conseil que Boileau donne aux écrivains :

Ajoutez quelquefois et souvent *effacez*.

Il n'y a point de — qui n'ait une fausse ressemblance avec quelque — (*vertu*, *vice*).

Il n'y a point de *vice* qui n'ait une fausse ressemblance avec quelque *vertu*.

Ce n'est pas — de Dieu, c'est — de Dieu qui est le vrai commencement du repentir (*l'amour*, *la crainte*).

Ce n'est pas *la crainte* de Dieu, c'est *l'amour* de Dieu qui est le vrai commencement du repentir.

Il est beaucoup plus facile de — que de —. La première est à la surface, et chacun peut aisément la saisir; la seconde est à une profondeur où il n'est pas donné à tout le monde de pénétrer (*trouver la vérité*, *reconnaître l'erreur*).

Il est beaucoup plus facile de *reconnaître l'erreur* que de *trouver la vérité*. La première est à la surface, et chacun peut aisément la saisir; la seconde est à une profondeur où il n'est pas donné à tout le monde de pénétrer.

C'est la grandeur —, et non pas celle —, qui conduit à la véritable renommée (*de la cause*, *des moyens*).

C'est la grandeur *de la cause*, et non pas celle *des moyens*, qui conduit à la véritable renommée.

Il y a une fausse modestie qui est —, une fausse grandeur qui est —, une fausse vertu qui est —, une fausse sagesse qui est — (*hypocrisie*, *petitesse*, *pruderie*, *vanité*).

Il y a une fausse modestie qui est *vanité*, une fausse grandeur qui est *petitesse*, une fausse vertu qui est *pruderie*, une fausse sagesse qui est *hypocrisie*.

L'imagination —, l'esprit —, le goût —, le talent — (*choisit*, *compare*, *exécute*, *peint*).

L'imagination *peint*, l'esprit *compare*, le goût *choisit*, le talent *exécute*.

— écoute quelquefois sans entendre; — entend quelquefois sans écouter (*curieux*, *discret*).

Le curieux écoute quelquefois sans entendre; *l'homme discret* entend quelquefois sans écouter.

L'étude — un honnête homme; mais le commerce seul du monde — (*achève*, *commence*).

L'étude *commence* un honnête homme; mais le commerce seul du monde l'*achève*.

DEUXIÈME SÉRIE.

PHRASES OU L'ON NE DONNE A L'ÉLÈVE QU'UN DES MOTS; IL DOIT TROUVER L'AUTRE LUI-MÊME.

VINGT-TROISIÈME EXERCICE.

CORRIGÉ DU DEVOIR QUI FIGURE AU LIVRE DE L'ÉLÈVE.

L'homme de bien n'osera rien *faire* ni même rien — qu'il ne puisse produire au grand jour.

L'homme de bien n'osera rien *faire* ni même rien *penser* qu'il ne puisse produire au grand jour.

On ne — pas les passions comme on les *soulève*.

On n'*apaise* pas les passions comme on les *soulève*.

On réussit mieux dans le monde en *cachant* des vices qu'en — des vertus.

On réussit mieux dans le monde en *cachant* des vices qu'en *montrant* des vertus.

Qui ne sait *obéir* ne saurait —.

Qui ne sait *obéir* ne saurait *commander*.

Cessez de vous affliger, comme si elles vous étaient —, de peines et de douleurs qui sont *communes* à tous les mortels.

Cessez de vous affliger, comme si elles vous étaient *particulières*, de peines et de douleurs qui sont *communes* à tous les mortels.

Les flatteurs des — sont peut-être aussi dangereux que les flatteurs des *rois*.

Les flatteurs des *peuples* sont peut-être aussi dangereux que les flatteurs des *rois*.

Plus nous faisons de bonnes actions dans notre *jeunesse*, plus nous nous préparons de douceurs et de consolations pour notre —.

Plus nous faisons de bonnes actions dans notre *jeunesse*, plus nous nous préparons de douceurs et de consolations pour notre *vieillesse*.

La première chose que doit faire un homme sage, en recevant les dons de la fortune, c'est de bien se convaincre que nous ne logeons jamais chez elle qu'en *locataire* et non en —.

La première chose que doit faire un homme sage, en recevant les dons de la fortune, c'est de bien se convaincre que nous ne logeons jamais chez elle qu'en *locataire* et non en *propriétaire*.

Quand le méchant veut faire du mal, ce sont moins des — que des *prétextes* qu'il lui faut.

Quand le méchant veut faire du mal, ce sont moins des *raisons* que des *prétextes* qu'il lui faut.

La finesse est un — dans le *caractère*, comme elle est un — dans l'*esprit*.

La finesse est un *vice* dans le *caractère*, comme elle est une *qualité* dans l'*esprit*.

L'*histoire* ne dit que ce que fait l'humanité; le — dit ce qu'elle espère et ce qu'elle rêve.

L'*histoire* ne dit que ce que fait l'humanité; le *roman* dit ce qu'elle espère et ce qu'elle rêve.

Le bonheur est d'avoir le — et non le *superflu*.

Le bonheur est d'avoir le *nécessaire* et non le *superflu*.

Rousseau attaque le rentier, non parce qu'il touche le revenu du capital qu'il prête à l'État, mais parce qu'il profite de ce revenu pour ne rien faire, pour ne pas payer sa dette de travail à la société, pour *consommer* sans —, comme on dirait aujourd'hui.

Rousseau attaque le rentier, non parce qu'il touche le revenu du capital qu'il prête à l'État, mais parce qu'il profite de ce revenu pour ne rien faire, pour ne pas payer sa dette de travail à la société, pour *consommer* sans *produire*, comme on dirait aujourd'hui.

Le — est un homme qui se tue à force de saignées; l'*avare* est un autre malade qui meurt étouffé par le sang.

Le *prodigue* est un homme qui se tue à force de saignées; l'*avare* est un autre malade qui meurt étouffé par le sang.

VINGT-QUATRIÈME EXERCICE.

CORRIGÉ DU DEVOIR QUI FIGURE AU LIVRE DE L'ÉLÈVE.

Nous avons souvent chanté des — que bien des mères traduisaient en *De profundis*.

Nous avons souvent chanté des *Te Deum* que bien des mères traduisaient en *De profundis*.

Le bonheur n'est l'*histoire* de personne, bien qu'il soit le — de tout le monde.

Le bonheur n'est l'*histoire* de personne, bien qu'il soit le *roman* de tout le monde.

Il y a des gens pour qui un et un font trois quand il s'agit de leurs *débiteurs*, et zéro quand il s'agit de leurs —.

Il y a des gens pour qui un et un font trois quand il s'agit de leurs *débiteurs*, et zéro quand il s'agit de leurs *créanciers*.

L'homme est naturellement porté à restreindre ses *devoirs* et à exagérer ses —. Les bonnes lois en fixent la juste mesure.

L'homme est naturellement porté à restreindre ses *devoirs* et à exagérer ses *droits*. Les bonnes lois en fixent la juste mesure.

La vérité *physique* est la science des rapports entre les corps, et la vérité — la science des rapports entre les personnes.

La vérité *physique* est la science des rapports entre les corps, et la vérité *morale* la science des rapports entre les personnes.

J'aime mieux une *erreur* qui me rend heureux qu'une — qui me désespère.

J'aime mieux une *erreur* qui me rend heureux qu'une *vérité* qui me désespère.

L'homme frivole est celui qui s'occupe *sérieusement* des petites choses, et — des objets sérieux.

L'homme frivole est celui qui s'occupe *sérieusement* des petites choses, et *légèrement* des objets sérieux.

John Wiclef, de l'université d'Oxford, soutenait que la dîme, loin d'être *obligatoire*, comme cela avait eu lieu jusqu'alors, ne devait être que —.

John Wiclef, de l'université d'Oxford, soutenait que la dîme, loin d'être *obligatoire*, comme cela avait eu lieu jusqu'alors, ne devait être que *facultative*.

Bien que de toutes parts les favoris de la reine mère l'engageassent à employer la force pour soumettre les princes, Marie de Médicis résolut de *négocier* au lieu de —.

Bien que de toutes parts les favoris de la reine mère l'engageassent à employer la force pour soumettre les princes, Marie de Médicis résolut de *négocier* au lieu de *combattre*.

Le premier discours prononcé par Richelieu fit entrevoir à la France la véritable éloquence politique, l'éloquence des *idées* , et non plus des —.

Le premier discours prononcé par Richelieu fit entrevoir à la France la véritable éloquence politique, l'éloquence des *idées*, et non plus des *mots*.

Henri IV, cet homme dont le panégyrique et la satire ont dit vrai dans leurs allégations les plus contradictoires, n'est guère demeuré moins populaire par ses *défauts* que par ses —.

Henri IV, cet homme dont le panégyrique et la satire ont dit vrai dans leurs allégations les plus contradictoires, n'est guère demeuré moins populaire par ses *défauts* que par ses *qualités*.

En général, on exige — de talents pour les petits emplois, et l'on en exige *trop peu* pour les grands.

En général, on exige *trop* de talents pour les petits emplois, et l'on en exige *trop peu* pour les grands.

Un *chagrin* partagé diminue, ainsi qu'un — qui ne l'est pas.

Un *chagrin* partagé diminue, ainsi qu'un *plaisir* qui ne l'est pas.

VINGT-CINQUIÈME EXERCICE.

CORRIGÉ DU DEVOIR QUI FIGURE AU LIVRE DE L'ÉLÈVE.

Diane de Poitiers s'abandonnait à l'ivresse de sa haute fortune. Ce n'était point assez pour elle d'avoir toute la — du pouvoir, elle tenait encore à en avoir toute l'*apparence*, afin que personne n'en doutât.

Diane de Poitiers s'abandonnait à l'ivresse de sa haute fortune. Ce n'était point assez pour elle d'avoir toute la *réalité* du pouvoir, elle tenait encore à en avoir toute l'*apparence*, afin que personne n'en doutât.

Les hommes d'État doivent plutôt penser à l'opinion du *lendemain* qu'à celle du —.

Les hommes d'État doivent plutôt penser à l'opinion du *lendemain* qu'à celle du *jour*.

Le pauvre est moins humilié d'être éclaboussé par *une charrette* que par —.

Le pauvre est moins humilié d'être éclaboussé par *une charrette* que par *un équipage*.

Il ne faut pas imprudemment s'affliger sur les apparences; car le ciel trompe aussi souvent nos *craintes* que nos —.

Il ne faut pas imprudemment s'affliger sur les apparences; car le ciel trompe aussi souvent nos *craintes* que nos *espérances*.

Le pouvoir — est bien peu de chose s'il n'est soutenu par le pouvoir *moral*.

Le pouvoir *matériel* est bien peu de chose s'il n'est soutenu par le pouvoir *moral*.

Ne reprends jamais personne en *public* quand tu peux le faire en —.

Ne reprends jamais personne en *public* quand tu peux le faire en *particulier*.

Ce n'est pas dans *ses effets* qu'il faut attaquer un mal, c'est dans —.

Ce n'est pas dans *ses effets* qu'il faut attaquer un mal, c'est dans *sa cause*.

L'argent est un bon —, mais c'est un mauvais *maître.*

L'argent est un bon *serviteur*, mais c'est un mauvais *maître.*

Dans sa théorie des hypothèses, Descartes reconnaît qu'il faut expérimenter sur les *effets* pour remonter ensuite aux —.

Dans sa théorie des hypothèses, Descartes reconnaît qu'il faut expérimenter sur les *effets* pour remonter ensuite aux *causes.*

Gondi entrevoyait dans la Fronde un rôle éclatant pour lui, et il eût voulu faire de Gaston le chef *nominal* d'un parti dont il eût été lui-même le chef —.

Gondi entrevoyait dans la Fronde un rôle éclatant pour lui, et il eût voulu faire de Gaston le chef *nominal* d'un parti dont il eût été lui-même le chef *réel.*

Honore —, si tu veux être honoré de *tes enfants.*

Honore *ton père*, si tu veux être honoré de *tes enfants.*

Dans l'*isolement*, nos besoins dépassent nos facultés; dans —, nos facultés dépassent nos besoins.

Dans l'*isolement*, nos besoins dépassent nos facultés; dans l'*état social*, nos facultés dépassent nos besoins.

Au moment de faire exécuter l'arrêt qui condamnait Marie Stuart, Élisabeth affectait une douleur, une hésitation mensongères : elle eût voulu avoir à la fois les profits de la *rigueur* et les honneurs de la —.

Au moment de faire exécuter l'arrêt qui condamnait Marie Stuart, Élisabeth affectait une douleur, une hésitation mensongères : elle eût voulu avoir à la fois les profits de la *rigueur* et les honneurs de la *clémence.*

Dans quelque état que ce soit, l'homme ne saurait être heureux, et les dieux ont attaché à la *liberté* presque autant de malheurs qu'à la —.

Dans quelque état que ce soit, l'homme ne saurait être heureux, et les dieux ont attaché à la *liberté* presque autant de malheurs qu'à la *servitude.*

VINGT-SIXIÈME EXERCICE.

CORRIGÉ DU DEVOIR QUI FIGURE AU LIVRE DE L'ÉLÈVE.

Les — font trouver plus de charmes aux *jouissances présentes.*

Les *peines passées* font trouver plus de charmes aux *jouissances présentes.*

Lorsqu'une chose est déplorable dans ses —, c'est qu'elle est fausse dans ses *principes.*

Lorsqu'une chose est déplorable dans ses *conséquences*, c'est qu'elle est fausse dans ses *principes.*

L'éducation du peuple, voilà le plus beau luxe de la société, le luxe *intellectuel* qui est le contrepoids du luxe —.

L'éducation du peuple, voilà le plus beau luxe de la société, le luxe *intellectuel* qui est le contrepoids du luxe *matériel.*

Lorsque le — est de moitié, l'*esprit* n'est jamais las d'écrire.

Lorsque le *cœur* est de moitié, l'*esprit* n'est jamais las d'écrire.

Des philosophes moroses ont soutenu cette thèse, que la société est la source de tous nos maux, et que notre — a commencé le même jour que notre *civilisation.*

Des philosophes moroses ont soutenu cette thèse, que la société est la source de tous nos maux, et que notre *décadence* a commencé le même jour que notre *civilisation.*

Curius Dentatus, à qui les députés samnites offraient de la vaisselle d'or et d'argent pour obtenir des conditions de paix plus favorables, répondit que son plaisir n'était pas de — des trésors, mais de *commander à ceux qui en avaient.*

Curius Dentatus, à qui les députés samnites offraient de la vaisselle d'or et d'argent pour obtenir des conditions de paix plus favorables, répondit que son plaisir n'était pas d'*avoir* des trésors, mais de *commander à ceux qui en avaient.*

Les jaloux ont des droits à l'indulgence; ils — plus encore qu'ils ne *font souffrir*.

Les jaloux ont des droits à l'indulgence; ils *souffrent* plus encore qu'ils ne *font souffrir*.

Le cardinal de Richelieu, qui, dès 1615, était premier aumônier de Marie de Médicis, fut nommé, par lettres patentes, le 21 novembre 1629, principal ministre d'État; il fut ainsi élevé de *droit* au-dessus des autres ministres, comme il l'était déjà de —.

Le cardinal de Richelieu, qui, dès 1615, était premier aumônier de Marie de Médicis, fut nommé, par lettres patentes, le 21 novembre 1629, principal ministre d'État; il fut ainsi élevé de *droit* au-dessus des autres ministres, comme il l'était déjà de *fait*.

Arbogaste menait une vie si frugale, si modeste et si active, qu'on eût dit qu'il n'était que le *compagnon* de ceux dont il était le —.

Arbogaste menait une vie si frugale, si modeste et si active, qu'on eût dit qu'il n'était que le *compagnon* de ceux dont il était le *général*.

La vie contemplative n'est plus de ce siècle. Dieu nous a mis sur terre pour — et non pour *rêver*.

La vie contemplative n'est plus de ce siècle. Dieu nous a mis sur terre pour *agir* et non pour *rêver*.

Sois *sévère* pour toi et — pour les autres, et tu seras l'ami de tout le monde.

Sois *sévère* pour toi et *indulgent* pour les autres, et tu seras l'ami de tout le monde.

Dans presque toutes les querelles, ce qui offense c'est moins *le fond* que —.

Dans presque toutes les querelles, ce qui offense c'est moins *le fond* que *la forme*.

VINGT-SEPTIÈME EXERCICE.

CORRIGÉ DU DEVOIR QUI FIGURE AU LIVRE DE L'ÉLÈVE.

Les Orientaux disent : la parole est *d'argent*, mais le silence est —.

Les Orientaux disent : la parole est *d'argent*, mais le silence est *d'or*.

Sois — si tes ennemis sont divisés entre eux; sois *sur tes gardes* s'ils sont liés d'amitié.

Sois *tranquille* si tes ennemis sont divisés entre eux; sois *sur tes gardes* s'ils sont liés d'amitié.

Un grand défaut, quand on instruit les enfants, c'est de partir de ce qui est clair *chez nous*, au lieu de partir de ce qui est clair —.

Un grand défaut, quand on instruit les enfants, c'est de partir de ce qui est clair *chez nous*, au lieu de partir de ce qui est clair *chez eux*.

Le parlement ne se fit pas faute d'attaquer, dans ses remontrances, les personnes qui avaient été introduites dans les derniers temps au conseil du roi, non par —, mais par *faveur*.

Le parlement ne se fit pas faute d'attaquer, dans ses remontrances, les personnes qui avaient été introduites dans les derniers temps au conseil du roi, non par *mérite*, mais par *faveur*.

Pardonnez *souvent* aux autres, — à vous-même, dit le poète Syrus.

Pardonnez *souvent* aux autres, *rarement* à vous-même, dit le poète Syrus.

Ne faut-il que *délibérer*,
La cour en conseillers foisonne;
Est-il besoin de —,
On ne rencontre plus personne.

Ne faut-il que *délibérer*,
La cour en conseillers foisonne;
Est-il besoin d'*exécuter*,
On ne rencontre plus personne.

L'importance du mal qu'on nous fait ne constitue pas le degré de l'injure : le *plat* du sabre outrage plus que le —.

L'importance du mal qu'on nous fait ne constitue pas le degré de l'injure : le *plat* du sabre outrage plus que le *tranchant*.

Un homme de gouvernement qui est à la hauteur de sa tâche a devant lui tout le temps dont il a besoin, quand il a une nuit pour — et un jour pour *exécuter*.

Un homme de gouvernement qui est à la hauteur de sa tâche a devant lui tout le temps dont il a besoin, quand il a une nuit pour *méditer* et un jour pour *exécuter*.

En parlant des nids des oiseaux, Chateaubriand a dit : « On ne peut contempler sans être attendri cette bonté divine qui donne *l'industrie* aux faibles et la — aux insouciants. »

En parlant des nids des oiseaux, Chateaubriand a dit : « On ne peut contempler sans être attendri cette bonté qui donne *l'industrie* aux faibles et la *prévoyance* aux insouciants. »

Le cheval, comme s'il sentait qu'il n'est point fait pour les soins rustiques, *se tait* sous l'aiguillon du laboureur et — sous le frein du guerrier.

Le cheval, comme s'il sentait qu'il n'est point fait pour les soins rustiques, *se tait* sous l'aiguillon du laboureur et *hennit* sous le frein du guerrier.

Ce que la foule retient surtout, c'est ce qui l'exalte, ce qui parle à son imagination ou à son cœur, enfin ce qui tient de plus près au *roman* qu'à —.

Ce que la foule retient surtout, c'est ce qui l'exalte, ce qui parle à son imagination ou à son cœur, enfin ce qui tient de plus près au *roman* qu'à l'*histoire*.

Ne te fie pas au bonheur présent : souvent le *zéphyr* est suivi de —.

Ne te fie pas au bonheur présent : souvent le *zéphyr* est suivi de l'*aquilon*.

VINGT-HUITIÈME EXERCICE.

CORRIGÉ DU DEVOIR QUI FIGURE AU LIVRE DE L'ÉLÈVE.

D'*ennuyé* à —, il n'y a que la différence de deux lettres.

D'*ennuyé* à *ennuyeux*, il n'y a que la différence de deux lettres.

Il est des moments où les concessions tardives restent sans profit pour les gouvernements; on ne songe qu'à ce qu'ils *retiennent*, et on ne leur sait aucun gré de ce qu'ils —.

Il est des moments où les concessions tardives restent sans profit pour les gouvernements; on ne songe qu'à ce qu'ils *retiennent*, et on ne leur sait aucun gré de ce qu'ils *cèdent*.

Marly était pour le roi un abri où il se délassait quelquefois de la vie *publique* par la vie —.

Marly était pour le roi un abri où il se délassait quelquefois de la vie *publique* par la vie *intime*.

Les discours de Mirabeau et de Berryer, et un peu aussi ceux de Démosthène, qui étaient des chefs-d'œuvre à la —, perdent sensiblement à la *lecture*. Cicéron est peut-être le seul qui ait été tout à la fois — et *écrivain*.

Les discours de Mirabeau et de Berryer, et un peu aussi ceux de Démosthène, qui étaient des chefs-d'œuvre à la *tribune*, perdent sensiblement à la *lecture*. Cicéron est peut-être le seul qui ait été tout à la fois *orateur* et *écrivain*.

La *science* doit avoir de grands ménagements avec la — qui est sa sœur aînée.

La *science* doit avoir de grands ménagements avec *l'ignorance*, qui est sa sœur aînée.

D'un *roitelet*, les panégyristes font bien souvent un —.

D'un *roitelet*, les panégyristes font bien souvent un *aigle*.

Les fautes de — sont bien plus évidentes que celles des *particuliers*, parce que tout le monde a les yeux sur lui.

Les fautes du *prince* sont bien plus apparentes que celles des *particuliers*, parce que tout le monde a les yeux sur lui.

L'homme croit à la *fatalité* quand il agit mal, à la — quand il agit bien.

L'homme croit à la *fatalité* quand il agit mal, à la *liberté* quand il agit bien.

En politique, défendre à outrance le maître qui —, c'est gagner la confiance et mériter l'estime du maître qui *vient*.

En politique, défendre à outrance le maître qui *s'en va*, c'est gagner la confiance et mériter l'estime du maître qui *vient*.

Sully disait : « Toutes les fois que vous voyez un homme couvert de *galons*, soyez sûr qu'il y a auprès de lui un homme couvert de —. »

Sully disait : « Toutes les fois que vous voyez un homme couvert de *galons*, soyez sûr qu'il y a auprès de lui un homme couvert de *haillons*. »

La confiance se *gagne ;* elle ne se — pas.

La confiance se *gagne ;* elle ne se *commande* pas.

Une — est un abri plus sûr qu'un *palais* contre les coups de la fortune.

Une *chaumière* est un abri plus sûr qu'un *palais* contre les coups de la fortune.

TROISIÈME SÉRIE.

PHRASES OU TOUS LES MOTS SONT REMPLACÉS PAR DES TIRETS; L'ÉLÈVE DEVRA LES TROUVER LUI-MÊME.

VINGT-NEUVIÈME EXERCICE.

CORRIGÉ DU DEVOIR QUI FIGURE AU LIVRE DE L'ÉLÈVE.

Nous mettons — d'importance à ce que nous disons des autres, et — à ce qu'ils disent de nous.

Nous mettons *trop peu* d'importance à ce que nous disons des autres, et *beaucoup trop* à ce qu'ils disent de nous.

Léopold se hâta de traiter avec les Turcs, et à des conditions telles, que, malgré la brillante journée du Saint-Gothard, il semblait moins un — qu'un —.

Léopold se hâta de traiter avec les Turcs, et à des conditions telles, que, malgré la brillante journée du Saint-Gothard, il semblait moins un *vainqueur* qu'un *vaincu*.

On est moins ridicule par les — qu'on a que par les — qu'on veut avoir.

On est moins ridicule par les *défauts* qu'on a que par les *qualités* qu'on veut avoir.

Tout le monde connaît cette grande vérité de l'Evangile : la lettre — et l'esprit —.

Tout le monde connaît cette grande vérité de l'Evangile : la lettre *tue* et l'esprit *vivifie*.

La femme la plus parfaite peut donner lieu à —, jamais à —.

La femme la plus parfaite peut donner lieu à *la calomnie*, jamais à *la médisance*.

La mort est vraiment implacable ; à ses yeux l'âge paraît être indifférent : pour une victime qu'elle enlève dans —, il en est mille qu'elle emporte dans —.

La mort est vraiment implacable ; à ses yeux l'âge paraît être indifférent : pour une victime qu'elle enlève dans *la vieillesse*, il en est mille qu'elle emporte dans *la jeunesse*.

Nous sommes plutôt les hommes d'hier que nous ne sommes les hommes d'aujourd'hui. Nous vantons ce qui s'est fait autrefois au détriment de ce qui se fait de notre temps ; enfin, pour mieux glorifier le —, nous dénigrons et nous calomnions le —.

Nous sommes plutôt les hommes d'hier que nous ne sommes les hommes d'aujourd'hui. Nous vantons ce qui s'est fait autrefois au détriment de ce qui se fait de notre temps ; enfin, pour mieux glorifier le *passé*, nous dénigrons et nous calomnions le *présent*.

Les bons ouvriers — le travail aux pièces, les paresseux le —

Les bons ouvriers *aiment* le travail aux pièces, les paresseux le *détestent*.

Celui qui achète le — sera bientôt obligé de vendre le —.

Celui qui achète le *superflu* sera bientôt obligé de vendre le *nécessaire*.

Gérard de Nerval couchait parfois sans draps, dans un magnifique lit de parade du XVIIe siècle, et disait : « Quand on n'a pas le —, c'est bien le moins qu'on ait le — ; sans quoi l'on n'aurait rien du tout, ce qui est trop peu, même pour un poète. »

Gérard de Nerval couchait parfois sans draps, dans un magnifique lit de parade du XVIIe siècle, et disait : « Quand on n'a pas le *nécessaire*, c'est bien le moins qu'on ait le *superflu* ; sans quoi l'on n'aurait rien du tout, ce qui est trop peu, même pour un poète. »

La souffrance — les secondes, le bonheur — les heures.

La souffrance *compte* les secondes, le bonheur *oublie* les heures.

Croyons, comme César, que tout péril paraît moins grand de — que de —.

Croyons, comme César, que tout péril paraît moins grand de *près* que de *loin*.

TRENTIÈME EXERCICE.

CORRIGÉ DU DEVOIR QUI FIGURE AU LIVRE DE L'ÉLÈVE.

Thalès, interrogé si les — des hommes échappaient à la connaissance de Dieu : « Leurs — mêmes, répondit-il, ne lui échappent pas. »

Thalès, interrogé si les *actions* des hommes échappaient à la connaissance de Dieu : « Leurs *pensées* mêmes, répondit-il, ne lui échappent pas. »

Il ne faut point abuser même du repos : ce que l'on — à ses nuits, on l' — à ses jours.

Il ne faut point abuser même du repos : ce que l'on *ôte* à ses nuits, on l'*ajoute* à ses jours.

La médecine est un art difficile, parce que tout est généralité dans sa —, tout est particularité dans sa —.

La médecine est un art difficile, parce que tout est généralité dans sa *théorie*, tout est particularité dans sa *pratique*.

Il est certain que les révolutions se font bien moins avec des — qu'avec des — dont on ne comprend pas la valeur.

Il est certain que les révolutions se font bien moins avec des *idées* qu'avec des *mots* dont on ne comprend pas la valeur.

Celui qui a acheté une charge publique vendra en — ce qu'il a acheté en —.

Celui qui a acheté une charge publique vendra en *détail* ce qu'il a acheté en *gros*.

Il vaut mieux faire ses études dans un lycée que chez ses parents sous la direction d'un précepteur : l'éducation — préserve la jeunesse du poison de l'adulation dont pourrait l'enivrer l'éducation —.

Il vaut mieux faire ses études dans un lycée que chez ses parents sous la direction d'un précepteur : l'éducation *publique* préserve la jeunesse du poison de l'adulation dont pourrait l'enivrer l'éducation *domestique*.

Il est bien difficile que l'homme qui souffre soit d'humeur égale : le — influe nécessairement sur le —.

Il est bien difficile que l'homme qui souffre soit d'humeur égale : le *physique* influe nécessairement sur le *moral*.

Le sage n'est jamais le — à suivre la mode, mais il est le — à en changer.

Le sage n'est jamais le *premier* à suivre la mode, mais il est le *dernier* à en changer.

Marche du pied — à tes plaisirs, dit Pythagore, et du pied — à tes affaires.

Marche du pied *gauche* à tes plaisirs, dit Pythagore, et du pied *droit* à tes affaires.

On aime à se retracer le bonheur qui n'est plus, car s'il fait couler une larme de —, il en fait aussi couler une de —

On aime à se retracer le bonheur qui n'est plus, car s'il fait couler une larme de *regret*, il en fait aussi couler une de *plaisir*.

Par une étrange contradiction, l'homme se plaint à la fois de la — des jours et de la — de la vie.

Par une étrange contradiction, l'homme se plaint à la fois de la *longueur* des jours et de la *brièveté* de la vie.

L'homme de bien n'osera rien —, ni même rien — qu'il ne puisse produire au grand jour.

L'homme de bien n'osera rien *faire*, ni même rien *penser* qu'il ne puisse produire au grand jour.

Chacun fait consister l'honneur dans ce qu'il croit que les autres estiment le plus en lui : les militaires le placent dans —, les juges dans — et les femmes dans —.

Chacun fait consister l'honneur dans ce qu'il croit que les autres recherchent le plus en lui : les militaires le placent dans le *courage*, les juges dans l'*intégrité* et les femmes dans la *chasteté*.

TRENTE ET UNIÈME EXERCICE.

CORRIGÉ DU DEVOIR QUI FIGURE AU LIVRE DE L'ÉLÈVE.

On pardonne plus difficilement une injustice à ses — qu'à ses —.

On pardonne plus difficilement une injustice à ses *amis* qu'à ses *ennemis*.

On connaît le prix de la fortune lorsqu'on l'a —, et celui d'un ami quand on l'a —.

On connaît le prix de la fortune quand on l'a *gagnée*, et celui d'un ami quand on l'a *perdu*.

En toute chose, il faut que l'exécution ne vienne qu'après la réflexion : les pensées de — précèdent ses actions, tandis que celles de — viennent à la suite de ses entreprises.

En toute chose, il faut que l'exécution ne vienne qu'après la réflexion : les pensées du *sage* précèdent ses actions, tandis que celles de l'*insensé* viennent à la suite de ses entreprises.

Cette cendre que le prêtre dépose sur le front de chaque fidèle, à l'ouverture du carême, quoiqu'elle soit un signe de pénitence, est un principe de —; quoiqu'elle semble nous humilier, elle est une source de —; quoiqu'elle représente la mort, elle est un remède qui donne —.

Cette cendre que le prêtre dépose sur le front de chaque fidèle, à l'ouverture du carême, quoiqu'elle soit un signe de pénitence, est un principe de *félicité*; quoiqu'elle semble nous humilier, elle est une source de *gloire*; quoiqu'elle représente la mort, elle est un remède qui donne *l'immortalité*.

Dans les tempêtes révolutionnaires, il arrive quelquefois que des hommes à peine bons pour manier la — s'emparent du —.

Dans les tempêtes révolutionnaires, il arrive quelquefois que des hommes à peine bons pour manier la *rame* s'emparent du *gouvernail*.

Les gens — sont le fléau des gens —.

Les gens *oisifs* sont le fléau des gens *occupés*.

Le pape autorise le capucin frère Ange à se mettre à la tête des ligueurs languedociens, et à quitter le — pour le —, comme chevalier de Malte.

Le pape autorisa le capucin frère Ange à se mettre à la tête des ligueurs languedociens, et à quitter le *froc* pour la *cuirasse*, comme chevalier de Malte.

Il faut que la franchise soit une qualité bien séduisante; car ce sont souvent ceux qui la possèdent le — qui l'affectent le —.

Il faut que la franchise soit une qualité bien séduisante; car ce sont souvent ceux qui la possèdent le *moins* qui l'affectent le *plus*.

Il est rare qu'en s'élevant l'homme devienne —, il ne l'est pas qu'il devienne —.

Il est rare qu'en s'élevant l'homme devienne *meilleur*, il ne l'est pas qu'il devienne *pire*.

La Grèce ne pouvait souffrir que l'Asie pensât à la subjuguer; et, en subissant ce joug, elle eût cru assujettir — à la volupté, — au corps, et — à une force insensée qui consistait seulement dans la multitude.

La Grèce ne pouvait souffrir que l'Asie pensât à la subjuguer; et, en subissant ce joug, elle eût cru assujettir *la vertu* à la volupté, *l'esprit* au corps, et le *véritable courage* à une force insensée qui consistait seulement dans la multitude.

C'est Pascal qui a écrit cette phrase si connue : « Tout le monde visible n'est qu'un trait imperceptible dans l'ample sein de la nature, sphère infinie dont le — est partout, le — nulle part. »

C'est Pascal qui a écrit cette phrase si connue : « Tout le monde visible n'est qu'un trait imperceptible dans l'ample sein de la nature, sphère infinie dont le *centre* est partout, la *circonférence* nulle part. »

Nous avons beau corrompre notre conscience, elle nous — tout haut et nous — tout bas.

Nous avons beau corrompre notre conscience, elle nous *absout* tout haut et nous *condamne* tout bas.

TRENTE-DEUXIÈME EXERCICE.

CORRIGÉ DU DEVOIR QUI FIGURE AU LIVRE DE L'ÉLÈVE.

Le succès d'un bon livre peut être lent, mais il —; celui d'un mauvais peut être prompt, mais il —.

Le succès d'un bon livre peut être lent, mais il *reste*; celui d'un mauvais peut être prompt, mais il *passe*.

Toutes les passions sont bonnes quand on est leur —; toutes sont mauvaises quand on est leur —.

Toutes les passions sont bonnes quand on est leur *maître*; toutes sont mauvaises quand on est leur *esclave*.

L'ascendant de la force — sur la force — peut être comparé à celui de l'homme sur la brute.

L'ascendant de la force *morale* sur la force *physique* peut être comparé à celui de l'homme sur la brute.

On ne nuit pas seulement à soi-même en ne faisant rien; on nuit encore aux autres : les gens — sont le fléau des gens —.

On ne nuit pas seulement à soi-même en ne faisant rien; on nuit encore aux autres : les gens *oisifs* sont le fléau des gens *occupés*.

Les chances de vie et de longévité sont deux fois plus considérables pour le — que pour le —.

Les chances de vie et de longévité sont deux fois plus considérables pour le *riche* que pour le *pauvre*.

Il est aussi difficile à une jeune femme de savoir qu'elle est — que d'ignorer qu'elle est —.

Il est aussi difficile à une jeune femme de savoir qu'elle est *laide* que d'ignorer qu'elle est *jolie*.

Ne jugez jamais les hommes par ce qu'ils —, mais par ce qu'ils —.

Ne jugez jamais les hommes par ce qu'ils *disent*, mais par ce qu'ils *font*.

Avoir vécu il y a deux ou trois siècles est une bonne recommandation auprès de la critique : le grand défaut des auteurs —, c'est de ne pas être —.

Avoir vécu il y a deux ou trois siècles est une bonne recommandation auprès de la critique : le grand défaut des auteurs *vivants*, c'est de ne pas être *morts*.

S'il est vrai qu'un grand prince est un homme rare, que sera-ce d'un grand législateur? Celui-ci est le — qui invente la machine, celui-là n'est que le — qui la monte.

S'il est vrai qu'un grand prince est un homme rare, que sera-ce d'un grand législateur? Celui-ci est le *mécanicien* qui invente la machine, celui-là n'est que l'*ouvrier* qui la monte.

L'espérance voudrait — la marche du temps; la peur voudrait la —.

L'espérance voudrait *accélérer* la marche du temps; la peur voudrait la *retarder*.

Quand on doute si une chose est juste, il ne faut pas —, il vaut mieux —.

Quand on doute si une chose est juste, il ne faut pas *agir*, il vaut mieux *s'abstenir*.

Les vrais amis, disait Démétrius de Phalère, attendent qu'on les appelle dans la — ; dans la —, ils se présentent d'eux-mêmes.

Les vrais amis, disait Démétrius de Phalère, attendent qu'on les appelle dans la *prospérité*; dans l'*adversité*, ils se présentent d'eux-mêmes.

Henri III n'obtint pas des démonstrations dévotes auxquelles il s'était livré à Avignon tout l'effet qu'il en avait espéré. Ses amis les plus dévoués eussent mieux aimé lui voir revêtir le — que le —.

Henri III n'obtint pas des démonstrations dévotes auxquelles il s'était livré à Avignon tout l'effet qu'il en avait espéré. Ses amis les plus dévoués eussent mieux aimé lui voir revêtir la *cuirasse* que le *cilice*.

TRENTE-TROISIÈME EXERCICE.

CORRIGÉ DU DEVOIR QUI FIGURE AU LIVRE DE L'ÉLÈVE.

Deux maux de genre différent sont la source de l'usure : la cupidité de celui qui — et le besoin de celui qui —.

Deux maux de genre différent sont la source de l'usure : la cupidité de celui qui *prête* et le besoin de celui qui *emprunte.*

Si tu veux moissonner le fruit des bénédictions sème la graine des bonnes œuvres : celui qui plante des — ne peut recueillir des —.

Si tu veux moissonner le fruit des bénédictions sème la graine des bonnes œuvres ; celui qui plante des *chardons* ne peut recueillir des *roses.*

Tous les hommes ont été indistinctement condamnés au travail : les — sous peine de la vie, et les — sous peine de l'ennui.

Tous les hommes ont été indistinctement condamnés au travail : les *pauvres* sous peine de la vie, et les *riches* sous peine de l'ennui.

Les faux amis sont des oiseaux de passage qui — à la belle saison et — à la mauvaise.

Les faux amis sont des oiseaux de passage qui *viennent* à la belle saison et *s'en vont* à la mauvaise.

Le caractère le plus essentiel de la loi de Jésus-Christ est de réunir sous les mêmes règles le Juif et —, le Grec et —, les grands et —, le prince et — : en lui il n'y a plus d'acception de personnes.

Le caractère le plus essentiel de la loi de Jésus-Christ est de réunir sous les mêmes règles le Juif et *le gentil*, le Grec et *le barbare*, les grands et *le peuple*, le prince et *les sujets* : en lui il n'y a plus d'acception de personnes.

Le monde est mêlé de bons et de —, de sages et de —, de faibles et de —, de sots et de —.

Le monde est mêlé de bons et de *méchants*, de sages et de *fous*, de faibles et de *forts*, de sots et d'*hommes d'esprit.*

Chaque vertu est un milieu entre deux vices : la piété, entre la superstition et la —; le courage, entre la peur et la —; la liberté, entre la servitude et la —; la justice, entre la rigueur et la —.

Chaque vertu est un milieu entre deux vices : la piété, entre la superstition et l'*incrédulité;* le courage, entre la peur et la *témérité;* la liberté, entre la servitude et la *licence;* la justice, entre la rigueur et la *faiblesse.*

Il y a dans la foule plus de — que de sages, plus de — que de vertus, plus de — que de science; c'est une chose avérée.

Il y a dans la foule plus de *fous* que de sages, plus de *vices* que de vertus, plus d'*ignorance* que de science; c'est une chose avérée.

On voyait la vieillesse à côté de —, l'opulence auprès de —; le casque était confondu avec —, la crosse avec —, le seigneur avec —, le maître avec —.

On voyait la vieillesse à côté de *l'enfance*, l'opulence auprès de *la misère;* le casque était confondu avec *la mitre*, la crosse avec *l'épée*, le seigneur avec *le serf*, le maître avec *le serviteur.*

La conscience est un juge qui éclaire notre âme pour la mettre à portée de distinguer le bien de —, la vertu de — et la vérité de —.

La conscience est un juge qui éclaire notre âme pour la mettre à portée de distinguer le bien du *mal*, la vertu du *vice* et la vérité de *l'erreur.*

Jésus-Christ vient renouveler toute la nature, — ce qui était souillé, — ce qui était faible, — ce qui était perdu, — ce qui était divisé.

Jésus-Christ vient renouveler toute la nature, *sanctifier* ce qui était souillé, *fortifier* ce qui était faible, *sauver* ce qui était perdu, *réunir* ce qui était divisé.

TRENTE-QUATRIÈME EXERCICE.

CORRIGÉ DU DEVOIR QUI FIGURE AU LIVRE DE L'ÉLÈVE.

Ville assiégée par Vauban, disait-on, ville —; il convient d'ajouter : ville fortifiée par Vauban, ville —.

Ville assiégée par Vauban, disait-on, ville *prise;* il convient d'ajouter : ville fortifiée par Vauban, ville *imprenable.*

Charles VII donna à Agnès Sorel le château de Beauté-sur-Marne, afin qu'elle fût dame de Beauté de — comme de —.

Charles VII donna à Agnès Sorel le château de Beauté-sur-Marne, afin qu'elle fût dame de Beauté de *nom* comme de *fait.*

Faites que ce qui est vice chez les autres soit chez vous une vertu : que la colère vous rende —, l'avarice —, et la débauche —.

Faites que ce qui est vice chez les autres soit chez vous une vertu : que la colère vous rende *modéré*, l'avarice *généreux*, et la débauche *tempérant.*

La — ne veut être apaisée que par la — : petite pluie abat grand vent.

La *colère* ne veut être apaisée que par la *douceur* : petite pluie abat grand vent.

Ce ne sont pas les grands qui résistent le mieux aux coups de la fortune; l'orage renverse plutôt le — que le —.

Ce ne sont pas les grands qui résistent le mieux aux coups de la fortune; l'orage renverse plutôt le *chêne* que le *roseau.*

Il y a plusieurs manières d'aimer vraiment ses enfants : l'amour — est plus juste et plus éclairé que celui —.

Il y a plusieurs manières d'aimer vraiment ses enfants : l'amour *du père* est plus juste et plus éclairé que celui *de la mère.*

La sottise en peinture consiste à prendre la partie pour le — et l'accessoire pour le —.

La sottise en peinture consiste à prendre la partie pour le *tout* et l'accessoire pour le *principal.*

Le prince de Condé prétendait que Luynes était un bon connétable en temps de —, et un bon garde des sceaux en temps de —. Ce quolibet courut toute la France.

Le prince de Condé prétendait que Luynes était un bon connétable en temps de *paix*, et un bon garde des sceaux en temps de *guerre*. Ce quolibet courut toute la France.

Le pape Grégoire XIII, en expédiant la dispense nécessaire au mariage de Henri de Navarre avec la princesse Marguerite, y joignit de telles conditions, que c'était plutôt un — qu'un —.

Le pape Grégoire XIII, en expédiant la dispense nécessaire au mariage de Henri de Navarre avec la princesse Marguerite, y joignit de telles conditions, que c'était plutôt un *refus* qu'un *consentement*.

Nous souffrons volontiers qu'un homme fasse devant nous l'éloge de son —; nous ne lui pardonnerions pas de nous faire celui de son —.

Nous souffrons volontiers qu'un homme fasse devant nous l'éloge de son *cœur*; nous ne lui pardonnerions pas de nous faire celui de son *esprit*.

Le sage est — dans les grandeurs et — dans l'adversité.

Le sage est *modeste* dans les grandeurs et *fier* dans l'adversité.

La familiarité est presque toujours une maladresse; avec nos —, ils nous en savent mauvais gré; avec nos —, ils ont moins de considération pour nous.

La familiarité est presque toujours une maladresse; avec nos *supérieurs*, ils nous en savent mauvais gré; avec nos *inférieurs*, ils ont moins de considération pour nous.

Le rythme, la mesure aident considérablement la mémoire : les morceaux en — se retiennent mieux que les morceaux en —.

Le rythme, la mesure aident considérablement la mémoire : les morceaux en *vers* se retiennent mieux que les morceaux en *prose*.

TRENTE-CINQUIÈME EXERCICE.

CORRIGÉ DU DEVOIR QUI FIGURE AU LIVRE DE L'ÉLÈVE.

Le — meurt avec plus de regret que le —.

Le *riche* meurt avec plus de regret que le *pauvre*.

Quoique Fontenelle ait dit que la vérité est un coin qu'il faut faire entrer par le gros bout, quoiqu'il y ait longtemps qu'on répète que l'homme est de — pour le mensonge et de — pour la vérité, le culte de cette déesse n'en est pas moins révéré.

Quoique Fontenelle ait dit que la vérité est un coin qu'il faut faire entrer par le gros bout, quoiqu'il y ait longtemps qu'on répète que l'homme est de *feu* pour le mensonge et de *glace* pour la vérité, le culte de cette déesse n'en est pas moins révéré.

Nous jugeons sévèrement l'humanité tout entière, parce que les — de l'homme sont plus en relief que ses —.

Nous jugeons sévèrement l'humanité tout entière, parce que les *défauts* de l'homme sont plus en relief que ses *qualités*.

L'argent est rond pour rouler : maxime des — ; l'argent est plat pour s'entasser : maxime des —.

L'argent est rond pour rouler : maxime des *prodigues*; l'argent est plat pour s'entasser : maxime des *avares*.

Un vicaire bègue vint demander à son évêque la permission de prêcher; le bon prélat lui répondit : « Je vous —, mais la nature vous —. »

Un vicaire bègue vint demander à son évêque la permission de prêcher; le bon prélat lui répondit : « Je vous *l'accorde*, mais la nature vous *la refuse*. »

Ne croyons jamais que la moitié du bien qu'on nous dit — et du mal qu'on nous dit —.

Ne croyons jamais que la moitié du bien qu'on nous dit *de nous-mêmes* et du mal qu'on nous dit *des autres*.

Quand on admit, au moyen âge, que les grands criminels trouveraient un asile dans les temples, on tomba dans une contradiction grossière : s'ils avaient offensé —, ils avaient, à plus forte raison, offensé —.

Quand on admit, au moyen âge, que les grands criminels trouveraient un asile dans les temples, on tomba dans une contradiction grossière : s'ils avaient offensé *les hommes*, ils avaient, à plus forte raison, offensé *Dieu*.

Pour la vie — comme pour la vie —, une nourriture est nécessaire.

Pour la vie *spirituelle* comme pour la vie *corporelle*, une nourriture est nécessaire.

Il faut qu'une porte soit — ou —.

Il faut qu'une porte soit *ouverte* ou *fermée*.

Un grand homme, ou du moins celui qui paraît tel en —, ne l'est pas toujours en —.

Un grand homme, ou du moins celui qui paraît tel en *public*, ne l'est pas toujours en *particulier*.

On peut vaincre avec —, on peut être vaincu avec —.

On peut vaincre avec *honte*, on peut être vaincu avec *gloire*.

Certains travaux reposent, en quelque sorte, l'homme, et très souvent l'inactivité a un résultat contraire : on peut donc dire qu'une journée de — fatigue plus qu'une semaine de —.

Certains travaux reposent, en quelque sorte, l'homme, et très souvent l'inactivité a un résultat contraire : on peut donc dire qu'une journée d'*oisiveté* fatigue plus qu'une semaine d'*occupation*.

Si l'habit du pauvre a des —, l'habit du riche a parfois des —.

Si l'habit du pauvre a des *trous*, l'habit du riche a parfois des *taches*.

TRENTE-SIXIÈME EXERCICE.

CORRIGÉ DU DEVOIR QUI FIGURE AU LIVRE DE L'ÉLÈVE.

Un membre du dernier gouvernement disait à Louis-Philippe que le métier de ministre était celui d'un galérien. « Vous êtes condamné à —, répondit le monarque, et moi à —. »

Un membre du dernier gouvernement disait à Louis-Philippe que le métier de ministre était celui d'un galérien. « Vous êtes condamné à *temps*, répondit le monarque, et moi à *perpétuité*. »

Toutes les grandes idées qui ont contribué au progrès des arts, de l'industrie, etc., et donné aux hommes de puissants engins pour leur bien-être, ont été d'abord jugées — avant d'être réputées —.

Toutes les grandes idées qui ont contribué au progrès des arts, de l'industrie, etc., et donné aux hommes de puissants engins pour leur bien-être, ont été d'abord jugées *folles* avant d'être réputées *sages*.

Un grain de — nourrit l'homme, un grain de — le tue : d'où il faut conclure que le — est plus utile que le —, que la — est préférable à la —, enfin que l'inventeur de la — a rendu un plus grand service à l'humanité que celui qui a inventé la —.

Un grain de *blé* nourrit l'homme, un grain de *plomb* le tue : d'où il faut conclure que le *laboureur* est plus utile que le *guerrier*, que la *paix* est préférable à la *guerre*, enfin que l'inventeur de la *charrue* a rendu un plus grand service à l'humanité que celui qui a inventé la *poudre*.

La — traduite en — n'est plus qu'un canevas dont on a ôté la broderie.

La *poésie* traduite en *prose* n'est plus qu'un canevas dont on a ôté la broderie.

Beaucoup — à être méchants, beaucoup — à être bons : ainsi va le monde !

Beaucoup *gagnent* à être méchants, beaucoup *perdent* à être bons : ainsi va le monde !

Le vers suivant de Voltaire, dans la *Henriade*, est passé en proverbe :

Tel — au second rang qui — au premier.

Tel *brille* au second rang qui *s'éclipse* au premier.

Montaigne, qui vivait dans un temps de révolution, reprochait à ses contemporains de s'effrayer d'un avenir qu'ils ne pouvaient connaître. « Pourquoi, disait-il, prendre à — des fourrures qui ne sont utiles qu'à — ? »

Montaigne, qui vivait dans un temps de révolution, reprochait à ses contemporains de s'effrayer d'un avenir qu'ils ne pouvaient connaître. « Pourquoi, disait-il, prendre à *la Saint-Jean* des fourrures qui ne sont utiles qu'à *Noël* ? »

Par de bonnes manières, on sucre si bien un —, qu'on le rend plus doux à entendre qu'un — prononcé durement.

Par de bonnes manières, on sucre si bien un *non*, qu'on le rend plus doux à entendre qu'un *oui* prononcé durement.

FIN DES EXERCICES.

TROISIÈME PARTIE

NARRATIONS FRANÇAISES

I.

Le Trésor inconnu.

DÉVELOPPEMENT.

Une pauvre revendeuse de légumes, restée veuve avec trois enfants en bas âge, avait bien de la peine, dans les temps difficiles, à gagner le pain de sa famille, et il lui était absolument impossible de payer le loyer d'un mauvais trou humide qu'elle habitait, et que son propriétaire décorait du titre de *chambre* basse. Cet homme, dur et impitoyable, exerça des poursuites contre la malheureuse veuve, et fit saisir son lit avec ses misérables meubles, pour qu'ils fussent vendus à l'encan.

La pauvre femme assistait avec ses trois enfants à cette exécution judiciaire. Déjà les moins mauvais de leurs effets avaient été vendus, et le produit ne montait pas encore à la moitié de la faible somme qu'elle devait. Alors vint le tour d'un vieux tableau représentant saint Jérôme, qu'elle avait suspendu au-dessus de son chevet, et devant lequel elle avait coutume de faire sa prière. C'était un petit cadre tout enfumé, le seul objet à peu près qui lui restât de la succession de sa vieille mère.

Les enfants, qui avaient aussi coutume de prier devant cette image, levèrent par habitude leurs petites mains, dès qu'ils la virent exposée, et la malheureuse mère fondit en larmes.

Un peintre présent à la vente examina très attentivement le tableau et en offrit un écu. Cette offre fut aussitôt doublée par un autre amateur d'objets d'art. Le peintre, pour effrayer son compétiteur, éleva tout d'un coup son enchère jusqu'à un louis; mais l'amateur, sans hésiter, s'écrie : « Vingt-cinq louis. — Cinquante, réplique le peintre. — Cent, » repart l'amateur.

Que l'on s'imagine la surprise et la joie de la pauvre femme, qui, non seulement voyait toutes ses dettes payées par le *Saint Jérôme*, mais qui allait en outre toucher un excédant assez considérable, puisque les termes à payer ne s'élevaient qu'à une trentaine d'écus. Elle ne pouvait en croire ses oreilles, quand elle entendit les deux concurrents surenchérir encore. Ce n'est qu'après avoir vu l'enchère portée encore plus haut que le peintre céda. « Vous êtes heureux, dit-il à l'amateur quand le tableau lui eut été adjugé, vous êtes heureux d'être plus riche que moi, car autrement vous ne l'auriez pas eu pour mille louis. »

C'était un original de Raphaël. La pauvre femme versa des larmes de joie et remercia Dieu, qui n'abandonne jamais l'honnête pauvreté.

II.

La Providence.

DÉVELOPPEMENT.

Le P. Beauregard venait de prêcher, dans l'une des églises de la capitale, son beau sermon sur la Providence. Comme toutes ses autres prédications, celle-là avait attiré une affluence considérable d'auditeurs. Rentré chez lui, il se déshabillait pour prendre quelque repos, lorsqu'on lui annonça qu'un individu demandait à le voir. Il se hâte de changer de vêtements et fait entrer l'inconnu, qu'au premier aspect ses manières et l'ensemble de son extérieur lui font juger être un artisan.

— Que voulez-vous de moi, monsieur? lui dit le vénérable prédicateur.

— Vous entretenir un moment, répond l'inconnu d'un ton de voix fortement accentué, mais avec une physionomie où se lisait l'égarement, circonstance qui fixa l'attention du prêtre.

— Très volontiers; asseyez-vous, je suis prêt à vous entendre. Parlez.

— Monsieur, je viens d'entendre votre sermon.

— Eh bien, monsieur, je m'en félicite; je vous en félicite vous-même : car j'ai dit des choses que je crois devoir n'être pas perdues pour tout le monde.

— Oh! monsieur, vous avez certainement très bien parlé; impossible de mieux dire. Mais vous avez vanté les bienfaits d'une Providence qui m'est tout à fait inconnue; je ne crois pas à cela; car, pour moi, il n'y en a pas de Providence.

— Comment, monsieur? quelles paroles venez-vous de prononcer!

— Non, monsieur, il n'y a pas de Providence pour moi; tenez, jugez plutôt. Je suis menuisier de mon état. J'ai une femme et trois enfants. Nous sommes d'honnêtes gens, qui travaillons et qui n'avons jamais fait tort à personne. Parlez de moi dans mon quartier, et tout le monde vous attestera que N... est un brave homme qui gagne sa vie et celle des siens à la sueur de son front, qui ne boit pas, qui ne joue pas, qui est de bonne intelligence avec sa femme, et qui ne fait point de dettes sans les acquitter fidèlement.

— Je crois tout cela sans peine, mon ami, interrompt le respectable ecclésiastique, vivement touché de l'effusion de ce langage : mais où voulez-vous en venir, et qu'ont de commun ces détails avec votre incrédulité à l'égard de la Providence?

— Où j'en veux venir, monsieur, et qu'est-ce que tout cela a de commun? Le voici; vous voyez un homme près de s'aller jeter dans la rivière.

— O ciel! s'écrie le P. Beauregard, justement alarmé d'une telle résolution, que Dieu vous préserve d'un semblable égarement! Il n'y va pas seulement de votre vie, il y va du salut de votre âme. Et qui peut donc vous porter à un projet aussi condamnable?

— Monsieur, j'éprouve une perte ruineuse pour moi, par la faillite d'un débiteur. J'ai des engagements qui échoient le 30 du mois. Je ne pourrai point payer. Ce serait la première fois que je n'aurais pas fait honneur à ma signature. Je ne puis supporter l'idée de ce malheur, et c'est après avoir frappé à plusieurs portes sans avoir rien obtenu, mes parents et mes amis n'étant pas plus riches que moi, que je vais me noyer.

— Mais, mon ami, votre femme que vous aimez, vos enfants qui ont besoin de vous, que deviendront-ils si vous les abandonnez sans retour?

A cette question, le pauvre artisan sentit couler ses larmes, et il reprit :

— Que voulez-vous, monsieur? je ne puis pas vivre déshonoré. Je leur ferais honte, et, quand je ne serai plus, peut-être aura-t-on pitié d'eux.

— Dites-moi, je vous prie, comment, préoccupé d'une pensée aussi affreuse, vous êtes venu à mon sermon.

— Oh! monsieur, je n'y suis point allé exprès; c'est le hasard, et voici comment : je passais dans le voisinage de l'église; j'ai vu beaucoup de monde se presser à la porte, et, par curiosité, machinalement peut-être, je suis entré comme les autres. J'ai demandé ce qu'il y avait. On m'a répondu qu'un grand prédicateur allait prêcher. Je suis resté. Je vous ai écouté attentivement et jusqu'au bout. Tout ce que vous avez dit était bien beau; mais, monsieur, en faisant un retour sur moi-même, sur ma situation, sur ma conduite irréprochable, je n'ai pu me résoudre à admettre la Providence.

— Quoi! mon ami, avec un dessein aussi désespéré, vous êtes

entré dans l'église, vous m'y avez entendu, vous êtes venu près de moi, vous voilà me confiant vos peines, et vous ne reconnaîtriez pas que tout cela montre l'action de la Providence?

Frappé de la remarque, et après un moment de silence, l'artisan répondit :

— C'est vrai, monsieur, voilà quelque chose d'extraordinaire; mais enfin cela ne payera pas mes billets le 30 de ce mois.

Tout, dans cet entretien, avait ému le cœur du P. Beauregard; tout lui révélait un homme sans lumières, qui méritait un vif intérêt et surtout un prompt secours. Il jugea inutile d'aller aux renseignements, après avoir entendu ce malheureux dont le langage et les manières attestaient la véracité. Son parti fut bientôt pris.

— Écoutez, mon ami, lui dit-il, je crois que vous êtes un honnête homme, un homme qui est malheureux sans s'être attiré son malheur, et qui n'a pas fait le calcul de me tromper. Je veux vous aider à sortir de peine. Combien vous faut-il pour que vos billets soient acquittés? Je ne suis pas riche; mais enfin je puis contribuer à faire votre somme.

— Ah! monsieur, quelle bonté! avec moins de mille écus je serais sauvé.

Le P. Beauregard se lève, va ouvrir son secrétaire, en tire une somme de cent louis, retourne à l'artisan et lui dit :

— Mon ami, voilà cent louis. Je n'aurais pas été assez riche pour vous les donner de mon argent; mais il y a quelques jours, après avoir assisté à mon sermon sur l'aumône, madame la princesse N... (qu'il lui nomma) me les a envoyés, en m'autorisant à en faire, pour le soulagement de l'infortune, l'emploi que je jugerais le plus convenable. Cette grosse somme, répartie entre plusieurs familles, eût adouci bien des maux; mais votre présence chez moi est à mes yeux, dans la cruelle situation que vous m'avez exposée, un trait de lumière sur les vues de la Providence à votre égard. Prenez donc ces cent louis, allez acquitter vos engagements le 30 de ce mois et croyez à la Providence.

Le pauvre artisan, à ces mots, tombe aux genoux du P. Beauregard, les mouille de ses larmes, sans pouvoir proférer une parole, tant la surprise et la reconnaissance troublaient son cœur, et, levant les yeux au ciel, qu'il bénit du fond de son âme, il reçoit la somme des mains du bon prêtre, les serre affectueusement et disparaît.

III.

A demain!

ÉPISODE DE LA VIE DE MILLEVOYE.

DÉVELOPPEMENT.

Millevoye, l'auteur et le sujet de cette navrante élégie qui a pour titre le *Jeune Mourant*, aimait à promener ses tristes pensées sous les grands arbres du parc de Vincennes. La solitude a des charmes indéfinissables pour les âmes rêveuses et mélancoliques; pareilles à ces fleurs délicates qui, arrachées aux flancs âpres des montagnes, s'étiolent dans nos parterres et s'y flétrissent rapidement, elles se croient exilées au sein de ce monde indifférent à leurs souffrances et à leurs aspirations. Par une belle matinée de printemps, quand le soleil, s'élançant des blancheurs de l'horizon, illuminait de ses reflets étincelants la cime des vieux chênes, le chantre de l'*Amour maternel* parcourait avec une lenteur préoccupée les allées désertes du *bois cher à ses premiers ans.* Dans l'un des nombreux sentiers dont il est sillonné, il aperçut, assise à l'ombre d'un bosquet, une dame jeune encore et entièrement vêtue de deuil. En examinant ses traits pâles et amaigris, ses yeux enfermés dans un cercle d'une lividité bleuâtre, et l'abattement profond de tout son maintien, un instinct secret l'avertit que cette existence se brisait sous le coup d'une grande douleur. Au bruit de ses pas, la jeune dame leva la tête, et, troublée sans doute par la subite apparition d'un inconnu, s'éloigna rapidement dans une direction opposée. Millevoye s'approche alors de l'endroit qu'elle vient de quitter et y trouve un livre, oublié par elle, qu'il reconnaît pour un volume de ses poésies. Il était ouvert à une page qui semblait avoir été plus fatiguée et lue plus souvent que les autres : c'était celle où notre poète, dans son charmant poème intitulé l'*Amour maternel*, décrit les touchantes coutumes de certains peuples envers les mânes de leurs enfants :

Que des Canadiens j'aime l'antique usage!
Sur les bords du torrent, près du rocher sauvage,
Leur âme se nourrit du charme des douleurs;
Ils cultivent la tombe et l'arrosent de pleurs.
Un tendre souvenir, dans la saison nouvelle,
Vers cet enclos sacré doucement les rappelle.
Morne et silencieux, sur la terre étendu,
Le père croit revoir le fils qu'il a perdu.
Triste, les yeux fixés sur l'aride bruyère,
La mère adresse au ciel sa muette prière,
Et, soupirant le nom de cet enfant chéri,
Répand sur son tombeau le lait qui l'eût nourri.

L'auteur est ému ; un sentiment de curiosité, mêlé d'un légitime orgueil, le porte à suivre de loin l'inconnue ; il hâte le pas et la voit gagner le château qui couronne la colline au pied de laquelle s'étend le village de Fontenay. Il interroge des habitants, et il apprend que cette jeune dame, la baronne de B..., veuve d'un officier général tombé sur le champ de bataille, avait perdu depuis quelques mois son fils unique, âgé de six ans, et que ce triste événement paraissait avoir altéré sa raison. On la surprenait quelquefois seule, immobile au fond de son jardin, les yeux secs fixés droit devant elle, tandis qu'un sourire étrange errait sur ses lèvres décolorées. On disait qu'elle n'avait pas goûté les douceurs du sommeil depuis la mort de son Alfred, et que tous les matins, à sept heures, instant fatal où elle avait cessé d'être mère, elle se rendait au cimetière, s'agenouillait sur une tombe où elle avait fait graver cette simple épitaphe : A DEMAIN ! et restait là des heures entières, croyant sans doute entendre la voix de ce fils adoré. Millevoye est attendri, ému ; et qui ne le serait au récit de cette douleur sacrée qui brise les entrailles maternelles !

Le lendemain, en se rendant à son pieux pèlerinage, l'infortunée aperçoit un papier plié parmi les fleurs dont, la veille, elle avait couvert le tombeau. Elle le prend, et le lit avec un trouble et une émotion inexprimables :

Sous ce gazon, sous cette pierre,
Où chaque jour tu viens t'asseoir,
J'entends tes soupirs, ta prière ;
Mais, hélas ! je ne puis te voir...
Ah ! si, bravant la douleur où te plonge
La mort qui m'arracha de tes bras caressants,
Tu goûtais du sommeil les charmes bienfaisants...
Au même instant je t'apparais en songe.

La baronne relit ce billet, cherchant à reconnaître quelle est la main qui l'a tracé. Les deux derniers vers surtout frappent son imagination ; cette promesse :

Au même instant je t'apparais en songe,

elle l'accueille avec une joie qui fait rayonner sa figure. Déjà elle appelle le sommeil, dans l'espoir de voir se réaliser son espérance, et à peine la nuit est-elle venue avec ses ombres douces et mystérieuses, que la pauvre mère s'endort profondément. Son Alfred — car les rêves ne sont habituellement que le contre-coup de quelque impression violente ressentie dans la journée, que la suite d'une grande préoccupation ; souvent, c'est la réalisation d'autres rêves que l'on a faits tout éveillé — son Alfred lui apparaît alors au milieu d'un essaim d'anges riants et gracieux. Elle le presse dans ses bras, elle le couvre de baisers ; par moments, il s'échappe pour revenir encore voltiger autour de son front, qu'il effleure de ses ailes brillantes et légères. Oh! quelle nuit d'extase ravissante la pauvre mère passa sous le charme de cette apparition! La bienfaisante influence d'un sommeil réparateur la retint au lit longtemps après l'heure à laquelle elle se rendait au cimetière. En s'éveillant, elle s'habilla à la hâte et courut à la tombe de son fils, mais elle ne put y rester que quelques instants : c'était un dimanche, et déjà la foule pieuse se pressait de toutes parts autour d'elle, au son de la cloche qui appelait les fidèles au temple.

Le lendemain matin, après une nuit pénible et agitée, elle se trouva à cinq heures au funèbre rendez-vous; quel fut son étonnement en voyant sur la tombe un second billet renfermant ces vers :

Lorsque tu traças de ta main
Ces mots si touchants : *A demain!*
Tu me promis, ma tendre mère,
De venir ici chaque jour,
De déposer sur cette pierre
Un souvenir de ton amour.
Mais tu ne promis point de devancer l'aurore
Et de te priver du repos
Qui seul peut adoucir tes maux
Et le chagrin qui te dévore.
Conserve tes jours pour ton fils.
Ranime ton courage et reprends tes esprits.
Si bientôt ta force succombe
Au poids affreux de tes douleurs,
Qui donc, après toi, sur ma tombe,
Dis-moi, viendra jeter des fleurs?

Éperdue, hors d'elle-même, la pauvre mère se demande encore quel peut être l'auteur anonyme de ces touchantes surprises. Mais l'idée exprimée dans les derniers vers l'impressionne surtout :

Qui donc, après toi, sur ma tombe,
Dis-moi, viendra jeter des fleurs?

Elle comprend qu'elle doit se conserver pour chérir la mémoire de son fils; elle obéira au conseil que lui-même semble lui donner, et ce réveil de la nature lui inspire le courage et fait succéder la résignation à la sombre mélancolie qui la dévore.

A partir de ce jour, au lieu de prendre sur son sommeil les instants consacrés à visiter la tombe de son cher fils, elle s'y rendit le soir, au coucher du soleil, et bientôt des symptômes visibles annoncèrent que sa santé se rétablissait. Néanmoins ses paupières étaient toujours arides et brûlantes, les larmes n'avaient point encore allégé ce poids de douleur sous lequel elle semblait étouffer; ses traits avaient conservé leur pâleur. Un soir, en s'agenouillant sur la pierre du tombeau, couverte de fleurs desséchées, elle y aperçut un troisième billet, contenant ces quatre vers :

Ces fleurs, qui parent mon tombeau,
Ont perdu comme toi leur fraîcheur et leurs charmes;
Veux-tu les voir reprendre un éclat tout nouveau?
Ah! daigne quelquefois les mouiller de tes larmes.

A ce dernier trait, l'infortunée cède au sentiment impétueux qui l'envahit tout à coup. « Ombre adorée, s'écrie-t-elle en se prosternant sur la tombe, toi seule pouvais opérer ce prodige! » Et le torrent si longtemps contenu jaillit enfin de ses yeux.

Elle pleura ainsi pendant longtemps. Lorsqu'elle se releva, la fièvre était vaincue; la plus terrible des souffrances, celle de ne pouvoir pleurer dans l'extrême douleur, venait d'être emportée par ce flot de larmes dont elle inonda la pierre tumulaire.

Ses traits reprirent insensiblement leur éclat, sa démarche devint plus assurée; elle sourit, tristement encore, mais avec grâce, à ceux qui la saluaient en passant; elle commença à reprendre part aux conversations du château, et bientôt même elle s'habitua à voir les jeux des enfants, à caresser ceux dont les traits lui rappelaient son cher Alfred; enfin le temps, ce médecin suprême des grandes douleurs, acheva de cicatriser une blessure qu'elle avait cru devoir saigner à jamais.

L'été suivant, Millevoye, assis sous les rameaux antiques du chêne de saint Louis, relisait à demi-voix une tragédie destinée au Théâtre-Français et en corrigeait au crayon certains passages, lorsqu'il entend les pas de plusieurs personnes qui venaient contempler l'arbre vénéré. Aussitôt il se lève, roule son manuscrit et se dispose à s'éloigner. Un jeune officier, à la tournure martiale, s'avance alors vivement de son côté.

— Millevoye! s'écrie-t-il après l'avoir fixé de nouveau.

Le poète l'envisage à son tour, et tous deux, anciens amis de collége, se précipitent dans les bras l'un de l'autre.

— Mon cher Millevoye, lui dit l'officier, je veux te présenter à ma mère et à son excellente amie, madame la baronne de B..., la digne épouse du général sous lequel j'ai fait mes premières armes.

A ce nom, Millevoye rougit visiblement, pendant que la baronne, relevant le voile épais qui couvrait sa figure, lui montre tout à coup les traits de celle qu'il a sauvée du désespoir. Voyant son trouble et son embarras, la baronne fixe sur lui des regards attendris.

— Monsieur, dit-elle alors, habite sans doute les environs?

— Oui, madame.

— Fontenay, peut-être?

— En effet, madame, répond-il en hésitant; c'est le lieu de ma retraite.

— C'est lui! s'écrie-t-elle en se tournant vers son amie et son fils; il n'y a que l'auteur de l'*Amour maternel* qui puisse porter d'aussi douces consolations dans une âme brisée par la douleur.

Cependant Millevoye simule l'étonnement; il cherche encore, par modestie, à se couvrir de l'ombre du mystère, et feint de ne pouvoir comprendre ce qu'on veut lui dire. Mais la baronne lui présente aussitôt les trois billets, et lui demande si ce n'est pas sa main qui les a tracés!

— Mais qui vous dit, madame, que ce soit là mon écriture?

— Il est facile de s'en convaincre, répond son ami, et saisissant le manuscrit que Millevoye portait sous son bras, il en compare les caractères avec ceux des billets. — C'est la même main, s'écrie-t-il avec joie; madame la baronne, nous avons enfin trouvé le coupable, votre sauveur.

Millevoye veut encore se défendre; mais, entouré de ces trois personnes, qui lui expriment à l'envi leur reconnaissance et l'accablent d'embrassements, ému, attendri, il avoue enfin qu'il est l'auteur des vers trouvés sur le tombeau d'Alfred. Alors la baronne les entraîne vers le cimetière, et cueillant une des roses les plus fraîches qui s'épanouissent sur le tombeau, elle la remet à Millevoye, et trace ces mots sur la pierre sépulcrale : « Ce fut ici que l'auteur de l'*Amour maternel* sauva les jours et rappela la raison d'une jeune mère au désespoir! Honneur aux lettres! hommage à ceux qui en font un si digne usage! »

IV.

Un Philanthrope.

DÉVELOPPEMENT.

M. Béatin avait une figure à deux physionomies parfaitement distinctes, selon qu'on l'examinait au-dessus ou au-dessous de son appendice nasal : le haut tenait de la colombe, et le bas du renard; pourtant, à force d'art et d'étude, sa bouche, exprimant primitivement l'astuce, s'était assouplie et décomposée au point de mimer des airs angéliques, des sourires de séraphin, d'avoir des contours de sainteté béate. Mais, pour ce magnifique résultat, il fallait qu'il fût toujours en scène, car, sitôt qu'il s'oubliait, cette bouche rebelle reprenait le pli creusé par la ruse, et le renard laissait apercevoir son fin museau. Sa voix avait des intonations douces, flûtées : il semblait qu'alléché lui-même par la suavité de ses paroles, il voulût les sucer au passage comme un morceau de sucre candi La mansuétude coulait à pleins bords dans tous ses discours; ils respiraient un immense amour de l'humanité, un dévouement sans bornes à la misère d'autrui. M. Béatin avait développé vingt systèmes, au moins, pour améliorer le sort des indigents, et quand il abordait ce sujet, c'étaient des phrases à faire pleurer les pierres et sangloter les rochers.

Il n'était point de lieu public qui ne retentît de ses maximes philanthropiques, où il n'eût étalé ses trésors de tendresse et mis à découvert les profondeurs incommensurables de sa pitié pour son prochain.

Telle était la surface mielleuse sous laquelle apparaissait dans le monde ce saint Vincent de Paul de contrebande. Quant à ceux qui l'approchaient de plus près, qui le fréquentaient habituellement, ils savaient à quoi s'en tenir sur ces belles apparences et les appréciaient à leur juste valeur; ses parents et ses familiers le méprisaient autant qu'ils le détestaient : les premiers, il les rendait malheureux; les seconds, il ne cessait d'en faire ses dupes. L'espèce de considération dont jouissait M. Béatin serait inexplicable, si l'on ne savait combien, à notre époque, on juge plus un homme sur ses paroles que sur ses actes.

Poète et bel esprit, ce tartufe de charité était occupé à composer un poème intitulé le *Pauvre*, quand un mendiant, pénétrant jusqu'à lui, vint lui demander humblement une légère aumône. Ce mendiant ignorait sans doute qu'il y a loin de la théorie à la pratique, mais un *Dieu vous bénisse!* le plus sec qu'on eût jamais fait entendre à un bohémien, le lui apprit bientôt. L'indigent, instruit des maximes professées par M. Béatin et indigné de sa réception, lui présenta un certificat attestant qu'il était incapable de travailler, et lui dit hardiment que, d'après ce qu'il avait appris de ses doctrines, il s'attendait à plus de charité dans ses actions. Piqué au vif, M. Béatin se leva brusquement, renversa la table sur laquelle il écrivait, jetant également à terre une feuille de son poème et le certificat du mendiant; puis, prenant celui-ci par le bras, il le poussa si rudement qu'il le fit tomber, et que le malheureux se foula le poignet dans sa chute; enfin, se trompant de papier, il lança à la figure du pauvre, au lieu du certificat, la dernière feuille de son poème; puis il le mit à la porte.

Le mendiant, qui n'était pas sot, vit tout de suite le parti qu'il pourrait tirer de sa chute et de son entorse. Il courut chez un avocat, auquel il fit le récit de sa réception chez M. Béatin, et de l'erreur que celui-ci avait commise en lui remettant, au lieu de son certificat de maladie, un feuillet de son poème le *Pauvre*.

L'avocat, homme d'esprit et juste appréciateur des beaux sentiments de M. Béatin, se chargea volontiers de la cause et assigna le tartufe au tribunal de police correctionnelle. Le jour de l'audience arrivé et la cause appelée, l'avocat plaida avec talent et demanda une indemnité de mille francs, pour une forlure qui avait occasionné trois mois d'incapacité de travail. Aussitôt M. Béatin se lève triomphant, et, tirant de sa poche le certificat du pauvre, soutient qu'il serait absurde de demander quoi que ce soit pour une incapacité déjà constatée par le papier qu'il présentait. Mais que devint notre philanthrope, lorsque l'avocat, dépliant à son tour le feuillet du poème, s'écria : « Messieurs, l'homme que vous voyez ici refusant d'indemniser un malheureux qu'il a estropié, au lieu de lui donner le léger secours qui lui était demandé, cet homme, dis-je, est le même qui a composé les vers suivants (et il lut d'une voix retentissante ce fragment du poème) :

Ah ! ne repoussons point par un injuste orgueil
Les pauvres mendiants qui touchent notre seuil ;
Pour moi, je tends les bras à toutes leurs misères :
Leurs peines sont mes sœurs, et leurs chagrins mes frères !

Cette lecture souleva un rire universel dans l'auditoire et jusque chez les graves magistrats ; tous les regards cherchèrent ironiquement M. Béatin ; mais il s'était déjà éclipsé, ce qui lui évita la confusion de s'entendre condamner à payer à l'indigent la somme fixée par l'avocat.

Depuis ce temps, M. Béatin a juré une haine mortelle à la poésie ; on dit même qu'il a renoncé à l'impression de son malencontreux poème.

V.

Un élève d'Albert Durer.

DÉVELOPPEMENT.

Dans l'atelier d'Albert Durer, au milieu des jeunes artistes qui travaillaient sous l'œil du maître, on remarquait un pauvre diable sur lequel tombaient les railleries sans pitié de ses camarades. Il était laid, bossu, petit et misérablement vêtu ; mais, en l'examinant de près, on eût peut-être trouvé dans son regard l'étincelle du génie et de l'inspiration. Samuel était le nom de cet être disgracié.

Le pauvre et malheureux Samuel passait toute la journée à broyer des couleurs et à exécuter les travaux manuels de l'atelier. Le soir, il rentrait dans son taudis, étroit grenier dont tout l'ameublement consistait en un grabat. Des pinceaux et une palette, quelques toiles commencées, trahissaient sa vocation inconnue. Il était bien pauvre, l'artiste, et c'était une vie de souffrance que la sienne; mais quand il pouvait s'échapper pendant quelques heures et aller se promener dans la campagne, libre sous le soleil, s'asseoir en un lieu favorable, à l'abri de tous les regards, et là copier à son aise quelque site pittoresque; oh! alors, il oubliait ses peines, il oubliait le monde, il était heureux.

Chaque matin, depuis plusieurs mois, sans qu'il en eût parlé à ses camarades, — car c'eût été pour eux un nouveau sujet de raillerie, — Samuel se levait avec le jour et consacrait quelques heures à son travail particulier. Un jour il arriva à l'atelier moins triste que de coutume, un léger sourire passait de temps en temps sur ses lèvres. Ses camarades s'aperçurent bientôt de cette joie inaccoutumée : « As-tu hérité de quelque prince, ce matin, Samuel? lui criait l'un. — Est-ce que tu te maries, Samuel? » disait l'autre. Et tous riaient aux éclats; mais aucun ne devina la véritable cause : Samuel avait terminé son tableau.

A quelque temps de là, Samuel tomba malade et ne parut point à l'atelier. Depuis trois jours il était étendu sur son lit, très souffrant, et personne n'était venu le voir. Les choses les plus indispensables lui manquaient pour se soigner : « Oh! il me faudra donc mourir! » s'écria-t-il avec désespoir. Une idée lui vint; il fit un effort, se leva et prit son tableau, résolu d'aller le vendre à un brocanteur; chemin faisant, comme il passait devant une maison où l'on criait à l'encan des objets d'art, des armes, des livres, des tableaux, il obtint de l'huissier priseur que son paysage fût mis à l'encan. L'huissier l'estima trois thalers. « A trois thalers! » criait-il d'une voix aigre. Et le paysage passait de main en main, et personne ne disait mot.

Samuel était sur des charbons ardents. « Il me faudra donc le donner pour un morceau de pain! » se disait-il. Tout à coup une voix s'élève et dit : « A trente thalers! — A cinquante thalers! » reprend une autre voix. Pendant cinq minutes ce fut un feu roulant : l'un montait à cent, l'autre à deux cents, celui-ci à trois cents, cet autre à mille. A ce mot : mille thalers, les deux voix se turent. Tout le monde était étonné; Samuel croyait faire un rêve.

Les deux voix reprirent : « A deux mille! — A dix mille! — A vingt mille! — A quarante mille! » Mais ce ne peut être qu'une illusion, se disait Samuel, quand il entendit de nouveau : « A cinquante mille thalers! — A cent mille! » dit une voix brusque et hautaine. C'était le comte de Dunkesbach, un des plus riches seigneurs et un des amateurs les plus éclairés de toute l'Allemagne. Il resta seul maître du champ de bataille, et il emportait le tableau avec un air de triomphe, lorsque Samuel, pâle et tremblant, s'approcha de lui. Le comte allait lui jeter une pièce de monnaie, car il le prenait pour un mendiant, lorsque Samuel se fit connaître à lui comme l'auteur du tableau. Après un moment de surprise, le comte lui tendit la main en lui disant : « Vous êtes un grand peintre, jeune homme, et bientôt l'Allemagne s'enorgueillira de vous, comme d'Albert Dürer, votre maître. » Au même instant Albert Dürer passait dans la rue, suivi de ses autres élèves, et il fut témoin de cette scène touchante. Après qu'il eut doucement grondé le pauvre artiste de lui avoir si opiniâtrément caché ce qu'il savait faire, on ramena Samuel en triomphe à l'atelier, et, à partir de ce jour, ceux qui jusque-là ne l'avaient traité qu'avec dédain lui témoignèrent tous les égards que méritait son génie.

VI.

Le Peintre et son maître.

DÉVELOPPEMENT.

Parmi les peintres de l'ancienne Grèce, un jeune homme, l'espoir des beaux-arts, venait de terminer un excellent tableau, le plus parfait que son génie naissant eût encore produit. Son maître lui-même, ne trouvant aucune critique à exercer, avait prodigué ses éloges à l'heureux artiste. Celui-ci, fier d'un tel succès, contemplait son œuvre avec orgueil; il se crut parvenu du même coup à la gloire et à la perfection suprême, et il ne tarda pas à négliger ses études, dans la persuasion qu'il n'avait plus rien à apprendre du travail ni du temps.

Un matin qu'il venait de nouveau satisfaire sa vanité en contemplant son chef-d'œuvre, il en vit les couleurs entièrement effacées par la main de son maître. Pleurant de rage, croyant peut-être à un acte de basse jalousie, il courut chez lui et se plaignit amèrement d'un si cruel procédé.

— Calme-toi, répondit ce sage mentor; je n'ai fait ce que tu me reproches qu'après de mûres réflexions. Ce tableau sans doute était remarquable comme essai de tes forces, comme une preuve de tes progrès; il annonçait un talent dont la Grèce sera fière un jour, mais en même temps il menaçait d'enchaîner à jamais les élans de ton génie.

— Comment cela? demanda le jeune artiste surpris.

— Mon ami, l'orgueil commençait à t'aveugler, et il n'aurait pas tardé à étouffer en toi le germe des plus sublimes inspirations; déjà ce n'était plus la divine puissance de l'art et sa beauté que tu admirais dans ton tableau, c'était toi-même; nouveau Narcisse, tu te serais desséché en contemplant ta propre image. Crois-moi, ce tableau n'était point parfait, bien qu'il nous eût frappés d'admiration au premier coup d'œil; ce n'était qu'une étude, et tu ne dois rien léguer de médiocre à la postérité. Reprends ton pinceau retrempe tes forces dans le sacrifice même dont l'intérêt de ta gloire m'a inspiré la pensée; le sublime, l'idéal doit éclore dans ton âme avant que tu le fasses vivre sur la toile. »

Ces conseils convainquirent le jeune peintre et le remplirent d'une nouvelle ardeur; il recommença son tableau, et bientôt il exposa aux regards de la Grèce son plus magnifique ouvrage, un des chefs-d'œuvre qui ont fait le plus d'honneur au génie de l'homme. Ayant à exprimer la douleur d'un père qui immole sa fille à la volonté des dieux, et désespérant d'atteindre le sublime déchirant de cette douleur paternelle, il représenta son héros se cachant la figure dans un pan de son manteau. C'est une des idées les plus saisissantes et les plus profondes que nous offre la peinture. Ce tableau, c'était le *Sacrifice d'Iphigénie*, et cet artiste, c'était Timanthe, le rival des Parrhasius et des Apelle.

VII.

Kora la Chinoise.

EXEMPLE TOUCHANT D'AMOUR CONJUGAL.

DÉVELOPPEMENT.

A la suite de traités de commerce conclus entre la Chine, d'une part, et l'Angleterre, les États-Unis et la France, d'autre part, vers l'année 1842, la confiance des vieux Chinois dans la dynastie régnante s'affaiblit considérablement. Ouvrir les portes du Céleste-Empire aux Européens, c'est-à-dire aux *barbares*, comme on nous appelle dans le pays de Confucius, cela parut une sorte de sacrilège; il en résulta dans l'intérieur de l'empire des désordres et des révoltes qui aboutirent à la grande révolution connue sous le nom de *révolution des Taï-Pings*. Les insurgés, après avoir battu en différentes rencontres les troupes impériales, s'emparèrent de Nankin en 1854. A partir de ce moment, leurs progrès allèrent rapidement en croissant, et bientôt ils furent maîtres d'une grande partie du territoire ainsi que de positions importantes. Exaspéré, le gouvernement appela à son aide toutes les rigueurs, croyant arrêter par là le flot qui menaçait de l'emporter; les exécutions les plus atroces, les châtiments les plus barbares, les supplices les plus odieux furent prodigués par lui dans tous les lieux où se manifestait une résistance, et atteignirent même ceux sur qui planait un simple soupçon. Le droit de condamner à mort ayant été conféré aux simples fonctionnaires de l'État, tout rebelle ou tout individu dénoncé comme ayant des rapports de parenté ou d'affection avec un rebelle était décapité sur-le-champ. Aussi les villes impériales, celles qui n'étaient pas encore en la possession des Taï-Pings, offraient-elles aux regards du voyageur qui osait s'y hasarder un spectacle horrible : les têtes sanglantes des malheureux suppliciés étaient exposées par centaines sur les parapets des fortifications ou sur les ponts des fleuves ; ces têtes jaunâtres, avec leurs yeux ouverts et blancs, attachées par leurs longues queues, devaient, pensait-on, frapper de terreur l'armée rebelle et tous ceux qui auraient eu l'intention de pactiser avec la révolution.

Dans de telles circonstances, on doit bien penser que la vie des citoyens était sans cesse livrée au hasard. Un mot de pitié, une parole imprudente, et l'on était arrêté, emprisonné, jugé sommairement et décapité par la main du bourreau.

Or un jeune peintre sur ivoire, nommé Chang, garçon très doux et très pacifique, avait un frère parmi les insurgés ; il éprouvait pour ce frère une affection des plus vives ; aussi avait-il conservé des relations avec lui, malgré sa vie nomade et aventureuse. Tout à coup l'insurgé cessa de donner de ses nouvelles ; le corps dont il faisait partie avait subi un rude échec en attaquant une redoute défendue par les soldats impériaux, et le bruit de cet événement était parvenu aux oreilles du jeune peintre sur ivoire. On comprend quelles furent ses inquiétudes, son anxiété. Son frère avait-il été tué dans la lutte ? avait-il été fait prisonnier ou était-il seulement blessé ? Telles étaient les questions qui sans cesse lui venaient à l'esprit et auxquelles il ne pouvait répondre d'une manière certaine. Il faut ajouter à cela qu'il lui était impossible de faire part de son angoisse à personne, si ce n'est toutefois à quelques rares membres de sa famille ; ceux qui avaient conservé pour le rebelle un reste de sympathique intérêt osaient à peine l'avouer tout bas.

Sur ces entrefaites, le père de Chang dit à son fils : « Tu es en âge de prendre femme ; je t'ai fiancé à la fille de Hiao ; dans huit jours, tu te marieras. » Dans tout le Céleste-Empire, l'autorité paternelle est absolue, et les enfants obéissent sans murmurer aux ordres des parents. Chang s'inclina et répondit : « Que votre volonté soit faite ! » Il s'empressa de faire les cadeaux d'usage, qui consistent en bracelets, boucles d'oreilles, étoffes de soie et de damas, fruits de toute espèce. La future, de son côté, envoya à son fiancé des ouvrages de tapisserie, de broderie et de peinture exécutés par elle-même. Alors les deux familles échangèrent une carte rouge en signe de consentement et d'engagement. Deux jours avant la célébration du mariage eut lieu l'opération du *kaï-mien*, qui consiste, comme ces deux mots l'indiquent, à découvrir le visage jusque-là toujours voilé de la future, à couper les tresses virginales que les jeunes filles portent étendues sur la figure, afin de mieux la dissimuler aux regards, et à raser le front, marque distinctive de la femme mariée. Ce jour-là avait été choisi pour les fiançailles, qui furent célébrées par un repas auquel avaient été conviés tous les parents et amis des futurs époux.

La jeune fille que Chang épousait se nommait Kora; elle appartenait comme lui à la classe bourgeoise. Chang voyait pour la première fois à découvert le visage de celle qui allait être sa femme. Sa beauté le frappa. Kora était de petite taille et toute mignonne, mais ses magnifiques cheveux noirs, ses cils et ses sourcils de même couleur rehaussaient singulièrement la finesse de ses traits et le jaune mat de sa peau, colorée vers les joues d'une rougeur virginale. Une grande épingle d'or était plantée dans son chignon, qu'elle traversait de part en part en signe de consentement à l'union projetée.

Pendant le repas, Chang, malgré tout son bonheur, paraissait triste; Kora s'en aperçut. Chang lui dit, en parcourant d'un regard mouillé de larmes la longue rangée des convives :

— Il manque quelqu'un à cette fête.

— Qui donc? lui demanda timidement Kora.

— Mon meilleur ami, mon frère, répondit le jeune homme en baissant la voix. Hélas! peut-être a-t-il succombé comme tant d'autres.

— Chassez cette lugubre pensée, dit Kora avec une tendre sollicitude.

Et, essayant de sourire, elle ajouta :

— Croyez-moi, il vit, il vous écrira... bientôt... aujourd'hui peut-être... Qui sait?

Le surlendemain, le mariage fut célébré; après le discours du bonze, qui termina la cérémonie en entonnant une prière dont le refrain fut répété en chœur par toute l'assistance, les époux, conduits à leur appartement, y reçurent la visite de leurs amis. Parmi les personnes qui l'entouraient, Chang distingua tout à coup un visage connu de lui seulement. Il pâlit. Celui dont la vue causait son émotion s'arrêta, quand vint son tour, devant les nouveaux mariés pour les complimenter. Un billet s'échappa de son éventail et alla tomber discrètement sur les genoux de Chang, qui s'en empara aussitôt. Personne, pas même Kora, n'avait eu le temps de remarquer ce manège.

La journée finit par un grand repas, et le premier acte des époux fut de boire dans la même coupe; la femme y porta d'abord ses lèvres, et le mari, après l'avoir vidée d'un trait, la brisa, conformément à la coutume chinoise. Chang, se tournant alors vers Kora, lui dit :

— Vous m'avez porté bonheur; un messager fidèle m'a remis tout à l'heure une lettre de mon frère; il vit, ainsi que vous me l'aviez prédit : ceci est d'un bon augure pour notre union.

Malheureusement le pauvre Chang, dans sa joie de savoir son frère vivant, ne se contenta pas de le dire à sa jeune femme : il le répéta le lendemain et les jours suivants à qui voulut l'entendre. Le mandarin chargé de la police, l'Œil de la ville, comme l'appellent les Chinois, ne tarda pas à en être informé; il envoya des soldats s'emparer de sa personne. Amené, chargé de chaînes, devant ce magistrat, Chang eut à subir un long et pénible interrogatoire. On l'accusa de chercher à favoriser l'insurrection; en vain il essaya de se défendre, et il allait être condamné à la peine de mort lorsque la malheureuse Kora se précipita suppliante aux pieds du juge. Il y avait quinze jours seulement qu'elle était la femme de Chang. Sa jeunesse, sa beauté, ses larmes, son désespoir ne purent fléchir le mandarin; la seule grâce qu'elle obtint, ce fut que son mari conserverait la vie, mais qu'il perdrait les yeux.

Cette barbare condamnation n'arracha pas une plainte aux deux jeunes époux. Quelle que fût l'horreur du supplice, du moins ce n'était pas l'éternelle séparation causée par la mort. Ils tombèrent dans les bras l'un de l'autre et s'encouragèrent mutuellement à la fermeté.

Kora sollicita et obtint la permission d'accompagner son mari sur le lieu où devait s'exécuter l'arrêt fatal.

L'heure étant arrivée, le patient fut placé au milieu d'un piquet de soldats armés de lances; l'exécuteur, avec sa robe rouge, insigne de sa dignité, marchait derrière eux. A côté du condamné se tenait Kora. Elle était sans voile; ses longs yeux noirs n'avaient plus de larmes; ils exprimaient le désespoir et l'égarement.

Le cortège s'arrêta sur une place publique encombrée de curieux. . . . .

. . . .

Ici, passons la plume à un journaliste anglais, qui assiste au supplice et qui envoie son article au *Times*, le journal le plus important de toute l'Angleterre :

« Je regardai, je cherchai les apprêts du supplice; mais j'eus beau ouvrir les yeux, je n'aperçus ni feu, ni fer, ni instrument meurtrier quelconque.

» Je ne vis qu'un Chinois maniant une matière blanche et en formant deux petites boules. C'était de la chaux vive.

» Chang s'avança; un frisson parcourut tous ses membres.

» Quand les boules furent prêtes, l'exécuteur de l'arrêt les enveloppa chacune dans un linge fin, qu'il mouilla, et qui fut replié trois fois sur lui-même. Après cela, il mit par-dessus un linge sec, puis plaça l'appareil sur les yeux du condamné, en assujettissant le tout au moyen d'un bandeau.

» Le jaune des joues de Kora tourna au blanc, tant elle devint pâle; sans se soucier de la foule, que probablement elle ne voyait pas, elle tomba à genoux devant son mari en joignant les mains;

de sorte que, quand, au bout de trois minutes, les bandeaux furent ôtés, le regard encore vivant de Chang tomba sur sa femme.

» Alors il y eut, sans doute, entre eux un moment d'extase et de divine tendresse, car le visage de Kora s'illumina, ses yeux brillèrent d'une vive flamme, ses joues se teignirent de pourpre et une beauté surnaturelle se manifesta en elle. Mais ce fut la durée de l'éclair. Presque aussitôt le regard de Chang se ternit, décrut et s'éteignit : la chaux avait fait son office, elle avait brûlé les yeux. On eût dit que Kora subissait la même phase douloureuse; car, en même temps, son brillant regard se voila, ses yeux se fermèrent, et elle tomba inanimée sur le sol.

» Au même moment, je crus sentir une large goutte de pluie sur ma joue. Ne riez pas, lecteur, c'était une grosse larme.

» Oh! pauvre Kora! si jeune, si belle et si malheureuse! Longtemps son souvenir me poursuivra, longtemps je la verrai lorsque, revenue à elle et se relevant vivement, elle se plaça à côté de son mari, prit son bras sous le sien, et, belle et fière comme une autre Antigone d'un jeune Œdipe, dirigea les pas de l'aveugle vers le quartier qu'ils habitaient ensemble. »

VIII.

Un échange de portraits.

DÉVELOPPEMENT.

Quelques mois après la bataille de Waterloo, un détachement anglais vint prendre ses cantonnements dans ce funèbre village d'Azincourt, où quatre cents ans auparavant, en 1415, périt l'armée la plus noble, mais la plus indisciplinée qui fut jamais. Les dix mille glorieuses victimes de cette fatale journée avaient été jetées pêle-mêle dans trois vastes fosses bénites par l'évêque de Thérouanne, et pendant quatre siècles le laboureur artésien heurta maintes fois du soc de sa charrue et ramena jusqu'à la surface du sol casques, épées, cuirasses, rongés par la rouille, renouvelant ainsi les faits décrits par les admirables vers de Virgile.

Le chef de ce détachement n'était pas un antiquaire monomane que les lauriers de lord Elgin empêchaient de dormir; mais, poussé par un sentiment de patriotisme étroit, sans respect pour ce qui est sacré, même chez les nations barbares, où la cendre des tombeaux n'a point à redouter de sacrilèges profanations, il fit ouvrir un des trois ossuaires d'Azincourt, et tout ce qu'il en put tirer d'armes et d'héroïques débris, il l'expédia à Londres pour enrichir son musée particulier. Le vandale se préparait à exercer les mêmes ravages dans les deux autres ossuaires, lorsqu'une protestation énergique du maire d'Azincourt parvint au quartier général de Wellington. Le noble duc s'empressa d'envoyer sur les lieux un colonel de son état-major, qui fit cesser aussitôt cette violation impie du champ funèbre où dort en paix la fleur de la chevalerie française. Le colonel était descendu au château du marquis de T***, un des plus riches propriétaires du pays. Malgré quelques discussions patriotiques, que la présence de la marquise empêchait de dégénérer en querelles, l'entente la plus franche, la plus cordiale, s'était établie entre le gentleman et le noble artésien. Ce fut donc avec de sincères regrets que ces amis de fraîche date se séparèrent, lorsque la mission du colonel fut terminée; ce dernier promit de ne pas oublier les hôtes aimables dont il avait reçu un accueil si empressé, et de se rappeler bientôt à leur souvenir.

Plusieurs mois déjà s'étaient écoulés lorsqu'on reçut au château de T*** une lettre datée de Londres, dans laquelle le colonel, après les compliments d'usage, annonçait à ses anciens hôtes qu'il venait d'expédier à leur adresse une caisse renfermant un témoignage de sa gratitude pour les attentions délicates dont il avait été l'objet de leur part. Un présent est toujours le bienvenu, et, dès que la caisse fut arrivée, on l'ouvrit avec l'empressement qu'aurait mis un collégien à briser le couvercle d'une boîte d'étrennes. Elle renfermait un magnifique portrait en pied du duc de Wellington. Comme œuvre d'art, une pareille toile pouvait être d'une grande valeur, mais le présent manquait d'à-propos, ou plutôt il en avait un trop significatif. Le marquis de T***, quoique ancien émigré, était avant tout Français de cœur, et quoique de vieilles traditions de famille l'eussent poussé dans les rangs de l'armée de Coblentz, il avait toujours applaudi du fond du cœur aux immortels exploits des phalanges républicaines. Aussi, tout en consentant à ne pas voir dans le présent du colonel une disgracieuse mystification, il y trouva une absence de tact qui froissa singulièrement sa loyale nature, et il se promit de le faire sentir à son ami d'outre-Manche Ayant relégué le malencontreux portrait dans un grenier, le marquis écrivit au colonel, le remercia sans affectation, et l'avisa qu'il recevrait à son tour un témoignage de souvenir qu'on le priait de vouloir bien accepter.

Deux mois après cette lettre, une caisse à l'adresse du colonel arrivait à Londres; elle renfermait aussi un portrait, un véritable chef-d'œuvre, peint par un des premiers artistes de Paris. Toutefois, la rougeur subite qui colora la figure du destinataire et le brusque mouvement qu'il laissa échapper en jetant les yeux sur cette toile prouvèrent que le côté artistique n'était pour lui que d'un intérêt secondaire, et qu'il paraissait principalement ému par une autre considération. C'était, en effet, un fort beau portrait de

Jeanne d'Arc, que lui avait malignement envoyé le marquis de T***. Au premier plan, l'héroïne, tenant d'une main sa bannière, et, de l'autre, fièrement appuyée sur son épée, poursuivait du regard les Anglais, qui fuyaient, éperdus, dans le fond du tableau.

Il est douteux que cet échange ait resserré les liens d'amitié qui avaient uni le marquis au colonel; il aura du moins appris à ce dernier une vérité qu'il paraissait ignorer, c'est que, chez les hommes de cœur, les affections dynastiques se taisent toujours devant le sentiment du patriotisme.

IX.

La Consulte.

DÉVELOPPEMENT.

Un fermier nommé Bernard, étant venu à Rennes un jour de marché, pensa, une fois ses affaires terminées, qu'il ferait bien de consulter un avocat. On lui avait souvent parlé de M. Potier de La Germondaie, dont la réputation était si grande, que l'on croyait un procès gagné lorsqu'on pouvait s'appuyer de son opinion. Le paysan demanda son adresse et se rendit chez lui, rue Saint-Georges.

Les clients étaient nombreux, et Bernard dut attendre longtemps; enfin son tour arriva, et il fut introduit. M. Potier de La Germondaie lui fit signe de s'asseoir, posa ses lunettes sur le bureau et lui demanda ce qui l'amenait.

— Par ma foi, monsieur l'avocat, dit le fermier en tournant son chapeau, j'ai entendu dire tant de bien de vous, que, comme je me trouvais tout porté à Rennes, j'ai voulu venir vous consulter, afin de profiter de l'occasion.

— Je vous remercie de votre confiance, mon ami, dit M. de La Germondaie. Vous avez sans doute quelque procès?

— Des procès! par exemple! je les ai en abomination, et jamais Pierre Bernard n'a eu un mot avec personne.

— Alors c'est une liquidation, un partage de famille?

— Faites excuse, monsieur l'avocat, ma famille et moi nous n'avons jamais eu à faire de partage, vu que nous prenons à la même huche, comme on dit.

— Il s'agit donc de quelque contrat d'achat ou de vente?

— Ah bien, oui! je ne suis pas assez riche pour acheter, ni assez pauvre pour vendre.

— Mais, enfin, que voulez-vous de moi? demanda le jurisconsulte étonné.

— Eh bien! je vous l'ai dit, monsieur l'avocat, reprit Bernard avec un gros rire embarrassé, je veux une *consulte*... pour mon argent, bien entendu... puisque je suis tout porté à Rennes, et qu'il faut profiter des occasions.

M. de La Germondaie sourit, prit une plume, du papier, et demanda au paysan son nom.

— Pierre Bernard, répondit celui-ci, heureux enfin qu'on l'eût compris.

— Votre âge?

— Trente ans, ou approchant.

— Votre profession?

— Ma profession?... Ah! oui, qu'est-ce que je fais?... Je suis fermier.

L'avocat écrit deux lignes, plie le papier, et le remet à son étrange client.

— C'est déjà fini! s'écria Bernard; eh bien! à la bonne heure; chez vous on n'a pas le temps de moisir, comme dit l'autre. Combien donc est-ce que ça vaut, la *consulte*, monsieur l'avocat?

— Trois francs.

Bernard paye sans réclamation, salue du pied et sort, enchanté d'avoir *profité de l'occasion.*

Lorsqu'il arriva chez lui, il était déjà quatre heures. La route l'avait fatigué, et il rentra à la maison, bien décidé à se reposer.

Cependant ses foins étaient coupés depuis deux jours et complètement fanés; un des garçons vint demander s'il fallait les rentrer.

— Ce soir! interrompit la fermière, qui était venue rejoindre son mari; ce serait grand péché de se mettre à l'ouvrage si tard, tandis que demain on pourra les ramasser sans se gêner.

Le garçon objecta que le temps pouvait changer; que les attelages étaient prêts et les bras sans emploi; la fermière répondit que le vent était bien placé et que la nuit viendrait tout interrompre. Bernard, qui écoutait les deux plaidoyers, ne savait à quoi se décider, lorsqu'il se rappela tout à coup le papier de l'avocat.

— Minute! s'écria-t-il, j'ai là une *consulte :* c'est d'un fameux, elle m'a coûté trois francs; ça doit nous tirer d'embarras. Voyons, Thérèse, dis-nous ce qu'elle chante, toi qui lis toutes les écritures.

La fermière prit le papier, et lut, en hésitant, ces deux lignes :

Ne remettez jamais au lendemain ce que vous pouvez faire le jour même.

— Il y a cela! s'écria Bernard, frappé d'un trait de lumière; alors vite les charrettes, les filles, les garçons, et rentrons le foin.

Sa femme voulut essayer encore quelques objections, mais il déclara qu'on n'achetait pas une *consulte* trois francs pour n'en rien faire, et qu'il fallait suivre l'avis de l'avocat.

Lui-même donna l'exemple en se mettant à la tête des travailleurs, et en ne rentrant qu'après avoir ramassé tous ses foins.

L'événement sembla se charger de prouver la sagesse de sa conduite; car le temps changea pendant la nuit; un ouragan inattendu éclata sur la vallée, et le lendemain, quand le jour parut, on aperçut, dans les prairies, la rivière débordée qui entraînait les foins récemment coupés. La récolte de tous les fermiers voisins fut complétement anéantie; Bernard seul n'avait rien perdu.

X.

Un beau jour de la vie de Lablache.

DÉVELOPPEMENT.

Une jeune fille de dix-sept ans était assise devant la croisée d'une chambre mansardée, dont le délabrement accusait la plus extrême misère. C'était une belle créature, à la chevelure de jais, aux grands yeux noirs; sa physionomie douce et mélancolique inspirait l'intérêt et la pitié. Il faisait froid; une neige épaisse recouvrait toute la ville de Milan; la jeune fille portait la vue tantôt sur le large linceul qui s'amoncelait dans les rues, tantôt sur sa mère, qui, se tenant à côté d'elle, lisait un livre de prières, tantôt sur son père, qui, assis sur un tabouret et accoudé à une table boiteuse, regardait fixement le mur en face de lui sans paraître s'apercevoir que deux ruisseaux de larmes sillonnaient ses joues.

Une demi-heure s'écoula ainsi. Enfin, la jeune fille se leva, et jetant ses bras autour du cou de son père, lui dit d'une voix tremblante :

— Oh! laisse-moi me placer en condition, mon père! Depuis deux mois je n'ai plus de travail; nous avons vendu nos meubles et jusqu'à nos hardes; nous voilà désormais sans ressource. Nous avons froid, nous avons faim, et si tu ne consens pas à ce que je viens de te demander, nous mourrons tous les trois!

— Non, mon enfant, répondit le vieillard d'une voix presque éteinte; tu ne descendras pas à un tel abaissement, et nous ne mourrons pas de faim : nous avons encore une planche de salut.

Et il alla décrocher du mur un vieux violon, en ajoutant :

— Il m'a fait gagner ma vie pendant plus de quarante ans, avec lui je la gagnerai de nouveau. Ce soir je rentrerai avec du pain.

— Et que feras-tu? s'écria sa fille, tandis que sa femme se jetait à genoux.

— Ce que j'ai fait pendant quarante ans : je jouerai du violon,

— Mais, pendant quarante ans, Luigi, tu avais un orchestre à diriger ; pendant quarante ans, ta voix donnait des ordres.... et maintenant....

— Et maintenant que mes yeux ne peuvent plus lire la musique, je jouerai de mémoire.

— Mais où, au nom de Dieu ? s'écria la femme.

— Du courage, Francisca ! Aimes-tu mieux que notre enfant se soumette à la brutalité de ceux qui croient acheter une esclave pour trente ou quarante livres par mois, ou que je gagne honnêtement un morceau de pain ? On vient d'ouvrir la galerie de Cristoforis. Il y a là un café magnifique, qui sera pendant quelque temps le rendez-vous de la bonne société....

— Luigi, tu ne feras pas cela ! s'écria sa femme éperdue.

— Voulez-vous donc que je sois votre bourreau et le mien ? Nous avons faim, et quand la faim déchire les entrailles d'un homme, c'est un lâche celui qui n'emploie pas tous les moyens pour conserver une existence dont il doit compte à Dieu !

Le vieillard s'achemina à pas lents vers la Corsia dei Servi. Mais il fut bientôt forcé d'accélérer sa marche, car il commençait à sentir le froid lui raidir les membres et arrêter la circulation du sang. Il puisa de la force dans la sainteté de la mission qu'il allait remplir, et arriva en peu d'instants devant le bazar.

Là, il s'arrêta, adressant à Dieu une courte prière avant d'ouvrir la porte, car il sentait son courage défaillir ; mais il se rappela mentalement sa fille, sa femme mourant de faim et de froid, et, tournant rapidement le bouton, il entra dans la salle. Après avoir déposé son chapeau sur un tabouret de velours, il commençait à accorder son instrument, lorsqu'un garçon passa près de lui, regarda alternativement le vieillard, le chapeau, et s'écria :

— Dites donc, l'ami ! croyez-vous que nos tabourets de velours soient faits pour servir de portemanteaux aux charlatans ?

Luigi dévora l'affront en silence, mit son chapeau sur le parquet et continua à accorder son violon.

Enfin, il passa l'archet sur les cordes de son vieux compagnon et, dès les premières notes, tout son cœur palpita de joie ; il eut bientôt oublié le lieu où il se trouvait et le but dans lequel il était venu. Il y avait cinq ans qu'il n'avait décroché son instrument, car les accords qu'il en eût tirés n eussent pu que lui rappeler son malheur. Maintenant il écoutait la voix d'un ancien ami cher à son cœur, et il s'isolait, il se créait un monde à part au milieu de la foule et du bruit.

Il avait à peine joué quelques notes du serment de *Guillaume Tell*, avec une précision et une expression admirables, qu'un homme, grand, gros, à la figure ouverte et pleine d'affabilité, poussant du pied la petite table qui était devant lui, se précipita vers le vieillard.

C'était Lablache, qui avait reconnu l'ancien chef d'orchestre.

— Luigi ! s'écria-t-il.

— Monsieur Lablache ! dit le musicien avec confusion, tandis qu'une rougeur subite colorait ses joues.

— Comment ! vous en êtes réduit à cette extrémité ?

— Je ne vois plus clair, et la misère...

— Assez ! assez ! interrompit le célèbre artiste... Pauvre Luigi ! Joue-moi mon rondeau de la *Sémiramide*.

Le vieillard obéit. Après l'introduction, une voix éclatante, magnifique, une voix à ébranler toute autre salle que celle d'un théâtre, une voix connue de tous s'éleva dans le café, et l'effet qu'elle produisit fut magique. Le plus profond silence s'établit comme par enchantement ; les joueurs s'arrêtèrent ; les promeneurs du bazar se pressèrent devant la porte du divan.

L'air achevé, Lablache, le chapeau à la main, fit le tour de la galerie en le tendant à tous les assistants, et, quand il le vit plein de monnaie jusqu'au bord, il revint à Luigi, le lui remit en lui disant :

— Allez, nous partagerons une autre fois.

Et il s'esquiva promptement pour se dérober à la reconnaissance du vieillard.

Dès ce moment, la position de Luigi fut entièrement changée. Il maria sa fille à un musicien distingué, et lorsqu'il mourut, quelque temps après, il avait la consolation d'avoir assuré le sort de son enfant et laissé à sa femme une somme assez forte pour qu'elle n'eût plus à redouter la pauvreté.

XI.

Une scène d'hiver en Livonie.

DÉVELOPPEMENT.

En Livonie, par un hiver rigoureux, que rendait plus pénible encore une horrible famine, un jeune paysan, Mart, retournait un soir en traîneau vers son habitation. Le sentier, profondément enfoncé entre deux rebords de neige, n'avait juste que la largeur suffisante pour le petit cheval et le traîneau. Le jeune homme, dont les yeux étaient fermés et les sens presque engourdis, crut sentir que l'animal accélérait son allure d'une manière inaccoutumée ; les secousses, qui se succédaient rapides et saccadées, et un sourd hennissement de terreur, finirent par l'éveiller tout à fait. Il regarda devant lui ; le sombre paysage avait son aspect ordinaire : les arbres clair-semés et rabougris d'une forêt sauvage, enfoncés d'un pied dans la neige, semblaient défiler rapidement à droite et à gauche de l'étroit sentier; çà et là des pyramides de neige signalaient les nombreux monticules qui couvrent ce pays; au-dessus de sa tête le firmament brillant d'étoiles; sous ses pieds la terre éblouissante; nul être vivant que lui et son cheval. Il regarda derrière; exactement le même aspect : de la neige, des arbres dépouillés de feuilles, et les sinuosités du sentier. Mais, tout près du traîneau, galopaient lourdement trois loups énormes, suivis, à quelque distance, par un quatrième, qui gagnait rapidement du terrain. Le traîneau étant peu élevé, la gueule du premier de ces animaux était au niveau de l'épaule de Mart. Cette circonstance ne l'inquiéta guère; il savait qu'ils en voulaient d'abord au cheval. et que son salut dépendait, en conséquence, du courage de l'animal plutôt que du sien. Si, malgré sa terreur, la pauvre bête parvenait à se maintenir dans le sentier, il y avait quelques chances de salut; car, dès que les loups voulaient dépasser le traîneau, ils s'enfonçaient dans la neige et perdaient de leur vitesse; mais si le cheval, emporté par la frayeur, venait à en faire autant, tout était perdu. Mart se pencha sur l'animal, l'appela par son nom, et lui passa la main sur la croupe, comme il avait coutume de le faire quand il le sentait fatigué. Le cheval reconnut la voix et la main qui le flattaient; il redressa les oreilles et reprit une allure plus régulière. De temps à autre Mart poussait de grands cris; mais les loups, trop rusés ou trop affamés, ne s'en effrayaient nullement. D'un rapide regard jeté en arrière, le jeune homme observait les féroces animaux, qui souvent allongeaient la tête jusqu'à portée de son bras. Il était ordinairement armé d'une hachette pour couper le poisson gelé; il la saisit fortement, mais sans se décider à en faire usage; car plus les loups étaient rapprochés du traîneau, moins ils étaient en vue du cheval. A chaque instant, néanmoins, quelqu'un d'entre eux se jetait dans la neige pour essayer de gagner les devants, bien qu'il y perdît pied aussitôt; mais c'était assez pour que le cheval l'aperçût, et une violente secousse obligeait Mart de veiller à ce qu'il ne quittât pas le sentier.

Un des loups, d'une taille monstrueuse, avait réussi plus d'une fois, en dépit de la profondeur de la neige, à s'avancer plus près qu'aucun de ses compagnons. Mart l'observait particulièrement : il le vit encore se hasarder sur la neige, en cet endroit moins épaisse, s'y maintenir et gagner du terrain; le petit cheval effaré dressait sa crinière et Mart sentit que sa croupe était toute trempée de sueur. Il n'était que temps d'agir; loup et cheval galopaient de front et d'un train désespéré. Tout à coup, le loup se tourna vers le cheval; Mart leva sa hache et frappa un coup terrible; le loup l'évita, mais, culbuté dans la neige, il se trouva en un instant à plusieurs toises en arrière.

La distance qui séparait Mart de sa demeure diminuait sensiblement, quand une autre crainte vint l'assaillir. Il avait cru s'apercevoir que ces animaux déterminés étaient prêts à faire aussi bien leur proie de l'homme que du cheval, et que l'approche des habitations ne les effrayerait pas. Or, entre la lisière de la forêt et la cabane de Mart, se trouvait un espace de terrain découvert de la longueur d'une verste; là devaient s'offrir de nouveaux dangers.

Au sortir du bois, les loups gagnèrent de chaque côté; le cheval s'élança en bonds furieux; le traîneau heurta le tronc d'un arbre abattu qui le renversa, et fut emporté avec une vitesse effrayante, Mart, laissé seul sur la neige, sentit une griffe pesante déchirer la peau de mouton qui lui couvrait la poitrine. Il repoussa l'animal et put se relever. Dans sa chute, la hache lui avait échappé des mains; il la chercha d'un regard désespéré et ne la vit point. Le cheval avait presque disparu; deux des loups étaient près du jeune homme, et les deux autres, abandonnant le cheval, revenaient en bondissant. En un instant, Mart fut entouré.

L'arrivée du cheval jeta la consternation dans la cabane. Le chien, guidé par son merveilleux instinct, s'élança à la recherche de son maître, et la mère de Mart le suivit à demi folle de terreur. Mart s'était habitué à déployer sa force dans les jeux et dans les luttes, et la sienne était telle qu'il rencontrait peu d'adversaires capables de lui résister. Mais que pouvait-il faire contre ces lourdes masses, ces dents qui se serraient comme des étaux et ces étreintes puissantes qui le pressaient de tous côtés? Pendant quelques secondes, le désespoir de se voir enlevé au bonheur de vivre et l'idée de succomber à une mort si horrible lui donnèrent assez d'énergie pour lutter avec succès contre ses impitoyables assaillants. Mais déjà la neige était teinte de son sang; cette vue sembla tourner en rage la férocité des loups; ils se ruèrent sur lui une seconde fois et le renversèrent.

Ceux qui s'imaginent que, dans un danger soudain, on n'a pas le temps de réfléchir, ne se sont assurément jamais trouvés en péril; ils sauraient qu'il se presse alors dans l'esprit, en une seconde, plus de pensées que pendant des journées entières de sécurité. Mart pensait à la douceur de l'existence, à sa cabane qui était si proche, à sa mère, qui allait l'attendre toute la nuit, au désespoir de la bonne vieille et aux lamentations de tout le village, quand, le lendemain matin, on trouverait son cadavre mutilé! Et cependant il se voyait dans la gueule des loups affamés! Il avait devant lui leurs yeux étincelants! Tout à coup il se sentit saisir à la gorge; alors la pensée l'abandonna; il se débattait convulsivement, il étouffait et il allait perdre connaissance, quand soudain un autre animal arrive, soufflant avec force, et se précipite au milieu des assaillants, en poussant un hurlement bref et sonore. Les loups lâchèrent Mart, qui se leva d'abord machinalement, et, après quelques secondes, il reconnut son brave chien, qui avait déjà mis un loup hors de combat et se défendait contre les trois autres. En cherchant à le secourir, Mart aperçoit un objet brillant sur la neige.... c'était sa hache, qui avait été, sans qu'il la vît, à la portée de sa main pendant toute la lutte; il la saisit et redevint lui-même. Son sang coulait, mais ses membres étaient intacts; il portait des coups terribles.

Un loup tomba mort à ses pieds; un autre, grièvement blessé, se retira à distance et continua à rôder, comme en observation. Mart alors déchargea toute sa furie sur le monstre qui tenait le chien aussi étroitement qu'il avait tenu le maître. La hache résonnait sur son crâne, déchirait ses côtes, mettait son dos à nu; mais le pauvre chien, qu'il craignait de blesser, l'empêchait de porter au loup une blessure mortelle.

Enfin une violente douleur fit étendre les pattes du chien, ramassées sous la gorge de son ennemi. Mart saisit ce moment, et fit pénétrer sa hache tout entière dans le cou du monstrueux animal... Le chien et le maître étaient sauvés! Au même instant, une main tremblante se pose sur l'épaule du jeune homme... il se retourne... sa mère tombait évanouie dans ses bras.

XII.

Les chardonnerets de Salency.

DÉVELOPPEMENT.

Établi sur la branche fourchue d'un pommier, un nid de chardonnerets avait jusqu'alors échappé aux investigations des dénicheurs en sabots de la localité. Sortis de leur coquille, les petits croissaient tous les jours dans la paix et l'abondance, sous l'œil maternel. Encore un peu de temps, et, munis de leurs ailes, ils pourront se mettre d'eux-mêmes à l'abri de toute insulte; le cœur des parents sera désormais délivré de ses inquiètes sollicitudes. Mais, hélas! qui peut compter ici-bas sur le lendemain? La vie n'est-elle pas, pour les chardonnerets comme pour les hommes, pleine de déceptions? Un jour (jour néfaste!) les parents étaient allés, comme d'ordinaire, à la provision, sans craindre pour leurs ailes la tourmente d'un vent impétueux, qui sifflait, en les courbant, à travers les branches des arbres. Favorisés dans leurs recherches, les voilà qui reviennent au logis, le bec chargé de petits insectes, tout heureux de la joie qu'ils apportent à leur chère famille... O surprise! ô douleur! plus d'entrée pour eux dans le nid. Il est bien là toujours à sa place, mais il est fermé mieux qu'à double tour de clef; en un mot, et pour parler clairement, il est complètement obstrué par une grosse pomme qui, détachée d'une branche par le vent, était venue, comme un énorme boulet, tomber sur la maison aérienne, et en murait, pour ainsi dire, l'ouverture. O quelle douleur! O quelles angoisses pour le cœur du père et de la mère! Comment faire? par quels moyens délivrer leurs petits, dont ils entendent à peine les faibles gémissements sous la masse qui les étouffe? Pousser la pomme et la faire tomber, ils l'essayent en vain : elle est trop grosse, trop pesante et trop bien assise dans la capacité du nid. Comment donc faire, encore une fois? Qui pourra dire et leurs cris de détresse, et l'anxieuse agitation de leurs mouvements, et tout leur désespoir?... Mais une idée tout à coup a traversé, comme un rayon d'espérance, leur petit cerveau ; une résolution héroïque est prise : ils vont attaquer à coups de bec la pomme fatale; ils vont l'entamer, la trouer, la détruire, l'annihiler, en un mot, comme on a vu des prisonniers, par un labeur effrayant, démolir avec une pointe de clou l'épaisse muraille qui les séparait de la liberté. L'amour, qui peut tout, dit-on, ne pouvait cependant venir à bout d'une pareille tâche; c'était pour nos oiseaux une tâche plus lourde vraiment qu'un travail d'Hercule. Combien d'heures, combien de jours s'écoulèrent dans ce travail désespéré! Combien fut-il donné de milliers de coups de bec! On ne saurait le dire. Tout ce que l'on sait, c'est qu'un promeneur, trouvant sur le nid la pomme, en grande partie détruite, et les petits morts dessous, put constater ainsi un des plus admirables traits d'amour paternel qu'ait jamais présentés à l'observation de l'homme l'histoire des animaux.

XIII.

Un nouveau Nabuchodonosor.

DÉVELOPPEMENT.

Lucas, homme pieux et des plus simples, revenait de la foire et s'acheminait vers son village, monté comme un saint Georges. Mais il fait froid; une neige épaisse couvre les chemins, et Lucas sent bientôt que son pied s'engourdit à la bise piquante de décembre. Il descend alors de son cheval, se passe la bride autour du bras et marche en avant, tirant la bête. En ce moment, deux voleurs de grand chemin cherchaient aventure à travers la campagne; ils aperçoivent notre homme, suivi de son compagnon qui,

L'œil morne et la tête baissée,
Semblait se conformer à sa triste pensée.

« Ami, dit l'un en frappant sur l'épaule de son acolyte, la semaine a été mauvaise, nous sommes en morte-saison; mais, ou je ne suis qu'un sot, ou nous allons ici réparer le temps perdu. Vois-tu là-bas ce bonhomme et sa monture qu'il semble ménager exprès pour nous? Je veux lui jouer un tour dont il sera parlé dans l'histoire. Suis-moi, approchons doucement; je vais subtilement détacher du cheval le mors et la bride, puis tu t'esquiveras prestement avec le quadrupède, et tu iras m'attendre derrière cette masure que nous apercevons à droite; je me trompe fort si dans un quart d'heure je ne suis pas allé te rejoindre. » Les deux compères accélèrent leur marche et arrivent en tapinois: bientôt la bride est enlevée, le cheval fait volte-face avec l'un d'eux, tandis que l'autre se passe le harnais autour du cou et se laisse docilement emmener par le trop confiant Lucas; le tapis de neige étendu sur le sol empêche le bruit de leurs pas d'arriver aux oreilles du paysan, plongé d'ailleurs dans une profonde méditation; il continue paisiblement sa route, sans s'apercevoir qu'il traîne à sa suite un homme au lieu d'un cheval. Quelque temps après, fatigué de marcher, il veut reprendre l'étrier; il se retourne... Figurez-vous sa surprise en voyant un chrétien à la place de sa monture! Quel esprit fort conserverait son sang-froid devant une pareille métamorphose? Peu s'en fallut que Lucas ne tombât mort de frayeur : *Stetere comæ et vox faucibus hæsit*; la bride échappa et lui tomba des mains. Le drôle se jette alors à genoux, et d'un air hypocrite, les yeux baissés : « Hélas! dit-il à Lucas, vous voyez en moi un malheureux pécheur, que Dieu a puni de sa faiblesse et de son endurcissement. Que voulez-vous, le plus sage pèche sept fois par jour; je mordis à l'hameçon que me tendit l'esprit tentateur, je fus absous; j'y remordis encore, tant et si bien, que Dieu, irrité de mes rechutes, envoya mon âme en pénitence pendant sept ans dans le corps d'un cheval. Le terme expire à l'instant, et je reprends ma forme première; mais vous êtes le maître de me traiter à votre gré, de me conduire à l'écurie, aux champs, où vous voudrez; je suis à vous, vous m'avez acheté.

— Eh! oui, dit Lucas reprenant un peu d'assurance, maudite soit l'emplette! la belle histoire que vous me faites là! Si vous avez mordu à l'appât, est-ce à moi d'être le poisson? Enfin, que la volonté de Dieu s'accomplisse, car, après tout, j'ai souvent péché ainsi que vous, et j'ai mérité de faire pénitence; chacun son tour, mais vous êtes plus heureux que moi, car la vôtre est finie, tandis que je commence la mienne; encore dois-je m'estimer heureux d'en être quitte à si bon marché: Dieu aurait pu pendant sept ans m'envoyer paître; un roi pécheur, l'Écriture le dit, fut ours pendant sept ans; vous fûtes cheval pendant un temps pareil; je pouvais être âne et porter les sacs au moulin!

Cinq cents francs, après tout, ne sont pas la mort d'un homme. Soyez donc libre, mais tâchez d'être sage, et n'allez plus au moins mordre à l'hameçon. »

Le bon apôtre se relève alors humblement, baise les mains de Lucas et va rejoindre son compagnon. S'ils rirent en festoyant aux dépens du bonhomme, il n'est pas besoin de le demander; quant à ce dernier, il rentra chez lui chargé du mors et de la bride de son cheval absent, remerciant Dieu du fond du cœur de n'avoir pas été, lui aussi, changé en baudet.

Quelques mois après, allant à la foire, il reconnut son cheval. « Oh! dit-il, ce malheureux pécheur est donc incorrigible? il est déjà retombé dans ses mêmes fautes, et Dieu l'a de nouveau métamorphosé! que l'homme est faible! l'expérience ne lui sert à rien! »

Tout en faisant ces pieuses réflexions, il aperçoit Grégoire, un de ses amis, qui marchandait son ancien serviteur. Il va droit à lui, et lui frappant sur l'épaule :

— Compère, venez ici que je vous dise quelque chose : voyez-vous ce cheval?

— Eh bien?

— N'allez pas l'acheter au moins, vous pourriez vous en repentir

— Et pour quelle raison, mon ami Lucas?

— Parce qu'un beau jour que vous l'auriez enfourché, crac! il disparaîtrait tout à coup, et vous n'auriez plus entre les jambes qu'un chrétien, un pécheur comme vous et moi.

— Un chrétien! vous vous moquez, Lucas?

— Non point; écoutez. »

Alors il raconta à Grégoire tout ce qui lui était arrivé, la punition de ce criminel endurci, ses sept ans de purgatoire dans le corps d'un cheval, son retour soudain à la forme humaine. « Voyez, ajouta-t-il, le misérable! à peine en liberté, il aura remordu à l'hameçon, et le voilà encore une fois réduit à l'état de bête; l'achète qui voudra, il a mangé de mon foin pour longtemps! » Mais Grégoire, qui était un des esprits forts de son village, se fit prêter main-forte, appréhenda les deux larrons au collet et les conduisit devant le juge, qui les envoya passer sept ans, non pas dans le corps d'un cheval, mais entre quatre murs, bien fermés, bien crénelés, et dont la porte était gardée par un cerbère qui n'était pas aussi facile à tromper que le paysan Lucas.

XIV.

Une méprise.

DÉVELOPPEMENT.

Un étranger très riche, nommé Suderland, était banquier de la cour de Catherine II et naturalisé en Russie; il jouissait auprès de l'impératrice d'une assez grande faveur. Un matin, on lui annonce que sa maison est entourée de gardes, et que le maître de la police demande à lui parler.

Cet officier, nommé Reliew, entre avec l'air consterné.

— Monsieur Suderland, dit-il, je me vois, avec un vrai chagrin, chargé par ma gracieuse souveraine d'exécuter un ordre dont la sévérité m'afflige, m'effraye, et j'ignore par quelle faute ou par quel délit vous avez excité à ce point le ressentiment de Sa Majesté.

— Moi! monsieur, répondit le banquier, je l'ignore autant et sans doute plus que vous; ma surprise surpasse la vôtre. Mais, enfin, quel est cet ordre?

— Monsieur, reprend l'officier, en vérité le courage me manque pour vous le faire connaître.

— Eh quoi! aurais-je perdu la confiance de l'impératrice?

— Si ce n'était que cela, vous ne me verriez pas si désolé. La confiance peut revenir; une place peut être rendue.

— Eh bien! s'agit-il de me renvoyer dans mon pays?

— Ce serait une contrariété; mais avec vos richesses on est bien partout.

— Ah! mon Dieu! s'écria Suderland tremblant, est-il question de m'exiler en Sibérie?

— Hélas! on en revient.

— De me jeter en prison?

— Si ce n'était que cela, on en sort.

— Bonté divine! voudrait-on me *knouter*?

— Ce supplice est affreux, mais il ne tue pas.

— Eh quoi! dit le banquier en sanglotant, ma vie est-elle en péril? L'impératrice, si bonne, si clémente, qui me parlait si doucement encore il y a deux jours, elle voudrait... mais je ne puis le croire. Ah! de grâce, achevez; la mort serait moins cruelle que cette attente insupportable.

— Eh bien! mon cher, dit enfin l'officier de police avec une voix lamentable, ma gracieuse souveraine m'a donné l'ordre de vous faire empailler.

— M'empailler! s'écrie Suderland en regardant fixement son interlocuteur; mais vous avez perdu la raison, ou l'impératrice n'aurait pas conservé la sienne; enfin vous n'auriez pas reçu un pareil ordre sans en faire sentir la barbarie et l'extravagance.

— Hélas! mon pauvre ami, j'ai fait ce qu'ordinairement nous n'osons jamais tenter : j'ai marqué ma surprise, ma douleur; j'allais hasarder d'humbles remontrances; mais mon auguste souveraine, d'un ton irrité, en me reprochant mon hésitation, m'a commandé de sortir et d'exécuter sur-le-champ l'ordre qu'elle m'avait donné, en ajoutant ces paroles qui retentissent encore à mon oreille : « Allez, et n'oubliez pas que votre devoir est de vous acquitter sans murmure des commissions dont je daigne vous charger. »

Il serait impossible de peindre l'étonnement, la colère, le tremblement, le désespoir du pauvre banquier. Après avoir laissé quelque temps un libre cours à l'explosion de sa douleur, le maître de la police lui dit qu'il lui donne un quart d'heure pour mettre ordre à ses affaires. Alors Suderland le prie, le conjure, le presse longtemps en vain de lui laisser écrire un billet à l'impératrice pour implorer sa pitié. Le magistrat, vaincu par ses supplications, cède, en tremblant, à ses prières, se charge de son billet, sort, et, n'osant aller au palais, se rend précipitamment chez le comte de Bruce, gouverneur de Saint-Pétersbourg.

Celui-ci croit que le maître de la police est devenu fou; il lui dit de le suivre, de l'attendre dans le palais, et court, sans tarder, chez l'impératrice. Introduit chez cette princesse, il lui expose le fait.

Catherine, en entendant ce récit, s'écrie :

— Juste ciel! quelle horreur! en vérité Reliew a perdu la tête. Comte, partez, courez, et ordonnez à cet insensé d'aller tout de suite délivrer mon pauvre banquier de ses folles terreurs et de le mettre en liberté.

Le comte sort, exécute l'ordre, revient, et retrouve avec surprise Catherine riant aux éclats.

— Je vois à présent, dit-elle, la cause d'une scène aussi burlesque qu'inconcevable. J'avais, depuis quelques années, un joli chien que j'aimais beaucoup, et je lui avais donné le nom de *Suderland*, parce que c'était celui d'un Anglais qui m'en avait fait présent. Ce chien vient de mourir; j'ai ordonné à Reliew de le faire empailler; et, comme il hésitait, je me suis mise en colère contre lui, pensant que, par une vanité sotte, il croyait une telle commission au-dessous de sa dignité : voilà le mot de cette ridicule énigme.

XV.

Les deux bergers.

CONTE INDIEN.

DÉVELOPPEMENT.

Depuis plusieurs mois déjà les campagnes de l'Inde étaient désolées par une sécheresse dévorante; un ciel implacable ne versait sur la terre que des torrents enflammés : toutes les sources étaient taries; les arbres se dépouillaient de leur feuillage brûlé par le soleil; les fleurs, les herbes et les gazons, réduits en poussière, ne laissaient voir de tous côtés que les profondes crevasses creusées par les ardeurs du soleil. Les troupeaux faisaient entendre de plaintifs et sourds mugissements, et les hommes eux-mêmes ne se sentaient plus ni la force ni le courage de se livrer à leurs occupations champêtres.

Deux pasteurs, Achmet et Naschid, se rencontrèrent un jour épuisés et mourant de soif sur les limites respectives de leurs héritages. Comme ils se plaignaient tous deux amèrement des souffrances qu'ils enduraient depuis si longtemps, eux et leurs troupeaux, et toute la nature, il se fit tout à coup dans les airs un profond silence; les oiseaux cessèrent de chanter, les arbres de bruire, les animaux de toute espèce de faire entendre leurs voix sourdes ou retentissantes. Puis un zéphyr, un souffle doux et frais sembla les envelopper. Tous deux tournèrent à la fois leurs regards du même côté, et leur physionomie exprima subitement la surprise et le respect. Le Génie distributeur des biens et des maux se dirigeait vers eux, tenant d'une main la corne d'abondance et de l'autre le glaive de la destruction. Comme la déesse antique dont parlent les poètes, il semblait sourire ou menacer, suivant les impressions diverses dont on se sentait frappé à son aspect. Ils allaient s'enfuir, emportés par une terreur secrète, lorsque le Génie les rappelant :

« Approchez, leur dit-il d'une voix douce et rassurante; approchez, fils de la poussière, ne fuyez point votre protecteur. Je vous apporte un bienfait d'un prix inestimable; prenez garde seulement que votre imprudence ne le rende fatal pour vous. Vous demandez de l'eau pour satisfaire la soif brûlante qui vous dévore, pour rafraîchir vos campagnes desséchées. Eh bien, je suis prêt à vous en donner; mais, auparavant, je veux savoir de vous-mêmes ce qu'il en faut pour contenter vos désirs. Parlez sans crainte; réfléchissez pourtant avant de me répondre, et souvenez-vous qu'en toute chose l'excès n'est pas moins à redouter que la privation;

prenez garde que le tourment de la soif auquel vous êtes en proie ne vous fasse oublier d'autres dangers.

— O bon Génie! s'écria alors Achmet après quelques moments de silence, pardonne le trouble où me jette ton auguste présence.... Puisque tu veux bien exaucer mes vœux, je désire voir couler dans mon modeste héritage un petit ruisseau qui ne tarisse point en été et ne déborde point en hiver. »

Le Génie sourit d'un air bienveillant, et, frappant le sol de son glaive, devenu un instrument de bienfaisance, il en fit aussitôt jaillir les gerbes d'une source qui répandit ses eaux limpides et fécondes dans les prairies d'Achmet. Comme par enchantement, l'air devint frais et pur, les fleurs exhalèrent les plus suaves parfums, les arbres se couvrirent d'un magnifique feuillage, et les troupeaux se précipitèrent en bondissant vers ces eaux salutaires pour étancher la soif qui les dévorait.

Le Génie, se tournant alors vers l'autre pasteur, lui fait signe de parler à son tour :

« Puissant Génie, dit Raschid, ce que je demande, c'est qu'il te plaise de faire couler à travers mes domaines le Gange avec toutes ses eaux et tous ses poissons. »

En entendant formuler ce vœu étrange, Achmet, dans sa simplicité, ne put s'empêcher d'admirer la noble ambition du pasteur son voisin, et se reprocha même intérieurement de n'avoir pas le premier adressé cette magnifique requête au Génie. Quant à celui-ci, son front s'était rembruni aux paroles de Raschid, et son regard avait pris une expression sévère.

« Imprudent, dit-il au second berger en donnant à sa voix une inflexion presque menaçante, sache modérer tes désirs et dédaigner des biens qui te seraient plus funestes qu'utiles, si tu n'en as pas besoin pour être heureux. Pourquoi demandes-tu plus que ton voisin? La situation n'est-elle pas la même pour tous? »

Malgré ce sage conseil, Raschid persista dans sa demande, riant en lui-même du désappointement et de la jalousie qu'éprouverait Achmet, en le voyant seigneur et propriétaire du Gange.

« Tu persistes, téméraire? poursuivit le Génie; eh bien, tes vœux vont être exaucés. »

S'avançant alors vers le fleuve, qui coulait à quelque distance, il laissa les deux bergers dans l'attente de ce qui allait se passer. Un bruit sourd alors se fait entendre, semblable à celui qui s'élève de la mer lorsque le flux la pousse bouillonnante sur ses rivages : c'est en effet le mugissement des flots du Gange, qui a déserté son lit profond et qui semble bondir en vagues tumultueuses et écumantes. Ce n'est plus un fleuve, c'est un torrent impétueux, un déluge irrésistible, qui renverse tout sur son passage. En un clin d'œil il a envahi toutes les possessions de Raschid, détruit ses récoltes, déraciné ses arbres, englouti ses troupeaux et sa paisible demeure. Lui-même enfin est entraîné au milieu de ces flots irrités, contre lesquels il lutte inutilement, et bientôt il est dévoré par un crocodile.

Sachons régler notre ambition et modérer nos désirs; ne demandons à la Providence que ce qui peut suffire à nos besoins : un excès d'abondance nous devient fatal si notre situation ne nous permet pas d'en tirer parti.

XVI.

Générosité de Laffitte.

DÉVELOPPEMENT.

Hector X..., sergent-major dans un régiment d'infanterie, avait à sa disposition les fonds destinés à la solde de sa compagnie. Des entraînements auxquels il ne sut pas résister lui firent dissiper rapidement ce dépôt confié à sa loyauté, et bientôt il vit se dresser devant lui le fantôme d'une condamnation qui vouait son nom à l'infamie. A cette impasse terrible il ne vit d'issue que le suicide. Il confia sa position à un ami, sans lui cacher que la mort pouvait seule le soustraire à la honte d'un conseil de guerre, et que ses dispositions étaient prises pour éviter cet affront. Son ami, homme prudent et dévoué, lui répondit que ce moyen extrême ne remédiait à rien; que, s'il prévenait une condamnation, il n'empêcherait pas le déshonneur de peser sur sa mémoire et sur sa famille, et qu'un homme de cœur, au lieu de chercher à échapper aux conséquences d'une mauvaise action, devait auparavant employer tous ses efforts à la réparer. Après quelques instants de réflexion, il entraîna Hector et le conduisit chez M. Laffitte, sans compter beaucoup lui-même sur le succès d'une démarche aussi hardie; mais il se disait que, dans un moment extrême, les tentatives les plus désespérées sont quelquefois les plus sages, parce qu'elles brisent tout à coup le nœud d'une difficulté que la raison considérait comme insurmontable. Dès qu'ils furent introduits dans le cabinet du célèbre banquier, l'ami d'Hector exposa nettement la situation, sans chercher à atténuer les torts du coupable ni à en rendre responsables des circonstances impérieuses ou les emportements d'une jeunesse irréfléchie. M. Laffitte l'écouta en silence, et, fixant sur le jeune soldat un regard plein de sévérité, il lui adressa les reproches les plus énergiques et le blâma durement de s'être mis dans une situation si déplorable qu'il n'en pouvait sortir que par un lâche suicide ou un éternel déshonneur.

— Vous pouvez croire, monsieur, ajouta-t-il en concluant avec un peu plus de bienveillance, vous pouvez croire que, si je me suis permis ces observations à votre égard, c'est parce que vous m'inspirez de l'intérêt et que je ne suis pas éloigné de venir à votre secours. J'aurais pu vous l'annoncer en commençant. Au reste, il y a temps pour tout. Il vous faut, dites-vous, six mille francs pour combler le déficit de votre caisse ; les voilà. Mais un soldat n'est pas riche ; il ne peut réaliser que de bien modestes économies. Comment prétendez-vous me rembourser cette somme ?

Hector répondit qu'il lui serait difficile de fixer un chiffre d'avance, mais qu'il s'engageait à venir chaque année remettre à son généreux sauveur tout l'argent qui ne lui aurait pas été d'une indispensable nécessité. M. Laffitte accepta, et les deux amis se retirèrent, joyeux d'un résultat si inespéré.

A partir de ce jour, Hector réforme brusquement sa vie ; il dit adieu au jeu, aux plaisirs, aux réunions, aux distractions même les plus innocentes ; il travaille en secret, et lorsque la fin de l'année amène l'échéance de son premier engagement, c'est avec l'épaulette de sous-lieutenant et une somme de cinq cents francs qu'il se présente devant M. Laffitte. Le banquier l'accueille avec affabilité, et le complimente sur son avancement ; mais cinq cents francs ne forment qu'un acompte insignifiant qu'il ne veut pas recevoir. Hector doit donc les remporter et revenir l'année suivante ; le montant de ses économies fournira alors un chiffre plus digne d'entrer dans une des caisses les plus opulentes de l'Europe.

Au jour marqué, Hector revient tout fier et porteur d'une somme de douze cents francs. Même réception, même réponse de la part de M. Laffitte. Que sont pour lui douze cents francs?

— Tenez, mon ami, ajoute-t-il, je vais vous exprimer nettement ma pensée ; cela vous épargnera des courses inutiles. Je vous ai prêté six mille francs ; c'est six mille francs que je veux recevoir. Consacrez à les amasser tout le temps qui vous sera nécessaire, mais ne revenez que lorsque cette somme sera complètement réalisée. »

Ainsi qu'il est facile de le prévoir, plusieurs années s'écoulèrent avant que le sous-lieutenant pût satisfaire à cette dernière condition de M. Laffitte ; mais il n'y a pas d'obstacles insurmontables pour la persévérance, et Hector vit enfin luire le jour qui devait l'affranchir de cette lourde dette, longue punition d'un instant de folie. En même temps, son exactitude, son application lui avaient de plus en plus concilié l'estime et l'affection de ses chefs ; son avancement avait suivi une marche rapide, et il portait les brillantes épaulettes de capitaine, lorsqu'il franchit le seuil de l'hôtel Laffitte, un sac de six mille francs à la main. L'accueil qu'il reçut fut encore plus bienveillant que par le passé. M. Laffitte lui serra cordialement la main, le retint à dîner et le combla de marques d'intérêt.

— Mon ami, lui dit-il au dessert, en imprimant à son sourire une légère teinte de malice, j'offre de parier avec vous que vous éprouvez plus de bonheur à venir me rapporter cet argent qu'à me l'emprunter.

— Ah ! monsieur, ma reconnaissance...

— Ne parlez pas de reconnaissance. D'après l'opinion que j'ai conçue de votre caractère, je n'ignore pas ce que vous pouvez ressentir. Mais, dites-moi, cette somme représente sans doute bien des privations ; il vous a fallu vous retrancher bien des plaisirs et des jouissances permises. Ce serait une injustice de ma part de l'accepter aujourd'hui, et vous l'avez trop bien gagnée pour que j'hésite à vous prier de la garder ; c'est un petit présent que je vous fais pour vous mettre à même de suffire dignement aux dépenses que votre nouveau grade a dû vous nécessiter. En laissant si longtemps à votre disposition cet argent où vous pouviez puiser sans crainte, j'ai voulu éprouver votre force de volonté, et je suis heureux de voir que, si vous avez autrefois cédé à un moment d'entraînement, votre probité et votre délicatesse sont restées intactes. Allez, mon ami, je ne vous oublierai pas. »

Ce trait de générosité de M. Laffitte n'est pas le seul que nous pourrions citer. Personne ne l'emportait, dans sa manière d'obliger, sur cet homme que la fortune avait pris dans les plus humbles rangs de la soci[illegible] pour l'élever au faîte de la richesse et des honneurs.

XVII.

L'Aga et le Menuisier.

CONTE ORIENTAL.

DÉVELOPPEMENT.

Les Orientaux sont, de tous les peuples de la terre, ceux qui mettent le plus de lenteur dans leurs mouvements et leurs actions ; pour eux, courir est un véritable supplice. Aussi les Turcs étaient-ils émerveillés, en 1854, à l'aspect de la démarche vive, alerte de nos soldats ; ils ne savaient que s'écrier : Allah ! en levant au ciel des yeux pleins d'étonnement et d'admiration. Mais voici un trait qui peindra mieux que toutes les réflexions ce côté caractéristique de leur tempérament et de leur nature somnolente.

Un chérif aga voyait approcher l'heureux moment où un fils

ferait la joie de sa maison. Il alla commander un berceau à un pauvre menuisier du voisinage. « Travailler pour vous m'est un honneur, répondit l'artisan; seulement, comme je me trouve dans une position voisine de la gêne, je vous serais très obligé si vous vouliez bien m'avancer quarante piastres sur le prix de mon travail.

— Qu'à cela ne tienne, reprit l'aga: voici les quarante piastres dont vous avez besoin; mais que le berceau soit tôt achevé, car celui qui doit l'occuper ne tardera guère.

— Oh! seigneur aga, comptez sur ma diligence. »

Vint l'heure solennelle... Mais le bois qui devait servir à la confection du berceau se balançait encore dans la forêt, couvert de feuillage. Il fallut donc attendre, et l'on attendit : la patience est née en Orient. D'ailleurs, le nouveau-né se trouvait assez bien aux bras de sa nourrice, il n'élevait pas de trop bruyantes réclamations, et commençait consciencieusement l'apprentissage de cette résignation qui est la grande vertu des disciples de Mahomet. Bientôt il se mit à marcher, et naturellement on ne parla plus du berceau.

Les jours, les mois, les années s'écoulèrent.

> Petit poisson deviendra grand,
> Pourvu que Dieu lui prête vie;

et le puissant Allah prêta vie à notre bambin. Le voilà adolescent, puis homme fait, et, comme le célibat n'entre pas dans les mœurs orientales, il se maria. Bref, il ne tarda pas à avoir besoin lui-même de se pourvoir à son tour d'une barcelonnette. Il se souvint alors de la commande faite autrefois pour son propre compte, et dont son père lui avait parlé en riant quelques années après. « Bien, se dit-il, voici le cas, assurément, de rappeler sa promesse à ce trop négligent menuisier. Allons voir nous-même si ce fameux berceau est enfin terminé; quoique tard, il viendra encore à point. » Et, sans plus réfléchir, il se dirigea vers la demeure de l'artisan. Il trouva celui-ci accroupi dans son atelier, à la manière orientale, fumant son chibouk avec une sage lenteur, et exhalant chaque bouffée d'un air de satisfaction dédaigneuse. Après avoir entendu, superbe et impassible, la réclamation qui lui était adressée, il se leva, alla majestueusement prendre quarante piastres dans une bourse, et, les jetant aux pieds de son interlocuteur, il lui dit, la voix tremblante de colère : « Remportez votre argent; par Allah! souvenez-vous une autre fois que je n'aime pas travailler quand on me met ainsi le couteau sous la gorge. » Et, reprenant sa position, notre menuisier disparut bientôt au milieu d'un nuage de fumée odorante.

XVIII.

Le siège prêté et rendu.

DÉVELOPPEMENT.

Un seigneur avait un intendant; nous allons faire connaissance avec ces deux personnages.

L'hospitalité était la vertu de nos pères, c'était aussi celle du comte Henry; sa charité s'étendait à tout le monde; il était le père de ses vassaux, l'ami des malheureux, le bienfaiteur de toute la contrée.

L'égoïsme est le vice de notre époque; c'était sans doute, par système de compensation, celui de l'intendant Tape-dru : avare, dur pour ceux qui dépendaient de lui, cruel envers les malheureux, brutal envers tout le monde, il était généralement détesté.

Encore s'il eût racheté ces vilains défauts par quelque bonne qualité! S'il eût cherché à les faire oublier à force d'affection et de dévouement pour son maître! Mais les avares n'aiment personne. Notre grippe-sou volait le comte toute la journée; il n'était occupé qu'à escamoter le vin, les poulets et les chapons au profit de sa gourmandise, et les espèces sonnantes au profit de sa bourse, qui s'arrondissait de plus en plus. Gourmand, voleur et ingrat! Quelle peste! Fi! l'abominable serviteur!

Or, un jour c'était fête, et fête somptueuse; le comte avait invité chez lui tous ses vassaux. Partout les portes ouvertes, partout les tables dressées, partout l'abondance, le luxe et la profusion. Tape-dru enrageait.

— Oh! les bouches affamées, disait-il en grondant, avec quelle ardeur elles fonctionnent! C'est peut-être la première fois qu'elles mangent à leur appétit, et elles viennent ici se satisfaire à *nos* dépens! Courage, messieurs! Demandez, prenez, n'ayez pas de honte; on voit bien que vous n'êtes pas chez vous!

Dans ce moment, entre un bouvier crasseux, mal peigné et plutôt armé que chaussé d'une énorme paire de sabots; il venait, *alléché par l'odeur* et propriétaire d'un robuste appétit, puisé au travail de la charrue.

— Que vient faire ici ce coquin? s'écrie l'ordonnateur furieux.

— Eh parbleu! répond le bouvier, je viens manger, puisque le comte Henry régale; faites-moi donner une place, s'il vous plaît.

Mais toutes les places étaient prises; la salle est toujours pleine quand les billets ne coûtent rien. Cette demande et le ton un peu cavalier dont elle fut faite firent éclater l'orage.

— Tiens, gredin, reprend l'intendant en lui allongeant de toute sa force un coup de pied, je te prête ce siège ! veille à ce qu'on ne te l'enlève pas !

Le bouvier s'appelait Hercule et n'avait pas volé son nom ; il avait des bras à faire envie au fils d'Alcmène, et des poings à rendre Milon de Crotone jaloux ; mais ce n'était ni le lieu ni l'heure de s'en servir : il se contint donc et dévora... sa colère, faute de mieux.

Ce n'était pas précisément à coups de pied que le comte entendait qu'on reçût ses hôtes, ne fussent-ils que bouviers. Tape-dru n'était pas tranquille ; aussi jugea-t-il prudent d'expédier à sa victime une serviette et autre chose à dévorer que sa colère. L'homme se retira dans un coin, s'y arrangea comme il put, et dîna, le visage souriant, mais se disant *in petto* que, s'il rencontrait dans la soirée l'occasion d'une bonne vengeance, il ne manquerait pas de la saisir.

On passa ensuite dans une autre salle pour s'y livrer aux divertissements qui, dans une fête, suivent d'ordinaire un copieux repas. Malgré sa mauvaise humeur, le bouvier fit comme les autres, seulement il oublia de déposer sa serviette. Qu'en voulait-il faire ?

La soirée touchait à sa fin, lorsque le comte Henry, couvert d'une splendide robe d'écarlate, alla se placer sur un siège élevé, ayant à sa droite son *fidèle* intendant. Celui-ci, sur un ordre de son maître, après avoir réclamé et obtenu le silence, déclara que, pour couronner par un divertissement nouveau cette heureuse journée, le comte ferait présent de la robe dont il était revêtu à celui des assistants qui ferait le plus rire l'assemblée.

La robe était magnifique ; les convives, ayant *noyé leurs soucis dans les pots*, se sentaient merveilleusement disposés à rire ; il y avait de quoi tenter les bouffons. Le tournoi commença.

Ce furent des récits plus ou moins piquants, des tours de passe-passe plus ou moins subtils, des essais de toute sorte qui provoquèrent quelquefois de joyeux éclats de rire ; cependant le comte, lui, ne se déridait pas.

Il y eut les aboiements d'un chien, les miaulements d'un chat, le braiments d'un âne... improvisé ; le comte gardait toujours son sérieux, et la robe, objet de bien des convoitises, restait collée à ses épaules ; heureusement ce n'était pas celle du centaure Nessus !

Cependant Hercule et ses sabots n'avaient pas quitté la place. Le rancunier laboureur était là, son éternelle serviette à la main, regardant, écoutant comme les autres, riant parfois de tout son cœur ; il s'avança enfin au milieu de la salle. Son costume plus que modeste, sa mystérieuse serviette, ses redoutables sabots, son air décidé, eurent le privilège d'attirer tous les yeux et de captiver à l'instant l'attention générale. Quand il se vit le but de tout les regards, il marcha résolûment vers Tape-dru, fit le tour de la place, et, quand il en eut reconnu la partie faible, il lui décocha, à l'endroit où l'on s'asseoit, le plus vigoureux coup de pied que jamais bouvier eût octroyé à personne. Les sabots résonnèrent comme une catapulte et le majordome s'en alla tomber à dix pas. Hélas! son nez n'était pas aussi invulnérable que le talon d'Achille; lorsqu'on releva Tape-dru, le sang coulait à flots vermeils sur les dorures de son habit de gala.

Ce fut dans l'assemblée un moment de stupeur; les étrangers frémissaient, les gens du château se sentaient pris d'une furieuse envie de rire, mais ils n'osaient encore, retenus par l'air irrité de leur maître. Quant à Hercule, il n'avait rien perdu de sa première sérénité.

« Seigneur, dit-il en se tournant vers le comte, je vous rapporte votre serviette; quant au siège, je viens de le restituer à qui de droit. Il n'est rien de tel que les pauvres gens pour la probité : ils savent qu'il faut rendre au maître ce qui appartient au maître, et au valet ce qui revient au valet; je ne dois plus rien à personne. »

Plus un torrent a été contenu, plus il s'échappe avec force quand il parvient à rompre ses digues. Ceux qui avaient été témoins de la réception faite au bouvier donnèrent le signal, et bientôt un éclat de rire homérique réveilla tous les échos de la salle; il aurait réveillé des morts. La contagion ne tarda pas à gagner le comte lui-même, malgré les scrupules que sa bonté soulevait au fond de sa conscience; mais, quand il eut le dernier mot de l'aventure, il ordonna à son intendant de sortir de la salle. Le malheureux, rouge de sang et plein de confusion, sortit, *claudo pede*, portant la main à la partie blessée, poursuivi des huées de tous les assistants, et guéri, assure-t-on, de sa brutalité.

Hercule obtint la robe d'écarlate. L'histoire ne dit pas s'il s'en revêtit, mais convenez avec moi qu'il l'avait bien gagnée.

XIX.

Jeannette et Suzon.

DÉVELOPPEMENT.

Legouvé, l'auteur attendrissant du *Mérite des femmes*, se rendait à Dieppe, où l'attendait un vieil ami de collège pour la célébration d'une fête de famille. Un subit accès de fièvre le contraignit de s'arrêter dans une modeste auberge, et bientôt cette indisposition revêtant un caractère plus alarmant, son valet de chambre partit à la recherche d'un Esculape campagnard, non sans avoir adressé à l'hôtesse les plus chaudes recommandations concernant son maître : c'était M. Legouvé, un membre de l'Académie française, celui qui avait célébré en si beaux vers le Mérite des femmes ; il était digne de tous ses soins et de tous ses égards.

Peu d'instants après le départ du fidèle serviteur, deux jeunes dames, de l'extérieur le plus distingué, descendaient d'un riche équipage et demandaient une chambre pour quelques heures. C'étaient la baronne de *** et sa sœur, épouse d'un officier général. Elles se rendaient aussi à Dieppe, et, par une singulière coïncidence, elles étaient également invitées à la fête où devait se trouver Legouvé, qu'elles ne connaissaient point, mais qu'elles admiraient comme le chantre des tendresses maternelles et des dévouements féminins. La discrétion n'est pas l'ordinaire vertu d'une hôtesse, et les nobles étrangères ne tardèrent pas à apprendre que Legouvé lui-même, atteint de la fièvre, occupait une chambre voisine. La baronne et sa sœur échangent aussitôt un regard qui révèle une pensée commune. Elles vont remplacer leur toilette élégante par des habits de paysannes, s'appeler Suzon et Jeannette, et se constituer jusqu'au lendemain les gardes-malades de leur poète favori. Revêtues du costume de leur emploi nouveau, elles se présentent à Legouvé comme les nièces de l'aubergiste, et lui offrent leurs services jusqu'au retour du valet de chambre. Celui-ci revient avec le médecin, qui tâte le pouls au malade avec la gravité doctorale, ordonne une potion et se retire. Jeannette et Suzon font ensuite comprendre au vieux serviteur qu'il a besoin de sommeil et qu'il peut se reposer entièrement sur elles deux pour prodiguer au malade tous les soins que réclame son état. Abattu par la fièvre, Legouvé se contente de les remercier par un sourire, un geste affectueux, et s'assoupit aussitôt. Elles s'installent à son chevet, épient avec sollicitude chacun de ses mouvements et finissent par s'avouer que, de toutes les nuits passées dans les fêtes et dans les plaisirs, aucune ne leur a procuré plus de véritable bonheur. En jetant les yeux sur la table, la baronne aperçoit un livre dont la reliure magnifique provoque sa curiosité ; c'est le *Mérite des femmes*. Elles trouvent piquant de le lire en veillant leur auteur, et de traduire leurs impressions dans le style de leur rôle.

— Ma fine, dit Suzon, voilà un fameux livre ; si je l'avais à moi, je le saurais bientôt par cœur.

— Oui, répond Jeannette, ça donne une fière idée de nous ; une pareille lecture f'rait grand bien à nos maris.

— Si jamais j'peux découvrir où qu'ça s'achète, reprend Suzon, quand je devrais vendre ma croix d'or et mes pendants d'oreilles, j'veux me faire cadeau de c'trésor-là.

Les deux sœurs continuèrent cette conversation jusqu'à ce que Legouvé, entraîné par l'émotion que ces éloges naïfs ont fait naître en lui, s'écrie tout à coup :

— Eh bien! je vous donne ce livre; acceptez-le, et jamais il n'aura été mieux compris; jamais il n'aura éveillé une admiration plus ingénue, et d'autant plus douce au cœur de son auteur.

Les gardes-malades se confondent en remercîments, pendant que le poète, saisissant une plume, trace sur le premier feuillet du livre : *Offert par Legouvé à Jeannette et à Suzon.*

Le lendemain matin, après une nuit calme que remplirent les rêves les plus riants, la fièvre avait disparu, et Legouvé put repartir pour Dieppe, où il ne tarda pas à embrasser son ami d'enfance. Le soir, en se présentant au salon, où se pressait une foule avide de connaître l'illustre écrivain, il salua d'abord vaguement et sans distinguer personne. Tout à coup il reste immobile au milieu d'un salut, les yeux ouverts démesurément, la bouche béante, et donnant tous les signes d'une profonde stupéfaction; il veut parler et la voix expire sur ses lèvres : *vox faucibus hæsit*, comme dit le poète. Parmi ces femmes qui font cercle autour de lui, il a reconnu Jeannette et Suzon, non plus en jupes courtes et bonnets ronds, mais parées d'une toilette splendide, les cheveux ornés de fleurs et le cou brillant de pierreries. Les deux sœurs s'approchent et vont jusqu'à lui demander la cause de l'émotion qu'il semble éprouver à leur vue... Tout le monde cherche la raison de la surprise empreinte sur ses traits. Legouvé raconte l'aventure de l'auberge.

— Non, dit-il en terminant, une telle ressemblance n'a jamais existé dans la nature.

Cependant il doute encore, devant les dénégations des deux jeunes femmes, qui ne veulent pas encore livrer leur secret.

Bientôt l'on se met à table, et au dessert on prie le poète de lire quelques passages du *Mérite des femmes;* mais cela lui est impossible : il n'avait qu'un exemplaire de son ouvrage, qu'il destinait à la femme de son ami, et il en a fait présent à ses gardes-malades.

— Qu'à cela ne tienne, M. Legouvé, lui dit alors la baronne, j'ai ici votre poème, et je puis vous le prêter.

L'exemplaire est remis à Legouvé, qui reste frappé d'une nouvelle surprise en reconnaissant le sien; il l'ouvre avec précipitation et trouve au premier feuillet les mots qu'il avait tracés.

— Je ne m'étais donc pas trompé! s'écrie-t-il dans un transport de joie inexprimable, pendant que les deux sœurs échangeaient un malicieux sourire, je revois Jeannette et Suzon. Je croyais avoir montré dans votre sexe tout ce qui peut le faire admirer, mais je vois que tous les modèles sont loin de figurer dans le *Mérite des femmes*.

XX.

Un Bonhomme.

DÉVELOPPEMENT.

Barthélemy pêchait à la ligne sur les bords de la Loire, près du prieuré de Saint-Côme, aux environs de la ville de Tours. Coiffé d'un fichu de soie, négligemment noué autour de sa tête, vêtu d'une longue houppelande grise qui rappelait les goûts antiques de son propriétaire, muni d'un petit panier renfermant ses amorces et un frugal déjeuner, il réalisait ainsi le type du véritable pêcheur campagnard, et personne ne se fût avisé de le prendre pour l'illustre auteur des *Voyages d'Anacharsis*. Pendant qu'il suivait d'un œil attentif le léger morceau de liège flottant sur l'eau, il entendit les voix de deux personnes, dans un bosquet auprès duquel il était assis, s'entretenant avec animation des beautés d'un livre alors tout nouveau, les *Voyages d'Anacharsis*. Agréablement surpris, il écarte doucement quelques branches et aperçoit deux jeunes officiers en petite tenue du matin, tenant ouvert ce chef-d'œuvre, déjà répandu par toute la France.

— Quel spectacle imposant, disait l'un, l'auteur déroule à nos regards! Quel magnifique abrégé de l'histoire!

— Que ce siècle de Périclès, disait l'autre, est vigoureusement dépeint! comme Barthélemy sait mettre en relief tous ses héros, et les faire revivre à nos yeux!

— Peut-on, reprenait le premier, répandre des couleurs plus vraies et plus poétiques sur ces jeux, ces fêtes, ces assemblées solennelles où toute la Grèce était conviée?

— Quelle mort, ajoutait le second, est comparable au trépas héroïque d'Epaminondas, expirant avec joie à la nouvelle de sa dernière victoire, les yeux fixés sur son bouclier?

Et tous deux, à l'envi, citant les passages qui les ont le plus impressionnés, oublient, au milieu de la Grèce, qu'ils sont sur les bords de la Loire.

Prêtant à ses discours une oreille attentive, Barthélemy savourait intérieurement son triomphe et laissait sa ligne s'égarer au milieu des eaux; les poissons en profitaient pour dévorer impunément l'appât qui leur était offert. Cependant la matinée s'avançait, et lorsque les deux amis se levèrent, le soleil dardait perpendiculairement ses rayons sur leur tête. Inquiets et ne pouvant se rendre compte exactement de l'heure, parce qu'ils étaient sortis de la ville sans se munir de leurs montres, ils font quelques pas et aperçoivent le pêcheur, en qui son modeste costume les disposait peu à voir l'écrivain célèbre qui venait d'exciter leur admiration. Ils lui adressent familièrement la parole :

— Bonhomme, pourriez-vous nous dire l'heure qu'il est en ce moment?

— A peu près midi, leur répondit-il après avoir regardé le soleil.

— Midi! répéta l'un d'eux; en ce cas, nous sommes en retard, et nous n'arriverons jamais pour la parade.

— Gare les arrêts! ajoute son ami, car le major est inflexible. Il serait cependant bien dur de ne pas assister demain à la soirée de l'intendant!

— D'autant plus que Barthélemy doit s'y trouver, comme ami de l'intendant, chez qui il demeure en ce moment, et que nous serons privés du plaisir de le voir, pour avoir trop goûté celui de le lire.

Barthélemy a entendu une partie de cette conversation, pendant que les officiers s'éloignaient rapidement. Il s'empresse lui-même de revenir à Tours, et se présente chez le major du régiment dont ces jeunes gens faisaient partie. Il est reçu avec les égards que commandait sa célébrité.

— Monsieur, dit-il au major, deux de vos officiers ont dû manquer aujourd'hui à la parade.

— Il est vrai, monsieur l'abbé, et en ce moment même ils se rendent aux arrêts pour huit jours.

— Eh bien! je prends la liberté de venir auprès de vous solliciter leur grâce, car ils sont complètement innocents; moi seul je suis coupable de leur infraction à la discipline.

Et Barthélemy raconta ce qui s'était passé le matin. Par considération pour le talent de son visiteur, le major réduisit d'abord les arrêts de huit jours à trois; mais alors Barthélemy lui ayant demandé la faveur d'aller partager la captivité des deux officiers, compensation qu'il leur devait bien :

— Dieu me garde, monsieur l'abbé, répondit le major, de retenir prisonnier l'illustre guide d'Anacharsis; je vais immédiatement faire rendre la liberté à vos protégés. » Et Barthélemy se retira avec la satisfaction d'avoir réparé le mal qu'il avait causé si involontairement. Quant à ses admirateurs, ils furent agréablement surpris d'une indulgence qui n'était point dans les habitudes du major, mais néanmoins ils n'osèrent lui demander aucune explication à cet égard. Il la leur eût du reste refusée, ayant promis à Barthélemy de tenir secrète sa démarche.

Le lendemain eut lieu la fête donnée par l'intendant. On y remarquait tout ce que la ville de Tours renfermait de notables et de personnages de distinction, attirés moins par l'éclat de cette soirée que par l'espoir d'approcher l'auteur d'un ouvrage dont le succès retentissait alors par toute la France. Barthélemy apparaît, et aussitôt il est entouré d'une foule respectueuse, empressée à lui rendre ces hommages sincères qu'on n'accorde qu'au vrai mérite et au talent modeste. Cependant il semble distrait, ses regards errent de tous côtés, paraissant chercher quelqu'un ; mais enfin ils se reposent avec un imperceptible sourire sur deux jeunes officiers, au brillant uniforme, qui font tous leurs efforts pour l'aborder. A sa vue, ils ont tressailli en même temps.

— Remarques-tu, dit l'un d'eux à son camarade, comme Barthélemy ressemble à notre pêcheur de la Loire?

— C'est extraordinaire. Serions-nous donc assez malheureux pour avoir appelé bonhomme l'auteur d'*Anacharsis?*

Ils arrivent enfin jusqu'à lui, pleins d'un trouble qui se reflétait sur leur physionomie. Barthélemy semble lui-même embarrassé, ce qui confirme leurs soupçons ; il les accueille néanmoins d'un air affable, mais sans faire la moindre allusion aux événements de la veille. Comment savoir la vérité? Aucun moyen ne se présentait à leur esprit, lorsque, peu d'instants après, ils virent Barthélemy et le major s'entretenir familièrement dans l'embrasure d'une croisée, et jeter sur eux des regards accompagnés chaque fois d'un sourire significatif. Ils s'approchent alors insensiblement, sans paraître diriger leur attention de ce côté, et bientôt ils entendent le grand écrivain dire au major à demi-voix :

— Vraiment, monsieur le major, c'eût été dommage de priver ces deux jeunes gens d'assister à cette fête ; avouez qu'ils ne méritaient pas une punition si sévère, pour s'être oubliés quelques moments à lire *Anacharsis.*

— C'est lui! s'écrièrent à la fois les deux officiers, c'est lui!

Et déjà ils se sont emparés des mains de Barthélemy, qu'ils serrent avec effusion et reconnaissance.

— Parbleu! monsieur l'abbé, lui dit le major, je suis heureux que vous m'ayez délié de ma promesse à l'égard de ces messieurs, car vous venez de vous dénoncer vous-même.

Aussitôt, grande rumeur dans le bal ; on s'empresse autour du groupe formé par nos personnages, on veut connaître la cause de l'exclamation poussée en même temps par les deux officiers. Ceux-ci racontent alors l'aventure de la pêche, les circonstances qui l'ont suivie, et chacun sent croître encore d'un degré son admiration pour l'écrivain illustre qui unissait une si touchante *bonhomie* au vrai talent et à une célébrité si justement acquise.

XXI.

Le fauteuil de M. Ampère.

DÉVELOPPEMENT.

En 1806, à une séance solennelle de l'Académie des sciences, M. Ampère occupait la tribune et lisait un mémoire dont l'importance captivait entièrement l'attention de l'illustre assemblée. Son organe clair et vibrant dominait les murmures d'approbation qui accueillaient le savant exposé d'une nouvelle découverte, et les applaudissements arrivaient à demi étouffés aux oreilles flattées de l'orateur, lorsque la porte de la salle s'ouvrit silencieusement et livra passage à un homme de petite taille, revêtu d'habits bourgeois d'une grande simplicité. Son entrée sembla néanmoins exciter une profonde sensation, car, dès qu'il parut, tous les membres de l'Académie se levèrent en signe de respect et par un mouvement spontané; mais il fit un geste de la main, indiquant son désir de voir cesser aussitôt toute démonstration, puis, s'avançant sur la pointe du pied et sans bruit, pour ne point troubler la séance, il se dirigea vers le fauteuil que M. Ampère avait laissé vacant, et s'y installa avec autant d'assurance que s'il en eût été le véritable propriétaire. Quant au célèbre académicien, il était tellement absorbé par la lecture de son mémoire, que l'incident lui échappa. Sa lecture terminée, il descendit de la tribune, au milieu d'applaudissements dont l'inconnu donna lui-même le signal, puis il se hâta de regagner sa place. Mais quelle ne fut pas sa stupéfaction en trouvant son siège occupé! N'eût été sa gravité de savant et la solennité de la circonstance, il se fût peut-être écrié comme Jean Lapin :

> Holà! madame la belette,
> Que l'on déloge sans trompette!

mais il se contenta de tourner autour de son fauteuil, comme un général fait le tour d'une ville qu'il assiège, afin de découvrir l'endroit faible par où il tentera l'assaut. Sans oser même adresser la parole au *nouvel occupant*, et ne pouvant parvenir à le reconnaître, parce qu'il avait la vue très basse, il se contentait de grommeler entre ses dents, et ne savait plus quelle contenance tenir devant l'impassibilité complète de l'inconnu, lorsqu'il s'avisa d'implorer l'intervention du président.

— Je dois vous faire observer, monsieur le président, dit-il d'un air visiblement désappointé, que des personnes étrangères à l'Académie occupent des sièges exclusivement réservés aux membres de la compagnie.

— Je vous demande pardon, monsieur Ampère, lui répondit le

président avec un malicieux sourire; la personne qui occupe en ce moment votre fauteuil appartient à l'Institut.

— Ah! de quelle date et de quelle section, s'il vous plaît, demanda le savant mathématicien en s'adressant à l'inconnu.

— Du 8 nivôse an VII de la République, répondit ce dernier, section de mécanique.

M. Ampère s'empresse de consulter le registre des inscriptions, et, à la section de mécanique, il trouve cette mention : 8 *nivôse, an VII de la République française, le citoyen Bonaparte.*

C'était lui en effet, l'empereur, qui était venu, au milieu des paisibles travaux de la science, se délasser un instant des rudes soucis du pouvoir et de l'ambition.

Le registre s'échappa des mains de M. Ampère, qui faillit tomber à la renverse. Honteux et presque tremblant, il revint vers Napoléon, balbutiant des excuses inintelligibles. L'empereur s'était levé, et, avec un de ces sourires d'une amabilité irrésistible, parce qu'il ne les prodiguait pas : « Reprenez votre fauteuil, dit-il à M. Ampère, et gardez-le aussi longtemps que possible; vous nous causeriez trop d'embarras pour vous trouver un successeur. Les soins de mon gouvernement me laissent de trop rares occasions de satisfaire aux devoirs que m'impose mon titre de membre de l'Institut, et cependant ce n'est pas celui dont je suis le moins fier; mais aussi je m'expose à ne pas être reconnu par mes collègues, ce qui ne nous serait pas arrivé à tous deux, monsieur Ampère, si vous veniez plus souvent aux Tuileries.

— Sire, mes travaux...

— Bien, bien, nous en parlerons ensemble. Venez demain au dîner, nous causerons comme deux académiciens. Au revoir, monsieur Ampère; au revoir, messieurs.

Et Napoléon, saluant l'assemblée par un geste gracieux, se retira au milieu des cris de *Vive l'empereur!* Tous les membres de l'Institut durent être fiers de ces marques de distinction accordées à l'un des plus illustres d'entre eux, et qui rejaillissaient sur le corps tout entier.

XXII.

La témérité punie et la valeur récompensée.

DÉVELOPPEMENT.

Après la bataille de la Bicoque, qui eut lieu sous François Ier en 1522, le marquis de Pescaire, déjà bien glorieux de l'avantage qu'il avait remporté sur les Français dans un genre de combat où ils ne voulaient point reconnaître d'égaux, songeait à se rendre recommandable par quelque autre service plus important. Son immense fortune lui avait permis de lever à ses frais douze cents gentilshommes ou vieux soldats, qu'il avait couverts d'armures dorées et qu'on nommait les braves de Naples. Voulant les mettre à portée de se distinguer autrement que par la richesse de leurs armes, il alla les établir sur le sommet d'une montagne escarpée qui formait un poste avantageux, et, les ayant encouragés à s'y fortifier promptement, il courut leur chercher du renfort, au cas qu'ils fussent attaqués, comme on devait s'y attendre.

En effet, le maréchal de Brissac, commandant l'armée française, comprit si bien la nécessité de les déloger de ce lieu, que, rassemblant toutes les troupes dont il pouvait disposer sans trop dégarnir la frontière, il vint investir la montagne. Il sépara en trois divisions ses corps de troupes, qui, partant par des routes différentes, lorsqu'il donnerait le signal, devaient arriver en même temps au sommet; mais comme il avait à craindre que Pescaire ne survînt au moment de l'attaque et ne le mît entre deux feux, il coupa par des tranchées et fit garder par des détachements les seuls chemins par où l'ennemi pouvait aborder.

Il achevait ses dispositions, et n'avait pas encore donné le signal de l'attaque, lorsqu'il entendit des cris redoublés partir dans la direction d'un de ses corps. Il lève les yeux et aperçoit un soldat d'une haute taille, qui, sorti des rangs, court à l'ennemi, décharge à bout portant son arquebuse, la jette par terre, et, l'épée à la main, s'élance dans les retranchements; ses compagnons, après l'avoir inutilement rappelé par leurs cris, transportés de la même ardeur, courent pêle-mêle après lui pour le soutenir ou pour le dégager. Le maréchal, outré de dépit, mais cachant ce qui se passait au fond de son cœur, donna aux deux autres divisions le signal de l'attaque : elle se fit avec plus de régularité que ce début ne semblait l'annoncer. Les braves de Naples se battirent en désespérés : enveloppés de tous côtés, accablés par le nombre et n'ayant pu réussir à se frayer une issue l'épée à la main, ils se firent tuer jusqu'au dernier. A peine le combat était-il achevé, qu'on vit arriver le marquis de Pescaire avec douze cents chevaux et trois mille arquebusiers. S'apercevant que ses gens étaient défaits, et que les Français étaient maîtres de la montagne, il se retira sans entreprendre de forcer les barrières qui lui en défendaient l'approche.

N'ayant plus rien à craindre de la part de l'ennemi, le maréchal songea à distribuer des récompenses à ceux qui les avaient méritées. Il établit son tribunal dans le lieu même où s'était passée l'action. Douze soldats vinrent successivement déposer à ses pieds les enseignes qu'ils avaient prises sur l'ennemi; il leur passa au cou une chaîne d'or, d'où pendait une médaille du même métal frappée à son coin; il loua publiquement ceux des officiers qui s'étaient particulièrement distingués, et promit de les recommander au roi; enfin il parla avec intérêt du brave guerrier qui avait montré une valeur plus qu'humaine, en se précipitant seul au milieu des ennemis, et parut regretter que la mort sans doute ne lui eût pas permis de se présenter avec les autres pour recevoir le prix dû à son action. Un officier, qui se trouvait présent, répondit que ce brave n'était pas mort ni même blessé, et que la honte seule l'avait empêché de se présenter.

— Je veux le voir, répondit Brissac, et je vous charge de me l'amener.

Tandis que le capitaine s'acquittait de cette commission, le maréchal mandait près de lui le prévôt de l'armée. Dès que le coupable s'approcha, il lui dit d'un ton sévère :

— Soldat, quel est ton nom et d'où es-tu?

Le jeune homme répondit avec embarras qu'il appartenait à la famille du sire de Boisi et qu'il en portait le nom.

— La chose étant ainsi, je ne serai point ton juge, puisque ma famille est alliée à la tienne; mais, fusses-tu mon fils, je ne t'épargnerais pas après la faute que tu viens de commettre. Malheureux! quel exemple as-tu donné au reste de l'armée! Prévôt, qu'on le charge de fers et qu'on le garde soigneusement; votre tête me répondra de la sienne.

A cet ordre imprévu et exécuté sans ménagement, la tristesse et le dépit se peignirent sur tous les visages. Les soldats détournaient la vue; quelques-uns s'enfuirent pour n'être pas témoins d'un si navrant spectacle. La présence du général et l'habitude de l'obéissance eurent pourtant assez de force pour contenir dans ce premier moment les mains et les paroles des soldats; mais sous les tentes et loin des yeux du chef, Boisi devint le sujet de leurs entretiens et d'une foule de réflexions douloureuses.

« C'était à lui seul, disait-on, qu'était due la victoire; sans lui, sans son heureuse audace, Pescaire serait arrivé avant qu'on eût livré l'assaut. Si l'on eût risqué l'attaque quatre heures plus tard, les troupes s'y seraient-elles portées avec le même entrain, en apercevant sur leurs épaules une armée prête à les assaillir? Une ardeur de jeunesse, un désir immodéré de gloire lui avaient fait oublier les règles d'une austère discipline. Cette faute involontaire était-elle impardonnable? Ne l'avait-il pas suffisamment expiée, en se dévouant lui-même pour le salut de la patrie, et la fortune, en l'arrachant à une mort certaine, ne l'avait-elle pas suffisamment absous? »

C'était principalement sur le maréchal que tombaient les plaintes. « Quelle astuce il avait employée pour s'assurer d'un homme simple et sans défiance! S'il se croyait offensé, que ne le témoignait-il? S'il ne cherchait qu'un prétexte pour être dispensé de récompenser une action éclatante, à quoi bon sévir? Content de l'hommage volontaire de ses compagnons, Boisi ne demandait ni grâces ni décorations. Convenait-il à un maréchal de France de recourir au mensonge et à la duplicité pour le découvrir et le perdre comme un coupable? Reconnaissait-on à ce trait un général qui voulait qu'on le regardât comme le père de ses soldats et le partisan déclaré de la valeur, quelque part où elle se trouvât?... »

Le maréchal, à qui ces murmures ne déplaisaient pas jusqu'à un certain point, jugeant cependant qu'il était dangereux de laisser trop longtemps fermenter l'irritation, assembla un conseil de guerre, sur lequel il se déchargea du soin de juger Boisi, qu'il avouait pour son parent, mais que, par cette raison même, il abandonnait à la sévérité des lois.

Forcés de se conformer à la lettre des ordonnances royales, les principaux officiers de l'armée, réunis en conseil, quoique touchés de pitié et d'une sorte d'admiration pour le coupable, le condamnèrent unanimement à mort; mais ils supplièrent le maréchal de considérer la nature de la faute, l'âge du coupable, sa conduite précédente, le vif intérêt qu'il avait su inspirer à toute l'armée, et, puisqu'il n'était échappé à la mort que par une sorte de miracle, de ne pas se montrer plus cruel que les ennemis; en un mot, ils lui demandaient de se contenter de la peine qu'il lui avait déjà infligée, en le tenant quinze jours dans une situation pire que la mort.

Le général, sans expliquer encore ses intentions, fit entrer le prisonnier dans la salle du conseil et lui dit : « Malheureux Boisi, reconnais toute l'énormité de ta faute, et, sans te faire illusion sur l'événement qui ne dépendait pas de toi, confesse qu'en méprisant mes ordres, qu'en troublant mes opérations, tu as exposé les armes du roi à recevoir un affront, et donné à tes pareils un exemple qu'il ne convenait pas de laisser impuni. Aussi les seigneurs que tu vois assemblés t'ont-ils unanimement condamné à mort. Leur devoir les y forçait, mais ils ont eu pitié de ta jeunesse et sont devenus tes intercesseurs. Je t'accorde la vie; mais je t'avertis en même temps qu'elle n'est plus à toi : elle m'appartient tout entière, et je ne t'en laisse la jouissance qu'en me réservant le droit de te la redemander toutes les fois que le service du roi l'exigera. Approche, et, délivré des chaînes qui ont été le châtiment et l'expiation de ta faute, viens recevoir de ma main le prix de ta valeur et le gage de ton dévouement. »

En achevant ces mots, il lui attacha autour du cou une chaîne d'or deux fois plus pesante que celles qu'il avait distribuées aux douze braves qui lui avaient apporté les drapeaux pris sur l'ennemi, et lui dit d'aller trouver son écuyer, qui lui délivrerait un cheval d'Espagne, une armure complète, et un équipage pareil à celui de ses autres gardes, au nombre desquels il le retenait.

XXIII.

Le Drapeau du tailleur.

DÉVELOPPEMENT.

Le tailleur a aussi ses fastes dans les contes orientaux, et cet honneur lui était bien dû, à lui, le seul qui, par ce temps de progrès, a conservé la manière de s'asseoir particulière aux habitants de ces contrées; mais ce qui nous semble moins explicable, c'est que les écrivains de l'Orient, malgré la sympathie que le tailleur a dû leur inspirer, l'aient précisément choisi pour type de l'homme qu'un vice enraciné ramène fatalement à de coupables habitudes, en dépit des avertissements que sa conscience agitée lui prodigue.

Un des tailleurs les plus renommés de la ville de Canton, le tailleur à la mode, le tailleur de tous les mandarins du bouton bleu, tomba un jour dangereusement malade, et eut, dans un songe ou dans un accès de délire, une vision vraiment extraordinaire : il lui sembla qu'il voyait dans les airs flotter un immense drapeau, composé de mille étoffes de différentes couleurs. L'ange de la Mort déployait d'une main cet étendard d'un nouveau genre et l'agitait d'une façon menaçante aux regards du tailleur, tandis que de l'autre il lui assénait sur la tête mille coups de massue dont un seul eût suffi pour briser le crâne d'un éléphant. Comme le malheureux halluciné se demandait quelle pouvait être la signification de ce drapeau fantasmagorique, il crut reconnaître les divers morceaux d'étoffe dont il avait fait son profit aux dépens de ses clients. « Oui, se dit-il, voici la robe du vieux marchand, mon voisin; cet autre lambeau me rappelle l'habit que j'ai confectionné pour le mariage du mandarin Pa-tchou-li; voilà bien le riche manteau de soie que m'avait demandé le gouverneur de Canton, et dont une partie m'a fourni un magnifique pantalon; enfin, je reconnais... » Oh! terreur! c'était un splendide spécimen de la robe que le chef du Céleste-Empire porte dans les grandes cérémonies. A peine avait-il entrevu cette pièce accusatrice, que le malheureux tailleur reçut de l'ange de la Mort un si terrible coup de massue, qu'il... se réveilla. Il était trempé d'une sueur froide et tremblait de tous ses membres. Il promit alors à Confucius, s'il recouvrait la santé par sa puissante intercession, d'être désormais le plus irréprochable tailleur de l'empire du Milieu. Confucius l'entendit, et bientôt notre homme put se remettre à manier l'aiguille et les ciseaux, mais sans distraire la moindre parcelle des étoffes qu'on lui confiait. Toutefois, comme il se défiait de lui-même, il recommanda expressément à son premier commis de lui rappeler le terrible drapeau à chaque nouvel habit qu'il couperait. Pendant quelque temps, il se montra assez docile à ces avertissements; mais, à mesure que l'époque de sa maladie s'éloignait, le souvenir de l'ange funèbre s'affaiblissait dans son esprit. Enfin, un des plus riches mandarins de la ville lui ayant commandé un habillement d'une étoffe très riche, il ne put résister à cet appât; sa résolution, mise à une épreuve trop forte, fit naufrage : il leva un large tribut sur le tissu précieux. Le commis essaya inutilement de lui rappeler sa promesse solennelle et lui fit de nouveau la peinture de son rêve sous les couleurs les plus effrayantes. « Tu m'ennuies avec ton drapeau, lui dit le tailleur impatienté; j'ai remarqué qu'il y manquait quelques morceaux indispensables pour le rendre complet, et précisément de la nuance de cette étoffe. Elle vient donc à point pour combler cette lacune. » Et les larges ciseaux du tailleur entrèrent en jeu... pour rendre le drapeau irréprochable.

XXIV.

Les couplets de Laujon.

DÉVELOPPEMENT.

Rappeler le nom de Laujon, c'est évoquer le souvenir de ce vénérable doyen du Caveau, où retentirent si souvent les joyeux refrains de Panard, de Collé et de Désaugiers; c'est faire revivre la mémoire aimée de l'Anacréon moderne, de cet octogénaire dont la muse ne se refroidit pas avec l'âge, et que ses manières enjouées, sa verve intarissable rendirent l'idole des meilleures sociétés de son temps. Il ne cessa de composer, de chanter jusqu'à son dernier jour, et son répertoire est une des sources les plus abondantes où puisse s'alimenter la vieille gaieté gauloise. C'est à travers les ombreuses allées du Luxembourg ou des Tuileries qu'il aimait surtout à s'abandonner aux caprices subits de l'inspiration; ses plus charmantes productions ont vu le jour sous le vert feuillage de leurs marronniers séculaires. Il était lié de la plus étroite amitié avec le comte de M..., qui avait été constamment pour lui un Mécène aussi bienveillant qu'éclairé, et qui l'avait aidé à franchir le seuil du temple académique. Le chansonnier se plaisait à faire de poétiques allusions à ce souvenir; mais jamais son cœur ne s'ouvrait mieux aux inspirations de la reconnaissance que le jour où, chaque année, les nombreux amis du comte se réunissaient pour célébrer l'anniversaire de sa naissance. Aux suaves parfums de leurs bouquets, il mêlait le charme de ses vers pleins de grâce et d'enjouement, et le délicat hommage qu'ils renfermaient toujours était pour le comte l'attrait le plus désiré de ces réunions, où l'on couvrait de roses le sentier aride que parcourait le vieillard.

Au retour de l'un de ces anniversaires, Laujon se rendit chez le comte, où devait se rassembler une société brillante de littérateurs et d'hommes du monde. Ne composant jamais qu'en marchant, et sûr de sa prodigieuse facilité, il se dirigea d'abord vers le jardin des Tuileries, songeant aux couplets qu'il devait chanter au dessert. Assis sur une chaise au pied d'un marronnier, il les fredonnait à demi-voix pour mieux en sentir le rythme et la cadence. Un jeune écrivain, également invité au festin annuel, aperçoit le vénérable doyen du Caveau dans cette attitude, absorbé tout entier par l'inspiration et déclamant ses rimes à mesure qu'elles semblaient éclore, comme Minerve sortit tout armée du cerveau de Jupiter. Une idée originale se présente tout à coup à son esprit; il s'avance doucement derrière l'arbre, tire ses tablettes et écrit les vers de Laujon à mesure que celui-ci les livre à son oreille indiscrète. Le travail achevé, il s'esquive adroitement et se rend au lieu de la réunion. Le chansonnier ne tarda pas à arriver lui-même, et le dîner commença sous les auspices de la gaieté et de l'appétit. Chacun attend le dessert, moment solennel où les poëtes de l'assemblée devront lutter de verve, de grâce et d'entrain. De temps en temps, le comte jette sur Laujon un regard qui exprime tout ce qu'il espère de son talent et de leur vieille amitié. Il sait que personne ne possède l'art de louer avec un charme plus piquant, une délicatesse de sentiments plus vive et plus touchante. Les athlètes les plus redoutables n'osaient entrer en lice avec lui, dans cette circonstance où il retrouvait, sous ses cheveux blancs, la fraîcheur et l'inspiration de la jeunesse.

Enfin, l'assaut poétique commence, et l'encens du Parnasse fume de toutes parts autour du comte, qui veut que les vers de Laujon soient entendus les derniers, qu'ils couronnent cette charmante soirée comme un bouquet de feu d'artifice. Le tour du jeune poëte arrive; il se lève et chante d'une voix douce et vibrante des couplets où l'esprit le dispute à la grâce et à la finesse. Chacun est dans l'enthousiasme. « C'est charmant! divin! s'écrie-t-on de tous côtés. Le comte prodigue ses plus gracieux sourires à l'auteur heureux et triomphant. Quant au doyen du Caveau, à Laujon, qu'on juge du bouleversement de ses idées! Ce sont ses propres couplets qu'il vient d'entendre!... Il est cependant bien certain de ne les avoir montrés à personne. « Serait-il possible, se dit-il, qu'ayant à travailler sur le même thème, pour la même circonstance, nous nous soyons rencontrés si exactement sur le rythme, la mesure, le nombre des strophes, les pensées, les expressions? » Supposition inadmissible! Mais peut-être a-t-il perdu son brouillon... Il se fouille vivement, et sa surprise redouble en retrouvant ce papier dans la poche où il l'avait placé. Il doute s'il rêve, il se perd en conjectures et sur ses traits se répand un trouble inexplicable pour tout le monde.

Enfin la ronde est épuisée; c'est à Laujon à se faire entendre. Tous les regards se fixent avidement sur lui, et le comte, par un geste bienveillant, semble l'encourager à joindre un dernier bouquet à la couronne qu'on vient de lui tresser. Mais quelle n'est pas la stupéfaction générale, lorsque le moderne Anacréon, les yeux baissés et confus, la voix basse et altérée, répond qu'il n'a rien à chanter! Personne ne peut en croire ses oreilles. Ce chansonnier si enjoué, si aimable, doué d'un talent si souple et si fidèle à l'inspiration, ce vieil ami du comte, rester muet dans une telle circonstance! quel mystère cache ce silence obstiné? Laujon a-t-il peur de ne pouvoir éclipser son jeune rival? Mille suppositions naissent dans les esprits, et personne ne trouve la clef de cette énigme.

— Messieurs, dit alors le comte d'un air évidemment désappointé, le vrai mérite a quelquefois ses caprices, sachons les respecter.

Laujon n'ignore pas les commentaires malveillants qui commencent à se faire sur son compte; il sait qu'il blesse la fierté d'un homme exigeant et susceptible, mais il se tait et souffre, plutôt que de se déclarer l'auteur des couplets, et de briser ainsi, à son début, la carrière d'un jeune littérateur plein d'avenir.

Cependant on ne peut se résigner à ce silence inattendu; chacun presse Laujon, le provoque du geste et de la parole; le plagiaire lui-même joint ses instances à celles de tous les convives.

— C'est assez, messieurs, dit le comte paraissant blessé, laissons M. Laujon suivre ses caprices, mais je n'aurais jamais cru qu'il leur eût obéi jusqu'à froisser à ce point les sentiments d'une véritable amitié.

— Monsieur le comte, dit alors en se levant le jeune écrivain, jugeant que cette scène inexplicable s'était peut-être trop prolongée, jamais notre vénérable doyen n'a mieux mérité le nom de votre ami; jamais, messieurs, continua-t-il en s'adressant aux convives, il n'a été plus digne de nos hommages et de notre admiration.

Et il raconta alors ce qui s'était passé au jardin des Tuileries

— Ah! mauvais sujet, s'écria Laujon avec un long et bruyant soupir, maudit espiègle! De quel poids affreux vous me soulagez! Je vous ai pris pour un effronté plagiaire, et cette ovation qui vous accueillait tout à l'heure!...

— Vous appartenait, et néanmoins, je le vois, vous ne vouliez pas me dévoiler.

— Que voulez-vous? dit Laujon rougissant et embarrassé de ce silence presque sublime, c'eût été vous perdre, et les débuts dans la carrière des lettres sont si importants!

Tous les convives alors se lèvent et acclament le vieux chansonnier; le comte lui-même, honteux de ses soupçons, lui prend la main, qu'il serre avec effusion, et tous ensemble le prient de chanter lui-même ses couplets. Il se rend aussitôt à cette prière, et, se livrant sans contrainte à toute sa verve, il chante son vieil ami avec un entrain doublé par l'émotion qu'il éprouvait en ce moment. Les applaudissements redoublent, les transports d'admiration éclatent autour de ces deux aimables vieillards, et un toast porté avec enthousiasme couronna cette soirée, dont chacun des convives conserva le plus attendrissant souvenir.

XXV.

Tamerlan et la Fourmi.

DÉVELOPPEMENT.

Tamerlan, le fameux conquérant tartare, ne parvint point sans soutenir de longues et terribles luttes à la domination universelle de l'Asie. Un jour, après avoir éprouvé des échecs successifs, brisé de fatigue et l'âme découragée, il s'était retiré dans une grange pour y chercher dans le sommeil une diversion à ses pensées pénibles. Mais le sommeil fuyait ses paupières, tant son esprit était agité et par les périls du moment et par les préoccupations de l'avenir.

Un rayon de soleil, qui pénétrait entre deux ais mal joints de la toiture, le rendit alors témoin d'un spectacle qui eut une grande influence sur sa destinée, si nous en croyons les Orientaux, à qui nous devons cette légende.

Sur une sorte de petits talus, qui, se brisant à une certaine hauteur, devenait un plan presque perpendiculaire, une fourmi s'efforçait d'avancer, les antennes lourdement chargées d'un grain d'orge. Tant que le talus présenta sa pente douce, la fourmi le gravit d'un pas rapide; mais, quand elle arriva au point où il fallait monter à pic, l'insecte, que sa charge embarrassait, roula jusqu'à terre, sans abandonner le grain d'orge, qu'il avait sans doute mission de porter au magasin de la cité commune.

Nullement découragée par cette chute imprévue, la fourmi reprit aussitôt le même chemin, gravit lentement la pente, et, parvenue à l'endroit fatal, la même cause produisant le même effet, elle roula une seconde fois avec son fardeau. Les fourmis ne se rebutent pas facilement, et celle-ci avait sans doute passé par d'autres épreuves. Une troisième expédition fut tentée avec un surcroît d'énergie et n'eut pas un succès plus heureux que les précédentes.

Tamerlan ne pouvait détacher ses yeux de cet insecte intrépide. Ces efforts, cette persévérance l'intéressaient au plus haut point, et il voulut savoir qui des deux triompherait, le courage de la difficulté, ou la difficulté du courage. Il compte quatre, cinq, six, vingt, trente voyages. La fourmi montait, roulait, puis remontait toujours. Le bouillant chef tartare s'impatientait de compter, sans que la fourmi se lassât de marcher de nouveau vers le but qu'elle voulait atteindre. Quatre-vingt-cinq fois de suite l'insecte grimpa, et quatre-vingt-cinq fois il échoua dans sa tentative. Enfin, à la quatre-vingt-sixième, soit que la rage eût ajouté à son énergie, soit que l'obstacle se fût aplani sous ses efforts, la fourmi franchit le pas fatal et arriva triomphalement au terme de ses fatigues.

Tamerlan se sentit le cœur rassuré par ce spectacle; les sages avaient raison : la patience aide merveilleusement le courage, la persévérance surmonte à la fin les difficultés en apparence infranchissables. Peut-être le ciel, en lui montrant cette lutte obscure de la fourmi, avait-il voulu lui donner un avertissement salutaire; il le crut du moins, raconte la légende orientale, et, plein de confiance dans le présage, il demanda ses armes, son cheval, et courut à l'ennemi, dont il parvint à triompher. Dans ses succès et surtout dans ses revers, il se plaisait à se rappeler la patiente énergie du courageux insecte, roulant sans relâche et sans se rebuter son lourd fardeau; plus tard, lorsqu'il eut conquis l'empire d'Asie et mis une partie de l'univers sous ses pieds, il se ressouvenait encore de la leçon de courageuse persévérance qu'une fourmi lui avait donnée.

XXVI.

Les ruses du cœur.

DÉVELOPPEMENT.

Il y a dans ce titre, les *Ruses du cœur,* quelque chose qui est de nature à surprendre : *ruse* et *cœur,* voilà deux mots qui ne sont guère accoutumés à marcher ensemble. On comprend les *ruses de guerre,* et beaucoup de grands capitaines ont dû la meilleure part de leur célébrité à ces moyens plutôt qu'à leur génie; ici, nous ne voulons célébrer que les *ruses du cœur,* tirer de l'oubli, offrir à l'admiration des âmes sensibles les artifices ingénieux que la tendresse et le dévouement ont parfois suggérés, soit pour la réalisation d'une entreprise utile, soit pour le salut de personnes chéries. Ces exemples ont leur utilité; ils disposent les âmes vertueuses à disputer aux méchants la supériorité que donnent une initiative hardie et d'habiles combinaisons.

Quintilien a dit, en rhéteur de génie: « C'est le cœur qui rend éloquent. » Le moraliste peut dire à son tour : *C'est le cœur qui rend ingénieux.* Le trait que nous allons raconter en fournit un bel exemple.

C'était en Hollande, au commencement du XVIIe siècle. Deux sectes opposées se disputaient la prépondérance, prépondérance morale et religieuse, à laquelle se mêla bientôt après la politique.

Deux théologiens, Arminius et Gomare, avaient par leurs ridicules disputes divisé tous les Pays-Bas protestants en deux partis, les *arminiens* et les *gomaristes.* Barneveldt, grand pensionnaire de Hollande, l'un des fondateurs de la liberté de sa patrie, se déclara pour la tolérance en faveur des arminiens, et Grotius soutint, par ses écrits et par son crédit, le parti de son illustre ami. Maurice de Nassau, capitaine général des Provinces-Unies de Hollande et de Zélande, qui soutenait les gomaristes, parce qu'il savait que ceux-ci favoriseraient ses projets ambitieux, fit condamner le grand pensionnaire à avoir la tête tranchée, et Grotius à une prison perpétuelle.

Toutes les religions prêchent la paix, la concorde, la fraternité; toutes écrivent en tête de leur code, de leur Bible, ces mots sublimes : « Aimez-vous les uns les autres. » Et cependant, les guerres les plus terribles, les plus acharnées, sont celles qui ont eu la religion pour mobile. Le paganisme, religion toute poétique et charmante, persécute le christianisme, religion toute de charité et d'amour; le catholicisme, devenu tout-puissant, poursuit d'une haine implacable, essaye de détruire par le bûcher, par la hache, par le feu, dans le sang, ses frères les protestants.

Pire que cela encore : dans une même religion se forment des sectes différentes et hostiles les unes aux autres; dans chaque Eglise, on compte plusieurs petites chapelles rivales; dans une même famille, il y a des frères ennemis. C'est ainsi que Socrate, une des plus pures, une des plus grandes figures du paganisme, est condamné à boire la ciguë par des païens qui ne le trouvent pas assez orthodoxe; c'est ainsi, dans le christianisme, que le moine saint Bernard poursuit de son éloquence et menace le moine Abailard, qu'il accuse de trop chercher l'esprit, en négligeant la lettre des doctrines catholiques; c'est ainsi, et pour les mêmes raisons, que le sévère Bossuet attaque le doux Fénelon, et que celui-ci est obligé de faire amende honorable.

Revenons à Grotius. Ce nom est écrit en lettres d'or dans les annales de la Hollande; il est un des plus grands, un des plus purs dans l'histoire des progrès de la pensée humaine. Il naquit à Delft, le 10 avril 1583, et il était encore tout enfant, il avait l'âge où l'on court après les papillons, quatorze ans à peine, quand le savant professeur de Leyde, Scaliger, resta étonné devant l'étendue de ses connaissances.

En 1598, — il avait alors quinze ans, — il accompagne à Paris l'ambassadeur Barneveldt. Et savez-vous quelle chose l'occupe surtout, l'intéresse, l'attire? Ah! ce n'est point la cour galante de Henri IV, ni le Cours-la-Reine, rendez-vous des élégantes Parisiennes, ni les théâtres; mais les bibliothèques, les musées, les académies, les lieux où son intelligence toujours avide de savoir peut trouver un aliment. De Paris même, un beau jour, il s'échappe, oubliant ses fonctions de secrétaire d'ambassade, et il se rend à Orléans pour soutenir devant la célèbre école de droit de cette ville sa thèse de docteur.

Lorsqu'il quitte la France, il n'a qu'un regret, c'est de n'y avoir pas rencontré de Thou, et il écrit au célèbre historien pour lui faire connaître son chagrin. De là des relations d'amitié cordiales, charmantes, profitables pour tous deux, même pour de Thou, car c'est à son jeune ami Grotius qu'il dut les matériaux d'après lesquels il a écrit son *Histoire des Pays-Bas.*

En 1613, Grotius, célèbre dans toute la Hollande comme poète, comme mathématicien, comme philosophe, comme homme d'État, comme légiste, célèbre par l'universalité et la profondeur de ses connaissances, célèbre aussi par les hautes qualités de son cœur, par ses idées libérales, par ses doctrines républicaines, fut élu pensionnaire de Rotterdam, et il prit place aux états généraux à côté de Barneveldt, avec lequel il se lia d'une amitié que devait seule briser la haine de Maurice de Nassau. Nous avons vu plus haut la raison de cette haine.

C'est alors qu'éclata cette guerre d'écoles qui devint bientôt une guerre de rues, entre les arminiens et les gomaristes, et nous savons déjà quelle part y prirent les deux célèbres amis, et comment Barneveldt fut puni de ce crime irrémissible aux yeux des factieux et des fanatiques, d'avoir prêché la concorde, la fraternité, la tolérance.

Grotius, coupable aux yeux de ses adversaires d'avoir chaudement défendu son illustre ami par ses écrits et son influence, fut condamné le 18 mai 1619, pour cause de fidélité au malheur, à une prison perpétuelle dans la sombre forteresse de Louvestein. La trempe de son caractère, sa fermeté de philosophe l'eût peut-être fortifié contre les horreurs d'une telle captivité; mais l'activité de son esprit, privée d'aliments, devenait pour lui une source d'incessantes tortures. Laisser improductive dans une oisiveté forcée la fécondité de son génie, c'était plus que la prison, c'était la mort, une mort lente, affreuse.

Grotius parvint à faire connaître à sa femme le désespoir où le plongeait ce manque absolu de toute occupation intellectuelle. L'épouse dévouée se rendit aussitôt chez les magistrats, chez les personnages puissants de qui dépendait le sort de l'illustre prisonnier. Déjà le sublime instinct du cœur lui avait fait entrevoir dans cette circonstance un moyen de salut. Elle presse, supplie, invoque chez les uns des souvenirs d'autrefois; chez les autres, l'estime que Grotius n'a jamais cessé de leur inspirer. Elle ne se rebute ni des froideurs ni des refus. Le génie ne perd jamais entièrement ses droits, et si les maîtres de la république redoutaient l'influence de Grotius, ils n'en admiraient pas moins le savant qui honorait leur patrie. Ils comprirent donc qu'à un tel prisonnier la nourriture de l'esprit était presque aussi indispensable que celle du corps, et ils accordèrent enfin à son épouse l'autorisation d'introduire de temps en temps une caisse de livres dans la prison. Grâce à ces puissantes recommandations, la caisse, naturellement assez grande et proportionnée aux besoins du docte captif, put entrer et sortir à diverses reprises sans être visitée.

Tout semblait donc sourire au dessein que l'épouse dévouée avait mûri en secret. Un jour, enfin, quand elle jugea que toutes les précautions avaient été suffisamment prises, elle fit entrevoir à son mari la possibilité, la certitude même de s'arracher à cette dure captivité, en s'enfermant lui-même dans le coffre, qui n'éveillait aucune défiance. Le commissionnaire était fort et vigoureux; sa fidélité n'était pas douteuse; ainsi le succès était assuré. Ce projet original fit sourire Grotius; mais, après avoir réfléchi quelques instants, il le rejeta comme impraticable. Des soupçons pouvaient surgir dans l'esprit des gardiens; et qu'arriverait-il s'il était surpris dans cette position singulière? Il serait couvert de ridicule. Vainement Marie — c'était le nom de la compagne du philosophe — le pria, le supplia, lui démontra combien ses craintes étaient chimériques: Grotius demeura inébranlable dans son refus, répétant toujours qu'il ne voulait pas fournir à ses ennemis l'occasion de se divertir à ses dépens.

Quelques jours après, la caisse franchit de nouveau les murs de la prison; Grotius l'ouvre avec empressement, et qu'y trouve-t-il?... Son épouse, Marie, qui occupait la place des gros in-octavo. « Vous voyez, lui dit-elle, que vos appréhensions sont vaines; si la caisse n'a pas été l'objet d'une visite à l'entrée de la prison, à plus forte raison pourra-t-elle sortir impunément. Croyez-en donc mes supplications et cet instinct du cœur qui ne trompe jamais, et dans trois jours vous serez libre. » Vaincu enfin par cette preuve touchante de dévouement, Grotius promit de prendre place dans la caisse au premier voyage, qui eut lieu au jour fixé. Il se plaça dans le coffre non sans quelque répugnance encore; et, quelques instants après, le grand homme, emporté par le robuste commissionnaire, franchissait les murs de la prison, sans éveiller la soupçonneuse vigilance des geôliers. C'était le 22 mars 1621.

Il était enfin rendu à cette épouse vertueuse et dévouée, pour laquelle, pendant tout le reste de sa vie, il professa un véritable culte; car la reconnaissance s'était jointe à l'estime et à l'affection qu'il avait toujours éprouvées pour elle. Un asile sûr lui était préparé, et il put y attendre sans crainte le résultat des démarches que des amis puissants firent activement en sa faveur.

Les poëtes contemporains s'inspirèrent de ce trait touchant d'amour conjugal, de cette *ruse du cœur* qui éclipse tous les stratagèmes d'Annibal, et ils célébrèrent de concert ce coffre libérateur. Grotius lui-même, dérogeant par exception à ses habitudes de solennelle gravité, le chanta avec enjouement.

Quelques biographes, par exemple l'*Encyclopédie* de Diderot et de d'Alembert, ajoutent d'autres détails à l'évasion du célèbre philosophe. Suivant eux, Mme Grotius passa plusieurs jours et plusieurs nuits dans le noir cachot de son mari, afin de laisser au prisonnier le temps d'arriver à Anvers; elle mangeait avidement le pain noir qui lui était passé par le guichet. « Une telle femme, dit Bayle, mériterait une statue dans la république des lettres; car c'est à son courageux stratagème que l'on doit les excellents ouvrages que Grotius a mis au jour, et qui ne seraient jamais sortis des ténèbres de Louvestein s'il y eût passé toute sa vie, ainsi que les juges choisis par ses ennemis l'avaient résolu. »

Eh bien, croirait-on que le gouverneur, irrité de voir son prisonnier lui échapper, fit garrotter Mme Grotius de liens qu'il prescrivit de serrer très étroitement; on alla jusqu'à lui intenter un procès criminel; il y eut même des juges qui poussèrent la barbarie et la sottise jusqu'à demander qu'elle fût retenue prisonnière à la place de son mari. Une requête présentée aux états généraux fit ordonner son élargissement.

XXVII.

Le Fermier et les Perdrix.

DÉVELOPPEMENT.

Deux perdrix vivaient en paix dans un champ couvert d'épis jaunissants. L'une d'elles fit à sa compagne une grosse injure dont cette dernière jura de tirer vengeance. Ne sachant de quel animal implorer le secours, elle alla trouver un fermier dont on apercevait à quelque distance l'habitation, et qu'elle avait souvent entendu exciter son attelage aux champs d'une voix rude et sonore.

Le fermier promit avec empressement d'épouser sa querelle, prévoyant le profit qu'il allait en tirer. « Je vais, lui dit la perdrix, appeler celle qui m'a offensée auprès de ce buisson épais, derrière lequel vous vous tiendrez caché, et lorsqu'elle accourra sans défiance, car j'ai dissimulé ma colère et mon ressentiment, vous la frapperez aussitôt et ma vengeance sera satisfaite. » La perdrix fit alors entendre à plusieurs reprises le cri que ses pareilles poussent le soir dans la campagne, lorsqu'elles veulent se rassembler pour passer la nuit. A cette voix connue, l'autre se hâta d'accourir, mais aussitôt elle trouva la mort que lui réservait le fermier, armé d'un long bâton. La perdrix vengée le remercie et veut s'éloigner : « Adieu, lui dit-elle; je retourne dans mon nid. » Mais alors l'homme la saisit : « Non, non, lui répond-il, je ne vous laisserai pas partir; je vois trop maintenant quelle utilité je puis tirer de vous. Le soir, enfermée dans une cage, vous ferez la chanterelle, et moi j'aurai une excellente chasse assurée, sans être forcé de courir par monts et par vaux comme les chasseurs. En récompense de vos services, vous serez bien traitée; les œufs des fourmis et les grains les meilleurs ne vous manqueront pas. »

La perdrix s'aperçut alors qu'elle avait fait une folie; mais il n'était plus temps; en arrivant, elle trouva sa cage prête, et elle ne tarda pas à y mourir d'ennui et du chagrin d'avoir perdu sa liberté, regrettant amèrement de n'avoir point pardonné l'injure qu'elle avait reçue.

Quel que soit le plaisir que cause la vengeance,
C'est l'acheter trop cher que la payer d'un bien
Sans qui les autres ne sont rien.

XXVIII.

Stradella et la puissance de la musique.

DÉVELOPPEMENT.

Saint-Pierre de Rome était magnifiquement décoré, et les tentures qui s'élevaient jusqu'à sa grandiose coupole, chef-d'œuvre de l'illustre Michel-Ange, annonçaient une fête solennelle. On était en effet au jour de Noël, et Stradella devait chanter une messe de sa composition. L'élite de la ville se pressait déjà dans l'enceinte, bien que plus d'une heure encore dût s'écouler avant le commencement de la cérémonie.

Dans un coin de l'église, derrière un pilier, deux hommes à figure sinistre et dont les mauvaises vestes de velours usé contrastaient avec les brillantes toilettes du reste de l'assemblée causaient à voix basse.

— M'est avis, Petro, disait l'un, qu'il y aurait là un beau coup à faire : pendant que tous ces gens-là écouteront roucouler ce rossignol de Stradella, deux fins matois comme nous pourraient bien faire la quête dans les poches avant le curé.

— Tu seras donc toujours le même, Giacomo, répondit son camarade; si je t'écoutais, nous irions, pour quelques misérables ducats, compromettre le succès de l'affaire et risquer de perdre les écus d'or que nous a promis le brave seigneur Antonio, que Dieu bénisse.

— Per Bacco, tu es de bon conseil et je loue les gens sensés comme toi. Ne laissons pas échapper la poule pour attraper un œuf; mais ce maudit chanteur tarde bien à venir; serions-nous volés à notre tour? Et un gros rire accompagna cette mauvaise plaisanterie.

— Moins haut, Giacomo; n'attire pas l'attention sur nous. Je n'ai rien sur la conscience pour le quart d'heure, mais nous sommes de si mauvaises payes avec la justice, que je crains toujours qu'elle ne cherche à régler ses comptes avec nous.

A ce moment, un frémissement agita l'assemblée entière; Stradella venait d'arriver.

— Te voilà, mon beau chanteur, gronda Giacomo, tout à l'heure nous te ferons changer de note, car nous sommes d'honnêtes brigands et Dieu nous garde de voler le seigneur Antonio; il paye trop généreusement.

— Silence, Giacomo, laisse-moi écouter cette merveille; si le proverbe est juste, Stradella va se surpasser, car cette messe sera pour lui le chant du cygne.

Stradella venait de monter à l'orgue. Il préluda par quelques notes détachées, d'une grande douceur, puis, entraîné par la sainte émotion qui excitait son génie, il s'abandonna à son inspiration. Il improvisa des variations sur le thème qu'il s'était d'abord proposé et versa à flots l'harmonie sur son auditoire enthousiasmé. Les notes, tantôt molles et cadencées, tantôt vives et légères, s'élancèrent vers la voûte, dont les échos sonores les répercutaient plusieurs fois. Mais ce n'était encore là qu'un prélude. Soudain la voix claire et vibrante de Stradella maria ses accords à ceux de l'orgue. Il chanta d'abord la pieuse confiance de Marie qui se préparait par la prière à donner le jour au Sauveur du monde. Sa voix pure s'élevait lentement, comme le parfum de l'encens vers les voûtes du saint temple. Puis, à mesure qu'il approcha du moment où l'Homme-Dieu allait naître, sa voix devint plus expressive et vibra plus fortement, ses accents s'attendrirent; l'orgue et le chanteur semblaient pleurer tous les deux.

Petro et Giacomo écoutèrent d'abord d'un air indifférent; Giacomo murmura même au début ces paroles :

— Va-t-il nous faire attendre longtemps avec ses roulades, cet oiseau de malheur? Croit-il que nous sommes venus ici pour des chansons?

Mais peu à peu voici que leur physionomie change, que leurs yeux s'animent; ils écoutent, la tête tendue en avant comme pour mieux saisir les notes, une expression de profonde admiration remplace leur air farouche.

— Per Bacco! dit tout bas Giacomo, il serait vraiment dommage de tuer un si beau chanteur, et, si je n'étais engagé d'honneur envers le seigneur Antonio...

— Silence, fit Petro haletant en saisissant le bras de son complice, écoute.

Stradella en était au moment où le Christ vient au monde. Ce n'était plus une musique humaine ni un chant humain qui captivaient l'assemblée; c'était le concert des anges faisant résonner leurs harpes dans les cieux, pendant que les phalanges ailées des séraphins chantent les louanges du Seigneur de leurs voix ineffables. Stradella donna alors toute sa voix, et ses accents majestueux retentissaient dans l'église comme dut retentir aux oreilles de Moïse la voix du Très-Haut dictant sa loi sur le mont Sinaï.

Le grand artiste avait cessé de se faire entendre depuis quelques instants, et l'assemblée, encore sous le charme de son chant divin, gardait un religieux silence. Seuls, deux hommes le troublaient légèrement par quelques paroles échangées à voix basse.

— Par ma foi, Giacomo, si le seigneur Antonio compte sur moi, il a compté sans son hôte; jamais Stradella ne mourra de ma main. Mais, n'est-ce point une larme que j'aperçois au coin de ta paupière?

— Tu ne te trompes pas, par la Madone, ce diable d'homme m'a ensorcelé; il convertirait Lucifer lui-même. Tiens, une bonne idée. Du moment que nous ne le tuons pas, empêchons que d'autres ne le fassent périr, allons le prévenir.

Et entraînant Petro par la main, Giacomo traverse l'église, gagne la sacristie, entre, se jette aux genoux de Stradella étonné et lui avoue le forfait qu'il avait médité.

— Tenez, ajouta-t-il en terminant sa confession, il vaut mieux tuer le diable que d'être tué par lui, nous allons régler notre compte avec le seigneur Antonio en bonne monnaie de fer.

Et en disant ces mots il serrait le manche de son poignard. Stradella employa toute son éloquence pour les dissuader de leur projet, mais hélas! il chantait sans doute mieux qu'il ne parlait, car, en partant, Giacomo dit à son camarade :

— Tant pis pour Antonio, il ne chante pas.

Puis, comme pour se mettre en règle avec sa conscience, il ajouta :

— Antonio ne peut plus vivre, dès qu'il ne nous croira plus gens d'honneur; d'ailleurs, ce n'est pas pour ses écus d'or que nous le tuerons, c'est pour l'empêcher de faire assassiner notre ami Stradella.

XXIX.

Un Proscrit en 1816.

DÉVELOPPEMENT.

Il y a quelque chose de plus terrible que les révolutions, ce sont les réactions. Dans les premières, la majorité d'un grand peuple triomphe, et la force est généreuse; dans les secondes, c'est une minorité que les circonstances rendent victorieuse, et la faiblesse est impitoyable. Ainsi, en 1815, la proscription s'abattit en masse sur tous ceux qui avaient pris part aux affaires sous les gouvernements précédents, et principalement sur les glorieux soldats qui avaient porté si haut et si loin le drapeau de la France. On les traita de *brigands*, on les traqua comme des bêtes fauves, on mit leurs têtes à prix; on n'en eût pas fait plus si, au lieu d'être les vainqueurs d'Austerlitz et de la Moskowa, chacun d'eux se fût appelé Fra Diavolo, Cartouche ou Mandrin; et les plus vaillants d'entre ces héros homériques tombèrent sous les balles françaises, eux qu'avaient tant de fois respectés les boulets ennemis.

Vers la fin du mois d'août 1816, au moment où dix heures du soir venaient de sonner, un homme aux cheveux grisonnants et à la physionomie martiale, mais paraissant exténué, les habits en désordre, les traits abattus, ayant le regard inquiet d'un fugitif et d'un proscrit, frappa à la porte d'un paysan du Gard, et lui demanda l'hospitalité pour la nuit. Le paysan et sa famille l'accueillent avec la réserve et les égards que semblent commander sa position; on lui fait prendre place à table, on lui offre la meilleure chambre de la modeste maison, sans lui demander ce qu'il est, d'où il vient, pourquoi il semble se cacher; on devine qu'il fuit la captivité, et peut-être la mort, qui avait déjà frappé tant d'illustres victimes; il est malheureux : c'en est assez pour qu'on doive chercher à le dérober aux poursuites dont il est sans doute l'objet. Le lendemain, l'étranger voulut continuer son chemin, mais ses hôtes refusèrent de le laisser partir : les routes n'étaient pas sûres; les campagnes, les bois même étaient sillonnés sans cesse par des détachements de soldats à la recherche de ceux que l'autorité leur avait signalés; il tomberait donc infailliblement entre leurs mains. L'inconnu céda à ces instances généreuses, mais sans trouver le calme que donne la certitude du salut. En proie aux angoisses les plus terribles, il tressaillait au moindre bruit du dehors et écoutait, haletant, le retentissement cadencé de la marche des soldats, qui passaient devant le seuil de la demeure hospitalière. Plusieurs fois même ils vinrent heurter à la porte avec rudesse; le proscrit s'échappait alors à la hâte par un passage dérobé et s'enfuyait dans un bois voisin, d'où il n'osait sortir que la nuit suivante. Aussi paraissait-il profondément découragé, las de lutter contre la mauvaise fortune, et un jour il avoua à ses hôtes la résolution qu'il avait prise de les quitter, de chercher à gagner la frontière, dût-il tomber au pouvoir de ses ennemis. Le chef de la famille, respectable vieillard de soixante-douze ans, essaya de ranimer son énergie, de lui représenter l'avenir sous de moins sombres couleurs et de lui rendre l'espoir.

— Vous vous plaignez, ajouta-t-il, vous trouvez votre position intolérable, et cependant beaucoup de vos anciens compagnons d'armes, car il est facile de voir que vous avez été soldat, seraient heureux d'échanger leur sort contre le vôtre. Ainsi aujourd'hui, à la ville, j'ai assisté à la lecture d'une proclamation qui promet 10,000 francs de récompense à celui qui livrera le général Gilly.

L'étranger pâlit légèrement, et un tremblement imperceptible parcourut tous ses membres; en même temps il enveloppa d'un regard rapide la famille de son hôte; mais toutes ces loyales figures ne reflétaient qu'un sentiment de commisération et de pitié. Il ne provoqua aucune explication; seulement, depuis ce jour, il parut encore plus préoccupé; les paroles les plus inoffensives lui semblaient renfermer une allusion ou une menace indirecte; il devint soupçonneux, défiant, et se renferma dans une réserve absolue. Enfin, ne pouvant dominer ses anxiétés toujours croissantes, redoutant chez ses hôtes les effets de la cupidité que pouvait éveiller en eux la pensée de livrer un proscrit, il résolut de sortir à tout prix de ces affreuses incertitudes.

— Mon cher hôte, dit-il un soir au vieillard, ce genre de vie m'est devenu tout à fait insupportable; je veux en sortir par tous les moyens en mon pouvoir. Vous-même, vous êtes pauvre, et ma présence ici est une charge de plus pour vous. Dans votre position, dix mille francs représentent, sinon la fortune, du moins l'aisance; eh bien, je connais le général Gilly et le lieu de sa retraite; allons donc un matin le dénoncer; vous recevrez les dix mille francs et moi la liberté qu'on ne saurait me refuser en échange d'une telle preuve de dévouement au roi.

A ces mots, tous les regards se croisèrent dans une interrogation muette, sous l'influence du même sentiment de profonde stupéfaction; le vieillard, la bouche entr'ouverte, les yeux fixés sur l'étranger, les bras abattus le long du corps, semblait frappé d'immobilité; mais son fils aîné, qui avait servi dix ans sous l'empereur, se leva impétueusement, et la figure pâle, la voix étouffée par la colère et l'indignation :

— Monsieur, dit-il, jusqu'ici nous vous avons cru, non seulement malheureux, mais encore honnête homme; voilà pourquoi vous avez trouvé parmi nous une hospitalité mêlée d'estime et de sympathie. Le général Gilly, je le tiens d'anciens soldats qui me l'ont appris autrefois, est un noble cœur et une vaillante épée; vous, monsieur, qui voulez le livrer, vous n'êtes qu'un misérable !

Et lui montrant la porte d'un geste impérieux :

— Sortez, ajouta-il, ou je...

Et, ajoutant l'exécution à la menace, le jeune homme s'avance vers l'étranger.

Celui-ci veut donner des explications, s'excuser, mais on ne lui en laisse pas le temps. « Sortez! » Ce mot se répète de bouche en bouche comme un écho menaçant; déjà l'ancien soldat avait posé sa main vigoureuse sur l'épaule de l'inconnu, lorsque celui-ci s'écrie d'une voix émue :

— Arrêtez ! c'est moi qui suis le général Gilly !

Un moment de silence, occasionné par la surprise, l'étonnement, succéda au tumulte; mais tout à coup vingt mains se tendent vers le général, le saisissent, l'étreignent; on l'embrasse; tous versent des pleurs de joie et de généreux dévouement. Le soldat a poussé un cri, le vieillard a pris avec effusion les mains du général, la femme et les jeunes filles lui prodiguent leurs caresses, tandis que, vaincu par l'attendrissement, le général se laisse aller avec confiance à cette explosion de sentiments qui accueille sa noble infortune; il sent une larme trembler au bord de sa paupière, lui qui n'avait point frémi au passage de la Bérésina !...

Quelques mois plus tard, grâce à des amis puissants, le général était rayé des listes de proscription et réintégré dans tous les privilèges de son grade; vainement alors il voulut faire participer à sa fortune rétablie ses hôtes des mauvais jours; ils refusèrent constamment les propositions les plus séduisantes, mais l'amitié du général et la sympathie que ne manque jamais de soulever une action généreuse furent pour eux une large récompense de leur désintéressement.

XXX.

Pellisson.

DÉVELOPPEMENT.

Lors de l'arrestation du surintendant Fouquet, Pellisson, qui lui était attaché par les liens de la reconnaissance et de l'amitié, fut enveloppé dans sa disgrâce et jeté en prison. Fidèle au malheur et dédaigneux des conséquences de son dévouement, Pellisson écrivit alors, pour la justification de l'infortuné Fouquet, ces beaux mémoires, d'une simplicité si touchante, d'une éloquence si haute, qui sont un des chefs-d'œuvre du genre, et dont Louis XIV lui-même fut attendri. Mais la haine l'emporta dans le cœur du grand roi, et un arrêt rendu sous cette impitoyable influence condamna Fouquet à une prison perpétuelle.

Les jours s'écoulent lentement dans l'enceinte sombre d'un cachot, et lorsqu'il était obligé d'interrompre la composition de ses mémoires, Pellisson sentait tout le poids de la solitude qui l'enveloppait. Pour un homme habitué comme lui à la vie active, aux réunions littéraires, aux soirées brillantes du surintendant, à la société des hommes les plus spirituels de cette grande époque, cette existence solitaire et morne était un insupportable tourment. Dans une telle situation d'esprit, le malheureux prisonnier s'empare avec avidité de la moindre distraction et se fait un bonheur des événements les plus insignifiants : le bourdonnement d'un insecte, la vue d'une souris, le cri de l'oiseau dont l'aile rapide effleure les barreaux de sa cellule, lui occasionnent mille sensations qui brisent agréablement l'uniformité de son existence; c'est ce qui arriva à Pellisson.

Un jour qu'il rêvait, la tête tristement appuyée sur sa main, sa vue se porta sur une énorme araignée noire qui avait tendu sa toile à l'un des coins de son étroite fenêtre. En d'autres circonstances, Pellisson eût éprouvé peut-être le sentiment de dégoût qu'inspire généralement ce hideux insecte; mais, dans son isolement, il ne vit en lui qu'un compagnon de captivité, un être dont la société allait abréger la longueur des jours et l'ennui de la solitude. Il s'approche : l'araignée semble le considérer attentivement. Il jette dans sa toile des miettes de pain; après quelque hésitation, elle se précipite sur cette proie qu'elle emporte rapidement dans sa logette. Puis ce sont des insectes, des mouches que Pellisson fait tomber dans ses filets, et que l'araignée saisit avec avidité. Bientôt elle paraît s'accoutumer à la vue du prisonnier, elle ne fuit plus à son approche et semble attendre au contraire qu'il lui jette une proie. Enfin il arriva qu'elle devint si familière, qu'à un cri de Pellisson elle accourait rapidement, et venait prendre sa nourriture jusque sur la main du prisonnier. Oh! alors, Pellisson ressentit une indescriptible joie : il n'était plus seul dans cet humide et sombre cachot; il avait désormais un compagnon docile à sa voix, et qu'un geste faisait venir à lui. Il lui parlait : ce petit animal, qui nous paraît si répugnant, se promenait autour de lui, sur sa table, sur les feuillets de son papier, et Pellisson observait avec bonheur ses moindres mouvements.

Un jour le geôlier entra dans la cellule, apportant à Pellisson le maigre repas de la prison; il le trouva en conversation avec son araignée qui, sur le bord de sa toile, semblait l'écouter et attendre quelque chose. Plusieurs fois cet homme avait été témoin des efforts du prisonnier pour apprivoiser l'insecte, et le sinistre sourire qui était venu sur ses lèvres aurait pu dénoter une intention dont le malheureux Pellisson était loin de soupçonner la cruauté. Ce jour-là, plus joyeux que de coutume, il exprimait à ce geôlier le plaisir qu'il ressentait à observer son araignée, à s'en faire obéir.

— Voyez, lui dit-il, comme elle est docile!

Il présenta la main, et l'insecte vint s'y placer sans hésitation.

— Vraiment, dit le geôlier, voilà une petite bête bien apprise; vous devez y tenir beaucoup, ajouta-t-il en souriant bassement.

— Oh! certes, répondit Pellisson : cet insecte n'est-il pas mon ami, mon compagnon de captivité?

— Très bien, monsieur; mais vous n'êtes pas ici pour vos plaisirs.

A ces mots, le geôlier fit tomber brusquement l'araignée à terre et l'écrasa du pied. Pellisson fut sur le point de se jeter à la gorge de ce misérable; il se contint cependant, et les larmes lui vinrent aux yeux. Plus tard, il avoua qu'il avait ressenti ce jour-là une des plus vives douleurs de toute sa vie.

Écraser une araignée est peu de chose sans doute, mais enlever à un malheureux prisonnier une distraction innocente pour le plaisir barbare de le faire souffrir et de lui ravir un allégement à sa douleur, c'est une cruauté lâche que rien n'absout. Ceci prouve que les actions peuvent emprunter leur gravité aux circonstances, et ce geôlier, meurtrier d'un insecte, est aussi hideux qu'un tortionnaire.

XXXI.

Sabre de bois.

DÉVELOPPEMENT.

Frédéric, le grand Frédéric, le vainqueur de Pirna, de Prague et de Rosbach, aimait à se promener seul, incognito, dans les rues de Berlin, à examiner, à voir et à juger par ses propres yeux. Souvent même, revêtu d'une simple capote de fantassin, il se mêlait aux soldats et trinquait familièrement avec eux, prenant un plaisir infini à les entendre causer de leurs campagnes, récits où son nom revenait sans cesse, toujours accompagné d'une épithète nouvelle et originale qui le faisait rire sous cape. Un soir, qu'il errait aux alentours d'une caserne, il faillit se heurter contre un vieux soldat à la moustache raide et grisonnante, qui semblait avoir oublié les principes les plus élémentaires de l'alignement, car de droite à gauche il décrivait les zigzags les plus capricieux et traçait des arabesques à rendre jaloux les décorateurs de l'Alhambra. Frédéric fronça le sourcil; il n'aimait pas voir ses soldats s'enivrer. Il se contint néanmoins pour ne pas se trahir et eut même la fantaisie d'apprendre où ce soldat trouvait assez d'argent pour se livrer à de si copieuses libations.

— Parbleu! mon brave, dit-il en lui frappant sur l'épaule, vous m'avez l'air d'un gai compagnon, et je ferais volontiers connaissance avec vous; la retraite n'est pas encore sonnée, et j'ai juste de quoi payer un pot de bière.

L'ivrogne fixa sur lui ses gros yeux hébétés, sourit et fit claquer sa langue en signe d'assentiment. Tous deux entrèrent dans un cabaret voisin, hanté par les soldats, et s'assirent à une table écartée, au milieu des nuages de fumée qui s'échappaient de trente ou quarante énormes pipes de faïence.

— Savez-vous, continua Frédéric, que vous êtes heureux de pouvoir faire bombance, car on voit bien que vous ne sortez pas du prêche, soit dit sans vous offenser; tandis que moi, ce n'est que par des prodiges d'économie que je parviens à amasser le montant d'une bouteille.

Le vieux soldat sourit, et se rengorgea d'un air de suffisance.

— Mon petit, dit-il à Frédéric, vous n'êtes qu'un conscrit.

Le roi eut un éclair de colère dans les yeux; mais sa curiosité était intriguée, et il se contint encore.

— Voyons, dit-il, soyez bon camarade, vous devez avoir quelque moyen, quelque... Comment dirai-je? quelque ficelle que je ne connais pas; apprenez-moi cela.

Le soldat le fixa attentivement; mais l'ivresse ne pouvait laisser passer dans son esprit aucun souvenir.

— Eh bien, dit-il enfin, vous me paraissez un brave garçon, et je vais vous faire une confession; mais du secret, car cela pourrait finir par arriver aux oreilles du petit Frédéric, et... suffit! je vous conseille, jeune homme, de ne jamais vous trouver devant lui quand il aura marché sur une mauvaise herbe.

Frédéric riait de plus belle dans sa moustache.

— Mais cette fameuse confession? dit-il d'un air d'impatience.

— Ah! voilà. Connaissez-vous le père Salomon?

— Le père Salomon? Non; quel homme est-ce?

— C'est un descendant d'Abraham.

— Fort bien, je comprends; quelque brocanteur juif. Après.

— Après? parbleu! quand j'ai soif, phénomène qui se produit fréquemment, ou quand je retrouve une vieille connaissance de la guerre de Sept ans, eh bien, je porte la lame de mon sabre en gage chez le vieux Salomon, et je reçois en échange de quoi allonger un peu la paye, qui est assez courte, vous le savez aussi bien que moi.

— Comment! votre sabre! fit Frédéric avec un mouvement de vivacité. Et un second éclair brilla dans ses yeux. Un soldat! se dépouiller de ses armes! et pour boire!

Mais, à la vue de l'ivrogne qui le considérait de nouveau avec attention, et qui passait sa main sur son front comme pour y rappeler un souvenir, Frédéric eut peur de s'être trahi, et, radoucissant aussitôt le ton de sa voix :

— Parbleu! le tour est excellent; mais, enfin, il n'est pas sans danger; s'il y avait, par exemple, une inspection d'armes, une revue. A votre place, je ne serais pas tranquille.

— Une revue! s'écria le soldat dans un éclat de rire; comme si nous n'en avions pas eu une avant-hier. Allez, allez, jeune homme, il n'y en aura pas avant quinze jours; et d'ici là j'aurai le temps de dégager mon sabre. En attendant, une latte de bois, bien fichée dans le fourreau et surmontée d'une vieille poignée, remplace le pensionnaire de Salomon.

— Fort bien imaginé, dit le roi en riant. Je profiterai de la leçon, soyez-en sûr, dit-il d'un air significatif et en fronçant ses épais sourcils. Au revoir, mon brave!

Le lendemain, à cinq heures du matin, tout était en mouvement dans la caserne; les soldats allaient et venaient en tous sens, préparaient leur fourniment, brossaient leur uniforme. Quant à notre héros de la veille, il ronflait comme un tuyau du grand orgue de Fribourg, et plusieurs fois, mais en vain, on avait essayé de l'arracher à son tranquille sommeil. Un de ses camarades lui cria enfin de sa plus forte voix :

— Réveille-toi donc, il y a revue ce matin à huit heures.

Cette fois, le vieux soldat bondit comme poussé par un ressort.

— Hein? fit-il en se frottant les yeux; qui parle de revue?

— Tiens, regarde ce que font les camarades.

Il n'y avait pas à se tromper sur le sens de ces préparatifs; aussi notre homme se hâta-t-il de s'habiller, tout en maugréant avec les autres contre un ordre si inattendu.

— C'est à n'y rien comprendre, disait chacun; deux revues en trois jours? Que signifie ce caprice du roi?

Mais, pour le vieux soldat, cette malencontreuse revue était bien autrement désagréable. Quelle figure allait-il faire avec son sabre de bois? Si malheureusement la moindre manœuvre est commandée, il est perdu. Malgré son sang-froid, sa présence d'esprit, il se voit dans une impasse.

Toutes les troupes sont alignées en double haie, sous les armes. Frédéric arrive à la tête d'un nombreux état-major, et parcourt lentement le front de la ligne, scrutant chaque figure; on dirait qu'il cherche à reconnaître quelqu'un; enfin, il arrive en face du vieux soldat, et un sourire imperceptible effleure ses lèvres, tandis que ses yeux se portent sur la poignée du sabre. Il n'adresse cependant point la parole à son convive de la veille, mais examine avec affectation les armes de son voisin de droite, et entre ou feint d'entrer dans un violent accès de colère.

— Voilà des armes en pitoyable état! s'écrie-t-il d'une voix sévère; on ne peut rien en attendre un jour de bataille, et c'est ainsi qu'échouent quelquefois les combinaisons des plus habiles généraux, par la criminelle insouciance du soldat. Depuis longtemps déjà je remarque dans quelques régiments cette tendance funeste à négliger ses armes. Il faut un exemple, un exemple qui prouve aux plus indisciplinés qu'on ne viole pas impunément avec moi les premiers devoirs du soldat.

Tous tremblaient; les généraux qui formaient l'escorte se regardaient tout interdits, ne comprenant rien à cette explosion.

— Sortez des rangs, continua Frédéric en s'adressant au pauvre diable qui servait de prétexte à cette colère. Et toi, dit-il au débiteur de Salomon, tu vas tirer ton sabre et couper la tête à cet homme, qui déshonore l'armée.

— Moi! s'écria l'indiscret buveur, que je sois le bourreau de ce malheureux, qui est mon camarade de lit! Pardon, sire, je suis soldat; je vous en supplie... voyez, je tremble, rien qu'à la pensée... Ah! sire...

Et, de fait, le porteur du sabre apocryphe aurait préféré se trouver en face de tous les canons de la triple alliance.

Frédéric fronça de nouveau le sourcil.

— Voilà donc où en est la discipline? l'un porte des armes rouillées et l'autre discute mes ordres! Je veux bien répéter celui-ci, mais qu'on obéisse, ou sinon...

Et le roi fit un geste bref et menaçant.

— Eh bien, sire, puisque Votre Majesté est impitoyable, puisque je n'ai plus d'indulgence à attendre d'elle, moi qui me suis longtemps et bravement battu contre vos ennemis, il ne me reste plus qu'à implorer le secours du ciel, qu'à lui demander un miracle pour m'arracher à l'horrible office que vous exigez de moi. Je demande donc à Dieu qu'il daigne changer mon sabre en un sabre de bois!

Et joignant le geste à la parole, comme si Dieu venait de l'exaucer, il exhiba du fourreau une magnifique lame de sapin. Tout le monde se regardait, stupéfait du miracle opéré si vite et si à propos; mais Frédéric ne put conserver plus longtemps son sérieux, et il partit d'un franc éclat de rire, car il aimait la présence d'esprit et celle du Gascon prussien eût désarmé une sévérité moins feinte que la sienne. Il lui fit signe d'approcher, et lui dit à l'oreille, en glissant quelques pièces d'or dans sa main :

—Tiens, voilà de quoi acheter une lame de sabre chez le vieux

Salomon. Une autre fois, ne confie plus tes affaires au premier venu; autrement tes secrets pourraient bien arriver jusqu'aux oreilles du petit Frédéric.

Et il s'éloigna au galop, en racontant l'aventure à ses généraux, qui en rirent à leur tour de bon cœur. Quant à notre buveur, il semblait cloué sur place. Tout à coup il se frappa le front : « Morbleu ! dit-il, c'était lui. »

XXXII.

Assassinat du duc de Bourgogne.

DÉVELOPPEMENT.

Le 10 septembre 1419, Jean sans Peur, duc de Bourgogne, et Charles, dauphin de France, oubliant leurs longs discords et se rendant à la voix du peuple fatigué, devaient enfin se jurer à tout jamais paix et alliance. Le milieu du pont de Montereau, sur l'Yonne et la Seine, fut choisi pour lieu de l'entrevue ; une loge en charpente y fut élevée. Le dauphin s'y rendit accompagné de son secrétaire, et suivi de dix hommes d'armes de distinction, parmi lesquels son fidèle confident Tanneguy Duchâtel. Jean, duc de Bourgogne, vint bientôt le joindre; il avait à sa suite même nombre de guerriers choisis, et, à leur tête, messire Pierre de Gyac, son jeune favori. Les barrières du pont se fermèrent alors aux extrémités ; Français sur la rive droite de l'Yonne, Bourguignons sur la rive gauche de la Seine, en gardaient les avenues.

Arrivé devant son rival et maître, le duc ôte son chaperon et met genou en terre; mais le dauphin, croisant fièrement les bras : « Vous avez mal tenu votre parole envers nous, monsieur le duc; sujet lâche et déloyal, vous avez... — Assez ! » dit le duc, et, se relevant, il allait répondre; mais Tanneguy se baissa, ramassa, derrière une tapisserie, une hache qu'il avait cachée la veille ; puis se redressant de toute sa hauteur : « Il est temps, » dit-il en levant son arme sur la tête du duc.

Le duc vit le coup qui le menaçait et voulut le parer de la main gauche, tandis qu'il portait la droite sur la garde de son épée; mais il n'eut pas même le temps de la tirer : la hache de Tanneguy tomba, abattant la main gauche du duc, et du même coup lui fendant la tête, depuis la pommette de la joue jusqu'au bas du menton.

Le duc resta encore un instant debout, comme un chêne qui ne peut tomber; alors Robert de Loire lui plongea son poignard dans la gorge et l'y laissa.

Le duc jeta un cri, étendit les bras, et alla tomber aux pieds de Gyac.

Il y eut alors une clameur et une affreuse mêlée; car, dans cette tente où deux hommes auraient eu à peine de la place pour se battre, vingt hommes se ruèrent les uns sur les autres. Un moment, on ne put plus distinguer au-dessus de toutes les têtes que des mains, des haches et des épées. Les Français criaient : « Tue! tue! à mort! » Les Bourguignons criaient : « Trahison! trahison! alarme! » Les étincelles jaillissaient des armes qui se rencontraient, le sang coulait à flots des blessures. Le dauphin épouvanté s'était jeté le haut du corps en dehors de la barrière. A ses cris, le président Louvet arriva, le prit par-dessous les épaules, le tira dehors, et l'entraîna presque évanoui vers la ville; sa robe de velours bleu était toute ruisselante du sang du duc de Bourgogne, qui avait rejailli jusque sur lui.

Cependant le combat et les cris continuaient sous la tente; on marchait sur le duc mourant, que nul ne songeait à secourir. Les Français, mieux armés, avaient le dessus; les Bourguignons, voyant que toute résistance était inutile, prirent la fuite. Les Français les poursuivirent, et trois personnes seulement restèrent sous la tente vide et ensanglantée.

C'était le duc de Bourgogne, étendu et mourant; c'était Pierre de Gyac, debout, les bras croisés, et le regardant mourir; c'était, enfin, Olivier Layet qui, touché des souffrances de ce malheureux prince, soulevait son haubergeon pour l'achever par-dessous avec son épée. Mais de Gyac ne voulait pas voir abréger cette agonie, dont chaque convulsion semblait lui appartenir; et lorsqu'il reconnut l'intention d'Olivier, d'un violent coup de pied, il lui fit voler son épée des mains. Olivier étonné leva la tête. « Eh! lui dit de Gyac, laissez donc ce pauvre prince mourir tranquille. »

Puis, lorsque le duc eut rendu le dernier soupir, il lui mit la main sur le cœur pour s'assurer qu'il était bien mort; et comme le reste l'inquiétait peu, il disparut sans que personne fît attention à lui.

Le curé de Montereau vint prier au milieu de ce sang, à côté de ce corps inanimé, jusqu'à minuit; puis, à cette heure, aidé de deux hommes, il le porta dans un moulin près du pont, le déposa sur une table, et continua à prier près de lui jusqu'au matin; et à huit heures, sans cérémonie, sans bruit, le duc fut mis en terre, en l'église Notre-Dame, devant l'autel de Saint-Louis.

XXXIII.

Socrate second.

DÉVELOPPEMENT.

Peu de philosophes et de moralistes mettent en pratique les maximes que la connaissance de la vie et l'expérience des hommes leur ont inspirées; il est, en effet, plus facile d'émettre un aphorisme ingénieux que de bien régler sa conduite. Les épicuriens seuls, dont les préceptes sont loin d'être austères, ont pu mettre entièrement d'accord leurs théories et leur manière de vivre. Quant à ceux qui voudraient pouvoir concilier la morale sévère de leurs ouvrages avec la satisfaction secrète des désirs et des penchants qu'ils blâment, la plume à la main, ils seraient condamnables s'il ne fallait avoir quelque indulgence pour la faiblesse humaine. « Fais ce que je dis et non ce que je fais, » disent humblement ces philosophes d'une vertu si fragile!

Parmi les rares moralistes qui ont pris au sérieux leurs formules philosophiques, il faut citer Abausit, qui eût certainement compté pour le huitième sage de la Grèce s'il fût venu au monde deux ou trois mille ans plus tôt. Ce philosophe genevois, d'origine française, se distinguait surtout par une admirable patience, qui en a fait le Socrate de son temps. Son existence entière confirma ses austères leçons, et jamais on ne le vit abandonner un instant la tranquillité d'humeur et la sérénité d'esprit qu'il ne cessait de préconiser. Il vivait seul avec une vieille gouvernante nommée Jeanneton. Depuis trente ans qu'il l'avait à son service, jamais il ne s'était départi à son égard de l'inaltérable douceur qui faisait le fond de son caractère; jamais il n'avait laissé échapper la moindre parole brusque, le moindre geste d'impatience. Venait-elle à commettre un de ces oublis, une de ces *négligences* que le domestique le plus attentif ne peut toujours éviter, Abausit se contentait de prendre un air plus sérieux que de coutume, et l'avertissait sans s'émouvoir; le signe le plus marqué de mécontentement qu'il se permît était de retrancher une syllabe de son nom, de l'appeler *Jeanne* au lieu de Jeanneton. Ce mot de *Jeanne* produisait sur la vieille servante l'effet du *quos ego* de Neptune gourmandant les flots.

Quelques amis du sage genevois, poussés peut-être par un sentiment de curiosité psychologique, résolurent un jour de mettre à une épreuve décisive cette placidité constante d'Abausit et de s'assurer si elle était à l'abri de toutes les surprises. Mais par où risquer une attaque? Quel était le point vulnérable de ce philosophe cuirassé de patience et de longanimité? Telle était la question que se posèrent, pendant plusieurs jours, les amis d'Abausit. Enfin, ils se décidèrent à implorer le secours de la longue expérience de Jeanneton. Mais elle-même pourrait-elle seconder leur entreprise? N'avaient-ils pas admiré souvent cette invincible douceur qu'Abausit avait constamment opposée aux négligences de sa vieille servante? Elle avait laissé brûler son dîner ou bien le lui avait servi trop froid; elle avait brisé un vase précieux, jeté au feu, par inadvertance, des papiers importants, oublié une affaire urgente, témoigné de la mauvaise humeur et fait des réponses un peu trop brusques, répandu de l'huile sur les tapis et des sauces sur la nappe... et, à chaque fois, le retranchement seul d'une syllabe, opéré d'une voix calme, avait manifesté le mécontentement du philosophe. Néanmoins, Jeanneton seule pouvait leur fournir des indications certaines, et ils lui proposèrent de s'associer au projet qu'ils avaient formé. La fidèle domestique accueillit cette proposition avec horreur. « Qui? elle? prêter les mains à cette machination diabolique, tourmenter de gaieté de cœur un si excellent maître! » elle n'y consentirait jamais. Toutefois, les amis d'Abausit étaient insinuants; ils flattèrent, ils surent si bien circonvenir Jeanneton, ils revinrent si souvent à la charge, en lui faisant comprendre que cette expérience tournerait à la gloire du philosophe, qu'elle finit par leur promettre son concours. Elle leur apprit le côté faible d'Abausit : il tenait beaucoup à ce que son lit fût souple et moelleux; une couche dure ou mal préparée lui occasionnait une impression qu'il ne manquait jamais de traduire par l'apocope si redoutée de la vieille fille.

Ce jour-là, Jeanneton ne fit point le lit d'Abusit; mais elle-même dormit mal; le fantôme de son maître s'agitant sur son lit en désordre la poursuivit toute la nuit; elle eut presque du remords, et lorsqu'elle descendit le matin, ce fut avec une inquiétude visible qu'elle attendit l'apparition d'Abausit. Celui-ci s'était levé de meilleure heure que de coutume; il traversa la cuisine de Jeanneton et se contenta de lui dire d'un ton sérieux, mais tranquille et doux : « *Jeanne, mon lit n'était point fait;* » puis il entra dans son cabinet.

La gouvernante fut tentée d'abandonner l'entreprise, mais les amis du maître soutinrent sa résolution, et, le soir encore, le philosophe trouva son lit dans le même état que la veille. Le lendemain matin, il alla trouver la vieille servante : « *Jeanne,* lui dit-il avec la même gravité et la même douceur, *vous avez oublié une seconde fois de faire mon lit;* » et ce fut tout.

Jeanneton avait le cœur gonflé, de grosses larmes voilaient ses yeux; mais les amis revinrent... et le soir Abausit se coucha encore dans un lit qui n'avait pas été fait depuis trois jours. Le lendemain devait éclairer le dénoûment de cette lutte singulière; mais qui serait vaincu, du philosophe à bout de patience, ou des conspirateurs à bout d'obstination? Jeanneton se tenait dans sa cuisine, tremblante et agitée; elle s'attendait à un orage d'autant plus terrible qu'il avait été plus longtemps contenu. Abausit vint, et, avec un sourire plus bienveillant et plus doux que jamais : « Ma pauvre *Jeanneton*, lui dit-il, votre âge et votre faiblesse vous rendent sans doute trop pénible la tâche de préparer mon lit; eh bien, je prendrai mon parti d'être moins bien couché; car, après tout, *le mal n'est pas grand : je commence à m'y faire.* »

Oh! alors Jeanne se laisse tomber aux pieds de son maître, et lui avoue en pleurant le complot qui avait été formé contre sa patience. Le sage sourit, la relève avec bonté, lui pardonne et la remercie presque de lui avoir fourni l'occasion de vaincre son penchant à la mollesse et au bien-être.

Maintenant, concevez, s'il est possible, avec quel soin le lit d'Abausit fut désormais préparé. Non, jamais le lit dont le chanoine du *Lutrin* faisait *gémir les coussins* ne fut plus moelleux et plus douillet.

XXXIV.

L'Alouette.

DÉVELOPPEMENT.

Peu d'oiseaux recherchent le séjour des beaux jardins, des allées aristocratiques, et ce n'est pas l'ombrage des grands parcs qu'ils préfèrent. Tous vivent avec le paysan. Dieu les a mis partout : bois et buissons, clairières, champs, vignobles, prairies humides, roseaux des étangs, forêts des montagnes, sommets couverts de neiges, il a doué chaque coin de la nature de sa tribu ailée, il n'a déshérité nulle contrée, nul site, de cette harmonie enchanteresse, de sorte que l'homme ne peut aller nulle part sans entendre un chant de joie et de consolation.

Le jour commence à peine; la clochette des troupeaux n'a pas plus tôt résonné, que déjà la bergeronnette, prête à conduire la bande joyeuse, voltige autour des brebis. Elle se mêle au bétail, elle ne craint ni le chien noir ni le vieux berger. Elle sait qu'on l'aime. Parfois même elle se pose hardiment sur la tête des vaches et sur le dos des moutons. Le jour elle ne les quitte guère et le soir elle les ramène fidèlement.

La lavandière, aux mœurs non moins intéressantes, est aussi à son poste : elle sautille autour des laveuses; elle court sur ses longues jambes jusque dans l'eau, demande des miettes, et suit attentivement tous les gestes des bonnes femmes; par un étrange instinct mimique, elle baisse et relève la queue, comme pour imiter le mouvement du battoir sur le linge; on dirait qu'elle travaille aussi et veut gagner son salaire.

Mais l'oiseau des champs par excellence, l'oiseau du laboureur, sa compagne assidue, qu'il retrouve chaque jour dans son sillon pénible pour l'encourager, le soutenir, lui chanter l'espérance, c'est l'alouette, l'*espérance!* C'était la vieille devise de nos ancêtres les Gaulois; aussi avaient-ils choisi comme emblème national ce frêle oisillon si pauvrement vêtu, mais si riche de cœur et de poésie.

La nature semble avoir traité sévèrement l'alouette. La disposition de ses ongles la rend impropre à percher sur les arbres. Elle niche à terre, tout près du pauvre lièvre et sans autre abri que le sillon. Quelle vie précaire, aventurée, au moment où elle couve! Que de soucis, que d'inquiétudes! A peine une motte de gazon dérobe au chien, au milan, au faucon, le doux trésor de cette mère inquiète. Elle couve à la hâte, et c'est en tremblant qu'elle élève sa jeune et chétive famille. Ne croyez pas pourtant que cet oiseau paria, que cette créature délaissée partage la mélancolie de son triste voisin, le lièvre. Pauvre lièvre!

Cet animal est triste et la crainte le ronge,

a dit La Fontaine. Il n'en est pas de même de l'alouette; au contraire, par un miracle incompréhensible de gaîté, d'oubli, de légèreté, si l'on veut, et d'insouciance toute française, l'oiseau national, à peine hors de danger, retrouve toute sa sérénité, son chant, son inaltérable joie. Autre merveille : ses périls, sa vie précaire, ses épreuves cruelles, n'ont pas non plus pour effet d'endurcir son cœur; l'alouette reste bonne autant que gaie, sociable et confiante, offrant un modèle, assez rare parmi les oiseaux, d'amour fraternel; ainsi qu'on l'a observé, l'alouette, comme l'hirondelle, n'est point égoïste : elle nourrit parfois ses compagnes et ses sœurs.

Deux choses la soutiennent et l'animent : la lumière et le chant. Deux fois, trois fois, elle s'impose chaque année le périlleux bonheur de la maternité, le travail incessant d'une éducation dont les hasards renouvellent ses inquiétudes. Mais quand l'amour lui manque, la lumière lui reste et entretient sa vivacité; le moindre rayon de soleil suffit pour lui rendre sa voix limpide et sa folle insouciance.

C'est la fille du jour. Dès que l'aurore commence à poindre et que l'horizon s'empourpre, elle part du sillon, où elle s'est blottie pendant la nuit, et s'élevant dans l'air comme une flèche, elle porte au ciel l'hymne de joie. Sainte poésie, fraîche comme l'aube, pure et gaie comme un cœur enfant! Cette voix claire et vibrante appelle les moissonneurs. « Il faut partir, dit le père de famille, n'entendez-vous pas l'alouette? » Et à ce mot, signal du départ, la troupe des travailleurs se met en marche. Elle les suit, leur dit d'avoir courage; aux chaudes heures, elle les invite au sommeil, écarte les insectes, et veille sur tous en voltigeant et répétant ses chansons. Quel instrument peut lutter avec le gosier sonore de l'alouette pour la richesse, l'ampleur et le velouté du timbre, la tenue et la portée du son, la souplesse et l'énergie des cordes de la voix. L'alouette chante une heure entière sans s'interrompre et sans reprendre haleine, s'élevant verticalement dans les airs jusqu'à des hauteurs de mille mètres, et courant des bordées dans la région des nues pour gagner plus haut, sans qu'une seule de ses notes se perde dans ce trajet immense. Quel rossignol pourrait en faire autant?

C'est un bienfait accordé au monde que ce chant de lumière, et vous le retrouvez presque en tout pays où pénètrent les rayons du soleil. Autant de contrées différentes, autant d'espèces d'alouettes; alouettes de bois, alouettes de prés, de buissons, de marais, alouettes des contrées boréales de l'un et l'autre hémisphère. Vous les trouvez encore dans les steppes, dans les plaines brûlées par le vent du nord de l'affreuse Tartarie, et partout il est aimé de l'homme ce cri de joie de l'alouette, qui apprend au pauvre et au malheureux que la gaieté n'est pas incompatible avec la plus humble condition, avec la plus frêle existence.

XXXV.

L'Araignée.

DÉVELOPPEMENT.

L'araignée est un être à part dans la création; par son organisation, elle se distingue de l'insecte; elle s'en rapproche par ses instincts, par les besoins que lui crée son alimentation spéciale.

Elle est née pour chasser au filet; industrieuse ouvrière, elle tisse elle-même les engins dans lesquels sa proie viendra s'embarrasser. Sa chasse, à elle, lui est coûteuse, car elle est obligée de tirer continuellement de sa substance la matière de cette toile flexible où elle guette le gibier qui la doit nourrir. Elle passe sa vie aux aguets, seule, attendant tout du hasard. Cette nécessité de sa vie en a fait un être inquiet, insociable, peu sympathique. Par surcroît, elle est hideuse; chez elle la nature a tout sacrifié au métier, au besoin, à l'appareil industriel qui l'aidera à satisfaire ce besoin. C'est un cordier, un fileur et un tisseur. Concentrée et circulaire, avec huit pattes autour du corps et quatre paires d'yeux vigilants sur la tête, elle étonne par la proéminence excentrique d'un ventre énorme : c'est son atelier, son magasin, c'est la poche que le cordier tient devant lui pour en extraire la matière du fil qu'il dévide. A l'extrémité de cette poche, quatre filières ou mamelons lancent, par leur mouvement, un tout petit nuage qui grossit de minute en minute. Ce nuage, ce sont des fils d'une ténuité infinie; chaque mamelon en sécrète mille, et les quatre, en se rejoignant, font de leurs quatre mille fils le fil unique assez fort dont sera tissue la toile. Quand l'ouvrière a fourni un jet suffisant de fils, elle se laisse glisser d'un point élevé et dévide son écheveau. Elle y reste suspendue, puis remontant au point de départ à l'aide de son petit cordage, elle se porte vers une autre direction, et continue traçant ainsi une série de rayons qui partent tous du même centre. La chaîne ourdie, elle s'occupe de faire la trame en croisant le fil, de manière à obtenir non point un tissu serré, mais un véritable filet, de telle proportion géométrique que toutes les mailles du cercle sont toujours de même grandeur.

C'est au centre de sa toile qu'elle a la plus grande force pour l'attaque ou pour la défense. Hors de là, elle est timide; une mouche la ferait reculer. Cette toile, par ses agitations, ses frémissements, lui révèle la présence du gibier, si maigre qu'il soit, et, en même temps, comme elle est un peu visqueuse, elle lui retient cette proie qu'elle retarde au moins un moment et qu'elle empêtre. Lorsqu'il fait du vent, l'agitation continuelle de la toile empêcherait l'araignée de se rendre compte de ce qui s'y passe; elle se tient alors au centre; mais, en temps ordinaire, elle reste près de là, sous une feuille, pour ne pas effrayer sa proie, ou pour ne pas être elle-même celle de ses nombreux ennemis. C'est ainsi, du moins, que se comporte l'araignée des jardins, qui nous rend des services réels en détruisant une foule d'insectes nuisibles aux fruits, et surtout la petite araignée du raisin que l'on a appelée la bienfaisante.

L'araignée n'a pas seulement le nid, l'affût, la station passagère de chasse; certaines espèces ont, de plus, une maison régulière : vestibule, chambre à coucher, une porte faite pour se fermer d'elle-même, rien n'y manque. Le chef-d'œuvre du genre se voit surtout en Corse, chez la mygdale pionnière. Son habitation est un petit puits, industrieusement maçonné, avec double tenture, un gros tapis rude du côté de la terre, et un tissu plus fin du côté qu'habite l'artiste; une porte ferme hermétiquement ce puits à son orifice.

Malgré ses instincts égoïstes, dans les pays plantureux des tropiques, où le gibier surabonde, elle vit en société. On cite quelques espèces qui tendent autour d'un arbre un large filet commun dont elles gardent et défendent les avenues. Bien plus, étant souvent aux prises avec des insectes puissants, elles se liguent et se prêtent main-forte dans le péril. Mais cette association est exceptionnelle, bornée à quelques espèces, sous certains climats; partout ailleurs, l'araignée, par la fatalité de sa vie et de son organisme, a le caractère du chasseur, du sauvage, qui, vivant d'une proie incertaine, reste défiant, exclusif et solitaire.

L'industrie de l'araignée, comme tisseuse habile, est merveilleuse; mais cette étonnante ouvrière a-t-elle l'esprit de ressources, et, au besoin, d'innovation que déploient en certains cas les insectes supérieurs, par exemple, les abeilles? On ne sait, et une expérience serait difficile à tenter. L'araignée est si nerveuse que la peur qui la rend industrieuse peut aussi la paralyser et lui faire perdre la tête. Hors de sa toile, tout la fait frissonner. Elle est tellement sensible au moindre contact, au plus léger bruit, qu'elle semble s'évanouir, et souvent on la voit tomber du haut d'un plafond foudroyée par la frayeur.

Cette sensibilité éclate surtout quand elle est mère. Tandis que les oiseaux de proie, qui ont tant de ressources, chassent leurs petits de bonne heure et les forcent, à coups de bec, d'habiter hors du domaine qu'ils se réservent en propre, l'araignée, dont l'existence est si incertaine, nourrit longtemps ses petits; elle les garde, les porte sur son dos, les fait marcher en les retenant par un fil; s'il y a danger, elle tire le fil, les ramène près d'elle et les sauve; si c'est impossible, elle aime mieux périr avec eux.

Les araignées ont-elles quelques sympathies en dehors de leur espèce? On l'a dit, et cela est fort croyable. Elles sont moins isolées de nous que les vrais insectes. Elles vivent dans nos maisons, ont intérêt à nous connaître et semblent nous observer. Elles font grande attention aux voix et aux bruits, elles les perçoivent à merveille.

Tout le monde connaît l'histoire de Pellisson qui, enfermé à la Bastille, avait apprivoisé une araignée en l'attirant par le son d'un instrument. Une autre anecdote, moins connue, n'est pas moins frappante. Une de ces pauvres victimes que l'on appelle de jeunes virtuoses, Berthome, illustre en 1800, devait ses étonnants succès à la reclusion sauvage qui lui était imposée. A huit ans, il tirait des effets merveilleux de son violon. Dans sa constante solitude, il avait un camarade, dont on ne se doutait pas, une araignée. Elle vivait d'abord dans l'angle du mur; mais elle s'était peu à peu permis d'avancer de l'angle au pupitre, du pupitre sur l'enfant, et jusque sur le bras si mobile qui tenait l'archet. Là, elle écoutait de fort près, dilettante émue, palpitante : c'était tout un auditoire pour ce pauvre artiste; il ne lui en fallait pas plus pour doubler son âme et raviver ses inspirations.

Cet enfant avait malheureusement une mère adoptive qui, un jour, introduisant un amateur dans la retraite du jeune violoniste, aperçut le sensible animal à son poste favori... Un coup de pantoufle l'anéantit... L'enfant tomba à la renverse, fut malade trois mois et faillit mourir.

C'est à tort que l'araignée nous fait éprouver de l'antipathie et souvent même de l'horreur, elle ne mérite point cette aversion générale que son nom seul semble exciter. Il faut réagir contre de si injustes sentiments. La laideur n'est pas un vice, et l'araignée possède assez de qualités pour racheter cet unique défaut. Au lieu de la dédaigner et de la condamner, plaignons-la, et disons avec le poète qui s'est fait le défenseur de tous les êtres déshérités de la nature :

J'aime l'araignée et j'aime l'ortie,
Parce qu'on les hait.

XXXVI.

L'arbre de Noël.

DÉVELOPPEMENT.

Nous sommes dans la soirée du 24 décembre ; une jeune mère est seule auprès de son premier-né, charmant chérubin frais et rose, qui sommeille paisiblement dans son berceau. Elle sourit et, le caressant du regard, murmure des mots entrecoupés; on croirait avoir devant les yeux la gracieuse et poétique Clotilde de Surville. Mais c'est encore un autre sentiment qui agite la jeune mère, et qui se reflète sur sa figure rayonnante, tandis que ses doigts agiles préparent la toilette de l'arbre de Noël, placé sur un guéridon, au milieu des joujoux et des friandises qui vont former sa parure. Saisissons maintenant son monologue au passage.

« Il dort, il dort, l'enfant; voyez, il se prélasse comme un grand seigneur; il sourit comme s'il rêvait à la surprise que je lui prépare, car c'est la première fois que l'arbre de Noël pousse pour lui ses branches chargées de cadeaux. Ange chéri, ce que je demande, c'est qu'il ne se réveille pas avant que tout soit bien préparé. Ah! comme ses grands yeux bleus vont se fixer avec ravissement sur toutes ces belles choses, et comme il va frapper ses petites mains l'une contre l'autre! Dors, mon enfant, ne t'éveille pas. Mais, hâtons-nous; voyons, l'arbre de Noël est tout prêt; que dois-je y suspendre? D'abord ce petit sac de dragées, aux faveurs roses et bleues, puis cette boîte de pastilles en chocolat, et des agneaux de sucre, avec des fleurs aux riches couleurs. Bien, voilà qui doit suffire, j'espère; car trop de douceurs préparent pour la suite d'amères souffrances. Il ne faut en donner qu'à petites doses et imiter le bon Dieu, qui fait une sage distribution de ses biens et ne nous les prodigue pas tous les jours. Et cependant l'arbre montre encore bien des branches nues; allons, attachons-y quelques pommes, les plus belles que nous ayons. Voyez, elles ne présentent pas la moindre tache; celle que cueillit Eve n'était pas si appétissante... Oh! je crois qu'il va se réveiller... il remue les lèvres... Non, c'est une fausse alarme. Dormez, petit lutin, entendez-vous? je n'ai pas encore fini.

Quoi donc encore? Ah! ce joli petit mouchoir rayé de blanc et de rouge. Que le bon Dieu le préserve de l'employer jamais à essuyer d'autres larmes que ses larmes d'enfant!...

Et ce charmant petit livre, que j'allais oublier, où tu trouveras, mon chérubin, de belles prières... quand tu sauras lire, et, en attendant, les plus jolies images du monde. Voici d'abord les rois mages qui adorent à genoux le divin Jésus, couché sur la paille entre l'âne et le bœuf; ceci c'est saint Antoine qui se moque de tous les diables de l'enfer qui dansent autour de lui; voilà maintenant saint Charlemagne avec sa couronne, son sceptre et sa grande barbe impériale; cette douce et triste figure est celle de sainte Véronique, portant le mouchoir où est restée empreinte la figure du Sauveur. Je reconnais ensuite saint Stanislas et saint Louis de Gonzague, les patrons de la jeunesse pieuse. Tiens, saint Achille! Ce n'est pas, je pense, le vainqueur du redoutable Hector. Ah! saint Samson! je ne savais pas qu'il fût canonisé. Mais c'est un homonyme, assurément. Je reconnais ce bienheureux à l'instrument qu'il porte avec lui : c'est saint Laurent et son gril. Bon, me voici maintenant en présence de saint Roch et de son chien. Ah! pour celui-ci, les enfants le connaissent bien : c'est saint Nicolas :

Il était trois petits enfants
Qui s'en allaient glaner aux champs,

comme le dit la naïve et gracieuse ballade que j'apprendrai à mon petit lutin quand il pourra chanter. Dieu! de quelles questions il va m'accabler demain! « Petite maman, quel est ce saint qui coupe avec un sabre son manteau en deux devant un pauvre homme presque nu? — Mon bijou, c'est saint Martin, qui partage son vêtement avec un pauvre. Cela nous apprend qu'il faut être charitable. — Et cet autre qui, monté sur un cheval, enfonce sa lance dans la gueule de cette grande vilaine bête? — C'est saint Georges, qui tue un dragon monstrueux, et qui t'apprend ainsi qu'avec l'aide de Dieu on ne doit rien craindre...

Mais je perds mon temps à babiller. Dormez, petit curieux, on vous répondra un autre jour; votre arbre n'est pas encore prêt. Voyons, que manque-t-il encore? Plus rien, il me semble. Si, si, il manque quelque chose ; c'est ce petit martinet fait d'un manche doré et de douces cordelettes de soie. Allons, ne pleurez pas, mon ange; on ne vous fouettera que s'il le faut absolument, si vous faites trop le méchant. Tenez, j'y mets encore un ruban pour qu'il ait un aspect moins terrible. Joignons-y vite ce petit polichinelle, pour lui ôter tout caractère menaçant. Là, ce ne sera plus qu'un simple avertissement. Ah! que de précautions il faut prendre avec vous! Aurez-vous autant de soin d'éviter tout ce qui pourrait causer du chagrin à votre petite maman?...

Allons, voilà qui est bien maintenant; l'arbre de Noël est en grande tenue; il attend votre réveil. Quand il fera jour, on vous dira que c'est le petit Jésus qui vous a apporté tout cela pendant que vous dormiez. »

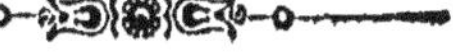

XXXVII.

Le bonhomme Misère.

DÉVELOPPEMENT.

Par une sombre et glaciale soirée d'hiver, dans un hameau situé tout au fond de la basse Bretagne, d'où l'on entendait les vagues de l'Océan déferler avec un retentissement sinistre contre les hautes falaises, deux voyageurs, égarés sans doute, frappaient au seuil de toutes les maisons et imploraient l'hospitalité pour la nuit, mais vainement : tous les cœurs comme toutes les portes étaient fermés à la pitié, et les voyageurs allaient continuer leur chemin au hasard, lorsqu'ils aperçurent une lumière qui brillait à travers les ais disjoints d'une misérable cabane. C'est là qu'habitait le bonhomme Misère, vieillard à tête dénudée, aux yeux caves et ternes, aux joues desséchées et osseuses. Il semblait la personnification vivante de son nom, et il n'en avait pas, hélas! que les apparences, car tout chez lui annonçait le plus profond dénûment. Cependant Misère était bon et humain; connaissant le malheur, il était compatissant envers tous les malheureux. A peine les deux voyageurs ont-ils heurté à sa porte qu'il leur ouvre et les accueille avec empressement. « Entrez, soyez les bienvenus, leur dit-il; vous êtes fatigués, vos habits sont traversés par la pluie, vous grelottez de froid; venez vous réchauffer à ce feu que je vais ranimer. » Et le bon vieillard jette dans le foyer un fagot qui pétille aussitôt. « Sans doute vous avez faim; hélas! Misère n'a qu'un bien maigre repas à vous offrir; mais, du moins, ce qu'il a, il le donne de bon cœur. » Et Misère fait asseoir les deux inconnus, dont le regard brillant et l'air vénérable lui inspirent le respect. Puis il va chercher un morceau de pain dur, quelques poires appétissantes, et dispose ce chétif souper sur une vieille table boiteuse. Réchauffés par le feu, les voyageurs mangent d'un bon appétit, puis vont passer le reste de la nuit sur le grabat que Misère leur abandonne. Le lendemain matin, ses hôtes lui apparaissent sous un aspect plus imposant encore; mais toute leur physionomie respire la bienveillance. Ils sont debout, appuyés sur leurs bâtons de voyage, et tout prêts à se mettre en route. «Brave homme, lui dit l'un d'eux d'une voix grave et harmonieuse, vous seul dans ce hameau avez eu pitié de nous; lorsque tous nous repoussaient, vous nous avez recueillis avec charité dans votre demeure; eh bien, avant de vous quitter, nous voulons vous laisser un souvenir de notre passage : demandez-nous ce que vous voudrez, et nous vous jurons d'exaucer votre vœu.» Le vieillard secoua la tête avec un doux et triste sourire : «Non, dit-il, je n'ai besoin de rien; que faut-il au pauvre Misère pour vivre? Le pain dur que vous avez mangé hier soir et quelques-unes de ces poires que vous n'avez pas dédaignées me fournissent un repas bien suffisant. Si encore les maraudeurs ne dévalisaient pas toutes les nuits mon poirier dès que les fruits sont mûrs à point, je me trouverais satisfait. Malheureusement, il n'en est pas ainsi, et je ne mange que les restes de ces petits vauriens.»

Les deux voyageurs parurent étonnés d'un désintéressement si extraordinaire, eux qui connaissaient sans doute les insatiables désirs du riche. Puisque vous refusez tous nos dons, lui dirent-ils, nous exaucerons, du moins, le vœu que vous venez de former. Brave homme, désormais, on ne volera plus vos poires impunément; à partir de ce moment, firent-ils en étendant la main vers l'arbre, qu'on apercevait dans le verger, à partir de ce moment, votre poirier jouira d'une propriété surnaturelle : quiconque, fût-ce la Mort elle-même, montera dans ses branches y restera fatalement fixé, et n'en pourra descendre que de votre consentement. Et ce n'est pas là une promesse légère que nous vous faisons; sachez que ceux auxquels vous avez accordé l'hospitalité cette nuit sont les apôtres Pierre et Paul, envoyés par le Christ dans ce pays pour y éprouver les cœurs des habitants. Adieu, brave Misère, soyez toujours humain et désintéressé.» Et les saints apôtres, ayant béni le vieillard tout stupéfait de l'aventure, continuèrent leur pèlerinage.

Le printemps ne tarda pas à s'annoncer; le poirier se couvrit de fleurs qui présageaient une abondante récolte, et Misère attendait impatiemment le jour où il pourrait vérifier la réalisation de la prophétie des deux apôtres, certain que les maraudeurs en fourniraient de nombreuses occasions. Voilà les fruits qui grossissent à vue d'œil, qui mûrissent; enfin, plus d'une poire, par sa mine séduisante, pouvait déjà tenter la gourmandise peu scrupuleuse des rôdeurs de nuit. Un matin, des cris perçants, partis du jardin de Misère, attirent le vieillard. Il se précipite... ô surprise! ô agréable surprise! un petit maraudeur était juché au beau milieu du poirier, faisant des efforts inimaginables, mais inutiles, pour descendre de l'arbre magique. S'il levait une jambe, l'autre restait fatalement clouée à la branche; il en était de même des mains, et le malheureux enfant paraissait se livrer à la gymnastique la plus étrange. Quant à Misère, il était dans la jubilation, comme lorsqu'on trouve pris au piège une fouine qui a longtemps ravagé le poulailler. «Ah! petit vaurien, s'écria-t-il, je t'y prends enfin à manger mes poires! cela te coûtera cher, et tu payeras pour tous les autres, car tu ne descendras de mon poirier que quand je le voudrai bien.» Mais le pauvre enfant poussait des cris si lamentables et faisait si piteuse mine, que le bon Misère ne put s'empêcher de rire, et du rire à l'indulgence il n'y a pas loin. Il eut pitié de cet âge *sans pitié*, et lui permit enfin de descendre à terre. A partir de ce jour, le poirier vit tranquillement arriver tous ses fruits à maturité; les petits garçons du hameau redoutaient jusqu'à son ombre, et Misère put savourer en paix ces belles poires, qui faisaient toute sa richesse.

Cependant, d'année en année, Misère était arrivé aux limites les plus reculées de la vieillesse; peu s'en fallait qu'il ne devînt séculaire. On était en automne, le poirier pliait sous une charge de fruits magnifiques, et le vieillard se réjouissait à la vue de cette récolte abondante, lorsqu'on frappa brusquement à sa porte; puis un cliquetis d'os se fit entendre, et un squelette hideux, armé d'une faux polie et tranchante, apparut aux yeux du bonhomme. C'était la Mort, qui venait réclamer sa proie. Elle s'adresse à Misère d'une voix sinistre et railleuse : «Allons, vieillard, tu as assez vécu; tu devais t'attendre à ma visite et tu es tout préparé, je pense. Eh bien, me voici, il faut me suivre. — O Mort! tu te trompes, répondit Misère tout en tremblant, je ne t'attendais pas encore.» Un rire silencieux élargit le sombre rictus du squelette. Tu te croyais donc éternel? le temps des patriarches est passé; je te le répète, ton heure est sonnée à l'horloge du temps. — Je t'en supplie, ô Mort! laisse-moi encore quelques jours sur cette terre? — Eh quoi! lorsque tant de riches rassasiés de toutes les jouissances me voient sans frémir debout à leur chevet, tu hésites, tu trembles à mon aspect! Suis-moi, vieillard, sans plus tarder. — Mais je n'ai pas fait mon testament...» Le squelette sourit de nouveau. «Le testament du bonhomme Misère!... voilà un excellent prétexte; allons, te dis-je, le moment est venu.» Et la Mort brandit sa faux redoutable. «Arrête! arrête! fit le vieillard haletant, une dernière prière. Tu vois ce poirier; c'était ma seule richesse, ma seule ressource, mon seul bonheur. L'été, il me protégeait de son ombre, l'hiver, il me nourrissait de ses fruits; eh bien, exauce le vœu suprême d'un homme qui va quitter le monde : je suis vieux et faible, va me cueillir une de ces belles poires qui resplendissent au soleil; que j'aie la satisfaction d'en savourer encore une avant de dire un éternel adieu à la vie.» Après une seconde d'hésitation : « Soit, vieillard, dit la Mort, je vais contenter ce dernier caprice.» Puis elle s'élança sur l'arbre et cueillit une des plus belles poires. Mais quand elle voulut descendre, elle répéta vainement les mêmes exercices que le petit maraudeur. «Vieillard, s'écria-t-elle en colère, que signifie ce prodige? je ne puis me détacher de cet arbre magique. Te jouerais-tu de la Mort? Tenterais-tu de l'enchaîner par des sortilèges? Mais redoute mon courroux... — Je me moque de tes menaces, dit Misère en se frottant les mains de contentement; c'est un pouvoir plus fort que le tien qui te cloue à cette place. «Fût-ce la Mort,» m'ont-ils dit, et je vois qu'ils ne m'ont pas trompé. Démène-toi tant que tu voudras, tu ne descendras que lorsque j'y aurai consenti. — Y songes-tu, vieillard? il faut que ma mission s'accomplisse. Plusieurs existences déjà auraient dû être tranchées depuis que tu me retiens ici. Ne crains-tu pas de renverser l'ordre établi par Dieu lui-même et de bouleverser la nature? — Tu prêches dans le désert; je te tiens, je ne te lâcherai pas sans conditions. — Misère, mon bon Misère, je le reconnais, je cède en ce moment à une puissance supérieure à la mienne. Eh bien, parle, que veux-tu de moi? — Je veux être sacré pour toi, je veux que ta faux détestée ne s'abatte jamais sur ma tête. — Je te le jure. — Descends, alors, et continue à remplir ton rôle homicide.»

La Mort ne se le fit pas dire deux fois, et d'un bond elle fut à terre; puis elle s'éloigna en jetant sur le vieillard un regard de colère et de pitié. Mais elle a été fidèle à son serment : le bonhomme Misère vit toujours. A la campagne, à la ville, partout, nous le coudoyons à chaque pas, il nous apparaît sous toutes les formes, il semble se multiplier. On le reconnaît toujours à ses haillons sordides, à son teint hâve et à sa mine affamée, et il en sera ainsi jusqu'à la fin des temps.

Nota. — Ce sujet, de la Misère, qui doit vivre à jamais en ce monde, a été traité par beaucoup de penseurs et d'écrivains. Voici un autre développement, où il est présenté d'une manière plus dramatique.

Il fait nuit, une nuit noire et glacée; le vent siffle avec violence à travers les branches dépouillées des grands chênes de la forêt; on croirait parfois que les gémissements des damnés traversent les espaces souterrains et font entendre leurs lamentables concerts; la neige tombe à flocons pressés qui ressemblent à des tourbillons de mouches blanches, et, dans la profondeur des bois, les hurlements des loups, s'harmonisant lugubrement avec le cri des chouettes, remplissent tous les alentours d'une terreur mystérieuse que propagent au loin les échos. Tout à coup, au milieu de la clairière, un feu pétillant s'allume, un murmure confus de voix humaines bourdonne, et la flamme, montant et s'étendant peu à peu, illumine un espace circulaire de lueurs rouges et fantastiques. Huit hommes, accroupis et serrés les uns contre les autres, tendent leurs mains vers les langues de feu que le vent fait jaillir du brasier à intervalles inégaux. Leurs traits sont farouches et durs, une barbe épaisse descend sur leur poitrine, leurs regards expriment la plus noire méchanceté; à les voir ainsi entourer la flamme, dont les reflets bleuâtres prêtent tour à tour à leurs physionomies les aspects les plus effrayants, on les prendrait pour une troupe de démons ourdissant leurs noirs complots : ce sont des brigands qui viennent d'égorger une famille inoffensive et qui se partagent le butin, le prix du sang. Depuis longtemps ils ont semé la terreur dans la contrée : personne n'ose plus suivre les chemins qui sillonnent la forêt; à leurs noms, les hommes frissonnent, les femmes poussent des gémissements, et les petits enfants se cachent dans le sein de leurs mères.

Mais voilà que la conversation des brigands s'anime; leurs voix montent peu à peu comme le grondement des flots que soulève une sourde tempête; ils tirent d'un vaste sac de cuir des provisions choisies, des flacons pleins d'un vin généreux, et ils se passent joyeusement à la ronde la liqueur enivrante que leurs victimes avaient recueillie sur les côtes brûlées du Rhin. Bientôt les paroles se mêlent tumultueusement, entrecoupées de blasphèmes impies que les échos de la forêt semblent répéter avec horreur.

— Par les cornes de Belzébuth! s'écrie alors le chef, voilà un vin tout à fait digne de la table d'un empereur, et je veux vider cette coupe à la santé de ceux à qui nous le devons.

Un éclat de rire sauvage accueille cette sinistre plaisanterie : les meurtriers se réjouissent au souvenir du sang qu'ils ont versé!

— Buvons, amis, ce vin fort et parfumé, continue le chef; il fait couler dans nos veines la joie et la gaieté, il éveille le plaisir, il excite notre audace. Quand on a bu ce nectar fortifiant, il semble qu'on voudrait affronter l'enfer; on ne redoute rien.

— Rien! répètent en chœur les brigands; ni les hommes d'armes de la maréchaussée, ni les hommes noirs du tribunal, ni la prison, ni la hache du bourreau.

— Ni la Mort elle-même, la Mort en personne, reprend le chef avec une féroce animation; qu'elle vienne, la camarde, et nous la pendrons à ce vieux chêne qui nous tend les bras!

— Oui, nous la pendrons! répètent encore les brigands.

Tout à coup, un craquement de branches sèches et une sorte de cliquetis d'os qui s'entre-choquent se font entendre derrière les meurtriers; tous détournent la tête et se lèvent précipitamment : un squelette hideux s'avance; il marche en se dodelinant sur ses hanches dépouillées de chair et de peau; pas un cheveu ne recouvre son crâne entièrement nu; sa bouche, qui n'est qu'un affreux rictus, laisse à découvert une double rangée de dents presque noires, le long desquelles semble courir un ricanement amer, et deux petites étoiles rouges luisent au fond des orbites creusés horizontalement au bas de son front osseux : c'est la Mort, la Mort, qui vient relever le défi impie des brigands. Ceux-ci éprouvent un moment de surprise et jettent les yeux sur leur chef, dont cette apparition terrible ne fait point fléchir l'audace.

— Sus à la camarde! s'écrie-t-il.

Et chacun de s'élancer bravement.

Le premier arrivé veut porter sa main sacrilège sur la Mort, mais déjà les doigts noueux du squelette se sont abattus sur le brigand, qui roule expirant sur la neige. Alors les autres l'entourent et se précipitent en même temps sur elle; deux la saisissent par derrière, quatre s'attachent à ses bras : la Mort est prise. Les brigands lui passent une corde au cou, la hissent sur leurs épaules et la suspendent aux branches du vieux chêne; puis ils battent des mains et dansent autour d'elle en signe de triomphe.

— Ah! ah! fille du diable! lui crie le chef en la regardant avec des yeux flamboyants de colère, nous te tenons enfin. Tu en as assez fait pendre des nôtres; à ton tour! Eh! mes amis, ne reste-t-il pas une bonne bouteille, que nous la vidions à la santé de la camarde?

On apporte du vin, et les brigands adressent un toast lugubre à la Mort, qui s'agite dans tous les sens et se débat inutilement.

— Maintenant, continue le chef, tu ne viendras plus rôder sans cesse autour de nous; nous pourrons voler, saccager, incendier à notre aise sans redouter la potence. Nous n'égorgerons plus personne, il est vrai, puisque nous t'avons pendue; mais aussi on ne nous fera pas monter sur la roue. Allons, compagnons, en route! A nous les bourgs et les villages; mettons à contribution hommes et femmes, prêtres et laïques, nobles et manants; et nargue de la maréchaussée!

Et toute la bande, son chef en tête, prend le chemin du village voisin.

Quelques instants après leur départ, une vieille femme ridée, décrépite, toute voûtée, boiteuse, toussant, geignant, couverte de haillons, marchant pieds nus sur la neige et portant une besace vide, s'approche du brasier que viennent de quitter les brigands, afin d'y réchauffer ses membres décharnés et engourdis. Elle aperçoit épars autour d'elle les débris d'un festin récent; aussitôt elle les ramasse et les mange avidement, et son œil cave et terne semble éprouver un vif sentiment de plaisir. La Mort, qui n'a pas encore rendu le dernier soupir, appelle la vieille femme d'une voix étouffée : « Misère, ma chère Misère, viens à mon secours!

Aide-moi à couper cette corde maudite, et je te promets une récompense éternelle. »

La Misère, car c'était elle, se lève aussitôt ; elle s'approche, parce qu'elle est compatissante et qu'elle ne craint pas la Mort : « Tiens ! dit-elle à celle-ci en lui tendant la lame d'un couteau, lève le bras et tranche le lien qui t'étrangle. »

La Mort se hâte, et déjà elle est retombée sur la neige en imprimant à tous ses os un horrible cliquetis ; « Ce sont des brigands qui m'avaient pendue, dit-elle ; mais je me vengerai. Quant à toi, Misère, je veux tenir ma promesse. »

En disant ces paroles, un affreux ricanement s'échappa de la bouche entr'ouverte du squelette.

— Écoute, continua-t-elle, pour le service signalé que tu viens de me rendre, sur ma parole de Mort, je jure de ne jamais porter sur toi ma main redoutable. A partir de cette heure tu es immortelle.

Et voilà pourquoi la misère ne mourra jamais ici-bas.

Peu de jours après, un combat terrible se livrait au bord de la forêt ; deux hommes seuls, deux soldats de la maréchaussée, luttaient contre les sept brigands ; mais une force surnaturelle semblait décupler leurs forces et rendre leurs coups irrésistibles ; leurs yeux flamboyaient, leur voix avait quelque chose de fatal qui aurait glacé d'effroi le cœur du plus intrépide. Les malfaiteurs sentirent leurs bras enchaînés par une terreur secrète, et déposèrent enfin leurs armes homicides, ne songeant pas même à se dérober par la fuite au châtiment terrible qui les attendait. Le lendemain, toute la population des campagnes voisines se pressait pour assister au supplice de ceux qui les avaient si longtemps remplies de meurtres et de brigandages ; tous étaient montés sur le même échafaud, et, au moment où la corde infâme allait s'enrouler autour de leurs têtes, chacun d'eux put voir, debout à ses côtés, un fantôme muet, un squelette hideux qui les regardait avec cet éternel sourire railleur et amer, qui baigne d'une sueur glacée ceux que la Mort contemple de ce suprême regard.

XXXVIII.

Les Joueurs.

DÉVELOPPEMENT.

Un mandarin à bouton bleu, Tchi-Kiang-Li, très versé dans les sciences et la littérature du Céleste-Empire, avait fait un voyage en Europe pour y étudier nos mœurs, nos arts et notre civilisation. Après y avoir fait une ample moisson d'observations, qu décelaient un esprit juste et ingénieux, notre Chinois repartit pour Pékin, où, dès son arrivée, il se vit accablé de visites et d'invitations. Il venait de loin, du pays des barbares, et l'on était avide de l'entendre, car, à Pékin comme à Paris, on connaît le proverbe :

Quiconque a beaucoup vu
Doit avoir beaucoup retenu,

et Tchi-Kiang-Li, sans se prévaloir de cet autre proverbe non rimé : *A beau mentir qui vient de loin*, avait beaucoup à raconter. Aussi les interrogations pleuvaient-elles autour de lui; il n'avait pas plus tôt mis les pieds dans une réunion, qu'il se voyait entouré de toutes parts; chacun lui criait à l'envi : « Soit loué Confucius! Nous sommes enchantés de vous revoir si bien portant; allons, racontez-nous un peu vos aventures, les fatigues que vous avez essuyées, les dangers que vous avez courus, les merveilles que vous avez admirées. On dit que ces barbares ne sont pas tout à fait dignes de mépris, et qu'ils savent assez bien imiter nos arts et notre industrie; quelle est maintenant votre opinion à ce sujet? »

Tchi-Kiang-Li, ramenant sa natte sous son bras, se mit à la rouler entre ses mains en riant silencieusement, comme un véritable académicien chinois qu'il était. « J'ai vu, dit-il enfin de belles rues à Paris, des palais somptueux, des temples magnifiques, les plus riches musées du monde, les plus brillantes réunions... — Ah! et qu'y dit-on? que fait-on? » Ici, Tchi-Kiang-Li découvrait de nouveau sa double rangée de dents blanches avec l'intention évidente de sourire mystérieusement, ce qui intrigua fort la société chinoise et excita au plus haut point la curiosité. Nouvelles sollicitations, et plus pressantes. « J'ai vu à Paris, dit le mandarin, dans ce qu'ils nomment un cercle en ce pays, l'espèce d'hommes la plus singulière qui se puisse imaginer. Par exemple, ils prennent place cinq ou six à la même table, après avoir échangé quelques mots, cabalistiques sans doute, car au premier ils ont tous fait un signe de tête en marque d'assentiment. Comme je me demandais à quelle occupation ces hommes allaient se livrer, puisque je ne voyais figurer sur la table aucun préparatif culinaire, on remit à chacun une sorte de cornet de cuir, et l'on plaça devant eux deux petits cubes d'ivoire, marqués sur chaque face d'un certain nombre de points. L'un deux prit aussitôt ces brimborions magiques, les agita dans son cornet et les fit rouler sur la table. Un second en fit autant, puis un troisième et tous les autres successivement. Cela dura ainsi toute la nuit. J'admirais avec quelle patience, quel imperturbable sang-froid, ces hommes, qui me paraissaient cependant doués de bon sens, se livraient à cet exercice monotone. Rien n'était capable de distraire leur attention, ni les conversations bruyantes, ni les allées et venues continuelles des autres membres de la réunion. La foudre aurait grondé sur leur tête, deux armées se seraient battues sous les fenêtres, le ciel aurait menacé de s'écrouler et un tremblement de terre aurait secoué les maisons, que rien n'eût pu leur faire quitter la place; ils semblaient cloués sur leurs siéges, quoiqu'ils fussent continuellement en proie à des mouvements inexplicables. Tantôt ils tressaillaient vivement, tantôt ils paraissaient immobiles. Leurs physionomies revêtaient à l'instant les impressions les plus contraires: la joie, l'espérance, l'anxiété. De temps en temps, un son inarticulé sortait de leurs bouches, ils roulaient des yeux effarés, ils s'agitaient convulsivement. Et ce qui m'a étrangement surpris, c'est qu'ils étaient entourés de spectateurs qui paraissaient suivre tous leurs mouvements avec le plus grand intérêt. Je n'oublierai jamais les figures que j'ai observées dans ces occasions.

— Mais, s'écrient de tous côtés les amis de notre mandarin à bouton bleu, quelle histoire nous faites-vous là? C'est un conte à dormir debout. — Nullement, c'est l'exacte vérité. — Et quel peut-être le but de ces malheureux? Rumineraient-ils quelque vérité, quelque invention utile au genre humain? — Oh! certes non. — Ils cherchent sans doute la pierre philosophale? — Pas le moins du monde. — La quadrature du cercle? — Encore moins. — Le moyen de diriger les ballons? — Vous vous en éloignez de plus en plus. — Il faut donc que ce soit le passage à travers le pôle nord? — Allons donc! ils n'y songent guère. — Ah! pour le coup, nous y voici; assurément qu'ils sont là pour faire pénitence de leurs fautes? — Vous vous trompez encore. — Mais aussi vous nous parlez de vrais maniaques, tels qu'on n'en a jamais vu que chez ces barbares. Morbleu! que peuvent-ils donc faire? » Tchi-Kiang-Li sourit de nouveau et répondit d'un ton railleur : « Ce qu'ils font? eh bien, ils jouent.»

XXXIX.

Le Petit marchand d'aiguilles.

DÉVELOPPEMENT.

C'était en 1788, par une froide soirée d'hiver; la neige tombait à flocons menus, une bise glacée balayait les quais de la capitale et s'engouffrait en sifflant dans les rues adjacentes. Quelques rares passants marchaient d'un pas rapide, semblant à peine apercevoir un jeune garçon, qui, pour vendre des aiguilles, avait établi au coin du Pont-Neuf sa boutique portative. Le petit marchand voyait peu de curieux et encore moins d'acheteurs se presser autour de son modeste étalage, sur lequel un bout de chandelle fameuse ne jetait qu'une lueur incertaine et vacillante. Impatienté de cet isolement, il se mit à entonner, pour attirer l'attention, une chanson dont la gaieté contrastait singulièrement avec la température et le peu de succès de son commerce. Il s'arrêtait d'ailleurs, après chaque couplet, pour faire, mais toujours en vain, un éloge pompeux de sa marchandise. Les passants faisaient la sourde oreille, et il avait à peine vendu quelques paquets d'aiguilles, lorsqu'un jeune homme, enveloppé dans un ample manteau bordé d'une riche fourrure, vint à passer près de lui.

— Tu chantes faux, petit drôle, dit-il à l'enfant, qui finissait son dernier couplet.

— Ce n'est pourtant pas votre maître de musique qui m'a donné des leçons, répondit le chanteur en s'interrompant.

Cette réponse fit rire l'inconnu, qui revint sur ses pas.

— Comment t'appelles-tu? reprit-il.

— Petit-Pierre.

— Petit-Pierre...; et après?

— Après? rien.

— Comment rien? Tu n'as donc ni père ni mère?

— Je ne les ai jamais connus.

— Mais qui a pris soin de toi jusqu'à présent?

— Personne. Ah! si : il y a une vieille femme qui n'oublie pas de me rouer de coups lorsque je n'ai pas assez vendu de ses aiguilles.

— Et sans doute alors tu seras battu ce soir? demanda l'inconnu avec un commencement d'intérêt.

— Hem! fit l'enfant avec une petite moue, cela pourrait bien être, si vous continuez à me faire jaser au lieu de me laisser annoncer ma marchandise.

Et il continua son cri habituel : « Petites aiguilles! jolies aiguilles! fines aiguilles! » Mais les chalands semblaient mettre de l'obstination à s'éloigner, sans même jeter les yeux sur lui. L'inconnu observait son désappointement d'un regard malin.

Petit-Pierre impatienté lui dit d'un ton où perçait déjà la mauvaise humeur :

— Monsieur, vous ne voyez donc pas que vous me portez malheur?

— Vraiment? Pourquoi aussi ne m'offres-tu pas des aiguilles?

— C'est que, reprit l'enfant avec finesse, en jetant un coup d'œil sur les magnifiques fourrures de son interlocuteur, vous ne m'avez pas l'air de raccommoder vous-même votre paletot.

— Qu'importe! Tiens, donne-moi des aiguilles pour cette pièce.

Petit-Pierre tendit la main, et, à la lueur douteuse de la chandelle, il vit briller une pièce d'or.

— Pour cette pièce, monsieur? mais elle vaut trois fois toute ma boutique.

— Garde tout, ajouta l'étranger en ramenant son manteau sur ses épaules; tâche seulement de ne plus chanter faux et d'éviter les coups. » Puis il s'éloigna rapidement.

Mais aussitôt Petit-Pierre courut après l'inconnu, et lui barrant le passage :

— Oh! monsieur, je vous en prie, dites-moi seulement votre nom.

— Mon nom? et qu'en veux-tu faire?

— Pour le graver dans mon cœur; car quelque chose me dit que cette pièce d'or va commencer ma fortune.

— Je le souhaite, mon enfant.

Et comme il continuait à s'éloigner : « Monsieur, monsieur, cria de nouveau le petit marchand, dites-moi votre nom ou je refuse votre aumône, et je jette cet or à la rivière.

— C'est bien, mon enfant, reprit le jeune homme, presque ému de cette petite scène. Tiens, accepte, par-dessus le marché, une poignée de main du marquis de Saint-Géran.

Cela dit, il s'éloigna rapidement.

Quinze années après la scène que nous venons de raconter, un homme jeune encore, mais dont le malheur avait vieilli les traits, se promenait triste et pensif dans un appartement d'un modeste hôtel garni de la capitale. A côté de quelques meubles vermoulus et délabrés, on voyait appendue à la muraille une riche épée, et au-dessus une croix de Saint-Louis! C'était un émigré, auquel un décret récent venait de rouvrir les portes de la France. On l'a reconnu, c'était le jeune homme du Pont-Neuf, le riche et généreux marquis de Saint-Géran. Quelle tempête avait donc passé dans la vie de cet homme autrefois si brillant, aujourd'hui tombé dans une position qui eût inspiré de la pitié même à ses anciens valets? 89 avait éclaté et promené le niveau révolutionnaire dans les plus hautes classes de la société. Le marquis de Saint-Géran avait émigré; son âme délicate et généreuse avait cru devoir rester fidèle au malheur, et, pendant son séjour à l'étranger, la Révolution avait vendu son hôtel, ses biens et ses châteaux.

Au moment où se passe la scène que nous décrivons, le marquis aurait peut-être pu revendiquer en justice quelques-unes de ses anciennes propriétés; mais alors il eût fallu soutenir des procès longs et coûteux, que la modicité de ses ressources ne lui permettait pas même d'entreprendre. Vainement il s'était adressé à ses amis, à ceux qu'il avait autrefois secourus au jour de sa prospérité, il n'avait obtenu que des refus ou de ces vagues promesses qui ne servent qu'à couvrir des apparences de la générosité l'indifférence ou l'ingratitude honteuse d'elle-même.

Un soir que, dans le misérable appartement qu'il occupait, il réfléchissait tristement sur sa position, il entendit frapper à sa porte. Après avoir ouvert lui-même, car depuis longtemps il avait congédié son dernier domestique, il se trouva en face d'un homme dont tout l'extérieur annonçait l'opulence.

— C'est bien à M. le marquis de Saint-Géran, lui dit ce dernier, que j'ai l'honneur de parler?

— Oui, monsieur, répondit le marquis. Veuillez me faire connaître le motif de votre visite.

Sans répondre à l'invitation qui lui était faite, l'inconnu jeta les yeux sur les meubles de l'appartement, puis il les reporta sur le marquis avec un attendrissement respectueux.

— Je vous ai demandé le motif de votre visite, monsieur, répéta le marquis, comme blessé de l'attention dont il était l'objet.

— Vous ne tarderez pas à le connaître, monsieur le marquis, répondit l'étranger ; mais, auparavant, permettez-moi de vous adresser une question. Pourquoi monsieur de Saint-Géran habite-t-il un coin chétif d'une maison meublée plutôt que son riche hôtel du faubourg Saint-Germain?

— Vous voulez plaisanter, répondit le marquis. Vous ne pouvez ignorer, vous qui savez si bien mon nom, certaines particularités de ma vie. Tous mes biens ont été vendus, et, en ce moment, j'ignore même le nom de leur possesseur.

— Vous vous trompez, monsieur le marquis, vous possédez, aujourd'hui comme par le passé, le riche patrimoine que vous ont légué vos ancêtres, et voici 400,000 fr. qui vous appartiennent encore.

— Assez, monsieur, reprit le marquis, dont les yeux s'allumaient déjà de colère. J'ai supporté l'exil et la pauvreté, mais je ne souffrirai pas l'humiliation, et je saurai châtier...

Le marquis de Saint-Géran s'arrêta. Il y avait dans l'accent et dans les regards de l'étranger une telle expression de loyauté, d'intérêt et de respect, qu'il regretta presque les paroles qu'il venait de prononcer.

L'inconnu ne parut nullement surpris de ce mouvement de vivacité. Il reprit donc d'une voix émue :

— Monsieur le marquis de Saint-Géran se rappelle-t-il le petit marchand qui vendait des aiguilles au coin du Pont-Neuf, et à qui il a généreusement donné une pièce d'or?

— Aucunement, monsieur. Mais que peut avoir de commun une boutade de générosité, une aumône insignifiante, avec celle que..?

— Pardon, monsieur le marquis, et permettez-moi d'insister, car cette circonstance qui vous paraît si futile, c'est toute la vie du petit marchand d'aiguilles... Il s'appelait Petit-Pierre... La neige tombait, monsieur le marquis... La soirée était sombre et froide...; c'était en 1788.

— Petit-Pierre... attendez donc, dit le marquis en se frappant le front... oui... qui vendait des aiguilles... et qui chantait faux.

La figure de l'étranger était rayonnante.

— C'est cela, monsieur le marquis; qui chantait faux, mais qui calculait juste. Ce louis d'or, donné si magnifiquement, a été le point de départ de la plus étonnante fortune de notre époque. Aujourd'hui, le petit marchand d'aiguilles est un des commerçants les plus riches et les plus considérables de la capitale.

— Eh bien, monsieur Petit-Pierre, reprit le marquis qui venait de reconnaître son interlocuteur, je vous félicite de cette fortune si rapide, et, j'en suis sûr, loyalement acquise; mais elle appartient à vous seul, et le marquis de Saint-Géran n'a rien à y prétendre.

— Oh! que non, monsieur le marquis. Aussitôt que quelques opérations heureuses m'eurent permis de donner un peu d'extension à mon commerce, je fondai un vaste établissement, avec cette enseigne significative : *Au Louis d'or, Petit-Pierre et compagnie... Et compagnie*, comprenez-vous, monsieur le marquis?

— Sans doute, vous aviez pris un associé.

— Mon associé vivait à l'étranger depuis plusieurs années : c'était un émigré. Il avait mis les fonds; j'apportai mon activité et mon intelligence. Chaque année, sa part des bénéfices a été religieusement conservée. Elle a servi à racheter ses propriétés; et aujourd'hui, monsieur le marquis, je viens vous rendre mes comptes. Ces 400,000 fr. vous appartiennent, et monsieur de Saint-Géran les acceptera du petit marchand d'aiguilles, comme le marchand d'aiguilles a accepté, il y a quinze années, une pièce d'or du marquis de Saint-Géran.

Il était impossible de refuser des offres faites aussi délicatement. Aussi le marquis accepta, après avoir donné à Petit-Pierre une nouvelle et vigoureuse poignée de main.

A partir de ce jour, le marquis et le marchand d'aiguilles devinrent deux amis inséparables, et, lorsqu'il y avait à l'hôtel un dîner de cérémonie, M. Petit-Pierre occupait la place d'honneur à côté de la marquise, et en face du marquis de Saint-Géran.

XL.

Le Remords.

DÉVELOPPEMENT.

Le jour où, pour rester seul maître de biens immenses, lord William noya dans le fleuve le jeune Edmond, son neveu et son pupille, aucun œil humain ne vit ce crime odieux, aucune oreille autre que celle du meurtrier n'entendit le cri désespéré de l'innocente victime.

William devint seigneur du comté et tous les vassaux le reconnurent comme l'héritier légitime de l'ancienne famille d'Erlingford, dont le vieux manoir voyait couler à ses pieds les eaux qui remplissaient le large lit de la Severn.

Des voyageurs qui passaient, il n'en était pas un qui ne se fût volontiers arrêté à Erlingford, oubliant son voyage commencé, pour contempler cette nature riante et ces plaines fertiles; mais depuis de longues années, nul étranger n'avait passé le pont-levis du château. William restait toujours seul, plongé dans de sombres pensées. Ses regards ne s'arrêtaient qu'avec effroi sur les eaux de la Severn. Dans chaque souffle du vent qui ridait ses ondes, le meurtrier croyait entendre le cri désespéré de sa victime.

Il avait beau rester des mois entiers éloigné des lieux témoins de son odieux forfait; c'était en vain, ce souvenir le poursuivait toujours. Quel que fût le lieu où il reposât sa tête, dès que sonnait minuit, le sommeil le fuyait, et devant ses yeux effrayés venait se dresser l'ombre pâle du jeune Edmond.

Avec quelle terreur il voyait revenir chaque année ce jour où sa conscience, calendrier impitoyable, lui rappelait son exécrable forfait.

Cette année-là, ce fut une journée affreuse. La pluie tombait à torrents au milieu des mugissements de la tempête, et la Severn grossie inonda ses deux rives.

Vainement William s'entoura du bruit d'une fête à laquelle, pour la première fois, il convia ses vassaux; vainement il vida à plusieurs reprises sa grande coupe et voulut noyer dans une gaieté bruyante les angoisses de son cœur.

Chaque fois que, se ranimant tout à coup, la tempête éclatait en hurlements sourds, elle semblait glacer l'âme du coupable et pénétrer son corps tremblant du froid de la mort.

Ce fut avec peine, quand la nuit fut venue, qu'il gagna sa couche solitaire et, las de la journée qui lui semblait ne pas devoir finir, il s'étendit sur son lit pour se reposer. Il s'endormit.

Tout à coup, debout à son chevet, il crut voir l'ombre de son frère. La figure du père de sa victime lui apparut, triste et pâle, comme au jour où, près de sa dernière heure, le mourant avait pris sa main dans les siennes. Il crut entendre sa voix tremblante et affaiblie lui redemander l'orphelin qu'à son lit de mort il lui avait confié :

« Tu m'avais promis de veiller avec la tendresse d'un père sur les jours de mon pauvre Edmond. Eh bien, lord William, comment as-tu tenu ta promesse? Je t'apporte la récompense due à ton parjure. »

Le meurtrier se réveille en sursaut. Tous ses membres tremblent, son cœur bat avec force; il n'entend toutefois que le vent de la nuit qui mugit avec une violence toujours plus grande. Mais voici qu'un cri d'alarme, un cri terrible, glace de frayeur son âme tout entière. « William, levez-vous à la hâte. L'eau bat déjà les murs du château. Sauvez-vous. »

Il se lève, ouvre la croisée, regarde. Le fleuve grossissant avait atteint les premières tours. Dans ce moment, il aperçoit un batelier s'approcher des murailles. La barque touche sa fenêtre. William s'élance : « La moitié de mon or est à toi! vite à l'autre rive! »

Le batelier se penche sur la rame et le bâteau glisse comme un trait sur l'eau rapide... En ce moment, lord William entend un cri bien connu, cri terrible, appel suprême d'un enfant qui se noie. Le batelier l'a entendu aussi; il s'arrête et veut aller porter le secours qu'on implore. William s'y oppose : « Allons, dit-il, rame ferme et vite. Tâchons de couper le courant. » Mais un nouveau cri se fait entendre. « C'est un enfant qui se noie, et je veux le sauver, » dit cette fois d'un ton décidé le batelier qui change la direction de sa barque. Mais William le supplie de ne pas perdre un temps précieux et de renoncer à une tentative que l'obscurité de la nuit doit rendre inutile. « Au nom du ciel! avance. La nuit est sombre : ce serait peine perdue que de chercher quelqu'un sur cet océan. » Mais le batelier résiste. « Sais-tu quelle chose affreuse ce doit-être que de mourir, lord William, et peux-tu bien sans pitié entendre les cris d'un enfant qui se noie? Quelle chose affreuse de se sentir descendre sous l'eau qui se referme, d'agiter au hasard ses bras raidis, d'appeler d'une voix qui s'éteint un secours qui ne vient pas? »

Un troisième cri fend l'air, plus profond, plus perçant. En ce moment, la lune parut et brilla sur les flots. Tout près d'eux, William et le batelier aperçurent un enfant. Il était debout sur la pointe d'une roche aiguë et autour de lui s'étendait le flot grossissant.

Le batelier rama; la barque approcha de l'écueil; un rayon de lune tomba sur le front de l'enfant et éclaira son visage pâle et glacé.

« Étends la main, dit le batelier à l'enfant. Vous aussi, lord William tendez la vôtre, sauvons-le. » Mais William pousse un cri horrible. La main qu'il venait de prendre était glacée du froid de la mort.

La barque enfonça dans l'eau. Un instant lord William, à demi suffoqué par les eaux, reparut pour appeler au secours; mais aucune voix ne répondit à l'appel désespéré du meurtrier.

XLI.

Plume d'oie, plume de fer.

DÉVELOPPEMENT

La plume de fer, cette invention toute moderne, ce prétendu progrès, nous jette à première vue une impression désagréable. Cela ressemble à s'y méprendre à un petit poignard imperceptible trempé dans le venin. Son bec est effilé comme une épée; il a deux tranchants comme la langue du calomniateur. A ce bec vous ajoutez un manche, un morceau de bois sec, difforme, et dont le contact vous blesse la joue pendant que votre main est cruellement meurtrie à force de presser sur ce fer, qui crie et qui crache tout autour de vous votre pensée. Ainsi dans la plume de fer (*plume* et *fer !* il faut déjà faire hurler deux mots de notre langue pour parler de cette affreuse machine), tout est rude, triste, sévère, froid au regard, froid à la main.

Mais la plume d'oie, au contraire, voilà une facile et bien-aimée confidente de nos pensées les plus chères ! Elle s'associe à mille heureux et bienveillants souvenirs. Nous l'avons vue se jouer mollement sur l'onde ou se sécher au soleil, brillante de mille perles; cette plume, elle est la cousine germaine du fin duvet sur lequel nous reposons, chaque soir, notre tête fatiguée; l'animal qui la porta nous a donné ses petits et ses œufs. Elle est blanche, nette et légère; son tuyau flexible frémit de plaisir entre les doigts qu'elle anime. Son duvet caresse légèrement la joue; son bec docile se prête à toutes les combinaisons du style; elle va doucement à son but, sans efforts, sans aucun de ces affreux crachements et de ces bruits aigus de la plume de fer. A travers ce limpide canal, il vous semble que vous voyez vos idées descendre lentement et en bon ordre, l'une après l'autre, comme elles tombent en effet d'une tête bien faite.

Un autre inconvénient de la plume de fer, c'est d'être toujours et à chaque instant toute prête à écrire sur toutes sortes de sujets. Vous ne prenez pas la plume de fer, c'est elle qui vous prend; elle vous tient par la bride et il faut marcher avec elle. Il faut aller, il faut courir à droite et à gauche, çà et là, par monts et par vaux: c'est la machine à vapeur de la pensée. A mesure que votre main se fatigue et s'irrite à tenir cet affreux stylet de brigandage, votre esprit s'irrite aussi et s'emporte malgré lui; il est à la fois plus irréfléchi et plus impitoyable. Rien ne l'arrête et rien ne lui fait peur; il n'a pas le temps d'écouter la voix trop lente de la raison; la passion seule est écoutée, parce que seule elle peut suivre l'effrayante rapidité de l'instrument.

Mais la plume d'oie, la bonne plume d'oie, au contraire, c'est la plume qui enfante les chefs-d'œuvre. Nous lui devons les plus beaux livres qui aient honoré l'esprit humain et la langue française. Grâce à elle, l'homme était forcé autrefois d'écrire sa pensée avec une sage lenteur, et ces lenteurs, c'était autant de gagné pour la réflexion, pour la profondeur des pensées, pour la beauté du style. La plume d'oie, loin d'être toujours prête comme la plume de fer, exige au contraire mille petites préparations. D'abord il faut la tailler de vos mains, et c'est là un moment solennel dans votre travail. Pendant que vous aiguisez le bec de votre plume, votre pensée s'aiguise d'elle-même; vous allez chercher l'idée dans le fond de votre cerveau, tout comme vous allez chercher la moelle de votre plume. Quand votre plume est taillée, il vous la faut essayer avant de vous mettre à l'ouvrage et c'est encore un petit délai dont votre pensée profite, si votre pensée n'est pas bien nette encore, si vous ne voyez pas d'un coup d'œil, ce qui est la première condition de l'écrivain, le commencement, le milieu et la fin de votre discours.

Quelques esprits à demi savants voudront peut-être défendre la plume de fer. Elle descend, diront-ils, du stylet antique : *Sæpe stylum vertas*. Mais quelle mauvaise et fallacieuse défense! Le stylet antique traçait les lettres sur un enduit de cire qui en amortissait singulièrement la furie, la plume de fer ne trouve en son chemin pas un obstacle; obligé de se frayer sa route dans cette couche résistante, il allait au pas; elle court au galop. Il gravait à grand'peine quelques lignes qu'il était toujours facile d'effacer en retournant contre les lignes écrites l'autre bout de l'instrument; la plume de fer grave sur le papier comme on grave sur du cuivre, et elle ne revient jamais sur ses pas. C'est une improvisation qui ne sait ni s'effacer, ni se corriger, ni s'arrêter; il faut qu'elle marche. Tant pis pour les erreurs! Tant pis pour les crimes! Tant pis pour les calomnies qu'elle jette en chemin!

On assure que de nouveaux inventeurs s'occupent, à l'heure qu'il est, de perfectionner la plume de fer. Perfectionner la plume de fer, grand Dieu! Et! malheureux! dans quel but? Ce perfectionnement consisterait à trouver une plume de fer qui portât elle-même et qui distillât son encre, comme le serpent porte et distille son venin. Par ce moyen, une rapidité nouvelle serait ajoutée à cette rapidité déjà effrayante; la main de l'écrivain resterait constamment fixée sur le papier sans même que l'esprit eût, pour se reconnaître, le léger intervalle qui sépare encore la plume de fer de l'encrier où elle s'abreuve. Si nous tombons, hélas! dans ce progrès-là, c'en est fait, la fin du monde est proche, l'esprit humain reste sans défense contre ses propres excès, et la société, envahie soudain par une improvisation sans fin, sans terme et sans contrepoids, en reviendra à la grande confusion de Babel.

En vérité, de tous les dangers qui menacent la société, il n'y en a pas de plus terrible que le progrès.

XLII.

Le Rossignol fantastique.

DÉVELOPPEMENT

Il eût été difficile de trouver un homme qui eût un meilleur cœur, un caractère plus droit et un esprit plus élevé que le prieur de Burgstein. Avec cela, simple comme un enfant, indulgent comme ne le sont que ceux qui n'ont jamais failli, et plein de cette bonté contagieuse dont le rayonnement pénètre les autres hommes et les rend meilleurs, comme une essence précieuse communique son parfum à tout ce qui l'entoure. En outre, son savoir était cité dans toutes les universités de l'Europe ; sa large cervelle germanique était un abîme où toute la science humaine s'était engloutie : les sept *arts* du moyen âge, ce qu'on nommait alors le *trivium* et le *quadrivium*, toute l'histoire sacrée, ecclésiastique et profane, la théologie, les Pères et les docteurs, les commentaires et les gloses, le droit canon, les actes des conciles, les décrétales, ainsi qu'une infinité de connaissances qui n'étaient point alors l'objet d'une science particulière et sur lesquelles on n'avait pas encore dogmatisé. Sa modestie, au reste, égalait son mérite, si elle ne le dépassait ; et l'on n'eût amené sur ses lèvres qu'un sourire d'étonnement et de naïve incrédulité en lui apprenant qu'il était le plus merveilleux érudit de son temps.

Mais le bon prieur avait un défaut, un grave défaut que ne dissimule point la légende allemande que nous imitons librement ici : il aimait la controverse, et plus qu'il ne convenait peut-être à la gravité de son âge et de son caractère. Cette faiblesse ou plutôt cette passion, n'allait pas jusqu'à l'entraîner dans ces aigres disputes d'écoles si chères aux subtils dialecticiens du moyen âge ; mais enfin, il aimait à argumenter sur des abstractions métaphysiques, et il n'y avait pas d'homme plus malheureux que lui quand il manquait de contradicteur. Son adversaire était en ce moment un moine de Franconie, l'éloquent frère Matthias, nourri dans les écoles de Paris, et dont les redoutables syllogismes faisaient l'admiration du bon prieur en même temps que son tourment. Que d'heures délicieuses ils passaient ensemble, sous les grands tilleuls du jardin, à mettre en pièces les catégories d'Aristote ou les *idées* de Platon ! Innocente distraction, après tout, aux austères occupations du cloître. Il va sans dire que, quoiqu'ils fussent au fond du même avis, ils trouvaient le moyen de n'être jamais d'accord. Séparés quelquefois par un cheveu, mais séparés toujours, invincibles tous les deux sur le terrain de l'argumentation, il y avait toute apparence que le combat serait éternel entre eux. Et voilà ce qui ravissait le prieur, voilà ce qui lui rendait son précieux antagoniste plus cher qu'aucun autre moine de son couvent, et ce qui le faisait trembler de le perdre un jour, et avec lui cette magnifique perspective de lutte dialectique où il trouvait l'oubli de sa goutte et de ses douleurs. Un tel homme, en effet, si docte et si éloquent, si pieux et si modeste, ne pouvait manquer d'être un jour ou l'autre employé par l'ordre à quelque mission importante. C'était là son inquiétude; et si l'intérêt de l'Eglise lui commandait de se réjouir dans la prévision d'une telle séparation, il ne pouvait s'empêcher de soupirer en y songeant.

Un soir du mois de mai, comme il revenait de porter des consolations, des conseils et des secours à une pauvre famille des environs, il traversa un bois assez touffu qui était à une heure de chemin du couvent. Quoiqu'il fût pressé d'arriver, il s'assit au pied d'un arbre, sur un tertre de gazon, sollicité par la muse des méditations solitaires autant que par le besoin de repos. La nuit était si calme, l'air si doux, l'endroit si délicieux, qu'on était entraîné à la rêverie par un courant irrésistible. Tranquille, d'ailleurs, sur le sort des pauvres gens dont il venait de soulager la misère, le prieur abandonna librement son esprit à ses spéculations habituelles et reprit *in petto* le soliloque interrompu quelques heures auparavant.

« Frère Matthias a beau m'objecter que mon principe est trop absolu, se disait-il, je le maintiens dans toute sa rigueur. Oui, comme je le lui répétais tantôt, il n'y a point de félicité terrestre, si parfaite qu'elle soit, qui ne devienne en se prolongeant un ennui pour l'homme, et même une souffrance. Il est dans cette vie comme un malade qui ne demande qu'à changer de position pour en changer encore. Le bonheur qu'il a lui-même rêvé lui devient insipide presque aussitôt qu'il y a goûté. C'est en vain que mon adversaire réclame une exception en faveur des plaisirs intellectuels : je ne puis concéder cela. Non, non, il n'est rien ici-bas, ni dans la société ni dans la nature, qui puisse remplir le cœur de l'homme et le satisfaire au delà de *quelques instants*. »

A ce moment, un rossignol se mit à chanter au milieu du silence de la nuit, et dans l'arbre même au pied duquel le prieur était assis.

Il ne prêta d'abord aucune attention et continua d'aligner dans son esprit le bataillon de ses arguments, semblable à un capitaine passant ses troupes en revue avant le combat.

Perché au sommet de l'arbre, que la lune baignait d'une lumière bleuâtre, le rossignol, on le croira sans peine, ne s'inquiétait pas davantage de ce rêveur silencieux qui méditait dans l'ombre de la forêt, et il continuait de jeter au vent de la nuit ses mélodies éclatantes et le poème enivrant de ses amours avec la rose mystique des légendes orientales. Son chant, qui d'abord n'avait été qu'un gazouillement faible et indécis et qui se distinguait à peine du bruissement des feuilles, s'était peu à peu enflé par un *crescendo* d'une inexprimable harmonie. Il éclatait maintenant en notes fulgurantes et rapides, en roulades souples, veloutées et brillantes, en fusées de perles, en jets étincelants, entrecoupés de phrases d'une mélancolie passionnée et de sons filés avec une pureté que n'égalera jamais la mélodie humaine.

Le prieur écoutait. Son indifférence doctorale avait été vaincue par l'irrésistible puissance de ce chant, qui semblait tour à tour un hymne de triomphe, une élégie, une aspiration, une plainte ineffable, un sanglot de tendresse, un cri d'enthousiasme, et qui s'harmonisait si bien avec la poésie du printemps et la majesté de la solitude et de la nuit.

Il écoutait, plongé dans un ravissement naïf auquel il s'abandonnait sans remords, car il est juste de reconnaître que, s'il aimait un peu trop les livres, œuvres imparfaites de l'homme, il admirait encore plus la nature, création merveilleuse de Dieu.

« Ah ! se disait-il, à côté de cette incomparable harmonie, les plus beaux *lieds* de nos *minnesingers*, ceux même qui ont triomphé dans les combats de poésie, ne me sembleraient plus que d'insipides gloussements. Qu'est-ce donc que la pensée, le langage et le mètre, si un chétif oiseau, rien qu'avec le secours des sons, peut s'élever à un lyrisme d'expression que les plus grands poètes n'ont jamais atteint ? Quelles paroles humaines, quel rythme, quelles fictions, quel poème, seraient capables de faire ainsi vibrer dans l'âme toutes les cordes de l'émotion ? Dieu est grand dans toutes ses œuvres ! s'il a donné à l'homme l'intelligence et la liberté, la pensée, l'âme, des facultés admirables, il a gratifié aussi les humbles compagnons de son passage sur la terre de dons qu'il en est souvent réduit à envier... Quel gosier merveilleux ! Il y a bien longtemps que je n'ai éprouvé une sensation aussi délicieuse. Il y a donc dans ce misérable monde d'autres plaisirs et des plaisirs plus vifs que de dérouler de doctes parchemins et de feuilleter du papyrus ? C'est là ce que je n'aurais jamais cru. N'est-il pas honteux que je sois arrivé à mon âge sans m'être jamais préoccupé du chant des oiseaux ? Y eut-il jamais plus barbare et plus stupide indifférence ? Ah ! je reviendrai certainement dans cette forêt méditer sur les merveilleuses beautés de la nature et de la création... »

Pendant ce monologue du bon prieur, le rossignol chantait toujours, entrecoupant sa mélodie de ces silences qui ajoutent tant de puissance aux grands effets lyriques, et qui, chez lui, semblent un recueillement plutôt qu'un repos. Le grand artiste, si fécond et si varié, et dont le chant résume et contient tous les chants d'oiseaux, avec une expression qui n'appartient qu'à lui, chanta longtemps, bien longtemps ainsi sans se lasser ni se répéter, pendant que la brise du printemps le berçait sur sa branche et frémissait dans les feuilles nouvelles.

On eût dit qu'il était dans le secret de la dispute, et qu'il ne prolongeait l'ivresse de son auditeur que pour le mettre en contradiction avec son grand principe de l'inconstance humaine; on eût dit que l'âme de frère Matthias s'était incarnée dans le corps du merveilleux chanteur pour réfuter son adversaire par son adversaire lui-même, et subjuguer, par un plaisir futile, l'imposant docteur qui niait qu'on pût être subjugué même par le bonheur. C'eût été là, on en conviendra, un de ces arguments *ad hominem* d'une irrésistible puissance, et qui eût écrasé à jamais le disputeur le plus intrépide et le plus fécond.

Quand le prieur s'éveilla enfin de l'assoupissement délicieux où il était resté si longtemps plongé, il sentit le froid de la nuit courir en frissons sur ses épaules; ses membres étaient raidis par la fatigue, et sa robe de bure était ruisselante de gouttelettes de rosée. Il se leva péniblement de son banc de gazon, et s'étonna de l'extrême difficulté qu'il éprouvait à marcher. « Oh ! oh ! se dit-il, je suis faible et chancelant comme un vieillard; la fraîcheur du soir m'a terriblement engourdi : me voilà, par ma faute, menacé pour ces jours-ci d'un nouvel accès de goutte. Aussi, je me suis oublié trop longtemps à écouter chanter ce maudit oiseau... »

Mais ce fut bien une autre exclamation quand, arrivé à la lisière du bois, il aperçut à l'horizon une bande pourprée qui traversait le ciel et déjà faisait pâlir les étoiles. C'était la première lueur de l'aurore, il n'en pouvait douter. Pour un homme qui soutenait en ce moment la thèse que vous savez, la distraction était un peu forte. Confus et mécontent de lui-même, il pressa le pas, ou du moins essaya de presser le pas pour se rapprocher du monastère. Chose inexplicable, ses jambes tremblaient sous lui, ses pieds n'obéissaient que péniblement à sa volonté, et son corps affaissé se courbait vers la terre. Il pensait n'arriver jamais.

Il arriva cependant; mais il avait mis plus d'une heure à franchir une distance qui dépassait à peine une portée d'arc, et il faisait déjà grand jour quand il sonna à la porte de *son* couvent.

Le frère qui vint lui ouvrir lui était inconnu et le reçut avec de grandes marques de respect, mais avec un visage où se peignaient l'étonnement et l'interrogation.

— Le frère Conrad serait-il malade ? lui dit-il.

— Le frère Conrad ?... Mon père, je ne le connais pas.

— Vous ne le connaissez pas ! Cependant vous remplissez ses fonctions. Depuis quand donc êtes-vous ici ? Je ne crois pas vous avoir vu jamais, et vous me regardez avec un étonnement qui m'annonce que vous ne reconnaissez pas votre prieur.

— Notre prieur !...

— Sans doute, votre prieur ! Qu'avez-vous à me regarder ainsi ? Une nuit m'a-t-elle changé à ce point ?

— Pardonnez-moi, vénérable père ; mais, en effet, je ne vous reconnais pas. Notre prieur ? Tenez, le voici qui traverse la cour pour se rendre à la chapelle. Désirez-vous lui parler ? C'est le plus saint des hommes et le plus bienveillant des prieurs. Il nous vient d'Italie.

— Je serais, en effet, bien charmé de causer un instant avec ce saint homme, que vous nommez, Dieu me pardonne ! votre prieur. Tout cela est bien étrange. »

Le prieur, notre vrai prieur, celui que nous avons suivi jusqu'ici, s'aperçut alors avec stupéfaction qu'il s'était enrichi d'un ornement qu'il ne se connaissait pas encore, à savoir une magnifique barbe blanche qui lui descendait jusqu'à la ceinture. Du même coup d'œil, il vit avec un étonnement non moins profond que sa robe de bure, si luisante et si propre la veille, tombait en lambeaux et n'avait plus ni forme ni couleur...

Lecteurs, nous ne prolongerons pas plus longtemps cette situation, et nous vous demanderons la permission de précipiter le dénoûment. Gardez-vous de le trouver invraisemblable, et souvenez-vous que nous sommes au moyen âge et en Allemagne, c'est-à-dire au temps et dans le pays où le merveilleux faisait partie de la vie ordinaire. Ne le contestez pas, surtout, car nous pourrions vous renvoyer à des sources dont la latinité tudesque offenserait sans doute votre purisme, mais où vous trouveriez la preuve que nous avons plutôt affaibli le récit original, afin de l'accommoder au tempérament de l'incrédulité moderne.

Tout le couvent fut bientôt sur pied ; chacun voulait voir ce père d'un aspect si vénérable et qui affirmait avec tant de conviction qu'il était le prieur. On ne savait quoi penser. Tout à coup, on imagina que ce pourrait bien être un des courageux missionnaires partis, il y avait cinquante ans, pour convertir la Russie encore idolâtre, et dont on n'avait plus entendu parler. On fouilla dans les archives, on remonta de prieur en prieur jusqu'à l'époque supposée : on ne trouva rien. On remonta encore, on fouilla de nouveau, on remua des monceaux de parchemins poudreux, et l'on déchiffra enfin le nom tant cherché, dans sa forme latine et dans sa forme allemande, sur une pièce qui portait en marge : *Parti le septième de mai.*

L'excellent prieur s'était oublié cent cinquante ans sous l'arbre de la forêt, bercé par le chant du rossignol, en cherchant des arguments pour prouver que nous nous lassons rapidement de tout, même du bonheur.

« Ah ! se dit-il en soupirant, ce songe dans la forêt m'en a plus appris que toute une vie d'étude. Le raisonnement n'est que vanité ; toute affirmation est grosse d'une erreur ; l'absolu ne se peut affirmer d'aucune des choses de ce monde : l'absolu n'est qu'en Dieu... »

Puis, le vieil homme reparut, et la douleur du controversiste vaincu éclata par ce cri spontané :

« Hélas ! si le frère Matthias était encore vivant, comme il triompherait de ma confusion !

XLIII.

La Bibliothèque de Lebrun.

DÉVELOPPEMENT.

Lebrun, le grand poète lyrique, avait vu ses modestes économies et ses protecteurs engloutis dans les orages de la Révolution ; il redoutait pour sa vieillesse les atteintes de la misère. Les favoris d'Apollon ne sont pas ceux de Plutus : ces deux divinités n'ont rien de commun entre elles. Au lieu de s'abaisser à mendier auprès d'amis équivoques des secours trop souvent payés par le sacrifice de l'amour-propre et de la dignité, le Pindare moderne se créa d'abord des ressources par la vente de son mobilier, et l'indigence ne ralentissant pas sa marche menaçante, il résolut de se défaire de sa bibliothèque, composée d'ouvrages choisis, d'éditions rares et recherchées. Il s'adressa à un libraire, et lui confia un magnifique Homère, tout chargé de notes écrites de sa main, en lui recommandant de ne céder ce chef-d'œuvre typographique qu'au prix de cinq cents francs. Peu de jours après, le libraire remit au poète un billet de mille francs ; cette haute évaluation, disait-il, était due aux remarques savantes dont il avait enrichi l'ouvrage. Ravi d'un résultat qui flattait son amour-propre autant que son intérêt, Lebrun se promit de placer ainsi tous ses livres de luxe, heureux de trouver dans son talent et sa réputation une source de richesses encore inexploitée. Bientôt un Horace, puis un Juvénal, un Pindare, en un mot, tous les auteurs les plus célèbres de la Grèce et de Rome furent confiés successivement au libraire. Des poètes anciens il passa aux modernes : Pétrarque, Dante, le Tasse, Corneille, Racine, Molière, Boileau, tous analysés avec une sûreté et une finesse de goût irréprochables. Enfin le produit de tous ces ouvrages s'éleva à une somme de vingt mille francs, qui devait le mettre à l'abri des besoins les plus pressants.

Mais Lebrun était arrivé au terme de ces redoutables épreuves, qu'il avait traversées avec la dignité du véritable homme de lettres. L'Institut venait d'être fondé, et le Pindare français y entra avec une mission particulière du gouvernement. En même temps, il obtenait un appartement au Louvre, une pension de six mille francs, et passait ainsi de la gêne la plus pénible à l'*aurea mediocritas* du favori de Mécène. Il se prit alors à regretter amèrement sa bibliothèque, ses livres si précieux, dont la collection lui avait coûté tant de soins et de recherches, et il forma la résolution d'affecter une partie de son budget à combler les vides que de mauvais jours y avaient introduits.

Un soir, rentrant chez lui, il se rend à sa bibliothèque et y jette un regard chargé de tristesse et de douleur. Mais, ô surprise! ses livres ont repris la place dont l'indigence les avait chassés... Il s'approche, il regarde... ce sont bien là ses précieuses éditions, ses magnifiques reliures qui avaient fait autrefois sa joie et son orgueil. Il porte une main tremblante d'émotion sur un Homère, et sur tous les feuillets, à toutes les marges, il retrouve les notes ingénieuses qu'il y avait tracées. Croyant à une sorte d'hallucination, il appelle sa vieille gouvernante, qui lui apprend que ses livres ont été rapportés et remis en place par celui à qui il les avait confiés.

Dès le lendemain, Lebrun court chez le libraire; mais celui-ci se refuse à tout éclaircissement, ayant engagé son honneur à ne jamais révéler le nom de la personne dont la délicate générosité était venue au secours du poète.

« Eh bien! s'écrie ce dernier, puisque toutes mes instances se brisent contre votre inflexibilité, veuillez du moins remettre à mon bienfaiteur, comme gage de ma profonde gratitude, ce riche exemplaire des *Odes* d'Anacréon. Le premier feuillet renferme, écrit de ma main, le parallèle que j'ai tracé de ce poète et d'Alexandre. »

Plusieurs années s'écoulèrent, pendant lesquelles Lebrun chercha vainement à découvrir son bienfaiteur anonyme; aucun indice ne le mit sur la trace si ardemment souhaitée. Mais parfois le hasard est plus puissant que les investigations les plus actives, et c'est par lui que le poète allait arriver à la connaissance d'un secret jusqu'alors impénétrable. Il assistait à une soirée chez l'un des hauts fonctionnaires de l'État, lorsqu'il se trouva entouré de bibliomanes étrangers, discutant avec feu sur le mérite relatif des plus belles éditions d'auteurs anciens.

« Pour moi, dit un Anglais à qui le Pindare moderne était inconnu, la plus belle édition que j'aie jamais vue est celle des œuvres d'Anacréon; elle appartient à une dame de Bordeaux et porte sur le premier feuillet, écrite entièrement de la main de l'auteur, l'ode charmante dans laquelle Lebrun compare Anacréon à Alexandre, et établit avec autant d'esprit que de vérité la supériorité du chantre des Grâces sur le vainqueur de Darius.

— Et comment nommez-vous cette dame? demande vivement Lebrun, lui dissimulant toutefois son émotion.

— C'est l'épouse de M. Surville, armateur et l'un des plus riches capitalistes de France, femme aussi distinguée par son érudition que par sa beauté et sa modestie. Elle doit arriver au printemps à Paris.

— Oui, reprend le poète d'une voix émue, je l'ai connue très jeune, et je prédis alors qu'elle ferait honneur à son sexe. Elle est la fille de l'ancien intendant du prince de Conti, dont j'étais le secrétaire; c'est moi qui lui ai enseigné les premiers éléments de la langue française, et qui ai dirigé son éducation. »

Une découverte si imprévue combla Lebrun d'une joie inexprimable. La pensée qu'il était redevable d'un bienfait si délicat à celle dont il avait guidé l'enfance et peut-être assuré le bonheur, lui rendit plus doux le sentiment de la reconnaissance. Bientôt, en effet, madame Surville arriva à Paris, accompagnée de son époux, et elle s'empressa de rendre visite à son ancien maître, convaincue que rien n'avait pu lui révéler son secret. Lebrun l'examine attentivement; dans le cours de la conversation, il la voit jeter furtivement les yeux sur sa bibliothèque.

« Vous regardez mes livres, madame; jamais homme de lettres n'en posséda d'aussi précieux.

— Il me paraissent, en effet, choisis...

— Ce n'est pas là, madame, ce qui me les rend si chers, mais les souvenirs qu'ils me rappellent. » Et Lebrun raconta ce qui lui était arrivé. « Jugez de mon désespoir, madame, ajouta-t-il, en me voyant condamné à porter le poids d'un bienfait que je ne peux acquitter!

— Il était peut-être acquitté d'avance, » répond madame Surville en rougissant et en baissant les yeux. Mais c'est en vain qu'elle veut cacher son trouble au regard interrogateur du poète; bientôt elle ne sait quelle contenance affecter, elle semble en proie à un malaise inexplicable.

« Oh! madame, dit enfin le poète, si je fus le guide et l'ami de votre enfance, cette noble et délicate générosité de votre part a bien su me rendre votre débiteur.

— Que dites-vous, mon cher maître?

— Eh quoi! madame, ne possédez-vous pas l'exemplaire des *Odes* d'Anacréon, qui renferme le parallèle que j'ai tracé de ce poète et d'Alexandre?

— C'est vrai, répondit M. Surville, elle le lit sans cesse, mais j'étais loin de soupçonner les circonstances qui l'avaient mis en sa possession, et je suis heureux, aujourd'hui, de pouvoir prendre ma part du plaisir qu'elle a dû éprouver à venir au secours d'un talent dont la France s'honore à si juste titre.

Madame Surville ne cherche plus à nier ce qu'elle a fait; elle raconte qu'instruite par une de ses amies, épouse d'un banquier de Paris, des pertes qu'avait subies son ancien maître, elle avait voulu améliorer sa position sans blesser sa susceptibilité, et que la vente de sa bibliothèque était une excellente occasion qu'elle s'était hâtée de mettre à profit.

Lebrun, ému et les larmes aux yeux, les invite à dîner pour le lendemain. Après le repas, il les conduit dans sa bibliothèque, au-dessus de laquelle on lisait en lettres dorées : *Bibliothèque de madame Surville*, puis il leur remit un écrit attestant que celle-ci l'avait payée vingt mille francs, et chargeant ses héritiers de la lui restituer après sa mort.

« Nous acceptons, s'écrie M. Surville. Cette bibliothèque deviendra un monument qui sera à jamais conservé dans notre famille. Puisse-t-il rappeler à nos enfants que, pour consoler un homme de lettres, il faut savoir deviner son silence, et que celui à qui nous devons le bienfait de l'instruction devient pour nous un second père. »

XLIV.

Complainte de l'Année qui meurt.

DÉVELOPPEMENT.

« Je suis la fille du vieux père le Temps, et la dernière d'une nombreuse progéniture, car il a eu avant moi plus de cinq mille de mes sœurs, et voilà qu'à mon tour j'arrive au terme de ma carrière. Encore quelques heures, et je ne serai plus qu'un souvenir. Mais, avant de retourner dans le néant, je veux songer à mes enfants. J'en ai eu douze; aucun d'eux n'a connu son aîné. La naissance de l'un était précédée de la mort de l'autre. Ainsi l'a voulu le Destin.

» *Janvier*, mon premier-né, mon enfant de prédilection, que le jour de ta naissance a été beau! Quelle allégresse! quels cris joyeux! L'univers entier t'a fêté. On s'embrassait, on se souhaitait réciproquement fortune, bonheur, santé, longue vie, et au delà. Mais l'hypocrisie, la haine et le mensonge se cachaient parfois sous ce doux langage et ces vœux de félicité. Voilà ce qui a glacé ton front et refroidi ton sourire.

» *Février*, tu es né chétif et souffreteux; je t'ai élevé dans des langes moelleux et chauds; mais tes goûts te portaient vers les plaisirs bruyants ; tu dormais le jour, et, la nuit, tu secouais, autour de ta tête couronnée de pampres, les grelots de la folie. Combien de fois n'ai-je pas gémi sur une conduite qui minait ta santé, et qui, t'arrachant de mes bras, devait te précipiter dans le tombeau par une mort prématurée.

» *Mars*, mon joli tapageur, toujours battant ou battu. Ta bruyante gaieté me réjouissait le cœur. Quel air martial avec ton chapeau à plumes, ta taille cambrée, tes petites guêtres blanches! Ta mère était heureuse de son fils ; mais aussi que d'inquiétudes en ton absence, et que de bonheur à ton retour! Tu rentrais quelquefois blessé. Ah! les mères seraient trop heureuses si les craintes ne venaient tempérer les joies maternelles!

» *Avril*, une jolie fille aux pommettes roses, aussi fraîche que son frère, le mois de *Mai*, à la chevelure toujours parfumée. Vos jours se sont passés à folâtrer dans les champs et dans les prairies; des milliers de fleurs naissaient sous vos pas, des essaims d'abeilles voltigeaient autour de vous; les poètes vous ont chantés. Vos jours ont été heureux comme des jours innocents, et vous avez emporté les regrets de tous ceux qui vous avaient aimés, c'est-à-dire qui vous avaient connus.

» *Juin*, gros garçon joufflu et robuste, qui, éveillé dès le chant du coq, s'armait de ses filets, de sa ligne et de son réseau vert, et passait tout le jour à cueillir le muguet, à poursuivre les papillons, à découvrir les nids d'oiseaux et à prendre, avec un hameçon perfide, les poissons aux écailles d'or et d'azur.

» *Juillet* et *Août*, deux francs travailleurs aux cheveux dorés comme les épis mûrs, à la face brunie par les rayons brûlants du soleil. Point de relâche, point de repos pour ces fils des champs; la sueur ruisselait sur leur cou nerveux. Leurs membres étaient fatigués; mais ils avaient le visage souriant et l'âme épanouie. Les travaux des champs fatiguent le corps, mais ils reposent le cœur, qu'ils emplissent de la plus douce quiétude; ils entretiennent la santé, fille de l'activité, mère du bonheur. Heureux, trois fois heureux, le paisible habitant des campagnes!

» *Septembre*, un jeune collégien espiègle, malin et tapageur. A bas les thèmes! à bas les versions! Vivent le cerceau, la balle et la toupie! Et le *Selectæ*, le dictionnaire et le rudiment étaient jetés dans un coin. Fatiguée par ses cris, je lui donnais à copier le *Récit de Théramène;* mais la pantomime spirituelle dont il accompagnait les vers du poète m'avait bientôt désarmée, et le tapage recommençait. Nous avions aussi nos heures de travail. Alors, il m'apprenait le nombre et l'histoire de mes sœurs; les grands hommes qu'elles avaient vus naître; les batailles auxquelles elles avaient assisté; les lumières répandues par d'illustres génies, puis ces soudaines obscurités. Et ce qu'on nomme ici-bas le progrès me rappelait ce rocher, qui, poussé sans cesse vers le sommet de la montagne, retombe sans cesse à des intervalles que les dieux ont marqués.

» *Octobre*, un brave vigneron avec qui je cueillais la grappe pleine d'un jus délicieux; il préparait pour les hommes cette liqueur divine qui est le nectar de la table, le boute-en-train du plaisir, comme aussi le poison qui détruit la santé et fait naître la colère, la fureur et la folie.

» *Novembre*, mon infatigable Nemrod. A ce nom, il me semble ouïr le son retentissant du cor, l'aboiement des chiens et les cris des chasseurs. Restez au fond de vos retraites, hôtes légers des forêts; quittez ces climats, voyageurs ailés. Hâtez-vous, la meute a soif de votre sang, et le plomb s'impatiente au fond du tube meurtrier... Voici le retour. Que de victimes! quelle hécatombe! J'entends les gémissements du cerf. Au fond de la cour d'honneur, les chiens, avides de carnage, font curée, tandis que, dans la grande salle du château, les chasseurs choquent les verres et racontent leurs prouesses de la journée, au bruit lointain d'un cor attardé.

» *Décembre*, hardi patineur, qui glissait insoucieux sur l'abîme avec une vélocité effrayante, et taillait dans la neige des géants éphémères. C'est l'image de la vie : les hommes se rient de la mort, et forment des projets comme si leurs jours ne devaient jamais finir. »

Écoutons... Le timbre sonore
Lentement frémit douze fois;
Il se tait... je l'écoute encore,
Et l'année expire à sa voix.

XLV.

Les trois Poupées.

DÉVELOPPEMENT.

Les Orientaux ont l'esprit fin, ingénieux, délié; c'est chez eux qu'ont pris naissance l'apologue, la parabole, le conte, et tous les récits dont la morale se cache sous une allégorie le plus souvent gracieuse et spirituelle, quelquefois sérieuse, mais toujours juste. Les trois poupées qui forment notre titre vont nous fournir un charmant exemple de ce dernier genre de littérature.

Un schah de Perse avait conçu quelque doute sur la sagacité d'un de ses gouverneurs de province. Pour savoir à quoi s'en tenir, il résolut de le mettre à l'épreuve, et, dans ce but, lui envoya trois poupées accompagnées d'une lettre annonçant au gouverneur que chacune d'elles renfermait une signification cachée, dont il devait découvrir le secret sous peine de destitution. Le pauvre satrape n'avait ni l'esprit d'Ésope ni la pénétration d'Œdipe : il prit, tourna, retourna en tous sens, compara les figures, et n'y découvrit rien de particulier; elles lui parurent exactement semblables et confectionnées sur le modèle de toutes les poupées qui font les délices des jeunes filles des cinq parties du monde. Il eut beau y songer le jour, y rêver la nuit, il ne trouva pas la solution de ce problème d'une nouvelle espèce. A toutes ses interrogations et investigations ces poupées restèrent sourdes et muettes. Cependant l'affaire était d'une trop haute importance pour que notre gouverneur se permît de la négliger : il y allait de sa fortune et de son honneur. Il assembla donc tous les savants et tous les personnages plus ou moins magiciens de sa province, comme l'avait fait autrefois Pharaon, dans l'espoir de trouver quelque nouveau Joseph qui le tirât de cette perplexité. Savants et magiciens, après s'être vainement frappé le front et creusé la tête, s'accordèrent sur un seul point : c'est qu'ils ne comprenaient rien à l'énigme qu'on leur donnait à déchiffrer. Le gouverneur était au désespoir et ses conseillers dans la confusion, lorsqu'un jeune brahmane se présenta dans son palais, attiré par l'appât de la magnifique récompense promise à celui qui expliquerait le sens des poupées mystérieuses, mais poussé plus encore par le noble désir de montrer ce que peuvent l'observation et l'étude réunies à la sagacité. Quoique mis très pauvrement, comme il convient à un brahmane, il réussit à se faire introduire, et demanda à voir les trois poupées. Il les examina avec la plus minutieuse attention, en homme habitué à approfondir le secret des choses; car il avait usé sa jeunesse aux recherches les plus ardues et les plus compliquées de la science, et surtout à l'explication des emblèmes et des symboles les plus mystérieux. Admis devant le gouverneur, le brahmane, après s'être livré à un examen attentif, prit un bout de fil ciré et l'introduisit dans l'oreille de la première statuette. Le fil pénétra avec la plus grande facilité et sortit de même par l'oreille opposée. Alors le brahmane jeta de côté la poupée avec dédain, mais sans colère. Il répéta la même opération sur la seconde poupée; cette fois, le fil sortit par la bouche. A cette vue, le brahmane irrité brisa en mille pièces cette seconde figure. Prenant enfin la troisième, il introduisit le bout de fil dans une de ses oreilles. A sa grande joie, le fil ne sortit ni par la bouche ni par l'oreille opposée, et resta obstinément enfermé dans l'intérieur de la tête. Alors il l'embrassa, la caressa affectueusement, puis, la posant doucement devant le gouverneur : « Seigneur, lui dit-il, parmi les différentes espèces d'hommes, il en est trois qui sont représentées par les figures emblématiques que vous avez soumises à mon examen. La première se compose d'hommes légers et superficiels; ils ne sont jamais affectés que d'impressions passagères qui s'évanouissent comme une vaine fumée. Ils écoutent tous les conseils, mais ils n'en suivent aucun : ce qui pénètre dans leur cervelle par une oreille en sort aussitôt par l'autre. A la vérité, les mauvais exemples, les suggestions dangereuses n'exercent qu'une faible influence sur ces sortes de natures, et cette mobilité même les met à l'abri de grandes fautes. Voilà pourquoi j'ai simplement repoussé la première de ces statuettes.

La seconde espèce me semble infiniment plus à redouter : elle comprend les hypocrites et les fourbes, qui, sous une perfide apparence d'amitié, captent la confiance des honnêtes gens et trahissent ensuite les secrets qu'on leur a confiés. Comme tout ce qui entre dans leur tête par l'oreille s'en échappe aussitôt par la bouche, ils peuvent causer la ruine des particuliers et des États. C'est pourquoi j'ai brisé avec indignation la figure qui me représentait cette exécrable partie du genre humain.

Les hommes de la troisième catégorie, dont la statue que vous avez sous les yeux est l'emblème, ont l'esprit solide et réfléchi, le cœur noble et loyal ; on peut compter sur leur discrétion : ceux-là gardent fidèlement tous les secrets. Voilà les hommes qu'un prince sage doit mettre à la tête des affaires, auxquels il doit confier l'administration de ses États : eux seuls sont capables de devenir de bons magistrats, des ministres habiles, parce que seuls ils méritent la confiance et peuvent faire le bonheur des peuples qu'ils sont chargés de gouverner. »

Ces explications si ingénieuses, ce discours si rempli de sagesse, transportèrent le gouverneur de joie et d'admiration. Il se hâta de les transmettre, mais en son propre nom, à son souverain, qui fut enchanté d'une preuve si éclatante de la pénétration et de la finesse de son esprit. Affligé même d'avoir mis en doute la sagacité de son gouverneur, il crut devoir le nommer, à titre de compensation, à un gouvernement trois fois plus considérable.

XLVI.

En toute chose il faut considérer la fin.

DÉVELOPPEMENT.

Il semble que rien ne devrait être plus fréquent dans le monde que la prévision, le calcul des chances que renferme l'avenir. Notre expérience personnelle, le sentiment de notre faiblesse, le spectacle de tout ce qui croule autour de nous, devraient nous être autant d'avertissements salutaires. Il n'en est rien. Pour un homme prudent et réfléchi, que de fous et de téméraires! Il est si facile de se mettre en chemin sans calculer la longueur et les difficultés de la route!

On ne peut assigner d'autres causes à cette imprévoyance que la légèreté de notre esprit, l'envie immodérée que nous éprouvons de satisfaire nos goûts et nos désirs, et la précipitation naturelle qui nous entraîne vers le but que nous voulons atteindre. De là tant d'efforts inutiles, tant de déceptions, tant de bouleversements parmi les individus et parmi les empires; car si un homme peut impunément pour la société manquer de sagesse et de prévoyance, un peuple entier, aveuglé par les préjugés et les passions, ne tombe dans de si graves erreurs qu'au prix des conséquences les plus funestes. C'est l'histoire des individus, c'est aussi l'histoire des nations. Un peuple, emporté par un vain désir de gloire et de conquêtes, se livre à une entreprise dont il n'a pas mesuré toutes les difficultés; aveuglé sur ses propres forces et sur celles que son ennemi peut lui opposer, il engage témérairement une lutte dont il n'a pas bien calculé toutes les chances. Après quelques succès, il a épuisé ses ressources, ses alliés l'abandonnent, des obstacles surgissent, et des circonstances particulières qu'il n'a pas eu la sagesse de prévoir changent en désastres les succès faciles qu'il s'était flatté d'obtenir. Quelque loin de nous que soit placé un objet, quand il semble sourire à notre orgueil et à nos efforts, nous franchissons d'un bond par la pensée l'espace qui nous en sépare, nous fermons les yeux sur les difficultés, sur les obstacles, sur les écueils; et, par un travers singulier, c'est au hasard et à la mauvaise fortune que nous attribuons notre échec, au lieu de nous en prendre à nous-mêmes, à notre imprévoyance!

Qui de nous n'a pas vu à l'œuvre quelqu'un de ces hommes à intelligence étroite, à esprit inconstant, dont la vie se passe à former mille projets irréalisables, que le moindre obstacle vient faire échouer? L'un, ennuyé et mécontent sans savoir pourquoi, veut aller tenter au loin la fortune : on lui a raconté que dans des régions merveilleuses on ramassait l'or à pleines mains, que chacun était libre d'y entasser à profusion des richesses qui ne coûtaient ni peines ni travail, et il part... Mais, direz-vous, les dispositions à prendre pour réussir, les dangers d'une longue traversée, les difficultés qui l'assiégeront de toutes parts, la faim, la soif, les fatigues et les privations de toute espèce, n'y a-t-il pas songé? — Oui; mais c'est là, dit-il, le moindre de ses soucis. Le voilà en route. Rassurez-vous, il n'arrivera peut-être même pas au port d'embarquement.

Celui-là est dégoûté des grandeurs et des plaisirs du monde. Je veux, dit-il, aller passer mes jours dans une riante campagne; j'assisterai, à chaque instant, au grand spectacle de la nature, je goûterai des satisfactions sans mélange de peines et d'amertume. Il part, il arrive : Dieu! que ces arbres sont verts! que ces ombrages sont frais et charmants! que le murmure de ce ruisseau lui semble harmonieux! que le chant des oiseaux est doux à son oreille! Mais voici les mauvais jours, les jours de pluie et de neige, où le ciel est sombre et la campagne froide et déserte. Eh quoi! plus d'ombrages, plus de chansons dans les bois, plus de longues promenades au bord du ruisseau; et pas de bals, pas de spectacles, pas d'autre société même que celle de ces lourds et grossiers paysans! Insensé que j'étais! retournons à la ville.

Voyez-vous passer cet homme aux vêtements en désordre, à l'œil égaré, à la démarche tremblante et incertaine? Il n'a pas toujours été ainsi misérable; autrefois il possédait des châteaux, des propriétés immenses, il avait à son service de nombreux domestiques qui n'attendaient qu'un signal de leur maître pour satisfaire ses moindres caprices. Un jour, croyant avoir enchaîné sans retour la fortune à sa suite, il a tenté des entreprises hardies, dont il n'avait pas sagement calculé toutes les chances bonnes ou mauvaises, il s'est livré à de folles spéculations qui ont absorbé toutes ses ressources, et qui ont été suivies de désastres éclatants; en quelques mois il a passé de l'opulence à la ruine et à une misère telle qu'il ira peut-être quelque jour mourir à l'hôpital.

Si l'on voulait bien examiner autour de soi, combien d'exemples ne verrait-on pas de ces hommes qui s'engagent témérairement dans des entreprises dont ils ne connaissent pas tous les dangers, et qui, semblables au bouc de la fable, ne savent pas comment se tirer du puits où les a conduits leur imprévoyance? La Fortune favorise les audacieux, dit-on; quelquefois sans doute, mais il ne faut pas s'y fier. Ils sont bien plus certains de réussir, ceux qui savent commander à leurs désirs, corriger les écarts de leur imagination, et obéir seulement aux conseils de la raison et de l'expérience. Ne comptez ni sur vos richesses, ni sur votre crédit, ni sur votre réputation, mais seulement sur la sagesse de vos précautions. Quel peuple fut jamais plus puissant que le peuple romain au temps de Pompée? Quelle armée fut plus vaillante et plus aguerrie que celle de Crassus? Plein d'espoir dans le nombre et le courage de ses soldats, de mépris pour les ennemis qu'il allait attaquer, il partit de Rome, malgré les conseils des hommes sages et les imprécations des tribuns, croyant qu'il n'aurait qu'à se montrer aux Parthes pour les voir implorer la paix. Il n'avait compté ni sur le nombre et la force de ses ennemis, ni sur leur intrépidité, que devaient exciter au plus haut point leur amour de l'indépendance et leur haine du nom romain. Il n'avait pas prévu que la tactique de l'ennemi rendrait inutiles le courage et la science militaire de ses soldats; qu'il aurait à franchir des pays ravagés, changés en déserts, et après des solitudes, d'autres solitudes plus vastes encore; qu'il lui faudrait souffrir la faim, la soif, beaucoup plus terribles que les flèches des Parthes; que ses ennemis insaisissables, faisant briller de temps en temps le fer de leurs javelots, pour attirer l'ennemi plus loin par l'appât d'une rencontre, allaient bientôt, sans avoir besoin même de combattre, assister en vainqueurs à la destruction de cette armée si belle et si confiante à son départ!

Puissent du moins ces terribles exemples nous servir d'enseignement! Si nous ne sommes pas entraînés par l'ambition de soumettre des peuples, n'avons-nous pas au fond du cœur des désirs et des passions qui nous aveuglent sur la facilité que nous éprouverons à nous en procurer l'objet? N'avons-nous pas tous aussi nos projets et nos entreprises? Sachons en mesurer l'étendue sur les chances de succès que nous présentent de sages calculs et les conseils de la raison; n'oublions jamais qu'en toute chose il faut étudier les moyens et *considérer la fin.*

XLVII.

La façon de donner vaut mieux que ce qu'on donne.

DÉVELOPPEMENT.

La bienfaisance est une des vertus qui rapprochent le plus l'homme de la Divinité. C'est la plus sainte, la plus noble passion qu'il puisse ressentir; c'est celle qui donne les jouissances les plus douces et qui procure les plus délicieuses émotions. L'habitude de cette vertu imprime généralement à la physionomie de celui qui la pratique un caractère de douceur et de sérénité qui charme et attire tout à la fois; sa démarche, sa voix, ses paroles portent l'empreinte de cette bonté et de cette noblesse qui attestent une belle âme; on se sent entraîné vers lui sans savoir pourquoi, et il semble que sa vue écarte les inquiétudes et calme les chagrins. Contraste étrange cependant, et qui a sans doute sa source dans l'imperfection de notre nature! la bienfaisance est peut-être une des vertus qui excitent le moins notre admiration; nous en réservons les plus vifs témoignages à des qualités brillantes, mais stériles. L'homme bienfaisant dont la vie s'écoule paisible et sans éclat, malgré toutes ses vertus, ne se sauve pas toujours de l'oubli; tandis qu'un écrivain, un poète, un orateur, fatigue la renommée du bruit de son nom, et se voit combler des hommages qu'un peuple léger prodigue à ceux qui charment ses loisirs. Sans doute l'homme qui consacre sa vie et sa fortune au soulagement de ses semblables se propose un but plus noble qu'une vaine célébrité, mais du moins y aurait-il justice à perpétuer son souvenir. Tel est le défaut de notre esprit et le vice de notre cœur : nous oublions facilement ceux qui nous font du bien, pour nous rappeler ceux qui s'occupent de nos plaisirs. Qu'un homme écarte de notre route un obstacle contre lequel nous allions nous briser, nous n'y faisons pas même attention, tandis que nous applaudissons à la main qui la couvre de fleurs. Et cependant gardons-nous de croire que la bienfaisance soit une vertu vulgaire : il n'y a que les âmes d'élite qui sachent la comprendre, il n'y a que les cœurs généreux et délicats qui sachent l'exercer. S'il est facile de faire le bien, il est en revanche très difficile de savoir le faire; sous quelque forme que se présente un acte de bienfaisance, c'est une aumône contre laquelle se révolte souvent l'orgueil de celui qui la reçoit, et qu'il est tenté de repousser comme une injure. C'est là l'écueil que sait éviter le bienfaiteur intelligent; faute de l'apercevoir, on échouerait malgré les plus louables intentions. Figurez-vous, en effet, un homme sans délicatesse, un de ceux qui ne savent point trouver dans leur propre cœur le secret ingénieux de rendre le bienfait léger, de ménager l'amour-propre de ceux qu'ils obligent; il abordera rudement et sans détour un de ces malheureux qui s'efforcent de cacher leur détresse sous une apparence de contentement : « J'ai appris, lui dira-t-il, que vous êtes dans la misère, et, comme je n'aime pas voir les gens mourir de faim, voilà de quoi vous nourrir! » Croyez-vous que ce malheureux, qui supporte courageusement sa pauvreté, parce qu'il la croit ignorée de tous, acceptera sans honte et sans colère une aumône aussi brutale? Il la repoussera certainement avec indignation, et, au lieu de reconnaissance, il n'éprouvera que de la haine pour celui qui aura ainsi heurté sans ménagement son orgueil. L'homme est ainsi fait; il rejette comme une injure faite à sa dignité toute proposition devant laquelle devra s'humilier son amour-propre offensé; c'est une faiblesse, sans doute, mais qu'une âme vraiment généreuse sait ingénieusement ménager. Combien d'hommes, en effet, resteront insensibles à un bienfait éclatant que des circonstances impérieuses les auront forcés d'accepter en rougissant, tandis qu'ils conserveront une reconnaissance éternelle pour une attention délicate, pour un service beaucoup moins important rendu avec cette adresse, cette grâce, cette bonté qui savent pénétrer les plus orgueilleux! Ceux qui sont doués de sentiments délicats, ceux dont l'amour-propre s'enflamme aisément, sont beaucoup plus sensibles à la façon de donner qu'à l'importance même du bienfait; ils élèvent leur dignité au-dessus de leurs besoins, et seront toujours flattés des efforts qu'on fera pour ne point la blesser.

Pourquoi, d'ailleurs, ne pas mettre dans l'exercice de la bienfaisance la discrétion qui en fait le charme et le mérite? Craignez-vous qu'en la déguisant sous des formes aimables elle ne soit pas sentie de ceux que vous voulez obliger? ou bien, en entourant vos bienfaits d'un éclat qui en affaiblit l'importance, voulez-vous ainsi vous attirer des démonstrations, des témoignages de reconnaissance qui restituent, pour ainsi dire, à votre propre orgueil ce que votre main aura laissé échapper? Alors ce n'est plus la noble passion du bien qui inspire vos actions, c'est l'ostentation et la vanité; vous n'êtes qu'un égoïste, vous pensez à vous seul, en obligeant les autres. Jeter une aumône au malheureux, faire sonner l'or à grand bruit, parler en phrases retentissantes du service qu'on veut rendre..., est-ce là de la bienfaisance? Non, non; ce n'en est que le masque; et quand cet homme s'est entendu vanter de tous côtés, quand les journaux ont publié ses louanges, quand il a passé par tous les degrés de la flatterie et de l'admiration, je dis que cet homme est largement payé des bienfaits dont j'ai été l'objet de sa part, je ne lui dois plus rien.... La véritable bienfaisance est modeste, elle est surtout discrète, et, comme le veut le sublime auteur de l'Évangile, sa main gauche ignore ce qu'a donné sa main droite.

La bienfaisance pratiquée au point de vue de l'intérêt, de la vanité ou de l'égoïsme, ne mérite même pas son nom; car les motifs qui l'ont inspirée, peu honorables en eux-mêmes, n'ont rien de commun avec le plaisir qu'on peut éprouver dans le soulagement de ses semblables. Combien de services, en effet, rendus de mauvaise grâce, pour se débarrasser d'importunités désagréables, ou dans l'espoir de voir les sacrifices présents récompensés dans l'avenir! N'est-ce pas là ce qui se passe continuellement sous nos yeux, et n'est-ce pas insulter à la vertu que d'en donner le nom à une bienfaisance inspirée par de tels motifs? Oh! non, ce n'est pas de cette manière que se révèle à nos yeux l'homme vraiment bienfaisant. Il ne fait pas parler de lui; comme une invisible providence, il passe au milieu de nous sans être aperçu; insensible à tout ce qui arrive autour de lui, il n'a les oreilles et les yeux ouverts que pour entendre et pour voir où l'on a besoin de ses secours. Il connaît toutes les susceptibilités du cœur, il les ménage adroitement et sait trouver dans le sien des délicatesses qui font accepter le bienfait et le rendent léger. Pourquoi ne pas recevoir de bon cœur ce qu'il vous offre de même? Il est si heureux de vous rendre service! La fortune ne vous a pas traité comme vous le méritiez; il peut, il doit en corriger le hasard; n'est-ce pas la loi de Dieu même? Ou bien encore le service qu'il vous rend est si peu important; n'agiriez-vous pas de même à sa place? ne faut-il pas s'aider les uns les autres? Et puis, que parlez-vous de bienfaits, de reconnaissance? C'est lui, au contraire, que vous obligez; il le dit, il le prouve même au besoin, et, vaincu par une si noble et si généreuse vertu, ce que vous auriez rejeté comme une insulte de la part de tout autre, vous l'acceptez sans honte de l'homme qui a l'âme si grande et si délicate. Venant de lui, tout bienfait est léger et facile à porter; il n'a heurté aucun amour-propre, la reconnaissance qu'on lui voue est sans mélange de honte et d'amertume; on aime à le voir passer, à s'entretenir avec lui, ses paroles vont au cœur, ses moindres bienfaits ont un prix qui les rendent inestimables, car il ne fait pas seulement le bien, il sait encore le faire; nul ne mérite et n'obtient autant d'affection et de reconnaissance, car il est réellement bienfaisant, et sa manière de donner vaut mieux que ce qu'il donne.

XLVIII.

Virgile à Naples.

DÉVELOPPEMENT.

Ce n'est pas une mode nouvelle que de quitter la campagne pour la ville aussitôt qu'on a pris ses vingt ans. Il y a dix-huit siècles, au temps d'Auguste, c'était déjà la coutume. On voyait alors à Naples, qui était une ville d'étudiants, un grand jeune homme, beau et timide comme une jeune fille, dont les manières n'avaient rien de l'habitant des villes. Sa gaucherie, sa timidité, et, le dirai-je? sa candeur, tout annonçait un campagnard transporté malgré lui au sein d'une cité populeuse et élégante. Son nom était Virgile, ou Vergile, comme disent les savants d'aujourd'hui. Son père, plein d'ambition pour son fils, — quel père en est exempt? — l'avait envoyé à Naples faire ses études de médecine; telle est, du moins, l'opinion générale, quoique la chose ne soit pas bien prouvée. Mais le jeune étudiant ne lisait guère Hippocrate et Galien : la science lui répugnait. Ce n'est pas qu'il préférât les plaisirs bruyants de la jeunesse aux joies austères de l'étude. Non : c'était un être à part, ni laborieux ni dissipé; il ne suivait pas les cours, mais il n'allait pas davantage aux promenades et aux théâtres que fréquentaient les jeunes gens de son âge; pour le dire en un mot, c'était un mélancolique, un contemplateur. Quelques-uns de ses camarades avaient essayé de le déniaiser; ils l'avaient conduit au théâtre, ils lui avaient fait faire sur le golfe de Naples des promenades qui eussent ravi l'âme de tout autre que lui; ils l'avaient présenté dans les compagnies les plus joyeuses : rien n'avait réussi. Virgile restait inaccessible à toutes les distractions. Les spectacles, les bruits de la ville ne frappaient ni ses yeux ni ses oreilles.

Mais il contemplait en lui-même un spectacle bien plus beau, mais il prêtait l'oreille à un concert bien plus harmonieux qui chantait en son âme. Né à Mantoue, dans les vertes campagnes de la Lombardie, il revoyait les riantes prairies où s'était écoulée son enfance, ces prairies qu'arrose et féconde le Mincio; il revoyait les vergers de son père, plantés d'oliviers odorants, et, son imagination s'animant à ces souvenirs, il peuplait ces paysages champêtres de bergers et de troupeaux. Ici Tityre, à l'ombre d'un hêtre touffu, accordait sa flûte de roseau et faisait retentir de douces harmonies les échos d'alentour; là, Ménalque et Damon, laissant leurs chèvres s'égarer, se disputaient le prix de la poésie rustique; plus loin Galatée apparaissait rieuse derrière les saules, heureuse de se laisser voir tout en se cachant. Et le jeune homme, les yeux mouillés de larmes, restait des heures à contempler ces tableaux que créaient le souvenir et l'imagination. Heureuses larmes, qui promettaient à Rome le chantre des *Églogues* et des *Géorgiques!*

XLIX.

Un Dictionnaire séditieux.

DÉVELOPPEMENT.

Il n'est personne qui ne connaisse l'excellent dictionnaire de Boiste; mais ce que tout le monde ne sait pas, peut-être, c'est que ce dictionnaire fut un jour considéré comme un livre séditieux, et qu'il occasionna à son auteur une mésaventure assez désagréable.

Voici le fait, tel que nous le tenons d'un grammairien qui vécut dans la familiarité du célèbre lexicographe, lequel se plaisait à le raconter lui-même, dans ses instants de bonne humeur.

Un matin de l'an 1805, Boiste s'était enfermé dans son cabinet pour se livrer tout entier à ses études de prédilection, lorsqu'un monsieur, fort bien vêtu et d'une obséquieuse politesse, se présente chez lui, demandant à lui parler pour une affaire d'une haute importance. Quand il fut introduit : « C'est au savant monsieur Boiste que j'ai l'avantage de parler? dit-il en faisant un salut profondément respectueux. — Oui, monsieur, répond Boiste en lui avançant un fauteuil; mais veuillez me dire qui j'ai l'honneur de saluer, et à quel motif je dois une visite si matinale. — Monsieur, dit l'inconnu, vous voyez un homme affligé, désespéré. — Vraiment! interrompit Boiste avec attendrissement; je compatis à votre malheureuse position, et si je pouvais vous être de quelque secours, ce serait de grand cœur. — Oh! monsieur, il dépend beaucoup de vous, en effet, de rendre ma mission moins pénible! — Votre mission! vous êtes donc chargé d'une mission près de moi? Expliquez-vous, je vous prie. — Précisément, monsieur, reprit le mystérieux personnage, affectant une politesse encore plus pateline, ce sont ces explications qu'il me serait douloureux de vous fournir, et si vous voulez bien m'accompagner..., ma voiture est à votre porte, et dans quelques instants le mystère sera éclairci. — Mais il est de bien grand matin, dit Boiste, qui commençait à s'étonner de ce langage, et d'ailleurs je suis en robe de chambre, et vous permettrez bien que je m'habille. — Assurément : j'allais même vous prier de faire toutes vos diligences, reprit le courtois personnage en regardant sa montre, car nous sommes attendus à huit heures précises. — Ah! nous sommes attendus! répéta Boiste en ouvrant vivement la porte de sa chambre, dans l'intention de se dérober aux indiscrétions de ce monsieur, dont les allures commençaient à lui inspirer de l'inquiétude autant qu'elles excitaient son impatience; eh bien! attendez-moi ici. — Non pas, s'il vous plaît, non, je ne me séparerai pas de vous; je suis trop prudent pour cela, et d'ailleurs j'aurai l'honneur de vous dire que tel est l'ordre exprès de Son Excellence. — Son Excellence! et de quelle Excellence me voulez-vous parler? J'aurais dû m'apercevoir plus tôt, continua Boiste en haussant la voix, que vous prétendez faire de moi la victime d'une mystification. — Et moi, monsieur, je me suis aperçu tout d'abord que vous n'étiez pas sans soupçonner le motif de ma visite. Quand on professe des opinions comme les vôtres, on doit s'attendre à chaque instant... — Que voulez-vous dire? s'écria Boiste, dont la calme physionomie commençait à se colorer du feu de la colère : ce n'était pas assez de troubler ma solitude, vous m'insultez! »

Un sourire sardonique effleura les lèvres de l'inconnu, et tirant de sa poche une feuille de papier soigneusement pliée, il la développa et la tendit à Boiste, qui, après y avoir jeté les yeux, pâlit et dit d'une voix émue : « C'est bien; je vous suis, monsieur, je vous suis. »

Il se chaussa en toute hâte et s'affubla au hasard d'un gilet à la Robespierre, endossa par-dessus une vieille houppelande d'une couleur fort suspecte, et qui n'avait pas vu le jour depuis l'époque de la Terreur, puis, prenant son feutre gris et sa grande canne à pomme d'or, il se mit à la disposition de ce monsieur, qu'il ne lui était plus guère possible de méconnaître : c'était bel et bien un officier de police, muni d'un mandat d'arrêt.

Un fiacre stationnait à la porte; on y monta et, au bout de quelques minutes, l'équipage s'arrêtait devant l'hôtel de S. Exc. M. le ministre de la police.

Ce ministre était alors Fouché, naguère fougueux conventionnel et collègue de Collot d'Herbois, dans la terrible mission que celui-ci remplit à Lyon. Converti depuis, par son ambition, à des idées plus modérées, Fouché s'était attaché à la fortune du jeune général dont il avait pressenti les hautes destinées, et il avait favorisé de toute son influence et de tout son pouvoir le coup d'État du 18 brumaire.

Le premier consul avait trouvé Fouché au ministère de la police et l'y maintint deux ans ; puis il le remercia de ses services. Mais, en 1804, le nouvel empereur lui confia une seconde fois le portefeuille qu'il lui avait enlevé. Les vieux partis s'agitaient, et, pour en triompher, il eut recours à l'homme de France qui les connaissait le mieux et qui, par sa sagacité et son activité entreprenante, était le plus capable de déjouer leurs intrigues et leurs sourdes menées. Cependant l'Empereur n'aimait point Fouché, dont la probité politique ne lui paraissait point à l'abri de tout soupçon ; mais il avait besoin de lui et de sa police ténébreuse, tracassière et si peu scrupuleuse sur le choix des moyens qu'elle mettait en œuvre pour obtenir des succès qui ne suffisaient pas toujours à la justifier.

Tel était l'homme devant lequel allait comparaître le savant et modeste Boiste.

Boiste n'avait jamais été qu'un homme d'études. Son goût pour les travaux sérieux, autant que son caractère pacifique et même timide, l'avait toujours tenu à l'écart des luttes politiques ; et s'il les avait suivies avec quelque intérêt, c'était uniquement pour étudier et constater les progrès de la langue et dans le but de recueillir, de critiquer et de classer les termes nouveaux qui apparaissaient pour exprimer les idées nouvelles que le torrent révolutionnaire jetait çà et là sur ses rives. Il avait à cœur de justifier cette épigraphe, placée au frontispice de son livre : « Le Dictionnaire universel d'une langue doit contenir tous les mots de cette langue qui représentent une idée. » De quel crime était-il donc accusé, et quel pouvait être le motif ou plutôt le prétexte de son arrestation ? Il s'était posé à lui-même cette question, et il se creusait vainement le cerveau pour y trouver une solution quelconque, lorsqu'il fut amené en présence du ministre.

En ce moment, l'ex-conventionnel, chargé de veiller au salut de l'empire, était occupé à dépouiller les rapports de ses agents politiques.

Ces rapports ne répondaient pas sans doute à l'attente du ministre, si l'on en juge par l'état d'exaspération dans lequel il se trouvait.

Lorsqu'on lui annonça Boiste, il se leva brusquement de son fauteuil, et mesurant à pas précipités l'étendue de son cabinet, comme un homme dont la tête bouillonne et dont le système nerveux est surexcité : « Quoi ! c'est vous, dit-il à notre philologue, c'est vous qui avez eu l'audace d'insulter l'empereur d'une manière si sanglante ! »

A cette étrange apostrophe, Boiste resta d'abord interdit ; mais la pensée qu'il était sans doute victime d'une méprise lui rendant un peu d'assurance : « Je ne sais, répondit-il, qui a pu surprendre la religion de monsieur le ministre, mais ce que je puis affirmer sur l'honneur, c'est que personne ne professe plus de respect que moi pour la personne de l'empereur et plus d'admiration pour son génie. — Votre rétractation n'est qu'une palinodie inspirée par la peur, monsieur l'écrivain, reprit Fouché ; je vous connais, vous et les vôtres : pleins d'arrogance et de fiel la plume à la main ; doucereux et tremblants quand il vous faut rendre compte à l'autorité de vos actes et de vos écrits. — Je n'ai rien à désavouer ni des uns ni des autres, monsieur le ministre, et je défie la critique la plus malveillante d'y surprendre même le soupçon d'une atteinte aux lois qui nous régissent. Je ne me suis, d'ailleurs, jamais occupé de politique, et ce ne sont point quelques travaux de grammaire et de philologie... — Oui, j'entends, interrompit Fouché en s'animant encore davantage, vous êtes un de ces idéologues qui ont toujours à la bouche des protestations de respect pour les grands principes sociaux, et dont les écrits hypocrites sapent par la base la société même, sous de vains prétextes de réforme. — Je n'appartiens à aucun parti, à aucune école, affirma Boiste ; j'ai pu citer dans mon Dictionnaire les pensées et peut-être les opinions de quelques auteurs célèbres ; je n'ai assumé la responsabilité d'aucune. — Vos dénégations vont jusqu'à l'impudence, s'écria le ministre, outré de colère ; prétendez-vous me donner le change, et ce Dictionnaire que vous citez n'est-il pas là pour vous accabler, ou bien ne sais-je plus lire ? »

En achevant ces mots, le ministre indiquait du doigt, à l'une des pages du Dictionnaire de Boiste, ouvert sur son bureau, l'article qui avait motivé l'arrestation du pauvre auteur. Cet article était ainsi conçu :

SPOLIATEUR, qui dépouille, qui vole. (BONAPARTE.)

Après que Boiste eut jeté les yeux sur cet article terrible :

« Eh bien ! s'écria le ministre d'une voix triomphante, qu'avez-vous à répondre ? »

Boiste ne répondit rien, il demeura atterré.

« Et maintenant, monsieur, poursuivit Fouché, c'est aux magistrats qui rendent la justice au nom de l'empereur que vous aurez à rendre compte de l'outrage fait au nom de Bonaparte. Vous pouvez vous retirer. »

Boiste salua et sortit. Deux agents postés dans l'antichambre s'emparèrent de sa personne et l'écrouèrent dans un cachot de la Conciergerie, où il devait attendre que la justice informât sur sa cause.

Mais comment expliquer une pareille ignorance ou une telle légèreté dans un ministre de la couronne, armé de pouvoirs exorbitants, et qui pouvait, à son gré, disposer de la liberté de tous les citoyens? De l'ignorance? non; on ne saurait l'en accuser. Avant d'être l'ami des Marat et des Robespierre, Fouché avait été préfet des études dans un collège d'oratoriens, et il n'avait pu dépouiller avec le froc les connaissances qui avaient fait de lui un des membres distingués d'une corporation justement célèbre. Mais de la légèreté, oui; légèreté bien coupable quand elle compromet ainsi la liberté d'un honnête homme. On avait placé sous les yeux du ministre l'article du Dictionnaire de Boiste, accompagné d'une interprétation perfide. Il n'avait pas daigné prendre connaissance de l'article; mais l'interprétation était restée et lui avait fait apposer sa signature au bas d'un mandat d'arrêt. Son esprit était tellement prévenu, que, le lendemain, des amis de Boiste, hommes graves et honorablement connus dans les lettres, s'étant présentés chez le ministre, dans le but d'obtenir, sous leur caution, l'élargissement du prisonnier, Fouché ne voulut pas même les entendre.

Deux membres de l'Institut, qui faisaient partie de cette députation si brutalement éconduite, eurent alors la pensée de s'adresser à l'empereur; c'était s'adresser à leur collègue. On sait, en effet, que le grand capitaine se faisait honneur d'appartenir au corps illustre de l'Institut, et que, plus d'une fois, au retour de ses glorieuses campagnes, il avait pris plaisir à endosser l'habit à palmes vertes, pour venir prendre part à ses savantes délibérations. Aussi accueillit-il avec infiniment de grâce les deux académiciens; mais quand il apprit d'eux l'arrestation de Boiste et la bévue de son ministre, il s'emporta contre celui-ci en termes si violents, que les amis du pauvre détenu en vinrent presque à regretter leur démarche. Il appela aussitôt un de ses aides de camp et l'envoya porter l'ordre à Fouché de mettre immédiatement Boiste en liberté.

Quand l'aide de camp arriva, Boiste n'était déjà plus à la Conciergerie. Une soudaine illumination avait-elle amené le ministre à résipiscence? Non, sans doute; mais un de ses intimes conseillers, qui avait à peu près seul le privilège de lui faire entendre raison dans ses emportements, parvint à lui faire entendre qu'on avait tendu un piége à sa bonne foi et surpris sa religion, en lui signalant Boiste comme auteur d'un outrage envers la majesté impériale, et que si, dans le texte du Dictionnaire, le nom de *Bonaparte* était accolé à celui de *Spoliateur*, il ne s'y trouvait qu'entre parenthèses et pour indiquer que le général Bonaparte avait consacré cette expression en l'employant lui-même dans un discours public.

Le ministre, honteux de sa méprise et de son étourderie, avait aussitôt mandé le malheureux Boiste, et, après lui avoir fait une amende honorable des plus flatteuses, il l'avait prié de ne plus songer à cette méchante affaire, l'assurant que, de son côté, il ne s'en souviendrait que pour le recommander, lui et son ouvrage, à la bienveillance du gouvernement de Sa Majesté.

Fouché eut beau faire, il ne put empêcher que le bruit de cette aventure ne se répandît dans les salons de la ville et que l'on n'en glosât fort méchamment à la cour. L'empereur, qui, au fond, n'en était pas fâché, parce que c'était une humiliation pour un homme dont le zèle ne lui était pas toujours agréable, ne put retenir un jour, en présence de Fouché, une sanglante allusion à ce triste exploit.

Il est à croire que c'est pour des services plus signalés qu'il conféra, plus tard, à son ministre de la police le titre de duc d'Otrante.

L.

Christophe Colomb.

DÉVELOPPEMENT.

Le 8 octobre 1492, un vaisseau voguait à pleines voiles dans les mers qui baignent l'Amérique; un profond silence régnait à bord; le pont était couvert de matelots aux figures basanées et menaçantes, couchés les uns près des autres, et au pied du grand mât se tenait debout et immobile un homme dont les regards plongeaient avec une ardeur fiévreuse dans l'horizon : c'était Christophe Colomb s'élançant à la découverte du nouveau monde, mais sur le point de voir toutes les prévisions de son génie se briser misérablement contre l'obstination de quelques matelots ignorants. Ceux-ci, en effet, effrayés de cette longue navigation qui menaçait de se prolonger sans fin, dans des mers que nul vaisseau n'avait encore sillonnées, s'étaient mis tout à coup en pleine révolte, et avaient signifié au célèbre navigateur leur dessein bien arrêté de retourner en Espagne. Alors Colomb avait pressé, prié, et, à force de supplications, il avait obtenu trois jours de plus, promettant qu'après ce temps écoulé il consentirait au retour, s'ils n'avaient rien découvert. Or, on était à la fin du troisième jour, et rien n'avait paru encore; à mesure qu'ils avançaient, l'horizon reculait devant les élans rapides du vaisseau, ne présentant toujours que l'immensité des flots aux regards avides qui l'interrogeaient sans cesse. Le terme fatal approchait cependant, et déjà des transports de joie succédaient à l'abattement des matelots, tandis que les espérances du grand homme allaient se changer en désespoir : quelques heures de plus, et le fruit de tant de travaux, de tant de constance serait perdu pour lui sans retour; il lui faudrait dire adieu pour jamais à ces rivages qu'il entrevoyait avec les yeux de son génie. « Eh quoi, se disait-il, tandis que l'éclair de ses yeux perçait les vapeurs qui se jouaient sur la mer, n'aurai-je donc pâli sous la fatigue de tant de veilles, n'aurai-je soulevé un des coins du voile qui enveloppe la création que pour voir mes prévisions avortées et mes longs travaux frappés d'impuissance au moment même où je touche au succès! Ainsi j'aurai essuyé tour à tour les refus de toutes les cours de l'Europe et les injures des ignorants, je me serai vu traiter de misérable visionnaire et d'insensé, et je n'aurai puisé dans l'ardeur de ma conviction le courage de braver toutes les insultes et de surmonter tant d'obstacles que pour aboutir à un échec qui me couvrira de ridicule, en associant mon nom à celui des astrologues et des aventuriers de bas étage! Dérision du sort! Un autre plus heureux que moi, guidé par mes propres révélations peut-être, découvrira quelque jour ce monde inconnu qu'il ne m'aura été permis de saluer que par la pensée; car il existe, il est là devant moi, je le sens, et dans quelques heures, dans quelques minutes peut-être, ses rivages surgiront des flots; et je ne les verrais pas!... Allons, mes amis, du courage, la terre approche; larguez toutes les voiles, que le vaisseau vole; ce jour ne se passera pas sans nous montrer les rivages que nous sommes venus chercher... » Et le grand homme parcourait rapidement le pont du vaisseau, excitant chaque matelot du geste et de la parole, promettant à tous des récompenses et des richesses, leur traçant un tableau séduisant des pays qu'ils allaient découvrir. Mais les matelots restaient indifférents et muets à ces encouragements; peu sensibles à des promesses dont ils regardaient l'accomplissement comme chimérique, ils paraissaient ne songer qu'à l'instant où ils allaient revenir sur leurs pas, et c'était cette pensée seule qui ramenait l'espérance et la joie sur leurs figures dès longtemps découragées. En voyant l'inutilité de ses efforts et son autorité ainsi méconnue, Christophe Colomb devint plus pâle et plus sombre encore; debout à l'avant du navire, comme pour se rapprocher davantage de ces contrées nouvelles que lui seul voyait dans son âme, les mains crispées par l'impatience, il tenait ses regards plongés avec une effrayante fixité dans l'horizon qui commençait à se colorer des vapeurs enflammées du soir. Ce qu'il souffrit durant ces longues heures d'attente, aucune plume humaine ne saurait le retracer. « Ah! se disait-il, il me faudra donc dire adieu, sans les avoir vus, à ces rivages que j'étais venu chercher des extrémités du monde. Qui voudra désormais tenter après moi les difficultés d'un si long voyage sur des mers ignorées? Qui se sentira de nouveau le courage d'affronter les périls de cette entreprise? Mes espérances descendront donc avec moi dans la tombe, et personne ne voudra recueillir l'héritage que j'aurais voulu léguer au monde; personne ne voudra reprendre mon œuvre inachevée et se dévouer à la découverte de cet autre univers, qui changerait peut-être les destinées de l'humanité. »

Sous le poids de ces tristes réflexions, le grand homme avait laissé tomber sa tête sur sa poitrine : tout à coup il la relève vivement; il lui semble que le vent vient de changer, qu'il a senti les premiers souffles d'une brise douce et légère et que ce phénomène doit s'expliquer par le voisinage de quelque terre. Ce changement n'a point échappé aux sens éprouvés des matelots, et, sous l'influence de la curiosité, ils se sont rapprochés de Colomb. « Mes amis, leur dit le héros, vous avez ressenti comme moi cette brise qui vient de se lever; vous savez qu'elle ne souffle que sur les côtes, nous devons donc être maintenant près de la terre. » Mais, partagés entre leurs préventions et leur expérience, ils ne savaient encore à quel sentiment s'abandonner, et ils attendaient avec une impatience presque égale à celle de leur chef une circonstance qui confirmât le phénomène qu'ils venaient d'observer. Bientôt, en effet, apparaissent à leurs regards surpris des herbages qui ne croissent qu'à peu de distance des terres, des troncs d'arbres encore couverts de branches chargées de feuilles, et qui venaient frapper les flancs du navire; et jusqu'à des morceaux de bois, évidemment façonnés par une main humaine. La vue de tous ces objets pénètre le cœur de ces rudes matelots d'un sentiment qu'ils n'avaient pas encore ressenti, l'attente de l'inconnu. Enfin, une dernière circonstance dissipe toutes les incertitudes : un oiseau cher aux marins, parce qu'il annonce toujours la terre, est venu se poser sur le grand mât, et les intrépides navigateurs l'ont salué de mille cris de joie et de reconnaissance. Maintenant ils entourent le grand homme; redevenus respectueux et remplis d'admiration pour son génie, ils attendent en silence à ses côtés le dénoûment de cette longue suite de périls et de travaux, sans exemple dans l'histoire. Quant à Colomb, toujours debout, le regard plein d'impatience et d'anxiété, sentant battre son cœur d'un noble sentiment d'orgueil, il ne paraît pas même avoir remarqué ce changement des esprits en sa faveur. Que lui importe ce qui se passe autour de lui? En proie à une seule préoccupation, mais toujours calme et maître de sa pensée, il tient les yeux fixés dans la direction du vent, afin de pouvoir saluer le premier ces contrées que chacun maintenant est sûr de voir bientôt apparaître. Les cœurs battent violemment dans toutes les poitrines, et un silence profond trahit l'attente générale. Tout à coup ils se précipitent à la fois à l'avant du navire, le matelot en vigie vient de faire retentir ce mot magique : Terre! Et en effet, quelques instants après, ils commencent à découvrir ce continent qu'ils avaient désespéré d'atteindre jamais; déjà ils aperçoivent les forêts verdoyantes du nouveau monde, et les rayons du soleil se couchant dans la mer inondent, à leurs regards éblouis, d'une clarté fantastique les rivages de l'Amérique.

LI.

Pierre le Grand chez Mme de Maintenon.

DÉVELOPPEMENT.

Le petit lever de Mme de Maintenon, l'austère veuve du grand roi, n'avait pas encore eu lieu. Quelques gentilshommes épars dans l'antichambre, derniers débris d'une antique splendeur, attendaient le moment où ils pourraient présenter à la vieille reine délaissée des hommages qui devenaient plus rares chaque jour. Il régnait un grand silence dans la maison modeste de celle qui avait rempli Versailles de son nom. Quelques vieux serviteurs, quelques prêtres restaient encore attachés à leur ancienne protectrice. Tout annonçait la chute d'une grande fortune.

Tout à coup, un bruit inusité rompit le silence de la maison. C'était le tumulte qui annonce d'ordinaire l'arrivée d'un grand personnage : des carrosses, des valets de toute livrée, les armes de France sur toutes les voitures. Bientôt un homme de taille moyenne, l'œil haut, la bouche mince et fière, l'air sauvage, vêtu plutôt comme un soldat qu'à la façon d'un prince du sang, faisant signe aux valets de l'attendre, entra sans suite, sans apparat, sans même se faire annoncer, dans la chambre de Mme de Maintenon. C'était Pierre le Grand.

Le fondateur de la Russie avait visité toute l'Europe et s'était arrêté longtemps à Paris. Il avait vu les magnificences de la cour royale, les splendeurs des costumes, les tentures, les lustres, les dorures des grands appartements, les éclatantes livrées des laquais et les riches parures des gentilshommes; il avait été reçu avec somptuosité par le Régent et avait eu l'insigne audace de baiser la joue du jeune roi; il avait visité l'Opéra, cette autre cour, digne de la première. Fatigué de ces merveilles insignifiantes, de ces éblouissements perfides, de ces joies apparentes et fausses, il avait été embrasser à la Sorbonne la statue de Richelieu, un homme celui-là; il avait enfin causé avec les invalides, témoins de tant de victoires et de tant de revers, il avait partagé leur soupe et bu à leur santé, et, parmi tous ces spectacles, aucun ne l'avait étonné. La cour lui avait paru déchue, moribonde, l'Opéra misérable sous sa livrée de paillettes, la Sorbonne indigne du grand homme dont elle renferme les cendres; tout, dans cette ville joyeuse, lui avait semblé ruine et caducité. Il lui restait à voir Mme de Maintenon. Peut-être y avait-il dans cette illustre vieillesse plus d'énergie et de grandeur que dans cette jeune royauté décrépite.

La veuve du poète Scarron et du roi Louis le Grand était encore couchée. Le czar s'approcha du lit lentement, comme un homme qui médite. Il entr'ouvrit les rideaux, prit une chaise, et regarda attentivement, avec une audace mêlée de respect, celle qui avait dirigé de si grands événements et provoqué de si grandes fautes. Etrange rapprochement! La jeune et ambitieuse Russie en présence de l'ancienne France, pleine encore de majesté et de sereine confiance! Pierre songea sans doute aux destinées des empires; il vit que c'en était fait de la royauté catholique de Louis XIV; il comprit sans doute qu'il assistait à d'illustres funérailles, que tout s'en allait avec le dernier témoin de tant de magnificences. Comprit-il pourquoi cette prompte ruine n'était que l'avant-coureur de l'imminente catastrophe d'une monarchie encore brillante? Il est permis d'en douter : l'autocrate ne pouvait guère avoir l'idée que la seule autorité durable dans l'avenir serait celle qui s'appuierait sur le droit de tous et sur la liberté.

LII.

Le Lion et le Moucheron.

DÉVELOPPEMENT.

. . . . Entre nos ennemis,
Les plus à craindre sont souvent les plus petits.

S'il est un préjugé enraciné, c'est assurément celui qui nous pousse à dédaigner ceux de nos ennemis dont les moyens d'attaque et de défense nous semblent de beaucoup inférieurs à ceux dont nous disposons. C'est là une grave erreur, contre laquelle il importe de se tenir en garde, car elle peut avoir pour nous de fâcheuses conséquences. Aucun ennemi n'est à mépriser, dans la vie politique comme dans la vie sociale, dans la lutte des masses comme dans celle des individus entre eux. Ainsi que le montre très bien le fabuliste, les plus faibles deviennent parfois les plus redoutables. Les conseils de la vanité, les excitations de l'orgueil nous font négliger les précautions dictées par la prudence la plus vulgaire ou irriter sans motif des êtres dont il nous semble n'avoir rien à redouter. Au lieu d'agir avec sang-froid, comme dans toutes les entreprises que l'on juge importantes, on se livre aux premiers mouvements irréfléchis, et il peut se faire que l'on finisse par être victime de sa hautaine présomption. Protégé par sa faiblesse même, un petit ennemi se réfugie dans l'ombre, dans les coins obscurs, partout où son puissant adversaire ne peut l'atteindre; il crée des situations où l'on n'ose le suivre et vous brave impunément. Il en a coûté cher à des monarques redoutés, à de vaillants généraux, à des diplomates qui se croyaient habiles, de ne pas compter avec les petits États qu'ils croyaient pouvoir écraser sans danger ou dédaigner sans imprudence. Xerxès fond sur la Grèce qu'il inonde de deux millions d'hommes, et bientôt il est contraint de s'enfuir honteusement. Plus près de nos jours, un duc, craint et respecté des souverains mêmes, outrage un petit peuple qu'il appelle ramas de bergers et de valetaille, et bientôt, dans les plaines de Morat et de Granson, l'orgueilleux Charles le Téméraire laisse assez de Bourguignons pour que les Suisses élèvent une pyramide avec leurs os.

D'homme à homme, le même enseignement éclate en une foule de circonstances. Goliath méprise David et l'insulte : « Me prends-tu pour un chien, lui dit-il, que tu viens à moi avec une fronde et un bâton? » Et à peine avait-il prononcé ces paroles qu'il tombait roulant dans la poussière.

Dans la vie commune, la vérité que nous démontrons se confirme partout et à chaque instant. Un homme de petite taille, aux formes grêles et chétives, entre un jour dans un lieu public. Il s'assied modestement dans un endroit retiré, observe et écoute sans rien dire. Une sorte de colosse, aux puissantes épaules, au cou large et musculeux, ne tarde pas à le prendre pour sujet de ses plaisanteries, et finit par l'insulter grossièrement. Les yeux du premier étincellent, mais il se contient néanmoins. Une seconde injure le trouve encore impassible; mais, à la troisième, il se lève, saisit la main du colosse et la lui broie comme du verre entre ses doigts d'acier. Il peut ensuite s'éloigner sans que personne ose le retenir.

Il resterait encore bien d'autres considérations à faire valoir, si l'on envisageait la question sous toutes ses faces. Nous en avons dit assez pour montrer que les ennemis les plus à craindre ne sont pas toujours ceux qui parlent le plus haut, ceux qui disposent d'une plus grande force apparente : le sage les apprécie tous à leur juste valeur et n'en méprise aucun.

LIII.

Supplice de Brunehaut.

DÉVELOPPEMENT.

A quelques pas de Lutèce, la vieille cité romaine, la future capitale des Francs, s'étend une plaine sablonneuse, à demi couverte de marais et terminée au nord par une sombre forêt : c'est là que doit un jour s'élever le palais des successeurs de Clovis. Rien ne vient ordinairement troubler la triste solitude de ces lieux; mais sans doute un événement étrange se prépare, un drame terrible va s'accomplir, car sur les deux rives du fleuve étonné s'agite une multitude de guerriers; aux regards sombres qu'ils échangent, aux mouvements de colère avec lesquels ils brandissent leurs armes, au sourire de triomphe que quelques-uns laissent paraître sur leurs lèvres, on devine de grands événements. En effet, ils vont assister au dénoûment sanglant d'une lutte dont les secousses se font sentir depuis un demi-siècle.

Au pied d'un chêne antique se tient un guerrier, remarquable entre ses compagnons par sa haute taille, par sa longue chevelure, par ses armes étincelantes : c'est Clotaire II, roi de Paris, le fils de Chilpéric et de Frédégonde. Il est entouré de ses *fidèles* et, pour la première fois, on voit rangés ensemble autour de lui, sous une même bannière, les *hommes forts*, les seigneurs d'Austrasie et de Neustrie. Ces guerriers, si longtemps placés sur les champs de bataille dans des camps ennemis, sont unis aujourd'hui et se sont tous rendus à l'appel de Clotaire; tous ces hommes souillés de crimes ou coupables de trahison, ce sont des juges; où donc est l'accusé ou plutôt la victime?

Devant eux des soldats amènent une femme : la vieillesse a blanchi sa tête sans la courber, sans lui enlever sa majestueuse beauté; plus d'un regard s'abaisse devant le sien; ses bras sont chargés de liens, mais à sa démarche on reconnait une reine. Cette femme, c'est Brunehaut, la reine d'Austrasie, la veuve du grand Sigebert, le plus digne fils de Clovis : c'est l'ennemie implacable de l'implacable Frédégonde.

Fille du puissant roi d'Espagne Athanagilde, elle avait un jour quitté les splendeurs de la cour de Tolède pour venir régner sur les Francs d'Austrasie, et porter au milieu de ses peuples à demi barbares toutes les élégances de la civilisation romaine. On vit s'asseoir au festin de noces les comtes des cités de la Gaule orientale, les anciens des tribus d'outre-Rhin, les nobles Gallo-Romains, les chefs guerriers de l'Allemanie, de la Bavière, de la Thuringe; les représentants de la civilisation vaincue et ceux de la barbarie victorieuse. En écoutant les fastueux éloges que lui prodiguait dans le chant nuptial le poète romain Fortunatus, la belle Brunehaut put regarder comme accomplis les rêves qu'avaient éveillés dans son âme les envoyés de Sigebert : jeter dans les Gaules des monuments éternels de grandeur, unir aux accents sauvages des Francs les chants harmonieux de la muse latine, faire revivre les souvenirs de l'ancienne civilisation, donner aux princes mérovingiens l'auréole éclatante qui avait si longtemps été le partage des souverains de Rome. Et son époux l'aidera dans cette tâche glorieuse : Sigebert est le héros de la race, il est tempérant et miséricordieux, il n'a de ses ancêtres que la valeur indomptable; il dispose des forces d'un grand royaume; qui donc pourra se dresser sur sa route et faire reculer Sigebert et Brunehaut? qui osera entraver leurs desseins? Une autre femme, belle comme Brunehaut, comme elle douée d'un charme irrésistible, mais dominée par des instincts criminels d'une effroyable énergie. Frédégonde sera l'épée toujours tirée contre l'épouse de Sigebert; la trahison, le parjure, le poignard, le poison, tout sera mis en œuvre par cette nouvelle Médée.

Mais Dieu réservait une longue carrière à la fille d'Athanagilde; elle règne glorieusement aux côtés de Sigebert, le bouclier des Gaules contre les hordes septentrionales; elle devient l'appui et le guide de son fils Childebert, de ses deux petits-fils, Théodebert, roi d'Austrasie, et Thierry, roi de Bourgogne. Partout elle est vantée pour sa prudence et ses vertus; dans les pays étrangers elle inspire la même vénération : elle reçoit les éloges d'un grand pape et de plusieurs souverains; elle érige des églises, fonde des monastères; elle couvre la France de monuments et continue l'œuvre commencée jadis par les légions romaines. Comment donc a-t-elle pu tomber du faîte de sa grandeur? La trahison vient de la renverser : les seigneurs d'Austrasie se sont ligués; ils ont livré au fils de sa vieille ennemie celle qui les dominait depuis trop longtemps; Frédégonde n'est plus, mais Clotaire est digne d'une telle mère. Brunehaut est devant lui, toujours calme, toujours grande; il ose l'accuser des crimes dont elle a été la victime : « Femme maudite entre toutes les femmes, subtile, ingénieuse et féconde en perfidies, tu as fait mourir dix rois! » Il se tourne alors vers ses complices : « Seigneurs, nobles et princes de France, mes compagnons, jugez par quelle mort doit périr cette femme qui a causé tant de morts. » Et tous s'écrient : « Par le plus horrible supplice! »

Clotaire a fait un signe, les rangs de ses guerriers s'ouvrent et laissent voir les apprêts d'une torture inconnue. Des soldats ont saisi la malheureuse reine; par les bras et par les cheveux ils l'attachent à la queue d'un cheval indompté que contient avec peine un cavalier germain. Le roi vient de lever son épée; aussitôt le cavalier s'élance à terre. Libre tout à coup, le cheval bondit de fureur, s'élance et broie du premier coup la tête de la victime; alors commence une course insensée au milieu de laquelle l'œil distingue à peine un corps traîné parmi les rochers et les épines et laissant sur son passage des lambeaux de chair et une longue traînée de sang. Combien d'heures dura ce supplice sans nom? où tomba-t-il, pour servir de proie aux bêtes sauvages, ce cadavre d'une reine naguère si honorée, si puissante, si terrible? Nul ne l'a jamais su; mais le souvenir de cette horrible vengeance, de cet attentat à l'humanité, est resté gravé dans les souvenirs du peuple, et l'indignation de la postérité pèse éternellement sur la mémoire de ce roi cruel et sanguinaire, qui, pour assouvir une haine féroce, a livré une femme, l'épouse de son oncle, à un supplice dont le raffinement barbare eût à peine été justifié par une vie souillée des plus grands crimes.

LIV.

Le Chien, le Singe et le Chameau.

DÉVELOPPEMENT.

Le souverain d'un des plus puissants royaumes de l'Asie, où, pendant de longues années, il avait fait fleurir l'ordre et la prospérité, sentait approcher le moment où l'âge et les infirmités allaient l'arracher à l'amour et au respect de ses peuples. L'idée de la mort ne l'effrayait point : l'homme qui peut, dans sa conscience, se rendre cette justice qu'il n'a failli à aucun de ses devoirs s'éteint sans appréhension et sans regrets.

Rien ne trouble sa fin, c'est le soir d'un beau jour.

La seule préoccupation du monarque était d'assurer le bonheur futur de ses sujets en se choisissant un successeur qui sût, à son exemple, se faire craindre et respecter de ses voisins, aussi bien qu'entretenir au dedans la confiance et la concorde. Il avait trois fils doués des plus heureuses dispositions; mais comme il les aimait également, il ne savait auquel des trois léguer sa lourde succession, tant il sentait vivement la gravité des devoirs qui incombent à la royauté. On eût dit qu'il s'inspirait de ces vers que l'ombre d'Hamlet, apparaissant à son fils au milieu d'un songe, fait entendre à son oreille épouvantée :

Que du ciel sur les rois les arrêts sont terribles!
Ah! s'il me permettait cet horrible entretien,
La pâleur de mon front passerait sur le tien.
Nos mains se sécheraient en touchant la couronne,
Si nous savions, mon fils, à quel prix il la donne;
Vivant, du rang suprême on sent mal le fardeau;
Mais qu'un sceptre est pesant quand on entre au tombeau!

Après beaucoup de réflexions, le vieux roi s'arrêta à un projet qui devait sourire à sa longue expérience et à l'amour que les Orientaux ont toujours eu pour les choses figurées : c'était de soumettre ses trois fils à une épreuve qui fît ressortir la différence de leurs goûts et de leurs idées.

Un matin qu'il se promenait avec les jeunes princes dans ses vastes jardins, il dirigea leurs pas vers une ménagerie qu'il entretenait à grands frais, et si richement pourvue d'animaux de toute espèce qu'on se fût cru dans l'arche de Noé. Les princes admirèrent cette infinie variété que la nature a répandue dans ses créations : ici la grâce, la vivacité, la souplesse ; là tous les signes de la force et de la vigueur ; plus loin une taille gigantesque, et à côté, vivante antithèse, un animal d'apparence lilliputienne ; mais partout l'originalité des formes admirablement harmonisée avec les goûts, le caractère et la destination de chaque espèce. « Mes enfants, dit le vieux roi à ses fils, puisque l'homme se proclame le roi de la création, c'est surtout dans les rapports qu'ils présentent avec lui qu'il faut considérer les animaux. Que chacun de vous me désigne donc celui qui lui plaît le plus à ce point de vue, et je lui en ferai présent. »

Les jeunes princes, sans pressentir l'intention de leur père, firent chacun leur choix après quelques instants de réflexion et d'examen, se réglant avant tout sur leurs propres inclinations.

« Moi, dit le plus jeune, je préfère un chien. J'aime ses caresses, sa fidélité et sa soumission ; elles me rappelleront les sentiments que mes inférieurs devront professer pour moi. Un chien est un compagnon, presque un ami ; il sait lécher la main qui le frappe et aussi défendre son maître. Puissent mes peuples lui ressembler !

— Quant à moi, dit l'aîné, j'aimerais un singe, pour me distraire des occupations sévères auxquelles j'aurai sans doute à me livrer, pour faire diversion aux soucis du gouvernement. Ses gambades, ses grimaces, ses malices, ses tours de passe-passe serviront à me récréer. De plus, grâce à son talent d'imitation, je m'amuserai à lui faire représenter tel ou tel personnage ennuyeux de la cour, et Dieu sait si les modèles lui manqueront : il n'aura que l'embarras du choix. »

Le roi conservait son air grave et soucieux ; se tournant alors vers son troisième fils : « Et vous, mon enfant, lui dit-il, auquel de ces animaux accordez-vous la préférence ?

« Mon vénérable père, répondit le jeune prince, il me semble que le chameau doit avoir ma sympathie et mes préférences. »

A ces mots, les deux autres frères partirent d'un éclat de rire : « Une si vilaine bête ! — Un animal si disgracieux ! — Quel singulier goût pour ce quadrupède bossu et contrefait ! »

Mais le roi leur imposant silence d'un regard sévère : « Expliquez-vous, mon fils, dit-il au jeune prince d'un ton bienveillant.

— Je n'accorde certes point la préférence au chameau pour la beauté et l'élégance de ses formes : ce sont là des avantages pour lesquels je professe le plus profond dédain, parce qu'on ne peut en tirer aucun profit ; mais je vois dans le chameau les qualités qui en font un des animaux les plus utiles de la création : sa vigueur, sa force, son activité infatigable, son admirable sobriété ; c'est le vaisseau du désert que ne rebutent ni les lourds fardeaux à porter, ni les longues distances à franchir, ni les sables mouvants à traverser. En cas de guerre, de quel prix inestimable n'est-il pas pour transporter les troupes et les approvisionnements ! Mais c'est surtout pendant la paix que ses services deviennent indispensables : c'est lui qui entretient dans l'empire l'abondance et la prospérité ; cet infatigable serviteur de l'homme ouvre au commerce et à l'industrie des voies de communication à travers les sables et les déserts ; son lait fournit une nourriture saine et délicate, et son poil même sert à fabriquer de chauds vêtements. »

Cette explication parut enchanter le vieux roi, dont le visage quitta aussitôt son expression soucieuse.

« Mes enfants, dit-il alors, chacun de vous, sans le vouloir peut-être, vient de me donner la mesure de ses goûts et de ses aptitudes, et je connais maintenant à fond vos penchants. Le prince qui songe trop à ses plaisirs n'est pas propre à la conduite d'un grand royaume. Celui qui veut faire de ses sujets les simples instruments de son despotisme et de ses fantaisies n'est pas plus digne du trône. Mon fils aîné, en choisissant un bouffon, vous avez dévoilé la légèreté et la frivolité de vos inclinations. Mon jeune fils, vous avez choisi dans le chien un être rampant et soumis : vous vous laisseriez dominer par vos flatteurs. Quant à vous, dit-il en se tournant vers son second fils, vous qui avez préféré un serviteur utile à un faiseur de grimaces et à un adulateur, vous êtes digne de porter la couronne. Vous appréciez surtout le mérite solide, les qualités utiles ; vous dédaignez votre satisfaction propre pour songer avant tout au bien des peuples. Je vous crois non-seulement digne de me succéder, mais capable dès aujourd'hui de m'aider à supporter le fardeau du pouvoir. Je vous associe donc à l'empire, et je ne crains plus de descendre dans la tombe où dorment mes ancêtres, car j'ai la douce confiance qu'après moi mes sujets trouveront en vous un appui, un guide, un défenseur et un père. »

LV.

Garde-toi, tant que tu vivras, De juger les gens sur la mine.

DÉVELOPPEMENT.

Pour peu qu'on ait étudié l'histoire naturelle des oiseaux, il n'est guère permis aujourd'hui d'ignorer ce que fut Audubon, cet ornithologiste passionné, observateur de premier ordre, véritable artiste doublé d'un explorateur intrépide. Né en Amérique, de parents français, il se sentit de bonne heure attiré par la solennelle majesté des vastes solitudes que présentent les savanes et les forêts vierges de ces contrées. Il se plaisait à les parcourir, livré à la recherche incessante de leurs habitants ailés, et ne rentrait au sein de sa famille que lorsque, chargé de croquis pris sur place ou d'oiseaux apprivoisés par lui-même, riche d'une ample moisson d'études, il sentait le moment venu de fixer toutes ces notions éparses et de les enchaîner, pour en faire un recueil de fines, gracieuses et savantes observations. C'est ainsi que furent composés les magnifiques dessins coloriés de ses *Oiseaux d'Amérique*, admirables planches où l'ornithologiste exact, le savant, ne le cèdent en rien au poète et au peintre. Chez ce grand naturaliste, l'écrivain est à la hauteur de l'artiste et de l'observateur; on ne peut rien lire de plus pittoresque et de plus précis en même temps que ses tableaux des mœurs des oiseaux, et que ses descriptions splendides et grandioses du nouveau monde. C'est à la suite de ses nombreuses explorations à travers les immenses forêts de l'Amérique qu'il publia sa *Biographie ornithologique*, admirable étude des mœurs et des habitudes des oiseaux des États-Unis, et que Cuvier regardait comme le plus magnifique monument que l'art eût encore élevé à la nature.

Cet hommage rendu au savant naturaliste, rappelons une circonstance dont il fut le modeste héros.

Nous sommes à la fin de l'été de 1838, dans le confortable hôtel qui s'élève près de la cataracte du Niagara, et d'où l'on entend sans cesse le mugissement épouvantable du fleuve qui se précipite dans l'abîme. Une réunion nombreuse de voyageurs, de touristes de tous les pays, envahit la salle à manger et se presse autour d'une immense table en fer à cheval. Les costumes les plus pittoresques, les plus variés s'entremêlent, les idiomes se croisent; on se croirait dans la tour de Babel. Depuis l'impassibilité du Yankee jusqu'à la pétulance française, toutes les variétés du caractère humain se trouvaient là rassemblées dans un pêle-mêle indescriptible, qu'augmentait encore l'excentricité des toilettes, car on est en voyage, et, de plus, en Amérique. Bientôt la table est prise d'assaut, et l'on entend ce formidable cliquetis de couteaux et de fourchettes qui fait songer à la parodie des vers de Voltaire :

> Français, Russes, Anglais, que l'appétit rassemble,
> S'avançaient, se poussaient, mangeaient, buvaient ensemble.

Malheur au voyageur attardé qui, en ce moment, eût réclamé une place à cette table vaillamment conquise et plus vaillamment gardée! Semblable au lion de l'Écriture, il lui aurait fallu tourner longtemps autour en cherchant quelque chose à dévorer. Ce fut pourtant dans ce premier moment d'activité fébrile qu'un nouveau venu osa se présenter dans la salle, et par surcroît sa tenue étrange, son aspect fantastique n'étaient guère propres à lui ouvrir les rangs de ce bataillon d'aristocratiques affamés. Un magnifique ara et deux cacatoès perchés sur sa tête et sur ses épaules; de gentilles perruches accrochées à ses bras qu'elles entouraient comme de verdoyantes guirlandes; chaque main embarrassée d'une volière où s'ébattaient une foule de petits oiseaux au plumage étincelant, tel était le bizarre appareil dans lequel se présenta ce nouveau venu. D'autres oiseaux, des espèces les plus rares, pendaient aux côtés de cet étrange personnage; mais ceux-là étaient morts; trop fiers ou trop sauvages pour se laisser prendre aux piéges, ils avaient forcé le chasseur à se servir contre eux du fusil qu'il portait en bandoulière. Son front élevé, ses yeux clairs et perçants dénotaient l'intelligence, mais ses habits poudreux et en lambeaux, ses hautes guêtres, sa chevelure et sa barbe en désordre, faisaient tout de suite penser à Bas-de-Cuir, le sagace héros de Cooper. Un moment de silence suivit cette singulière apparition : chacun le passait en revue des pieds à la tête avec une curiosité ironique; puis tous les coudes s'élargirent sur la table comme pour en défendre l'accès à cet intrus, qui ne pouvait être assurément qu'un saltimbanque en excursion. L'étranger ne sembla point s'affecter beaucoup de cette bienveillance douteuse, et, sans chercher à prendre place parmi ces convives peu courtois, il se dirigea vers une petite table placée dans un coin, où les garçons de service mettaient la vaisselle; il rangea horizontalement son fusil de manière à y percher ses perroquets, se débarrassa du reste de son attirail et se fit servir à dîner. Le premier moment de curiosité passé, on ne s'occupa plus de lui.

Un quart d'heure ne s'était pas écoulé qu'un nouveau personnage, bien différent de celui dont nous venons d'esquisser le portrait, entrait dans la salle. C'était un homme jeune encore, de haute taille, la figure froide et presque sévère, mis avec une élégante simplicité. Deux domestiques le suivaient. A peine eut-il paru qu'un mouvement subit se manifesta parmi les convives, les Anglais surtout. Tous se levèrent en signe de respectueuse politesse, témoignage de déférence dont nos voisins d'outre-Manche ne sont guère prodigues. Le nouveau venu se mit à la place d'honneur, qu'on s'empressa de lui offrir. C'était un des plus riches lords de la Grande-Bretagne, aussi renommé pour son esprit et ses connaissances que pour sa fortune. Après avoir jeté un regard rapide sur ses compagnons de table, et adressé un salut amical à quelques-uns des convives, qu'il connaissait sans doute, il jeta par hasard les yeux sur le dîneur solitaire. Un vif sentiment de surprise se peignit aussitôt sur sa figure; il examina l'étranger attentivement, puis, certain de ne pas se tromper, il se leva, alla droit à lui, et, l'abordant avec une familiarité empreinte de respect et d'estime :

« Voici, lui dit-il, un jour que je marquerai d'une pierre blanche, car je n'espérais pas avoir l'honneur et le plaisir de trouver ici M. Audubon. »

Ce paysan du Danube, cet homme à la mise si excentrique, c'était en effet l'illustre naturaliste, revenant d'une de ces excursions où il jouait sa vie pour aller à la recherche de quelque oiseau rare dont on lui avait parlé, et qu'il n'avait pu encore dessiner.

A ce nom d'Audubon, si populaire en Amérique et jusqu'en Europe, tous les convives se levèrent spontanément en se regardant d'un air confus.

« Et comment se fait-il, continua le lord, que vous soyez relégué à cette table qui n'est qu'à l'usage des domestiques?

— Que voulez-vous, mylord? répondit Audubon avec une malicieuse bonhomie, toutes les places étaient prises quand je suis arrivé. »

Le lord prit Audubon par la main : « Je vous prie de me faire l'honneur de venir vous placer près de moi, » lui dit-il, et, l'entraînant presque de force, il le fit asseoir à ses côtés. Chacun se hâta de reculer sa chaise pour élargir la place, et ce fut à qui, dès lors, lui prodiguerait des témoignages d'affectueuse estime. Les oiseaux mêmes bénéficièrent des sentiments qu'inspirait leur maître. Les morceaux de sucre tombaient dru comme grêle dans les cages, les perruches ne savaient à quelle friandise entendre; quant à l'ara et aux cacatoès, ils faillirent mourir d'une indigestion de biscuits.

LVI.

L'Ane astrologue.

DÉVELOPPEMENT.

Les plus grands esprits ont leurs faiblesses, par lesquelles ils se rattachent aux côtés vulgaires de l'humanité. Louis XI, ce rusé et profond politique, ce prince d'un caractère si fortement trempé, si supérieur à ses contemporains par l'étendue et la profondeur de son génie, Louis XI croyait à l'astrologie, cette science charlatanesque dont les plus simples ne font que rire aujourd'hui. Il entretenait somptueusement à sa cour un astrologue italien nommé Galéotti, passé maître en son art, et sachant surtout prophétiser au roi de France ce qui pouvait lui être agréable, quitte à être démenti par l'événement. Dans ce cas, il savait si habilement se tirer d'affaire que l'événement finissait par avoir tort, et que la science astrologique sortait saine et sauve de l'épreuve. Un jour, se proposant d'organiser une brillante partie de chasse pour le lendemain, le roi ordonna au signor Galéotti d'interroger les planètes. Leur réponse fut des plus encourageantes. Superbe, splendide, éblouissante devait être cette journée, qui ne manquerait pas de prendre rang dans les fastes cynégétiques. Sur cette belle assurance donnée en signes cabalistiques, Louis XI partit accompagné de toute sa cour et d'une meute que lui eût enviée Actéon. Tandis que les piqueurs sonnent leurs plus joyeuses fanfares, on arrive à la lisière de la forêt qui devait servir de théâtre aux exploits du roi. En ce moment débouchait du bois un charbonnier avec son âne, l'un suivant l'autre, et comme Louis XI était d'humeur accorte avec les humbles, le charbonnier, son rustique bonnet de laine à la main, s'enhardit jusqu'à lui adresser la parole : « Sire, lui dit-il, je crois que vous ferez bien de rebrousser chemin au plus vite, car dans quelques instants va éclater la plus effroyable tempête que vous ayez jamais vue. » Le roi se mit à rire de la prédiction du bonhomme, en songeant à l'heureuse conjonction de planètes si savamment interprétée par Galéotti, et il entra dans la forêt en ordonnant aux piqueurs de découpler les chiens. Bientôt un magnifique cerf dix cors est levé et lancé ; tous les chasseurs, Louis en tête, s'élancent sur ses traces. Mais voilà que tout à coup un roulement sourd et prolongé répond aux sons éclatants du cor et aux aboiements de la meute ardente : c'est le tonnerre qui annonce son entrée en scène par un grondement sinistre. En même temps, des éclairs rapides sillonnent l'espace, le jour semble s'effacer devant la nuit, et un nuage immense, d'un gris plombé, recouvre toute la forêt d'un sombre linceul. Enfin, une sorte de cliquetis crépite au-dessus des têtes : ce sont de larges gouttes de pluie mêlées à d'énormes grêlons qui signalent ainsi l'arrivée de l'orage ; puis l'averse redouble, et ce sont de véritables torrents qui s'échappent du nuage enflammé, au milieu des éclats redoublés du tonnerre.

Tous les chasseurs se dispersent à travers la forêt, et cherchent au hasard un abri dans la campagne. Louis XI, trempé jusqu'aux os, gagne à toute bride un petit village où il attend la fin de cet orage terrible ; puis, les habits tout ruisselants, le corps brisé de fatigue, il s'achemine vers son château de Plessis-lès-Tours.

Son premier soin fut d'accabler d'invectives le malencontreux astrologue qui lui avait prophétisé une si brillante partie de chasse, et peu s'en fallut qu'il ne le confiât à la justice expéditive de son fameux compère Tristan. Voulant néanmoins se réserver le plaisir de jouir de sa confusion, il commanda qu'on se mît à la recherche du charbonnier et qu'on le lui amenât le lendemain. Le bonhomme arrive devant le roi et toute sa cour. « Pâques-Dieu ! mon ami, s'écria Louis XI, je veux que tu me dises dans quelle université tu as étudié l'astrologie, car tu es bien le plus habile pronostiqueur que j'aie jamais rencontré. Voyons, bonhomme, comment se fait-il que tu m'aies prédit si exactement l'orage d'hier, tandis que mon astrologue, maître Galéotti ici présent, m'avait annoncé précisément tout le contraire ? — Sire, répondit le charbonnier tout confus, je serais fort en peine de dire même ce que c'est qu'une université ; je n'ai jamais été à l'école, et je ne sais ni lire ni écrire. Mais j'ai chez moi un astrologue dont les prédictions n'ont jamais manqué de se réaliser. — Pâques-Dieu ! je veux le connaître ; quel est-il ? — C'est mon âne, sire, sauf votre respect. Hier matin, tandis que je le conduisais à la forêt, j'ai remarqué que ses oreilles s'abaissaient et se relevaient tour à tour avec des marques visibles d'inquiétude ; il marchait lentement et se frottait les côtes contre chaque arbre qu'il rencontrait. Or, ces signes ne m'ont jamais trompé : chaque fois que mon âne les a donnés, ils ont été suivis d'un orage épouvantable. »

A ces mots, débités par le charbonnier avec une naïve simplicité, le roi partit d'un fol éclat de rire auquel prirent part aussitôt tous ceux qui étaient présents, moins toutefois le signor Galéotti, qui ne riait que du bout des dents, car il prévoyait la comparaison peu flatteuse que Louis XI allait établir à ses dépens entre lui et le seigneur Aliboron. « Eh bien, s'écria en effet le roi avec un sourire railleur, que dites-vous de cet âne, maître Galéotti ? Je vous conseille d'étudier l'astrologie à son école, car il paraît en savoir plus long que vous. Dorénavant je veux qu'il loge ici. Vous, vous continuerez à consulter les planètes, et lui me fournira les simples indications de son instinct ; nous verrons qui des deux aura raison. »

Mais Louis XI eut beau dire, ce n'était là qu'une explosion ironique de son bon sens, si droit, si difficile à tromper dès qu'il ne s'agissait pas d'astrologie, et Galéotti eut bientôt reconquis tout son empire sur le monarque superstitieux.

LVII.

Les Tirynthiens.

DÉVELOPPEMENT.

Les Tirynthiens étaient affligés d'une singulière maladie, anodine et même agréable au premier diagnostic, mais qui n'en avait pas moins pour eux les conséquences les plus désastreuses : ils étaient rieurs, mais rieurs à se désopiler la rate depuis l'aurore jusqu'au crépuscule, et cela pour le plus futile motif ; un moucheron qui bourdonne, un âne qui brait, un ivrogne qui fait la culbute, moins que cela encore, un coup de vent, un souffle subit, et voilà nos Tirynthiens dans la pâmoison du rire. S'assemblait-on pour délibérer sur les affaires publiques, les plus graves propositions prenaient la tournure du calembour, du coq-à-l'âne ; tout le monde partait d'éclats de rire sans fin. Dans les relations ordinaires de la vie, c'était pis encore ; on ne pouvait se rencontrer sans imiter les augures de Rome ; on achetait, on vendait, nous allions dire qu'on volait, en riant, et de fait il est probable même que les volés ne faisaient pas trêve pour cette misère à la joyeuseté publique. On mourait gaiement, et les parents ainsi que les amis du mort faisaient des efforts inimaginables, en accompagnant le convoi, pour ne pas se tenir les côtes. Bref, cette disposition d'esprit si enviée quelquefois était devenue un véritable supplice pour les habitants de Tirynthe ; nous inclinerions même fort à croire que c'est une confusion de noms qui a donné naissance au proverbe suivant : *Être piqué de la tarentule*, et que c'est *piqué de la tirynthule* qu'il faut dire. Quoi qu'il en soit, les Tirynthiens n'avaient pas perdu le bon sens, et ils comprirent à la longue que cet état de choses ne pouvait pas durer. Mais comment y mettre fin ? Ils eurent recours à l'expédient si commode dans l'antiquité, et dont le défaut se fait si vivement sentir de nos jours : à l'oracle, l'oracle qui avait réponse à tout, et qui trouvait le remède à tous les maux. Il n'était pas toujours d'une clarté lumineuse, mais on s'estimait encore fort heureux de pouvoir l'interpréter à sa guise. Si on se trompait, l'oracle n'en était pas moins infaillible ; c'est qu'on l'avait mal compris. Les Tirynthiens envoyèrent donc solennellement une députation chargée de consulter l'oracle de Delphes, le plus célèbre, le mieux renseigné de tous. Cette fois, Apollon voulut bien répondre sans équivoque, sans amphibologie possible, que si les Tirynthiens pouvaient, SANS RIRE, immoler un bœuf à Neptune, ils seraient radicalement guéris et pourraient désormais ne pas chanter des couplets bachiques en accompagnant les morts au bûcher. *Sans rire!* cette restriction perfide inquiéta fort nos consultants ; mais que faire ? Se soumettre et prendre toutes les précautions possibles pour satisfaire aux exigences de l'oracle. C'est ce qui fut résolu dans l'assemblée qui suivit le retour des envoyés. Un des Tirynthiens les plus vieux, les plus sages, rallia tous les assistants à son opinion en soutenant qu'il ne fallait admettre dans cette épreuve solennelle et décisive que ceux dont l'âge, les infirmités ou la situation ne faisaient pas redouter les éclats d'une bonne humeur, d'une jovialité intempestive. Il fut donc décidé que l'assemblée au sein de laquelle s'accomplirait le sacrifice se composerait exclusivement des personnes appartenant aux catégories suivantes : les sourds, les aveugles, les borgnes, les bancals, les rachitiques, les culs-de-jatte, les asthmatiques, les phtisiques, les goutteux, les banqueroutiers, etc., etc., toutes personnes qui éprouvent rarement des accès de gaieté folle. Une voix étourdie s'éleva pour réclamer les honneurs de la présence en faveur de messieurs les bossus. « Malheureux ! s'écria le Nestor, qui était lui-même paralytique, ignores-tu donc le proverbe : Rire... ? » Et toute l'assistance de partir d'un bruyant éclat. Quand le calme fut rétabli, on fixa le jour, l'heure et le lieu. Le moment arrivé, tous les infirmes, solennellement convoqués, pénètrent dans l'enceinte, dont une garde nombreuse, composée de vieux soldats mutilés et rébarbatifs, interdit l'accès à tout ce qui ne porte point béquille ou bâton. Le bœuf est amené, paré de rubans et couronné de fleurs; déjà le sacrificateur s'avance pour l'immoler, déjà le couteau sacré se lève, lorsque... horreur ! profanation ! on s'aperçoit avec indignation qu'un enfant, un enfant terrible sans doute, car il y en a eu dans tous les temps, s'est glissé furtivement jusqu'au milieu de la morose assistance. Il est aussitôt pourchassé, traqué, appréhendé, et on l'expulse avec les plus effrayantes menaces. Il s'arrête enfin à dix pas de l'enceinte, et faisant un geste moqueur accompagné d'un regard à l'avenant : « Ah çà, s'écria-t-il, avez-vous donc peur que je n'avale votre bœuf? » A ces mots, nos Tirynthiens se regardent, et un formidable éclat de rire s'échappe, en faisant explosion, de toutes les poitrines. Puis ils regagnent leurs demeures clopin-clopant, en reconnaissant qu'ils sont non seulement invalides, mais encore incurables.

LVIII.

Contentement passe richesse.

DÉVELOPPEMENT.

Avez-vous vu quelquefois un enfant poursuivre un papillon ? Fatigué de courir, de temps en temps il s'arrête comme désespérant d'atteindre l'insecte brillant; puis, quand il le voit de loin se poser sur une fleur, il reprend sa course ; mais c'est toujours en vain : le papillon a fui. L'homme n'agit pas autrement que l'enfant. Qu'un plaisir nous apparaisse dans le lointain, paré des mille séductions que notre imagination se plaît à lui prêter, nous nous précipitons aussitôt à sa poursuite, et, après avoir surmonté bien des obstacles, nous nous apercevons, hélas! que nous n'avons saisi qu'un fantôme. Et cependant, alors que nous nous épuisons en stériles efforts pour courir après une ombre, la réalité, qui peut nous donner le vrai bonheur, est là, à notre portée, sous notre main. Pourquoi interroger du regard l'horizon incertain? Le plus souvent, nous n'avons, pour apercevoir l'objet de nos ardentes convoitises, qu'à baisser les yeux, qu'à regarder à nos pieds. Nous pouvons être heureux sans faire un pas hors du cercle restreint où Dieu nous a placés. C'est ce que la plupart des hommes paraissent ignorer absolument ou du moins oublier sans cesse. Aussi, quoiqu'on l'ait écrit et répété bien des fois, il n'est jamais superflu de rappeler à l'homme que le bonheur ne vient ni des richesses, ni des honneurs, ni des distinctions sociales. Le bonheur n'est pas en dehors de nous; il est en nous. Il dépend des dispositions de notre cœur et de notre esprit, non des vains caprices de la fortune. En un mot, si nous ne sommes pas heureux, nous ne devons nous en prendre ni aux circonstances ni aux hommes, mais à nous-mêmes.

Faut-il des preuves à l'appui de notre thèse?

Dirigeons-nous vers cet élégant château que vous voyez s'élever là-bas au milieu d'une riante campagne. Tout autour s'étendent de frais et délicieux ombrages; d'immenses jardins remplis des fleurs les plus rares, toutes les richesses de la nature accumulées en ce lieu en font un séjour enchanteur. Entrons. Quel luxe de décorations! Comme ces appartements sont meublés avec goût et élégance! Partout de riches dorures, des tapis magnifiques, des broderies d'un travail fin et exquis, des peintures signées des maîtres les plus célèbres. Ah! dites-vous, le possesseur de toutes ces merveilles doit être bien heureux! Venez. Cet homme dont le bonheur semble rayonner de toutes parts autour de nous, nous allons peut-être le trouver cloué sur un fauteuil par un mal impitoyable et sans remède. Asseyons-nous à sa table. Quels mets délicats! Quelle profusion des plats les plus recherchés! Voyez-le; à peine en a-t-il goûté quelques-uns qu'il les repousse avec indifférence et dédain. Mais, direz-vous, du moins cet homme peut trouver le bonheur dans la société de ses semblables, dans les charmes de l'étude, dans les beautés de la nature qui se déroulent devant ses yeux. Non; le spectacle de la joie et des plaisirs d'autrui lui fait mal; des amis, il n'en a pas; l'étude l'ennuie et les beautés de la nature n'excitent chez lui que des regrets. L'abus de toutes les jouissances l'a blasé; il ne lui reste rien que l'espérance de voir bientôt finir ses jours qui s'écoulent dans une insupportable monotonie. Il souffre de son impuissance à jouir des biens qu'il possède, et ses souffrances se lisent dans ses regards éteints, sur ses traits décomposés par l'ennui et le dégoût de la vie. Avec toutes ses richesses, cet homme est très réellement malheureux, et sa souffrance, qu'il ne doit qu'à lui-même, est sans remède.

Allons maintenant frapper à la porte de cette humble chaumière qui s'élève modestement en face de l'orgueilleuse demeure que nous venons de quitter. Ici ne cherchons pas l'élégance et le superflu. A peine y trouverons-nous le nécessaire. Le père de famille travaille aux champs ; ses enfants prennent joyeusement leurs ébats, tandis que leur mère, tout en les surveillant d'un regard souriant, fait les préparatifs du repas du soir. Voyez comme la santé et la joie resplendissent sur ces joues roses et rebondies Les voilà qui se précipitent riant, sautant, se culbutant, au-devant de leur père dont ils viennent d'entendre la voix. C'est à qui sera le premier à recevoir ses caresses. Le bon laboureur les embrasse l'un après l'autre. Puis l'on va se mettre à table. Les mets sont communs et grossièrement apprêtés, mais chacun y fait honneur, car la faim est un assaisonnement qui ne manque jamais aux pauvres gens. Ecoutez ces éclats de rire, ces saillies. Joyeux tableau en vérité, plein de grâce et de fraîcheur. C'est ainsi que, partagée entre le travail et les charmes de la famille, la vie s'écoule sans regret du passé, sans inquiétude de l'avenir. Ces gens-là sont heureux, car le bonheur consiste dans le juste équilibre entre ce qu'on possède et ce qu'on désire.

Fénelon l'a dit : le plus heureux des hommes est celui qui croit l'être.

LIX.

Saint Louis. — Le chêne de Vincennes.

DÉVELOPPEMENT.

La sagesse qui dicte les bonnes lois, la vertu qui s'y soumet elle-même, la bonté qui accueille les humbles et les faibles, tels sont pour un monarque les véritables titres à l'amour et à l'admiration des peuples. Quelle admiration doit surtout inspirer un roi qui, monté sur le trône dans un siècle encore à demi barbare, où l'épée créait le droit, où le faible n'avait contre le puissant aucun recours, fit peu à peu succéder l'ordre à l'anarchie, la loi à la force ! Le roi qui fut au niveau de cette tâche si élevée, Louis IX, sembla révéler à ses contemporains éblouis une vertu plus qu'humaine; aussi l'histoire a-t-elle ratifié le titre de saint que lui conféra la religion.

Pour apprécier à sa juste valeur tout ce que la France dut à ce pieux monarque, il faut se représenter quelles étaient au commencement de son règne la situation politique du royaume, ses mœurs et ses lois. Les Français étaient divisés à cette époque, comme ils le furent longtemps encore, en trois classes : la noblesse, composée des grands vassaux de la couronne et de leurs officiers, le clergé, et enfin le peuple réduit au servage, attaché à la glèbe, et dont la condition ne différait guère de celle des anciens esclaves grecs ou romains. Cette organisation sociale découlait des premiers temps de la conquête. Les Francs, après avoir envahi la Gaule, usèrent de tous les droits des vainqueurs dans les terres qui leur échurent en partage, et se considérèrent comme propriétaires du sol et des personnes. Toujours à cheval, l'épée et la lance au poing, ils étaient maîtres absolus dans leurs domaines; mais ils devaient accourir au moindre appel de guerre et se grouper autour du chef, soit pour défendre ses possessions, soit pour attaquer l'ennemi. Ce chef, c'était le roi; mais, la guerre achevée, le vassal, de retour dans son fief, était souverain; il levait l'impôt, battait monnaie, rendait la justice.

Toute puissance protectrice, toute législation régulière avait disparu; chaque pays, chaque contrée avait sa *coutume*, grâce à laquelle le plus souvent l'arbitraire, la violence et la partialité faisaient loi. Le monarque, dit un historien moderne (Michaud, *Histoire des croisades*), dépouillé de toute autorité, « ne pouvait être ni » l'appui de l'innocence, ni le vengeur du crime, ni l'arbitre des » contestations qui troublaient la paix. La souveraineté, exercée » par tout homme qui portait une épée, se répandait en tous » lieux, sans qu'on pût reconnaître son pouvoir nulle part, tant il » y avait de désordre et de confusion parmi ceux qui se disputaient, les armes à la main, les débris de la puissance sou» veraine. » Louis IX devait le premier découvrir et appliquer le remède à tant de maux. En attendant que le travail du temps, le progrès des institutions, la persévérance royale ruinassent peu à peu la puissance des grands feudataires, il s'appliqua de toutes ses forces à restaurer la justice, il créa cette forte école de légistes qui devait former un jour le parlement, ce corps juridique si longtemps l'appui de la royauté et le sanctuaire des lois.

L'amour de la justice, le respect de la loi, telle est l'auréole qui, dans la postérité la plus lointaine, entoure toujours le noble front de saint Louis. Longtemps le peuple a entouré de sa vénération le chêne au pied duquel il aimait à rendre la justice, lorsqu'il résidait à son palais favori de Vincennes. Souvent, en été, après avoir entendu la messe, Louis, accompagné de ses plus sages conseillers, se rendait dans la forêt, s'asseyait sous le chêne resté célèbre, ayant à ses côtés tous ces doctes personnages. Autour du roi se groupaient sans distinction tous ceux qui étaient en procès : hommes libres ou serfs, nobles ou manants; tous ceux qui avaient quelque grief à faire connaître pouvaient venir à lui et parler librement; nulle garde, nulle barrière : Louis écoutait tout le monde attentivement et rendait justice à chacun.

Parmi toutes les preuves de bonté qu'on lui attribue, nous nous contenterons de rappeler celle-ci :

Au retour de la première croisade, la grande galère qui portait le roi toucha sur un banc de sable non loin de l'île de Chypre, et le choc rompit une partie de la quille. On conseillait à Louis de passer sur un autre navire, le pilote étant incertain si la galère pourrait tenir la mer jusqu'en France; le roi s'y refusa et répondit : « Si je descends du navire, cinq ou six cents personnes » qui s'y trouvent et qui aiment autant leur corps que j'aime le » mien n'oseront rester après moi, descendront sur l'île de Chypre » et n'auront plus ni espoir ni moyen de retourner dans leur partie. » J'aime mieux mettre en la main de Dieu ma vie avec celle de ma » femme et de mes enfants, que de faire si grand tort à ceux qui me » sont confiés. » C'était la première fois qu'un prince comprenait ainsi ses devoirs. Louis IX pratiquait, au péril de sa vie, le divin précepte de l'égalité de tous.

Il fut un des meilleurs rois de France; aucun prince ne le surpassa en grandeur, et il reste le représentant le plus illustre de l'âge des croisades, des temps héroïques du catholicisme. Le premier il comprit qu'il appartenait à son peuple, tandis que jusque-là le peuple avait appartenu au roi. L'Eglise l'a placé au nombre des saints, et le reflet de sa gloire si pure brilla pendant des siècles sur ses descendants.

FIN DES NARRATIONS FRANÇAISES.

TABLE DES MATIÈRES

FIN DE LA TABLE DES MATIÈRES.

Paris. — Imp. LAROUSSE, 17, rue Montparnasse.

www.ingramcontent.com/pod-product-compliance
Lightning Source LLC
LaVergne TN
LVHW020543230826
846091LV00002B/376
9782019131876